學習障礙

Learning Disabilities

張世彗　著

五南圖書出版公司 印行

三版序

　　學習障礙是關於個人大腦運作或結構上差異的一種神經生物異常，會直接影響到個人聽、說、讀、寫、算或非學業性的能力，而導致他們在各教育階段的表現和日後的社會適應及生涯成功。這種迷霧且轉變中的障礙，目前為我國特殊教育的主要對象之一。

　　就像其他障礙類別一樣，學習障礙也是具有普遍性的，它會發生在世界上不同語言、民族、文化和國家。而且根據教育部 2018 年特殊教育的統計資料顯示，目前我國學習障礙學生的人數為 34,504 人，在高級中等以下學校身心障礙類人數，所占的比例（30.8%）居首位，其次是智能障礙（21.6%）。顯然，服務或探究這類學生的各種作為是持續不斷且刻不容緩的。因此，自從 1963 年開始出現學習障礙這個術語以來，迄今已有五十多年。相關的父母團體、及教育行政或學術機構業已衍生出許多相關的產物，例如：各教育階段師資、課程和教學、一般性或學術性的期刊雜誌、網站、書籍、評量工具等。

　　目前學習障礙的相關課題會受到許多內外在因素的影響，這些因素包括改進先前缺點的、自然延伸發展的或是外在壓力所造成的。例如：《特殊教育法》修正案、融合教育運動、擴展學習障礙的次類別、使用教學反應介入來證實學習障礙學生的資格及運用資訊科技提升學習效率等，這些均顯示了學習障礙領域是充滿挑戰和變動的。加上研究發現專業人員如果提供正確的介入和支持，學習障礙個體可以在學校和日後生涯上表現成功；父母可藉由發展他們的優點，了解其缺點和專業人員的教育及支援系統，以及學習處理有關特定困難的策略，來協助他們的學習障礙兒童或青少年達到成功。

　　是故，筆者特別搜羅國內外有關學習障礙的文章、叢書和研究論文，撰寫《學習障礙》專書，藉以提供師資培育和研究人員、特殊教育教師和家長，能對學習障礙有較為清晰且完整的輪廓。

　　基本上，全書分成「概述與理論基礎」、「評量、安置與教學」、「學

習障礙的一生範圍」、及「學習障礙顯現的症狀範圍」等四大篇,共計分為十三章來敘述。其中「概述與理論基礎」篇,包含第一章要概述學習障礙的跨國本質與定義、出現率、特性及其一生、學習障礙的歷史演進與未來趨向;第二章要探討不同理論基礎對學習障礙的蘊涵,包括醫學和心理學基礎。

「評量、安置與教學」一篇,則包括第三章簡要敘述法律與評量歷程、運用評量資訊作決定、及臺北市學習障礙學生的評量實務;第四章則精要探究融合理念的演進、法律對教育安置的影響、及提高普通和特殊教育教師夥伴的關係;第五章簡要描述教學歷程與特色、不同的教學取向、考量個人、教學和環境變項、及目前教學趨向。

「學習障礙的一生範圍」一篇,則包含第六章探討學習障礙幼兒的初期症狀和教學策略;第七章述及學習障礙青少年的特性、中學有關學習障礙青少年的特殊課題、成功學習障礙成人的啟示、及學習障礙成人;第八章探討學習障礙兒童對於家庭系統的效應、學習障礙兒童的家庭權益和溝通、及父母支持團體與家庭諮商。

至於「學習障礙顯現的症狀範圍」一篇,涵蓋第九章敘述口語語言的理論基礎、評量與教學策略;第十章要探究閱讀的理論基礎、及閱讀評量和教學策略;第十一章簡要描述書寫語言的理論基礎與教學策略;第十二章要討論數學障礙的理論基礎、數學障礙的教學理論與原則、評量數學能力、及數學領域與教學策略;第十三章在述及非語文學習障礙的理論基礎、評量與教學策略。

在使用上,教學者可依此書為本,再依需要補充相關資料,同時搭配其他的教學方式,以期周延完整的呈現學習障礙之範疇。

本書得以順利付梓,首先要特別感謝五南圖書出版有限公司的大力支持與協助。雖然筆者已盡力撰寫本書,惟因才智有限,謬誤和缺失之處,恐無法避免,懇祈方家多予指正。

張世彗 謹誌
2019/09/30
臺北市立大學特殊教育學系
email: hwi@utaipei.edu.tw

目　　錄

第三篇　學習障礙的一生範圍

第四篇　學習障礙顯現的症狀範圍

第一篇
概述與理論基礎

第**一**章

轉變中的學習障礙

　　本章在於簡述學習障礙領域一些基本概念，內容包含迷霧般的學習障礙與其跨國的本質、學習障礙定義、出現率、特性、一生、學習障礙和其他障礙的比較、及歷史演進和未來趨向。

第一節　學習障礙的跨國本質與定義

一、迷霧般的學習障礙與其跨國本質

　　「學習障礙」（Learning Disabilities, LD）指有關個人大腦運作或結構上差異的一種神經生物異常，這種異常會直接影響到個人聽、說、讀、寫、算、拼字、記憶、注意或推理的能力。專業人員如果提供正確的介入，學習障礙兒童可以在學校和日後生涯上表現成功。父母也可以藉由發展孩子的優勢，了解其弱勢和專業人員的教育與支援系統，及學習處理有關特定困難的策略，來協助其孩子達到成功（Coordinated Campaign for Learning Disabilities, 1998）。

　　當然，面對學習障礙兒童的迷霧並不是一件新鮮的事。因為終其一生，這類兒童都會體驗到學習困難。事實上，若干世界上知名人物在某學習範圍也有不尋常的困難，例如：李光耀、愛因斯坦等（中華民國學習障礙協會，2014）。尤其，在不同國家和文化中都會出現學習障礙。也就是說，學習障礙是具有普遍性，會發生在世界上不同語言、民族、文化和國家。累積的研究資料顯示在所有文化中，有的兒童似乎智力正常，但在學習口語語言、獲得閱讀和書寫能力或算術學習上，卻有嚴重困難（Lerner, 2003）。

　　我們可以理解到，一旦兒童文化的語言、價值或風俗習慣實質上與教學不同時，就可能導致兒童在學校學習的困難。如果兒童也有學習障礙，那麼他的問題可能是複合性的。對於不同文化背景的學生來講，文化差異和學習障礙所產生的問題是很難解開的（Markowitz, Garcia, & Eichelberger, 1997）。有些父母認為兒童有學習障礙是個人家庭教養的失敗，而讓他／她繼續留在普通班就讀；這些父母可能不想承認其兒童是有障礙的，而拒絕參與IEP會議或是可能選擇將障礙兒童留在家裡。

二、學習障礙的定義

1963年才開始出現學習障礙這個術語。有一組相關的父母和教育人員在美國芝加哥市（Chicago City）開會，並考慮聯絡各自的父母團體而成立單一組織。在這些父母團體中所確定的兒童都有不同名稱，包括知覺障礙、腦傷及神經心理障礙。如果要將這些團體組合起來，他們需要有個為大家所贊同的單一術語。當學習障礙術語在會議中提出時，就馬上獲得大家的贊同（Kirk, 1963）。美國知名的「學習障礙協會」（Learning Disabilities Association, LDA）就是在這次歷史性會議中誕生的，網址為http://www.Idanatl.org.。

雖然學習障礙這個術語獲得立即接受，不過學習障礙定義的發展卻是充滿挑戰的。事實上，我們要提出一項為大家完全贊同的定義是相當棘手的。許多定義已經出現且使用多年，但每項定義都存在若干弱點。在此將討論我國的學習障礙定義，及其他具有影響力的定義，包括(1)《身心障礙者教育促進法》（Individuals with Disabilities Education Improvement Act, IDEIA-2004）；(2)「學習障礙聯盟」（Interagency Committee on Learning Disabilities, ICLD）；(3)「全美學習障礙聯合委員會」（National Joint Committee on Learning Disabilities, NJCLD）。

㈠ 我國的定義

根據《身心障礙暨資賦優異學生鑑定辦法》，我國將「學習障礙」界定為（教育部，2014）：

> 統稱因神經心理功能異常而顯現出注意、記憶、理解、知覺、知覺動作、推理等能力有問題，致在聽、說、讀、寫或算等學習上有顯著困難者；其障礙並非因感官、智能、情緒等障礙因素或文化刺激不足、教學不當等環境因素所直接造成之結果。

㈡ 《身心障礙者教育促進法》

美國目前使用最為廣泛的學習障礙定義，最先是出現在1975年的公

法94-142，即《殘障兒童教育法》（Education for All Handicapped Children Act, EAHCA），及爾後1990年的《身心障礙者教育法》（Individuals with Disabilities Education Act, IDEA）與2004年的《身心障礙者教育促進法》（IDEIA）。美國聯邦政府法規的學習障礙定義是基於全美多數州政府的定義，且為許多學區所使用。這項法規定義真正包含兩個部分，第一個部分是採用1968年對全美障礙顧問委員會議員所作的報告，它是2004年《身心障礙者教育促進法》上的學習障礙定義：

> 「特殊學習障礙」（specific learning disability）指兒童有一項或多項心理歷程不正常，可能是理解或使用語言、說和寫上的困難，這些混亂可能會影響到聽、思考、說話、閱讀、書寫、拼字或數學計算能力。這項用語包含下列障礙，如知覺障礙、腦傷、小腦功能異常、識字困難、發展性失語症；但不包括那些視障、聽障、動作障礙、智障、情緒異常或環境、文化、經濟條件差等所引起的學習問題。

美國聯邦政府法規定義的第二個部分是操作性的，它首次出現在學習障礙兒童各自的規定（Lerner, 2003）。這項規定指出特殊學習障礙學生會出現下列情形：(1)在某種特定領域上即使提供適當的學習經驗，仍然無法達到合理年齡和能力水準；(2)學生在口語表達、聽覺理解、書寫表達、基本閱讀能力、閱讀理解、數學計算和數學推理等領域之一的智能和成就之間有嚴重差距。圖1-1是這項法案中所提及學習障礙定義的主要概念。

心理歷程異常	學業和學習困難	排他因素	學習潛能和成就有嚴重差距
• 個體在一項或一項以上基本心理歷程上有異常（包含記憶、聽知覺、視知覺、口語語言和思考等心理能力）。	• 個體在聽、說、讀（認字和理解）、寫和算（計算和推理）上有學習困難。	• 問題主要不是由於視覺或聽覺障礙、動作障礙、智能障礙、情緒行為障礙、環境或文化不利等因素所直接造成的。	• 個體有低成就的現象。

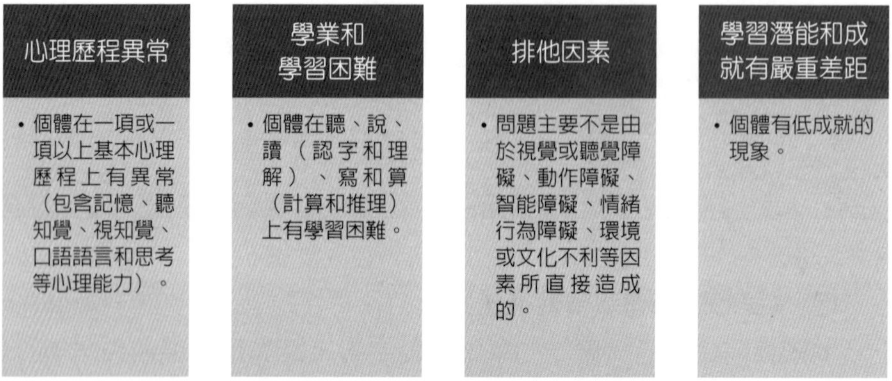

圖1-1 《身心障礙者教育促進法》中，學習障礙定義的主要概念

(三) 學習障礙聯盟

「學習障礙聯盟」（ICLD）是由國會議員所任命來發展學習障礙定義的政府委員會，這個委員會包括教育部、健康和人類服務部門內之十二個機構。以下是學習障礙聯盟所提出的定義：

1. 兒童可能在聽、說、讀、寫、理解、數學或社交技巧上有困難。不像聯邦定義，ICLD包括社會性障礙。
2. 學習障礙可能伴隨其他狀況。這個定義特別指社會環境影響和注意不足障礙。
3. 學習障礙是內部到個人及被認為是中樞神經系統受損所造成的。這個學習上的障礙可能是大腦功能障礙所造成。

(四) 全美學習障礙聯合委員會

「全美學習障礙聯合委員會」（NJCLD, 1997）是幾種與學習障礙專業訓練所組成的一種組織，這個委員會也曾針對學習障礙提出下列定義：

學習障礙是一種普遍用語，係指一種異質混亂的族群在獲得學習，利用聽覺、說話、閱讀、書寫、理解或數學能力上有明顯困難。這些混亂是在內部，被認為是因中樞神經系統異常所引起，且可能終其一生。問題在自我調適、社會理解和社會互動方面可能會隨著學習障礙而存在，但對他們自己而言並不構成學習缺損。雖然學習障礙發生很可能會伴隨其他障礙（如知覺損害、發展遲緩或嚴重的情緒不安）、或由於外在因素（如文化差異、不足或不適當教養），它也可能不是由於這些狀態和因素所造成的。

這裡有幾項是關於「全美學習障礙聯合委員會」（NJCLD）定義的重點：
1. 學習障礙是一種異質混亂的族群。學習障礙個體會有不同類型的行為和特徵。
2. 學習障礙是在獲得學習，利用聽力、說話、閱讀、書寫、理解或數學能力上有明顯困難。

3. 問題是存在於內部的。學習障礙是由於內在因素勝於外在因素所造成的，後者像是環境或教育系統。

4. 這個問題有生物基礎，是由於中樞神經系統異常所引起的。

5. 學習障礙可能會伴隨其他障礙或狀況發生；個體可能同時有許多問題，如學習障礙和情緒混亂。

㈤ 定義共通之處

我國與《身心障礙者教育促進法》（IDEIA）、「全美學習障礙聯合委員會」（NJCLD）及「學習障礙聯盟」（ICLD）等之學習障礙定義，有下列幾項共同的地方，如圖1-2（教育部，2004；Lerner, 2003）。

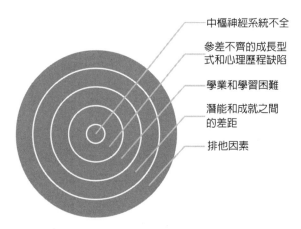

中樞神經系統不全

參差不齊的成長型式和心理歷程缺陷

學業和學習困難

潛能和成就之間的差距

排他因素

圖1-2　不同定義共通之處

1. 中樞神經系統不全

上述定義中皆指出，學習障礙是關於神經學上的因素。神經科學和醫學研究亦顯示學習障礙有神經學的基礎。人類所有學習都是在大腦內部進行的，因而學習障礙是由中樞神經系統不全所造成的。不過在這些定義中，「全美學習障礙聯合委員會」（NJCLD）偏重的是功能性和器質性的中樞神經系統異常，而我國及「學習障礙聯盟」（ICLD）則分別側重功能性的「神經心理功能異常」或器質性的「中樞神經系統損傷」。在許

多案例上，神經學上的狀況是很難由醫學檢測來確定的，經常是透過行為觀察決定的。

2. 參差不齊的成長型式和心理歷程缺陷

美國聯邦法規定義中有段關鍵的文句，就是「一種或一種以上的基本心理歷程異常」，其餘定義（我國則在學習障礙的標準中提及）雖未明述，亦可從文句中推敲得知。這種缺陷或不齊是指各種心理能力要素的發展是不規則的；人類的心理能力或智能並不是單一的能力，它是由多種基本心理能力所組成的。

就學習障礙個體來說，某些要素能力或次能力的發展是成熟的，有些則發展遲滯，而形成學習問題的症狀。這種參差不齊的成長型式，導致了個別內差異或不同心理歷程上的優弱勢（Kirk & Chalfant, 1984）。因此，參差不齊的成長型式、個別內差異和心理歷程異常的概念，目前已成為我國學習障礙鑑定與評量及教學的基礎。

3. 學業和學習困難

學習障礙個體會面對不同型式的學習問題。有些兒童的障礙可能在閱讀方面；有些兒童則可能在習得口語、算術、書寫表達或非語文學習有障礙。如前所述，我國與其他定義均列出了幾種特定的學業領域（聽、說、讀、寫、算），可以偵測到學習障礙。

4. 潛能和成就之間的差距

這些學習障礙定義的另一項共通點，就是評量學生的學習潛能和已習得能力之間的差距。美國聯邦法規中操作性部分指出，學習障礙兒童幾種領域的某一種或一種以上的成就和智能之間有嚴重差距，而且美國大多數州的學習障礙定義（約98%）也包括潛能和成就之間差異的概念（Mercer et al., 1996）。在我國學習障礙的鑑定實務中，亦常以此項差距作為標準（詳見第三章評量學習障礙）。

5. 排他因素

基本上，這些定義內容均顯示了學習障礙並非其他條件所造成的觀念，如智能障礙、情緒行為障礙、感官障礙、文化刺激不足、教學不當等。美國大多數州的學習障礙定義中也併入排他因素（Frankenberger & Fronzaglio, 1991），而我國的學習障礙定義亦有同樣的描述。不過，在學

習障礙的鑑定實務上，定義中的排他因素很難實行，因為兒童或青少年經常表現出共同存在的問題。

凡是與其他身心障礙兒童相處之特教班、資源班或普通班教師，都會經常觀察到很多學生似乎有兩項問題：「主要障礙」加上「學習障礙」。我們很難決定哪一種問題是主要的，哪一種問題是次要的。「全美學習障礙聯合委員會」（NJCLD）及「學習障礙聯盟」（ICLD）的定義就描述了其他狀況，常與學習障礙共同發生的概念已漸漸獲得接受。

第二節 學習障礙的出現率、特徵及其一生

一、學習障礙的出現率

學校中到底有多少學習障礙兒童呢？有關學習障礙出現率的估計通常是充滿變異的，範圍從學齡人口的1%-30%（Lerner, 2003）。郭為藩（2007）曾依據臺灣地區6-12歲特殊兒童普查資料，推估我國學習障礙者的出現率為1%；又根據我國所作的第二次特殊兒童普查，學習障礙兒童的出現率為4.36%（教育部特殊兒童普查執行小組，1993）。可見要精確估計學習障礙個體的出現率並不容易。

學習障礙兒童和青少年出現率的多寡，往往取決於決定接受特殊教育服務資格的鑑定標準。如果鑑定標準愈嚴屬，出現率就會降低；反之，標準愈寬鬆，出現率就會愈高。

二、學習障礙的特徵

學習障礙個體是異質的群體，他們是一群不同的人。也就是說，學習障礙的概念涵蓋了極為廣泛的特徵範圍，超過了主要的學業相關問題，認知和社會／情意問題也是關鍵要素（Mercer & Pullen, 2009）。例如：一個有學習障礙的兒童可能會遇到嚴重的閱讀問題，而另一個兒童可能沒有任何閱讀問題，但是在書面表達方面存在很大困難；然而兩者都會被標記為學習障礙。有些學生體驗到認知困難，其他學生則可能有動作技巧問題，或可能有社交困難。以下則顯現一些最為常見的特徵，如圖1-3，但是並

非所有學習障礙學生都會表現出這些特徵：

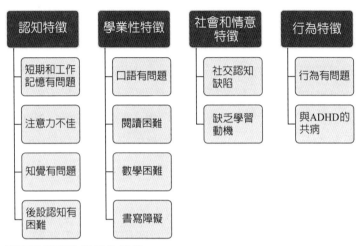

圖1-3 學習障礙學生常見的特徵

(一) 認知特徵

雖然學習障礙學生擁有平均或平均以上的智力，不過他們通常會在注意、記憶、知覺和思考等一項或一項以上的認知領域顯現弱點。

1. 記憶

學習障礙兒童和青少年在記住學業和非學業訊息方面存在很大困難，例如：家庭作業、乘法事實、指示和電話號碼（Gargiulo, 2004）。研究顯示除長期記憶區域外，學習障礙個體的記憶缺陷多於沒有學習障礙的學生（Swanson, 1994）。許多學習障礙學生有**短期記憶**（short-term memory, STM）和**工作記憶**（working memory, WM）的問題（Swanson & Jerman, 2007）。短期記憶是個人在腦海中短暫留住資訊的機制，少於一分鐘；工作記憶指個體從事另一種認知活動時，同時需要保留資訊，它似乎是認字和閱讀理解的關鍵。例如：當我們嘗試記住個人的住址時，也在傾聽怎樣到達那裡的方向（Swanson, 2005）。跟一般同儕相互比較，學習障礙學生明顯的無法自然使用有效的學習策略（例如：複述或歸類項目），就像是一種回憶上的支持。記憶問題，尤其是工作記憶，常會轉化成教室上的困

難。閱讀和數學成功似乎更多取決於工作記憶，而不是短期記憶（CEC, 2003）。

2. 注意力

學習障礙兒童的注意力問題，通常表現為注意力短暫。短暫的注意力範圍，被定義為無法將注意力集中在任務上超過幾秒鐘或幾分鐘（Kotkin, Forness, & Kavale, 2001）。學習障礙學生選擇性注意可能不佳（Zera & Lucian, 2001）。他們可能特別難以專注於環境中的重要刺激，其他閱讀材料就像他們眼前的書本一樣令人著迷；窗戶外的鳥飛，就像教師的聲音一樣值得注意。

3. 知覺

知覺關心的是大腦如何解讀所看到或聽到的內容及付諸行動，並不關注學生有沒有看到或聽到。許多學習障礙學生有知覺問題（Lerner & Kline, 2006），這會影響到辨別經由視覺、聽覺和觸覺接收刺激，進而區分和解釋感覺的能力。學習障礙個體在這些方面可能沒有任何問題，也可能在任何或所有方面都有缺陷（Smith et al., 2004）。例如：聽知覺的問題通常包括對於聲音的感受有困難，但是不能歸因於聽力損失（Kruger et al., 2001）。例如：有些學生可能無法分辨相近注音符號的語音。當然，這樣就會造成溝通不良、誤解方向和社交互動笨拙。

視知覺有問題的學生，可以完美的看到書上一頁的文字；不過要求他閱讀時，學生可能會出現跳行或跳字。其他視知覺困難的症狀，包括形象背景辨別（無法著重視覺背景分離出來的問題項目）、空間定位和判斷（例如：撞到東西；知道如何安全地從這裡到那裡）、辨別左右的能力、走路、跳躍、平衡或其他大動作活動笨拙等（Smith, 2004）。

4. 後設認知

基本上，後設認知技巧包括幾項關鍵要素：(1)認識任務要求，也就是有效表現所需的策略和資源；(2)實施適當的過程與監督、評估及調整某人的成就表現，以確保成功的完成任務（Meltzer & Krishnan, 2007）。學習障礙學生通常缺乏覺知本身的思考歷程，而有後設認知上的困難；他們可能缺乏如何在新奇情境運用知識的能力，或主動考量所學習到的新舊資訊之間的關聯。例如：你可能使用策略（例如：大聲重複說出關鍵概

念）幫助自己，記住平時考試可能會出現的知識；閱讀文章時，你也可能主動連結概念至「學習障礙導論」上所習得的知識，所有這些都是後設認知的活動。有些學習障礙學生如果缺乏訓練，將會無法使用這類策略來培養他們的學習。

(二) 學業性特徵

多數專業人員同意學習障礙學生的主要特徵，是學業性成就表現缺陷或不足。如果沒有學業成就上的損傷，學習障礙是不存在的。這些缺陷可能涉及到幾項不同學校成就表現上的類別，包括口語、閱讀、數學、書寫、歸因或前述任何組合上的困難。

1. 口語

學習障礙學生有一種明顯的學業問題是口語。研究發現超過60%的學習障礙學生具有某種語言障礙（Bryan, Bay, Lopez-Reyna, & Donahue, 1991），這種問題通常發生於語音、構詞、語法和語用。他們可能有語音或注音符號上的困難，也就是使用正確語音或注音符號來形成單字；他們可能有構詞問題，這是在研究最小有意義的語言單元。例如：「我」這個單字是一種音素或意義的單位，而「我」這個單字包含兩個音素「ㄨ」和「ㄛ」或意義單位。同樣地，學生可能有語法（決定單字組成句子的規則系統）或語意（單字或語詞的意義）問題。

最後，學生可能有語用問題，也就是成功參與他人互動能力或在社會情境中功能性使用語言的能力的問題（Pearl & Donahue, 2004）。某些學習障礙學生可能在跟人交談上特別有麻煩，交談上的變化可能讓他們摸不透，也可能忽視非口語的線索。簡言之，他們不是很好的交談者（Gargiulo, 2004）。這類學生可能具有以下特徵，如圖1-4（Hallahan& Kauffman, 2003）：

	·需要額外時間來處理傳入的訊息
	·不理解單詞或序列的含義
	·錯過非語言提示
	·不懂笑話
	·不恰當地或在錯誤的時間笑
語用問題	·難以進行小組工作
	·難以提出或遵循指示
	·以長時間的沉默為標誌的對話
	·不熟練回應陳述
	·不熟練回答問題
	·傾向於回答他們的問題
	·讓和他們交談的人感到不舒服

圖1-4　學習障礙學生語用問題的特徵

2. 閱讀

閱讀為個人交換訊息提供了一種基本方式，也是學習學校中所提供大部分訊息的手段。因此，閱讀是最常跟學業失敗相連的學業領域。閱讀是一個複雜過程，需要很多技能才能掌握。因此，確定導致閱讀成功的技能極為重要。

對於學習障礙學生來說，這是最普遍的學業困難類型。超過一半的學習障礙學生會顯現閱讀問題（Bender, 2008; Lerner & Johns, 2012）。例如：有些學生識字錯誤；有些學生音韻覺識不佳，也就是文字與注音符號（聲符和韻符）之間的連結，這是發展閱讀能力所必要的。這些學生無法發出文字，而且經常依賴視覺線索或脈絡來判斷這個文字的意義。有些學生可能有口語流暢的問題，他們可能逐字大聲閱讀，但是缺乏適當韻律或語調（Therrien & Kubiana, 2006）。

其他學生可能有閱讀理解問題，他們能夠流暢的閱讀一段文章，卻可能很少或不了解所閱讀的內容。顯然，音韻覺識和口語流暢困難的學生也可能會體驗到薄弱的閱讀理解能力，有些人將所有形式的閱讀問題稱為**識字困難**（dyslexia）或**誦讀困難**（Bell, McCallum, & Cox, 2003）。簡言之，

識字障礙是一種閱讀障礙的型式，學生無法認識和理解書寫的文字。這項問題是由音韻覺察困難所造成的，缺乏了解特定語音和組成單字之某字母之間配對的規則（Simmons et al., 2007）。

音素覺察或了解文字是由最小的語音單位稱爲音素所構成，是另一種閱讀學習的要素。例如：有些學生可能體驗到閱讀問題，因爲他們不曉得「狗」這個單字是由一個聲母、一個韻母和一個聲調所組成：「ㄍㄡˇ」。

3. 數學

雖然閱讀障礙傳統上比數學問題更受重視，但是數學障礙正引起人們極大的關注（Hunt & Marshall, 2005）。學習障礙學生可能體驗到數學困難（Swanson & Jerman, 2006），估計約每4位學習障礙學生中有1位是因數學困難而接受協助（Lerner & Johns, 2012）。他們可能在數學計算和數學推理方面都有問題（USOE, 1977）。這些學生在數學思維方面經常遇到許多問題（Hunt & Marshall, 2005）。數學思維是多數孩子早期開始的過程。即使在正規教育開始之前，兒童也會接觸到涉及數學概念應用的各種情況。當他們進入正規學校時，他們會了解自己之前學到的知識，並開始以更正式的方式應用它。

某些學生無法學習基本數學事實或基礎的計算能力；有些學生的幾何薄弱；有些學生無法抓住估計和機率的原理；另一項可能造成困難的是問題解決。是否由於閱讀需求或無法了解問題內含的數學概念，學生可能沒有辦法從不相干的資訊中找到相關性或決定他們的答案是合理的。

4. 書寫

書面語言一詞指的是各種相互關聯的圖形技能：(1)**組成**：能夠產生想法並以可接受的語法表達，同時遵守某些風格慣例；(2)**拼寫**：能夠根據公認的用法使用字母構造單詞；(3)**手寫**：能夠執行產生易讀成分或訊息所需的圖形標記的能力（Hallahan et al., 2005）。

某些學習障礙學生會顯現出書寫障礙，包含拼字、手寫和寫作（Brice, 2004; Hallahan et al., 2005）。研究人員推測這些領域的障礙和個人的閱讀能力有關（Jennings, Caldwell, & Lerner, 2015）。例如：對某些學生來說，手寫不佳可能是由於缺乏字跡清晰所需的必要動作技巧或無法了解

空間關係（例如：底部、上、下）。即使學生能夠從文字形成完整句子，而且正確拼出來，不過要他們決定寫什麼幾乎是不可能的。其他學生可能拼字薄弱，他們不僅很難了解組成文字的語音，而且可能無法區別同音異義字之間的適當運用或認識何時文字拼錯了。最後，學生也可能在了解標點符號的使用時機和方法上有困難。

處在運用電腦科技的時代，或許學習障礙學生最嚴重的課題在於寫作能力的書寫表達。為求有效的寫作，他們需要能夠組織思想，以某種邏輯形式呈現，以及提供足夠細節來傳達預定的訊息給讀者（Williams & Ward-Lonergan, 2001）。學習障礙兒童通常會較同儕落後，他們較少使用複雜的句子結構、較少合併構想、章節組織不佳，以及較少書寫複雜的故事（Hallahan et al., 2005）。

㈢ 社會和情意特徵

要獲得社會認可，學生應該合作、分享、提供愉快的問候、跟同伴積極互動，以及要求和提供訊息並進行對話（Gresham, 1982）。因此，了解學習障礙學生的社會和情意特徵是很重要的，學生對自己和他人的看法為何，以及多麼擅長社交情境會明顯的影響到他們的學習成功（Welsh et al., 2001）。儘管並非所有學習障礙個體都存在社交情緒問題，但他們確實比擁有這類問題的一般兒童面臨更大的風險。以下分別就社交知覺和能力與動機方面進行描述：

1. 社交知覺和能力

有些學習障礙學生相較於一般同儕，擁有較低的自尊（Manning, Bear, & Minke, 2006）和自我概念不佳，多數可能由於學習困難所造成的挫折（Mercer, & Pullen, 2009）。研究人員已經開始了解到社交缺陷是許多學習障礙學生常見的特徵（Mostert, 2004）。許多這些學生是社交認知缺陷，他們拙於了解和解讀容易造成人際關係損傷的社交線索和情境；也就是說，學習障礙個體的社會情意困難可能是他們具有以下特徵的緣故，如圖1-5。他們通常體驗到受一般同儕所拒絕、交友困難，可能因為他們誤解他人的感受和情意（Lerner & Johns, 2012; Shapiro et al., 2007），而且他們可能感到沮喪和寂寞，尤其是青少年和成人。多年的失敗可能會引發其

他問題。Wright-Strawderman和Watson（1992）發現36%的學習障礙學生表示抑鬱。其他研究人員則報告了心理問題，包括不適、焦慮、沮喪和憤怒的感受（Bender, 2002）。

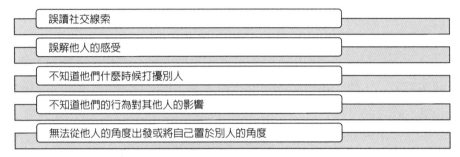

圖1-5　學習障礙學生社會認知缺陷可能的特徵

　　不過，有些學習障礙學生適應良好且受到同儕和教師所喜歡，可能與其學習環境有關（Greenberg, 1999）。如果教師尊重學生，著重於他們的能力並且營造支持性的社交環境，學生就會成功。反之，如果過於強調學生的問題，他們會負面看待自己且同儕會用其他方式看待。另外一種解釋是假定學習障礙學生和社交能力不佳，形成一種可區別的次群體：「**非語文學習障礙**」（Court & Givon, 2003）。這類學生可能口語和閱讀流暢，但是由於部分大腦控制非語文推理的功能不全，而無法有效解讀他人的臉部表情、姿勢、眼睛接觸等非語文溝通訊息，而且他們的社交互動笨拙。

2. 動機

　　動機是一種從事活動的欲望，包含內在或外在的欲望。學習障礙學生往往會失去在學校取得成功的動力，隨著失敗開始變得更加明顯。學習障礙學生缺乏學習動機是常見的一種特性（Garcia & deCaso, 2004），這是由於他們對任務成敗歸因的關係。學習障礙學生是外控的，常將學業成功歸因於外在因素（超越他們所能控制的情境或事件，如運氣或命運），失敗歸因於內在因素（自己的能力）。慢性的學業性困難通常導致學習障礙學生預期失敗，不管他們多麼努力，將成功視為是無法達成的目標。維持這些態度的兒童或青少年經常放棄，甚至沒有完成任務的企圖心。Seligman（1992）將這種喪失自尊和缺乏動機情形，稱為習得無助。

結果，即使成功是可能的，個人也不再嘗試，因為他們有一種心態，無論如何失敗是不可避免的。個人相信他們自己在某項任務上成功或失敗的根源稱為歸因。許多學習障礙學生的成功歸功於他們自己的努力，而不是他們無法控制的情況或事件。

由於學習障礙學生的學業失敗傾向，他們傾向於變成為被動、無效率或不活躍的學習者，經常無法展現主動的學習過程。面對任務時，他們較少使用有效的策略，擁有策略學習行為不足（Deshler, Ellis, & Lenz, 1996; Hallahan et al., 2005）。

不過，由於神經心理的功能不全或學生學校經驗的效果，很難決定動機是否為某些學習障礙學生的一種特徵。

㈣ 行為特徵

很多學習障礙學生也會有行為問題。不過，行為問題是否為學習障礙學生的一部分或是許多這類學生體驗到挫折的結果（Farmer, 2000）。對某些學生來說，無法完成預期的學業任務可能造成他們表現出憤怒行為，例如：大聲講話、過度的離座行為、身體和口頭攻擊。對其他學生來說，跟他人溝通困難可能導致不適當行為（Vallance, Cummings & Humphries, 1998）。

探究學習障礙學生行為特徵的困難之一，就是這些學生有學習障礙與注意力不足過動症（ADHD）的共病現象（McNamara et al., 2005）。這種共病現象提高了某些學習障礙學生的行為問題，事實上是第二種異常症狀的可能性。

三、學習障礙的一生

國內和許多先進國家，最初都是針對國民教育階段之國小學習障礙兒童的特殊教育需求而努力。不過，現今我們已經了解到學習障礙會以不同型式的問題，明顯出現在一生中的許多階段。每一個階段都需要不同型式的能力。因此，我們是假定在某年齡層或階段會明顯出現某些學習障礙的特徵。茲依照階段順序分述如下：

(一) 學前階段

由於幼兒的成長速率是如此的難以預測，因而特殊教育人員通常不願意標記學前幼兒的障礙類別。目前國內外常採用「發展遲緩」（developmental delay）來認定6歲以下的學習障礙幼兒。

學習障礙幼兒會出現動作發展不良、語言遲緩、說話異常、認知和概念發展不佳等特性。常見的問題實例是3歲時無法抓住球、跳躍或玩操作性的玩具（動作發展不良）；4歲仍無法使用語言溝通，字彙有限且令人難以了解（語言和說話異常）；5歲無法數到十、說出顏色的名稱或玩迷津（認知發展不佳）。另外，這類幼兒常會表現出過動行為和注意力不足（Lerner, 2003）。

(二) 國小階段

對許多兒童來說，學習障礙會首次明顯出現於進入小學和學習失敗時。這類失敗常發生在國語、數學或其他學科上。國小低年級常可看到他們的參與及集中注意力不足、動作能力不佳；在小學中、高年級，隨著學科的難度增加，可能會出現閱讀困難。另外，情緒也可能會出現問題。對某些學生來講，需要特別考量其社交問題（如無法結交朋友）。

(三) 國中和高中階段

在中學階段，學科與教師的要求愈來愈多且難，加上又面臨高中及大學升學考試的壓力，青少年就愈混亂，而且持續性的學業失敗會更加強化學習障礙。此時，青少年會關心完成中學學業後的發展。他們可能需要職業和生涯決定的諮商與輔導。由於青少年易於過度敏感，在此一年齡層常伴隨著一些情緒、社交和自我概念的問題。更糟糕的是，有些會陷入青少年虞犯（Learning Disabilities Association of America, 1995）。

(四) 成人階段

有些成人會克服他們的學習障礙，能夠學習到如何補償或超越他們的問題。對許多成人來說，隨著年齡成長，他們的異常仍會持續困擾著他們。非語文社交障礙與閱讀困難可能會阻礙他們結交朋友，也可能限制他們的生涯發展。

四、學習障礙與其他身心障礙的比較

學習障礙與其他障礙類別的比較是很明顯的。表1-1是我國各教育階段每種障礙學生的就學人數及其占所有接受特殊教育的百分率。學習障礙在高級中等以下學校約占26.4%，僅次於智能障礙（26.7%）。至於學習障礙升學大專院校的比例約占18.5%，僅次於肢體障礙（23.0%）（教育部，2018）。

表1-1　各教育階段學習障礙與其他身心障礙的人數比較（%）

障礙類別 ＼ 教育階段	高級中等以下學校	學前	國小	國中	高中職	大專院校
智能障礙	24,122(21.6)	560(3.0)	9,361(23.1)	6,599(24.3)	7,602(30.1)	1,235(9.4)
視覺障礙	95(0.9)	55(0.3)	332(0.8)	245(1.3)	325(1.3)	692(5.2)
聽覺障礙	3,081(2.8)	541(2.9)	1,137(2.8)	654(2.4)	749(3.0)	1,144(8.7)
語言障礙	1,669(1.5)	452(2.4)	955(2.4)	144(0.5)	118(0.5)	98(0.7)
肢體障礙	2,022(1.8)	217(1.2)	699(1.7)	467(1.7)	639(2.5)	1,514(11.5)
腦性麻痺	2,535(2.3)	433(2.3)	909(2.2)	631(2.3)	562(2.2)	428(3.2)
身體病弱	2,276(2.0)	193(1.0)	852(2.1)	576(2.1)	655(2.6)	808(6.1)
情緒行為障礙	6,130(5.5)	63(0.3)	2,939(7.2)	1,652(6.1)	1,476(5.9)	1,224(9.3)
學習障礙	34,504(30.9)	0(0)	14,784(36.3)	11,481(42.2)	8,239(32.7)	3,503(6.6)
多重障礙	3,882(3.5)	308(1.7)	1,654(4.1)	828(3.0)	1,092(4.3)	291(2.2)
自閉症	14,501(13.0)	1,099(5.9)	6,163(15.1)	3,660(9.0)	3,579(14.2)	2,146(16.3)
發展遲緩	14,404(12.9)	14,404(77.9)	-	-	-	-
其他障礙	1,538(1.4)	154(0.8)	956(2.3)	243(0.9)	185(0.7)	106(0.8)
總計	111,621(100)	18,479(100)	40,741(100)	27,180(100)	25,221(100)	13,189(100)

整理自教育部2018年特殊教育統計年報，第55-62頁。

(第三節) 歷史演進和未來趨向

　　本節主要在探究學習障礙領域的歷史源頭，並了解目前可能的發展動向。由於每項貢獻融入和重新引領先前的理論，同時激勵了進一步探究。根據相關文獻資料，我們可將學習障礙的歷史演進分成下列四個時期，如圖1-6（Swanson, Harris, & Graham, 2003; Lerner, 2003; Lerners & Johns, 2012）：

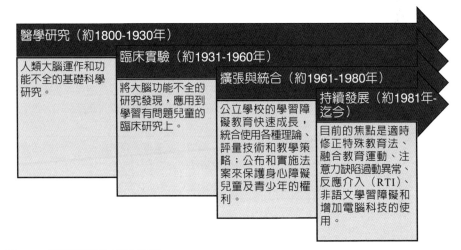

圖1-6　學習障礙的歷史演進

醫學研究（約1800-1930年）
人類大腦運作和功能不全的基礎科學研究。

臨床實驗（約1931-1960年）
將大腦功能不全的研究發現，應用到學習有問題兒童的臨床研究上。

擴張與統合（約1961-1980年）
公立學校的學習障礙教育快速成長，統合使用各種理論、評量技術和教學策略；公布和實施法案來保護身心障礙兒童及青少年的權利。

持續發展（約1981年-迄今）
目前的焦點是適時修正特殊教育法、融合教育運動、注意力缺陷過動異常、反應介入（RTI）、非語文學習障礙和增加電腦科技的使用。

一、醫學研究階段

　　1800-1930年這個階段，是基礎研究大腦功能和異常的期間。起初，很多大腦科學研究人員主要是針對意外傷害、中風或腦傷的成人病患。這些大腦科學家研究並蒐集喪失說話或閱讀能力等某些功能的資料。從許多成人病患的臨床驗證中，大腦科學研究人員了解到某一特定的大腦區域產生障礙或損傷，會導致某種功能的喪失。

　　在十九世紀，「腦相學」（phrenology）的觀念廣泛獲得支持，也就是透過檢查個人腦部的形狀，可用來預測大腦功能和異常行為。在這段期

間有許多重要人物與研究發現，對於學習障礙歷史的發展都扮演著一定的角色，如表1-2。

表1-2　重要人物與研究發現

研究者／年代	研究發現
Broca (1879)	他發現大腦的某區域（左前葉）受傷，會導致成人的臨床病患失去說話能力。這項重要發現獲得廣泛了解，故喪失說話能力常被稱為布洛卡（Broca）失語症。
Jackson (1874)	他認為人類大腦的各區域是密切連接的，因而某部分受損傷會降低整個大腦功能的運作。
Wernicke (1908)	他指出大腦某區域（顳葉）是語言理解的功能所在。
Hinshelwood (1917)	他是一位研究字盲的眼科醫生，並將字盲界定為個人不管其視力是否正常，而沒有能力解譯書寫語言。
Head (1926)	他發現一套資料蒐集系統和失語症的診斷測驗，對失語症或語言喪失做出主要貢獻，同時指出即使失語症病患有腦傷且喪失語言能力，也不會造成智力障礙。
Goldstein (1939)	他指出腦傷會影響個體行為。例如：腦傷軍人有形象背景困難的知覺障礙，對外在刺激分心和言行反覆症的特性。
Strauss (1940)	他持續Goldstein的工作，從腦傷軍人延伸研究至腦傷兒童。

由上可知，學習障礙領域在這段期間從「大腦運作和功能不全之基礎科學研究」之奠基階段，進展到「臨床研究兒童學習問題」的臨床實驗階段。無論如何，大腦研究迄今仍然一直在進行中。事實上，現今對這個領域的興趣更甚以往，而尖端科技的不斷進展（例如：電腦、正子攝影）也發展出更複雜且精密研究大腦的方法。

二、臨床實驗階段

在臨床實驗階段（約1931-1960年），早期的大腦科學研究已經運用到兒童的臨床研究上，並轉移到教學方法的實驗發展。在這段期間，研究人員也分析了學習異常的特定型式。圖1-7是一些科學家在臨床實驗階段發展上，所扮演的重要角色。

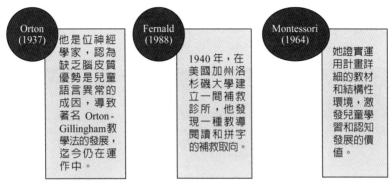

圖1-7　重要人物與事蹟

　　在這個階段，學習障礙的術語有多次改變，出現各種用來描述這個問題的專有術語，分別是「腦傷兒童」（brain-injured children）、「Staruss症候群」、「輕微大腦功能失調」（Minimal Brain Dysfunction, MBD）和「學習障礙」（LD），這些術語的演變同時也反映了學習障礙領域的歷史軌跡。茲依照先後順序分述如下：

㈠ 腦傷兒童及其教學方法

　　Strauss和Lehtinen（1947）曾在其《腦傷兒童教育與心理病理學》（*Psychopathology and Education of the Brain-Injured Child*）一書中，最早確定了「腦傷兒童」。尤其，這些兒童的醫學史顯示他們在產前或產後，都曾經遭受到腦部損傷。過去這類兒童都被分類為行為失調、智能障礙、情緒行為障礙或自閉症。他們相信「腦傷兒童」發生在產前、產中和產後的任何一段期間。雖然有些事件可能造成其他障礙（例如：智能障礙或肢體障礙），不過Strauss相信這些事件也會對其行為和學習問題產生影響。

　　根據臨床經驗，Strauss覺察到可能與腦傷有關的事件，有許多可以確認是這類傷害的潛在原因。在產前階段，受傷可能是由於母親下列狀況所造成的，例如：新生兒溶血-Rh血型不合因素或懷孕時感染疾病，如德國麻疹；它也可能是母親抽菸或使用酒精所造成的。生產期間，氧氣不足、不成熟、長期艱辛的勞動或有目的的延緩出生，都可能會傷害到嬰兒的大腦。生產後，兒童期疾病、意外造成的頭部持續受傷，以及大力搖動嬰兒

也與腦傷有關。因此，Strauss認為「腦傷兒童」沒有下列三項生物特質和事實，如圖1-8：

圖1-8　腦傷兒童未具有之生物特質和事實

他指出排除智能障礙的家族或遺傳型式是很重要的。由於他的興趣在於腦傷對正常兒童的影響，因而他排除對探究這些由於遺傳因素所造成的智能障礙。除了上述發展理論之外，他們也提出了教導腦傷兒童的方法。例如：設計降低分心和過動的學習環境、建議教師應該避免穿戴足以造成分心的衣物、排除所有刺激的視覺材料（如圖片）、建構特殊材料在視知覺上協助學生、或在空間和形式的組織上來協助學生（Strauss & Lehtinen, 1947）。Strauss及其夥伴奠定了下列學習障礙領域的基礎，如圖1-9（Lerner, 2003）：

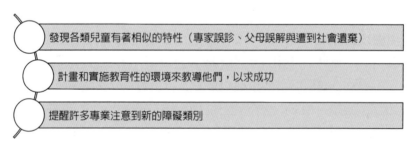

圖1-9　Strauss及其夥伴奠定學習障礙領域的基礎

㈡ Strauss症候群

隨著「腦傷兒童」術語的流行，質疑腦傷術語的可用性也大為增加。

批評者認為這個術語是混淆的，而且運用「腦傷」這個術語來跟父母溝通是有困難的，也會嚇到兒童。因此，有研究人員開始使用其他術語來確認這類兒童。Stevens 和 Birch（1957）就曾建議使用著重行為特性，而非學習特性之「Strauss症候群」這個術語來紀念他的貢獻。「Strauss症候群」兒童會顯現下列行為，圖1-10：

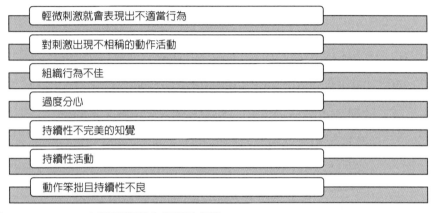

圖1-10 Strauss症候群兒童會顯現的行為

(三) 輕微大腦功能失調

依據兒童不同大腦障礙程度分類，Clements（1966）建議採用「輕微大腦功能失調」（Minimal Brain Dysfunction, MBD）來描述智力接近平均，以及有關中樞神經系統失調或偏差學習和行為異常的兒童。嚴重部分指大腦有明顯損傷的兒童（例如：腦性麻痺或癲癇）；而另一端則是精巧影響到行為和學習的輕微障礙兒童。在當時，有許多醫療專業人員診斷此類兒童時運用「輕微大腦功能失調」這個術語。

(四) 學習障礙

雖然先前已提出很多用來描述這類兒童的術語，但是卻沒有一個獲得普遍地接受。1963年，Kirk（1963）首先在一群關心的父母和專家會議中提出「學習障礙」（Learning Disabilities, LD）這個術語，並獲得立即支持。

　　「學習障礙」這個術語包含許多不同型式的學習問題，它的優點是聚焦於教育性問題，迴避了醫療的涵義，而且似乎更爲學生、教師和父母所接受。因此，這個術語迄今仍然受到廣泛使用。我國與其他先進國家的特殊教育相關法令，也將「學習障礙」這個術語正式寫入其中。

三、擴張與統合階段

　　在此階段（約1960-1980年代），學習障礙在國內和世界先進國家已成爲特殊教育專業領域。隨著國民教育階段成立資源班，學習障礙兒童開始接受特殊教育服務與培育師資，這些方面的成長相當的快速。

　　1960-1970年代，由於家長團體的壓力、專業資訊增加及立法要求等，使得美國公立學校快速建立了學習障礙教育方案。美國甚至通過《特定學習障礙兒童法案》（DL91-230），提供經費來培訓教師；同時在1970年代，美國聯邦政府提供經費支持全美學習障礙示範方案的發展，稱爲「兒童服務示範中心」（Child Service Demonstration Centers, CSDCs）。這些示範方案提供了革新和實驗機會，並激勵美國學習障礙實務的發展（Mann et al., 1984）。

　　我國在1984年《特殊教育法》公布之後，公立學校亦開始設立資源班，招收學習障礙學生進行特殊教育，隨之而來的鑑定工具、教材編製、班級數和學生人數也快速成長中。目前直轄市或很多縣市甚至在每個學校至少設立一班以上的資源班，來安置包含學習障礙在內的輕度身心障礙學生。

　　多數學習障礙學生的教學方案是在小學階段，將學生安置在資源班，在當時主要是依循特殊教育上傳統的服務方式。隨後，中學和大專院校也開始服務學習障礙青少年。在這段期間也發展了許多的新測驗工具和教材，來因應學習障礙學生人數的成長。

四、持續發展階段

　　學習障礙學生的相關課題會受到許多內外在因素的影響，這些因素包含改進先前弱點的、自然延伸發展的，以及外在壓力所造成的。在這個部分，筆者主要是以國外先進國家的發展動向爲主軸，兼述我國目前的發展

情形。茲分述如下：

㈠ 適時修正特殊教育相關法令

如前所示，我國在建立學習障礙服務上，目前最具影響的立法是2019年公布施行的《特殊教育法》修正案；而美國則是2004年公布之《身心障礙者教育促進法》（IDEIA）。在我國的《特殊教育法》下，所有6-15歲的身心障礙兒童和青少年有權接受免費且適當的公立教育；美國則是所有3-21歲的身心障礙兒童和青少年。尤其，各州必須擁有與聯邦法案相一致的計畫。

我國2019年的《特殊教育法》修正案有下列有關身心障礙教育的規範和原則，提供教育行政機關、學校和父母實施法案的指引：

1. 學習障礙為特殊教育的對象。

2. 特殊教育之課程、教材及教法應保持彈性，適合學生身心特性及需要。

3. 身心障礙學生之教育安置，應以滿足學生學習需要為前提下，最少限制的環境為原則。

4. 加強師資培訓及在職訓練。

5. 身心障礙教育之診斷與教學工作，應以專業團隊合作進行為原則。

6. 提供特殊教育學生家庭支援服務。

7. 對每位身心障礙學生擬定個別化教育計畫，並邀請家長參與。

8. 提供申訴服務。

另外，根據《身心障礙及資賦優異學生鑑定辦法》（教育部，2014）第10條規定。學習障礙的鑑定基準，如圖1-11。

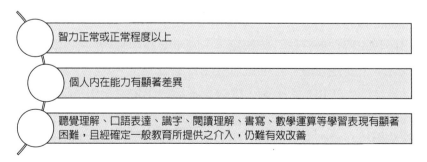

智力正常或正常程度以上

個人內在能力有顯著差異

聽覺理解、口語表達、識字、閱讀理解、書寫、數學運算等學習表現有顯著困難，且經確定一般教育所提供之介入，仍難有效改善

圖1-11　學習障礙的鑑定基準

雖然鑑定基準看似完備，但是仍流於概念性標準，而非明確的操作性標準。例如：智力正常或正常程度以上，其標準到底是多少？何謂神經心理功能異常？如何確認？「個人內在能力有顯著差異」的內在能力，指的是什麼？怎樣情況才算是「顯著差異」？這些都說明了適時修正特殊教育相關法案內容的必要性。

(二) 因應融合教育運動的影響

自從前任美國教育部助理祕書Will（1986）提出「普通教育改革」（Regular Education Initiative, REI），要求普通班教師對學校中的身心障礙學生擔負更多責任以來，我國與先進國家（如美國）目前學校中融合教育安置都在快速成長中。「融合教育」（inclusive education）是將身心障礙兒童安置在鄰近學校普通班接受教育的政策。我國目前支持將身心障礙兒童安置在普通班是《特殊教育法》的要素之一，稱為「最少限制的環境」（Least Restrictive Environment, LRE），顯示在最大範圍內身心障礙兒童應與普通兒童一起接受教學。

融合教育這項課題在學者專家、行政人員、父母和教育人員之間仍充滿爭議。支持融合教育者相信將身心障礙學生安置在普通班，可以提供這些學生更接近其普通教育同儕，提高學生成就表現的期望，協助普通教育學生更接納不同的學生，以及增進普通和特殊教育教師之間的統整協調（Stainback & Stainback, 1992）。

其他教育人員則更關心融合的價值。他們憂慮學習障礙兒童在普通班可能無法接受密集、直接和個別化教學。這些教育人員強調特殊教育需要發現每位學習障礙兒童的特性為何，以發現個別設計教學來迎合兒童的特殊需求。他們擔心許多研究顯示，學習障礙學生在普通班接受的服務不佳（Zigmond, 1997）。

根據我國特殊教育統計年報顯示，國小至高中職階段學習障礙學生的安置概況，主要是安置於普通班並接受資源班服務，其次是普通班和巡迴輔導（教育部，2018）。不過，根據筆者參與學習障礙學生鑑定安置的經驗，凡是被鑑定為學習障礙，皆是安置在身心障礙資源班。我國並不像美國有許多學校在推動融合教育，使得學習障礙學生安置普通班接受服務的

比率在增加中。

由於融合運動及更多學習障礙學生安置在普通班和身心障礙資源班，資源班教師必須變得更擅於協同合作。這種角色包括調整其他專業人員的努力、建立合作的科際整合小組、提供班級教師的支持，以及主動參與在不同情境的教學。他們應該成為能力強的共同工作者和協同者；如果缺乏協同努力，每位專業人員可以依其觀點來看待學習障礙學生，就像盲人摸象一般。同樣地，由於每位專業人員只看到學習障礙學生的一部分，就可能會出現盲目地解釋學習障礙學生的風險。因此，資源班教師重要的任務在於統合不同專業服務，以達成全人的了解。

(三) 擴展學習障礙的次類別

有關學習障礙的次類別的擴展，可能會著重在社會、情緒和行為範圍，如「非語文障礙」（Nonverbal Learning Disabilities, NLD）。這類障礙包含特定缺陷的神經症候群，會影響到一些兒童和成人顯現嚴重的社交問題（NLD website）。非語文障礙個體雖然有特殊長處，例如：驚人的記憶能力、注意細節等。然而，這類個體也有特定缺陷和功能失調領域，包含(1)動作笨拙（統整不佳、平衡有嚴重問題、抓取動作能力困難）；(2)視覺─空間─組織缺陷（缺乏心像、視覺喚起不佳、不完美的空間知覺、及空間關係困難）；(3)社交關係缺陷（理解非語文溝通的能力欠缺、新奇情境的調整有困難、社交判斷和互動有缺陷）。

(四) 使用反應介入來證實學習障礙學生的資格

自從美國2004年通過了《身心障礙者教育促進法》（IDEIA），研究和實務人員已開始使用反應介入（Response to Intervention, RTI）來證實學習障礙學生的資格。雖然運用此種方法在確定學習障礙學生的資格上仍有許多問題待解決，不過這種方法的運用已在快速成長中（Gersten & Dimino, 2006; Lerners & Johns, 2012）。

(五) 運用資訊科技提升學習效率

資訊科技的進展日新月異，致使連電腦專家都很難跟得上。事實上，每天可能都有新技術進入商業市場。資訊科技的處理速度不斷增進中，成

本卻一再降低，使得愈來愈多人能夠親近或擁有它們。學者指出許多新的資訊科技，可用來增進學習障礙個體的學習和生活品質（Raskind & Higgins, 1998）。

隨著資訊科技進入各階段學校教育中，目前我國各階段學校都有資訊組長或系統管理師負責資訊教育。因此，電腦也成為學習障礙學生的教學工具。尤其，研究顯示使用電腦對這些學生是有效的。雖然他們在學校可能會體驗到許多學業問題，不過許多學習障礙學生似乎對電腦有特殊的才能（Raskind, 1998; Raskind & Higgins, 1998）。下列幾個為目前和成長中的資訊科技應用，對學習障礙學生具有重要的涵義：

1. 網際網絡、電子郵件和即時通訊

對教師和學生來說，最引人注目的電腦應用就是「網際網絡」（www）、「電子郵件」（如email）、臉書（Facebook）和Line……。透過網際網絡，學生就可進入虛擬空間和資訊網絡，如搜尋引擎之谷歌（Google）和雅虎（Yahoo），搜尋各種資訊；運用電子郵件，學生可傳送和接收郵件，與世界各地其他學生溝通和交朋友。使用免費即時通訊，如Facebook和Line可讓學生隨時隨地都能簡單迅速地傳送免費訊息給好友、免費視訊通話或語音通話。

2. 輔助科技

「輔助科技」（assistive technology）是指能讓身心障礙使用者移動、玩弄、溝通、說話和參與許多活動的技術和工具（Lerners & Johns, 2012）。科技提供與傳統學習取向相異的作法。Lewis（1998）指出我們可提供學習障礙學生使用輔助科技，來克服文字溝通和學習障礙。例如：錄音書、大聲朗讀書籍和工具，以及脫口秀和電腦方案等輔助工具，協助有閱讀和寫作問題的學習障礙學生。

文字處理軟體（Word Software）對抄寫、拼字和寫作有困難的學習障礙學生是很有幫助的。電腦可以透過提供一對一互動環境，協助學習障礙學生練習最近習得的閱讀能力，以及投注更多時間來進行學習。

3. 光碟和影碟科技

「光碟」套裝軟體透過其強大的儲存和檢索能力，使得多媒體的應用成為可能。藉由光碟軟體，教學方案可使用本文、說話、關係、圖片、錄

音、影片，以及學生在解決問題和做選擇時可與電腦方案產生互動。使用電子參考材料，如光碟百科全書，學習障礙學生可以探究和獲得資料，藉以瀏覽主題或尋找特定資料。光碟電子故事書可提供高度興趣的故事，電腦可突顯文字或大聲朗讀。

「影碟科技」這種技術使用，看起來像大塊硬碟的影碟。這種影碟儲存大量的資料，可透過電腦非線性的親近它。此種技術對學習障礙學生是很有前景的，因為它提供了具吸引力的視覺概念呈現方式（Hofmeister, Engelmann, & Carnine, 1989）。

結語

學習障礙兒童是充滿迷霧的，這類兒童一生都會體驗到學習困難。學習障礙定義的發展卻是充滿挑戰的，目前每項定義都存在若干弱點。學習障礙兒童和青少年出現率的多寡，取決於鑑定標準。標準愈嚴，出現率就會降低。學習障礙個體是異質的，有許多不同的特徵和學習障礙牽扯在一起。學習障礙會以不同型式的問題，明顯出現在一生中的許多階段。探究學習障礙領域的歷史源頭，同時了解目前可能的發展動向，有助於激勵進一步的探究。

本章重點

1. 學習障礙是指有關個人大腦運作或結構上差異的一種神經生物異常，這種異常會直接影響到個人聽、說、讀、寫、算、拼字、記憶、注意或推理的能力。
2. 一旦兒童文化的語言、價值或風俗習慣實質上與教學不同時，就可能導致兒童在校學習困難。
3. 1963年才開始出現學習障礙這個術語。
4. 許多學習障礙定義已使用多年，但每項定義都存在弱點。

5. 我國與《身心障礙者教育促進法》、「全美學習障礙聯合委員會」及「學習障礙聯盟」等之學習障礙定義，共同的地方包括中樞神經系統不全、參差不齊的成長型式和心理歷程缺陷、學業和學習困難、潛能和成就之間的差距，以及排他因素等。

6. 學習障礙兒童和青少年出現率的多寡，取決於決定接受特殊教育服務資格的鑑定標準。鑑定標準愈嚴，出現率就會降低。

7. 學習障礙個體是異質的，他們會表現各種學習和行為特徵，但是沒有一位學習障礙個體會表現所有特徵。學習障礙個體共有的特徵，包括注意力異常、口語語言困難、認知學習策略的發展失敗、閱讀困難、動作能力不佳、心理歷程缺陷和資訊處理有問題、書寫語言困難、數學困難，以及非語文學習障礙。

8. 學習障礙會以不同型式的問題，明顯出現在一生中的許多階段。

9. 學習障礙與其他障礙類別的比較是很明顯的。學習障礙在高級中等以下學校約占26.4%，僅次於智能障礙（26.7%）。

10. 學習障礙的歷史演進分成下列四個時期：醫學研究（約1800-1930年）、臨床實驗階段（約1931-1960年）、擴張與統合階段（約1960-1980年）、持續發展（約1981年-迄今）。

11. 在醫學研究階段，是基礎研究大腦功能和異常的期間。大腦科學研究人員了解到某一特定的大腦區域產生障礙或損傷，會導致某種功能喪失。

12. 在臨床實驗階段，學習障礙的術語有多次改變，分別是腦傷兒童、Staruss症候群、輕微大腦功能失調和學習障礙。這些術語的演變，同時也反映了學習障礙領域的歷史軌跡。

13. 我國目前在持續發展階段中的發展，主要包括適時修正特殊教育相關法令、因應融合教育運動的影響、擴展學習障礙的次類別、使用反應介入來證實學習障礙學生的資格，以及運用資訊科技提升學習效率。

14. 成長中科技應用對學習障礙學生具有重要涵義，包含輔助科技、光碟和影碟科技，以及網際網絡、電子郵件和即時通訊。

第二章

不同理論基礎對學習障礙的蘊涵

本章主要在探討不同理論基礎對學習障礙領域的影響。在浩瀚星空中，如果你駕駛太空船不曉得要航往何方，航向任何不可測的方向都是可能的。理論可協助我們了解學習障礙的基礎，藉由闡明個體所面對的學習問題本質，亦可作為教學策略或方法的基礎。凡是缺乏理論引領的特殊教育工作者，可能會走向不知是何處的道路。

近幾十年來，研究學習障礙的複雜問題導致了理論、評量、教學及行為處理實務上的革新與進展。尤其，學習障礙領域所形成的理論在特殊和普通教育上的其他領域也有明顯影響。在此，我們將要探究醫學和心理學的理論基礎及其對學習障礙的涵義。

(第一節) 學習障礙的醫學基礎

本節主要是探討學習障礙的醫學範圍。我們將檢視神經科學和大腦研究、神經心理學測試，以及醫學資訊對學習障礙的涵義。

在學習障礙領域，由於問題本質主要是涉及到大腦內部，因而醫學領域長期以來就是必要的部分。就像第一章所示，醫學研究人員對大腦的基礎研究和發現，而這些研究乃成為學習障礙領域初期發展的核心。就像人類持續進行外太空未知事物（如火星、宇宙形成……）的探測一樣，目前的神經科學研究持續地解開了大腦有關的資訊，也導致了診斷和處遇學習障礙的新方法。

一、神經科學有關大腦的研究

「神經科學」（neurosciences）是探究大腦和中樞神經系統功能與結構的一門學問。在此，我們要簡要地檢視幾項神經科學的層面：大腦半球的結構及其功能、神經心理學、及大腦近期的研究。

(一) 大腦半球的結構及其功能

人類的行為都是透過大腦和中樞神經系統來傳遞的，而學習行為是大腦最重要的一項活動。例如：神經科學家發現位於大腦顳葉皮質內側部位的兩個神經核：「杏仁核與海馬迴」，在人類記憶與學習過程扮演了關鍵

性角色（施河，2004）。從神經心理學觀點來看，學習障礙意味人體這項最複雜精細器官的功能不全或不成熟。

1. 大腦皮質半球

人的大腦是由左半球和右半球所組成的，兩半球之間的連續結構稱爲「胼胝體」（corpus callosum）。每個「大腦皮質半球」（cerebral hemisphere）可以再區分爲「枕葉」（occipital lobe）、「頂葉」（parietal lobe）、「額葉」（frontal lobe）、「顳葉」（temporal lobe）和「動作區」（active area），如圖2-1。

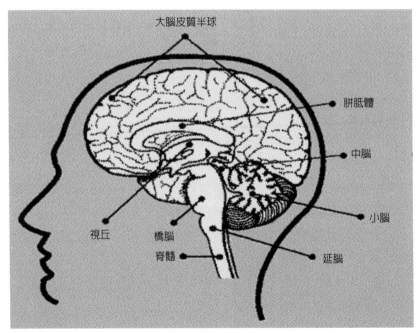

圖2-1　大腦

其中，枕葉位於腦部背後中央稍微下面一點的地方，是處理視覺刺激的主要腦部區域，又稱「視覺皮質」（visual cortex）；頂葉位於腦部頂端，是一塊扁平、如餐盤狀的區域，左右大腦各有一塊，又各區可分成前區和後區兩個小區塊；前區爲「體覺皮質區」（somatosensory cortex），是負責接收外來感覺刺激的主要區域；頂葉後區則能持續分析和統合外界

訊息，讓你產生空間知覺。

　　額葉位於大腦的前半部，並往後擴展到頭頂，它的功能主要爲感覺動作過程和認知。顳葉位於腦部兩側，就在耳朵的上方，是兩片從枕葉彎向前方直到額葉下方的腦葉，它的主要功能在於處理聽覺刺激。而每個半球的動作區控制身體另一邊的肌肉活動。因此，左手和左腳的移動發生於右半球的動作區，所以一側腦中風的人常發生對側身體感覺的喪失或癱瘓。

2. 大腦皮質半球的分工與合作

　　雖然大腦兩個半球在結構上幾乎是同一的，不過他們的功能卻不同。目前發現右半球控制非語文功能，而左半球掌語言功能（Hiscock & Kinsbourne, 1987）。右半球主要是處理非語文刺激，包括空間知覺、數學、音樂、方向定位、時間、序列及身體知覺等。因此，即使大腦皮質同時接受到不同感覺器官的神經衝動，仍然是由左半球來回應語文刺激。所以，左半球腦傷的病患除了身體右半邊的功能障礙之外，通常會喪失語言（Lerner, 2003）。

　　大腦功能的二元化會造成有些人傾向於接近右腦型式的環境，有些人會傾向親近左腦型式的環境。左腦型的個體擅長語言和語文能力；右腦型的個體則在空間、藝術和數學能力有優勢。這些左右腦不同的功能可提供一些學習型式差異的洞見，作爲教學參考。

　　不管怎樣，大腦兩個半球並非各自獨立運作的；他們之間仍有許多相關聯的地方和功能。個體的學習歷程都是取決於大腦左右半球及其相關聯的功能，任一半球的功能效率不足，會影響到個體整體與語言獲得及應用的效果（Hiscock & Kiusbourne, 1987）。

㈡ 神經心理學

　　「神經心理學」（neuropsychology）是心理學分支，它組合了心理學和神經學。神經心理學家評量個體中樞神經系統和大腦功能及行爲之間關係的發展。過去大部分神經心理學的研究是運用到腦傷成人的行爲上。不過，最近已有直接朝向學習障礙特定領域的研究和應用（Fennel, 1995; Lerners & Johns, 2012）。神經心理學的有關檢視是特別設計來確認學業困難兒童，在神經行爲上細微和明顯的問題。這些檢視主要是探討智能、語

言、感覺動作、注意、記憶、學習、及社會情意的運作範圍，同時也評估大腦左右半球之間功能的差異（Hiscock & Kinsbourne, 1987）。

(三) 近期一些大腦研究

由於大腦功能複雜和深奧，及大腦結構技術的進展，使得有關大腦及其對學習和行為關係的研究累積相當緩慢；惟隨著技術提升和科技的不斷進步，現今神經科學家不斷致力於大腦結構和功能的研究，已營造了解開大腦和學習障礙關係的良好契機，就像人類遺傳基因去氧核糖核酸（DNA）的解碼一樣。

閱讀是一種極為複雜的人類活動，它需要一個運作良好的大腦和中樞神經系統。許多大腦研究涉及閱讀障礙個體的研究，這是一種令人迷惑的學習障礙型式，會干擾到閱讀學習。幾十年來，研究人員認為閱讀障礙具有神經心理的基礎。

隨著大腦及其與閱讀關係知識的成長，目前已有事實指出閱讀障礙者的大腦結構和功能與正常人的大腦有明顯不同。例如：科學家已找到造成閱讀障礙的主要基因，分別命名為DCDC2和Robol；前者缺乏會使得大腦閱讀細胞無法連線而短路，而後者活動不足則大腦兩半球之間的神經軸突就無法促成比較細緻的閱讀連線（彭懷棟編譯，2005）。以下是近期一些有關學習障礙在遺傳方面及大腦影像技術的研究：

1. 遺傳因素的研究

近二十年來，學習障礙遺傳方面的知識明顯有增加。一般來說，遺傳研究的型式主要是進行雙生子或家庭成員研究。前者研究發現雙生子有類似的閱讀障礙特徵，提供了遺傳在閱讀障礙上扮演顯著角色的事實（De-Fries, Stevenson, Gillis, & Wadsworth, 1991）；後者則有研究指出閱讀障礙者出現在家庭成員的現象（Hallgren, 1950），以及有強烈事實顯示重度閱讀障礙者似乎有遺傳基礎（Pennington, 1995）。

2. 運用大腦影像技術對學習障礙個體的研究

大腦科學的研究人員已透過遠比過去更新穎的技術，來研究複雜深邃的大腦。這些技術包括「大腦電子活動繪圖」（Brain Electrical Activity Mapping, BEAM）及「功能性的核磁共振影像」（Functional Magnetic

Resonance Imaging, FMRI）等。表2-1是這些技術的目的及其有關學習障礙個體的研究成果。

表2-1 不同大腦影像技術及其對學習障礙個體的研究

影像技術	目的	學習障礙個體的研究
大腦電子活動繪圖（BEAM）	監督腦波的活動。	閱讀障礙者大腦產生電子活動的主要方法與正常大腦活動不同，其差異在左半球的視覺中心，位於大腦額葉和枕葉的中間（Duffy, 1988）。
功能性的核磁共振影像（FMRI）	這是一種更新且不具侵入性研究人腦的方法。	1. 使用FMRI掃描非閱讀障礙和閱讀障礙成人閱讀任務時的影像，發現閱讀障礙個體在大腦的視覺和語言聯繫區不活躍（Shaywitz &Shaywitz, 1998）。 2. 使用FMRI掃描16位8-13歲男孩一起玩簡單遊戲時的大腦，可偵測到大腦在回應特定行為和藥物的方向，也可區別正常和ADHD兒童（Vaidya et al., 1998）。

另外，隨著新銳技術不斷的發展，例如：德國西門子公司發表的「超高速微輻射雙源電腦斷層掃描系統」比現有電腦斷層掃描系統更快、影像更清晰，對未來學習障礙個體大腦奧祕的探究將更有利（http://health.chinatimes.com）。

二、神經心理學檢測

神經心理學檢測可由適當的醫療專家來實施，如神經科醫師、兒童精神科醫師。神經心理學可以從兩個方面，來檢測疑似學習障礙的兒童或青少年，如圖2-2並簡述如下：

傳統的神經心理學評量　　軟性的神經訊號檢測

圖2-2 神經心理學檢測層面

㈠ 傳統的神經心理學評量

在傳統神經心理學的檢視上，醫生會先了解個案詳細的醫學史，包括家庭史、懷孕和生產史、兒童發展史、健康史。

檢視兒童的嗅神經、視神經、聽神經……頭側神經，以獲得有關視力、聽力、味覺和平衡感官及臉部表情、咀嚼、吞嚥和說話能力等特性（施河主編，2004）。我們可以透過了解兒童對某項刺激、各種器官條件和兒童表現某任務的能力，來評估不同頭側神經的功能。

傳統神經心理學的檢視也會評量兒童動作功能的控制。我們可經由知覺測驗或觸覺模擬，來測試兒童的反射動作和感覺神經。至於其他可以要求的特殊醫學程序，包括測量大腦電子活動的腦波圖（Electroencephalography, EEG）、大腦血管和頭顱的X光照射、生化研究、遺傳檢測或內分泌學研究（Lerner, 2003; Lerners & Johns, 2012）。

㈡ 軟性的神經訊號檢測

軟性神經訊號（soft neurological signs）包括輕微的統整困難、輕微的顫動、動作笨拙、視覺動作障礙、閱讀和算術能力困難，以及語言發展缺陷或不正常的遲緩等，這些軟性神經訊號可運用傳統檢測方法來偵測。

神經心理學家使用各種測驗來偵測中樞神經系統不全的軟性訊號（Levine, 1987），這類測驗包含(1)粗大動作測驗－在於評量姿勢能力、動作和平衡，同時也觀察兒童走路的步態；(2)精細動作測驗－例如：「手指失認測驗」和「手指靈活測驗」，前者評量常要閉上眼睛的病人，使用觸覺感官認識主試者所碰觸的手指。後者則要求兒童依次觸摸每個手指至拇指，分別測試每隻手（Lerner, 2003）；(3)視覺動作測驗－在於評量個案因應各種幾何形式的能力。

以國內來說，常用的視覺動作測驗是「拜瑞、布坦尼卡之視覺動作統整發展測驗暨兩項補充測驗」（VMI），以及「簡明知覺動作測驗」（QNST）（張世彗、藍瑋琛，2019）。前者要求受試者畫二十七種完整的幾何圖形，其目的在測量兒童和青少年的視覺統整發展能力，可用以評估視覺動作統整障礙的兒童。後者目的在於測量兒童的知覺動作能力，包括十五個分測驗，分別為「書寫技能」、「認知與仿畫圖形」、「認知

手掌上的字形」、「追視技能」、「模仿聲音組型」、「用手指指觸鼻尖」、「用手指按成圓圈」、「同時觸摸手和臉」、「迅速翻轉手掌動作」、「伸展四肢」、「腳跟緊靠腳尖行走」、「單腳站立」、「交換跳」、「辨別左右」、「異常行為」等。

(三) 神經心理學檢測的限制與困難

雖然詳細解釋神經心理學檢測的結果（包含傳統神經心理學的評量和軟性神經訊號的檢測），對於了解學習障礙個體的功能狀況很有幫助。不過，由於傳統神經心理學的檢測並無法顯露許多軟性神經的訊號，而且可能無法發現任何學習個案的異常，加以解釋神經心理學的發現也有下列困難，如圖2-3（Levine, 1994）：

學習令人滿意學生之間，亦會出現廣泛軟性訊號之輕微神經學功能不全。

由於兒童的神經系統尚未成熟，且持續改變中，通常很難區分中樞神經系統的發展遲緩和功能不全。

許多軟性訊號的測試是心理的或行為的，而非神經學的。

圖2-3　解釋神經心理學發現的困難

因此，學校和家長不應對神經心理學檢測的結果有不切實際的期望。神經功能和最終測試目的在於有效學習，人類獨特的學習能力都歸屬於大腦和神經系統的高度複雜組織。

三、醫學資訊對學習障礙的涵義

科際整合在醫學方面是不可避免的，因為沒有一種專業訓練可單獨解決所有問題。探究有關學習障礙領域之相關醫學範圍的需求，對協助學習障礙個體的教育人員來說，具有下列幾項涵義，如圖2-4：

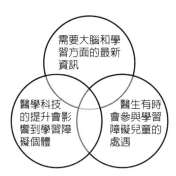

圖2-4　醫學資訊對學習障礙的涵義

㈠ 需要大腦和學習方面的最新資訊

　　人類的學習均涉及到大腦內部所發生的神經心理歷程，這些歷程如果出現功能不全或不成熟，就會嚴重影響到學習歷程。因此，教育人員需要有關大腦和中樞神經系統及其與學習和學習障礙的基本及最新資訊。隨著人類對於大腦有關知識的快速增加，將有助於進一步解開迷霧般的學習障礙個體。

㈡ 醫生有時會參與學習障礙兒童的處遇

　　有時，醫學專業人員會參與學習障礙兒童和青少年的評量及處遇。因此，教育人員須了解醫學的專門術語和概念，來解釋有關學生的醫學報告。一旦醫師運用了藥物治療，教育人員應該提供醫師和家長有關藥物成效的回饋。

㈢ 醫學科技的提升會影響到學習障礙個體

　　目前醫學科技的進步拯救了許多過去可能無法存活下來的嬰幼兒，但有時這些嬰幼兒在日後會成為學習障礙。例如：產學理論和技術的提升可能導致體重超低嬰兒的存活率，惟有些這類嬰幼兒日後會面臨學習障礙的問題；又如隨著斷層掃描（CT）與核磁共振（MRI）修正軟體的應用，可以將偵測數據轉換成3D立體影像，更精確診斷學習障礙個體的大腦結構和位置。

第二節 學習障礙的心理學基礎

「心理學」（psychology）是研究個體行為的一門科學，迄今已衍生出多種分支，例如：學習心理學、認知心理學等。根據學者的看法，下列基本理論和概念對學習障礙的了解、評量、教學和研究上，具有重要涵義（Lerner, 2003; Lerners & Johns, 2012）。茲分述如下：

一、多元智力理論與學習障礙

「多元智力理論」（theory of multiple intelligences）協助我們了解智力是可以發展的、智力存在於表現或解決問題的過程中、智力測量應該在一個有脈絡真實的生活情境下進行，以及明顯影響我們的教學方法。過去幾十年來，由於Gardner（1983）的努力，使得多元智力理論的概念不斷發展，不僅對於學習提升產生了有意義的應用，也可作為研究、評量和教學的基礎（田耐青譯，2003）。

(一) 多元智力理論

Gardner（1995）將傳統的智力觀，分割成八種不同的類別（表2-2）：

表2-2 Gardner的八種不同的智力型式

智力類別	定義
語文	對於字詞的順序或意義，有特別敏感的能力。
數學—邏輯	可以處理一連串的推理和識別型態或順序的能力。
音樂	對於音階、旋律、韻律和腔調敏感的能力。
肢體—動覺	有技巧的使用身體和靈巧處理物體的能力。
空間	精確感覺世界以及創造或轉換世界觀點的能力。
人際	了解其他人和彼此間關係的能力。
內省	能夠了解自我和別人，以評估自己情緒生活能力。
自然觀察	擁有辨識和組織環境裡面，各種動植物的能力。

㈡ 多元智力理論對學習障礙的涵義

許多父母、普通班和特殊教育教師已經觀察到其學習障礙孩子或學生亦有令人難以置信的才能，而這些才能通常無法在學校中獲得充分的表現或受到低估或忽視。根據多元智力理論，人們至少擁有八種不同的智力型式。

上述每種智力型式的發展程度，往往取決於許多變項。許多學校的學習要求語文智力，這是許多學習障礙個體感到困難的領域。有些學習障礙學生有閱讀困難，但是在數學、音樂、美感或藝術等其他領域都擁有優異的能力。這些個體可能在頓悟、知識、幽默和情緒上有不尋常的優勢（Hearne & Stone, 1995）。如果他們的需求沒有得到配合，可能會表現出分心、坐立不安、甚至出現阻斷性行為（Lerner, Lowenthal, & Lerner, 1995）。

值得注意的是，這些兒童在學校失敗並不會造成抑制學習、失敗或沮喪的機會。普通班或資源班教師可根據幾項原則來迎合學生的獨特需求：「接近其優勢領域時，協助學生忽視其缺陷，針對這些學生修正作業和課程，使得他們的真正能力能夠顯現出來，營造出培育個人創造力和智能特性的環境。」

二、認知心理學與學習障礙

自Ulric Nesser在1967年出版了第一本《認知心理學》的教科書，以及隨後在1970年出版《認知心理學期刊》，認知心理學已逐漸成為心理學的主流之一。認知心理學是對人類心智歷程及結構所作的科學分析，著重人類學習、思考和了解的過程（鄭麗玉，1993）。認知能力可以使個人認識、思考、概念化，使用抽象、推理、問題解決、批判和創造。

近年來，有關認知發展和心理歷程的理論已經影響到學習障礙領域，可以使我們更了解人類是如何學習的，以及學習障礙個體的認知特性對其學習所產生的影響。當然，認知心理學也可以引導出學習障礙兒童和青少年教學的原則。以下針對資訊處理學習模式、心理歷程異常及認知學習理論等方面來描述。

㈠ 資訊處理學習模式

「訊息處理論」（information-processing theory）興起於60年代，主要是受到電腦快速發展的影響，近來相當風行，而成爲現代認知心理學重要的理論。這項理論取向是特別爲解釋人類在環境中，如何經由感官覺察、注意、辨識、轉換、記憶等內在心理活動，以吸收並運用知識的歷程。

一般而言，認知心理學家將訊息處理分成下列三個階段（圖2-5）：
(1)**感官記錄**（Sensory Register, SR）：也稱爲感官收錄和感官記憶，指個體經由視、聽等感覺器官來感應外界刺激所引起的短暫記憶（在3秒鐘以下）。例如：決定進一步處理時，則予以注意並編碼轉換成另種形式；否則就放棄；(2)**短期記憶**（Short-Term Memory, STM）：指經感官收錄後再經注意，而在時間上持續20秒以內的記憶。在訊息處理過程中，短期記憶對個體行爲具有兩種重要作用：①對刺激表現出適當反應；②對個體認爲要進一步處理的訊息，採用複習方式（及工作記憶），以保留較長的時間，然後輸入長期記憶中；(3)**長期記憶**（Long-Term Memory, LTM）：指保持訊息長期不忘的永久記憶。長期記憶的訊息可分爲兩類：①語意記憶（semantic memory）：指有關語文所表達之意義的記憶；②情節記憶（episodic memory）：爲有關生活情節的現況記憶（Tulving, 1972）。

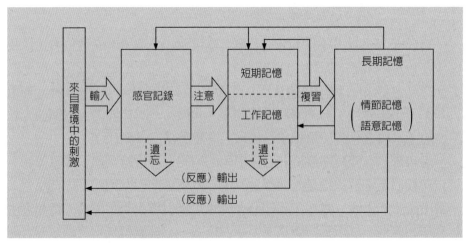

圖2-5　訊息處理的心理歷程

　　資訊處理的學習模式在學習歷程是追溯資料的流動，從資料接收，經由處理功能，然後到行動。為說明此種資訊的流動，對學生顯示一個單字（輸入刺激）。學生尋找記憶來認識國字，並決定其音韻和意義（處理和執行功能），最後說出國字（輸出表現）。如果沒有國字的記憶，個體就無法認識或說出這個國字。

　　資訊處理模式的核心，就是圖2-5中之「多層次的記憶系統」（multi-store memory system）：(1)感官記錄；(2)短期記憶；(3)長期記憶。資訊處理論指出複製經驗儲存很短暫，在感官記錄上或許只有幾秒鐘努力注意它，否則資訊會立即從感官記錄中喪失。對教學的重要性是必須引起學生的注意。

(二) 心理歷程異常

　　心理歷程是諸如知覺和動作、語文和記憶功能等此類領域的基本能力。根據我國《身心障礙及資賦優異鑑定辦法》（教育部，2014）中的規定可知，學習障礙學生有一種以上在學校學習所需的基本心理歷程異常。這種異常會干擾到學生學習的內在限制。了解學生為何沒有能力學習的心理歷程異常，可以作為學習障礙領域的基礎，因為它提供了對學習障礙學生有價值的評量和教學的觀點（Adelman & Taylor, 1991）。

　　對特殊教育及其相關人員來說，心理歷程異常的理論提供了一種了解學生無法學習和計畫IEP的新機會。這種理論相信學生在處理資訊的基本能力是不同的。首先，教師可透過測驗或其他測量方式來確定學生的心理歷程能力和障礙，然後就能依據這項資訊來選擇適當的教學方法。例如：聽知覺處理異常的學生可能面對以聽力為主之教學方法上的困難（如注音符號）。依據心理歷程的觀點，目前有下列幾種教學取向（表2-3）：

表2-3　依據心理歷程的觀點而建立教學取向

教學取向	目的	教學計畫
缺陷訓練歷程	透過練習和訓練，建立與發展這些弱勢的處理功能來協助學生。	強化缺陷歷程修正障礙，以利學生進一步學習。
透過偏好歷程來進行教學	教學是基於有利學生優勢與繞過學生弱勢的教學方法和處理程序。	使用學生心理歷程優勢（或學習型式），作為教學基礎。

教學取向	目的	教學計畫
組合法	教師同時運用優勢方法和強化弱勢的方法來指導學生。	結合兩種方法來進行教學。

在學習障礙領域上，基本心理處理異常理論一直是爭議性的課題。學者指出現有心理歷程測驗的信度和效度並不佳，因而依據心理歷程資訊的教學可能無法協助學生學習，而且心理歷程異常不可能成為學習失敗的成因（Kavale & Forness, 1990）。

近年來，有關心理歷程的爭論已稍見止息。現今我們認識到多數學生在學習任務上，都需要一項以上的心理歷程。例如：學習國語文需要視知覺和聽知覺的能力。著重單一障礙領域（如視知覺或聽知覺的心理歷程異常）是過於簡單，因為它無法說明廣泛的學習問題範圍。不過，這項理論的觀點仍然具有強烈吸引力，而且對教學也是有價值的（Hammill, 1990; Kavale, 1990）。

㈢ 認知學習理論

當代認知學習理論擴展了先前的學習心理歷程概念。為了在教育上獲得成功，學習障礙學生必須學習複雜概念和內容領域的基本問題解決能力。例如：組織他們自己的資料，以及需要充足回饋和練習，以保留抽象的資料（Gersten, 1998）。

有些依據認知學習理論而建立的教學策略，可協助學習障礙學生掌握住一般學科和概念。在此，我們將討論兩種有效的認知學習策略，如圖2-6。

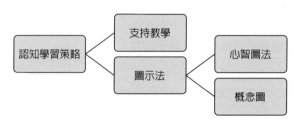

圖2-6　有效的認知學習策略

1. 支持教學

「支持教學」（anchored instruction）指學徒式教學，即由一位有知識的大人與學習者共同處理眞實生活的問題。在此類情境上學習配合解決眞正的問題，不僅是閱讀它而已。支持教學可引發學習者並促進類化，因爲學生透過經驗學習如何將他們所學的知識運用至眞實世界（Gersten, 1998）。

2. 圖示法

「圖示法」（graphic organizers）是將概念、知識或本文和圖片，組成資訊的視覺表徵。它可讓個人很容易了解資訊。圖示法對學習障礙學生是非常有用的（Fisher, Schumaker, & Deshler, 1995）。相較於傳統大綱的特性，圖示法的特性，如圖2-7。

傳統大綱	⟷	圖示法
順序的、線性的學習歷程	⟷	啓發的、關聯的學習歷程
視覺清晰和系統的	⟷	視覺創造的和無計畫的
與傳統的教師引導學習相容	⟷	與學生中心的生產性學習相容
固定的、邏輯的組織	⟷	變通的、調適的組織
有利於左腦型式的學習	⟷	有利於右腦型式的學習

圖2-7　傳統大綱與圖示法之比較

以下將介紹兩種圖示法的型式：

(1) 心智圖法

「心智圖法」（mind mapping）是藉由顏色、圖案、代碼將擴散性思考具體化的一種思考方法，它不僅具有個人特色，還能增進創造力、分析、溝通和記憶，並協助回想（孫易新，2001；Buzan, 1974）。換言之，心智圖法是放射性的連結運作過程，其發展方式是將心像構思的影像與網路具體化，同時將關鍵資訊清晰的儲存。心智圖比創造一份綱要來得更容易，因爲觀念無須組織或順序化。

製作「心智圖法」有「主題中心」、「枝幹延伸」、「定關鍵字」、

「分支分化」及「關係連結」等關鍵要素。若能掌握這些要素，將會有助
於製作「心智圖法」，如Buzan（1974）所提出之「宇宙太空」。

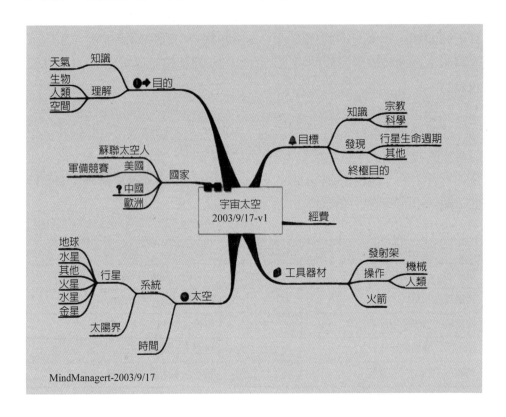

(2) 概念圖

在概念圖方面，學生或教師可將概念和單字群聚在一起。這種活動可
活化學生對概念的建構，如圖2-8。

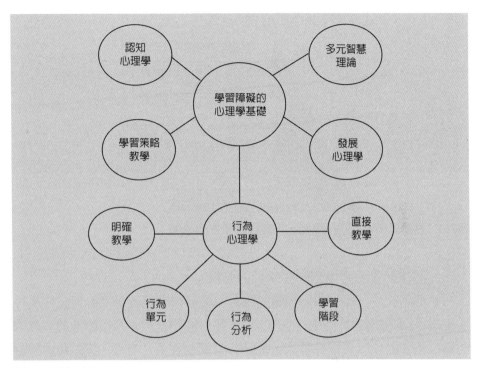

圖2-8　概念圖

㈣ 認知心理學對學習障礙的涵義

　　就像行為心理學一樣，認知心理學也是在分析人們如何學習。依據認知心理學的教學策略，可協助學生學習注意、記憶、了解、思考和享受學習，因而對學習障礙兒童和青少年的教學具有許多涵義。下列原則可協助教師應用認知策略於學習障礙學生的身上，如圖2-9。

1. 協助學生建構和連結知識

　　每個人必須建構自己的知識，因為知識無法直接給予學生。由於新知識部分植基於舊經驗，因此學生必須學習使用他們的已知經驗、知識和能力。教師應該先由學生已知部分開始，然後協助他們建立和連結新資訊。例如：在國一自然與生活科技領域，學生已知的「植物的運輸構造」知識可以作為「植物體內物質運輸」的起始點。

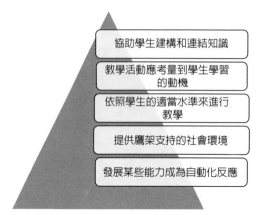

圖2-9 協助教師應用認知策略於學習障礙學生的原則

2. 教學活動應考量到學生學習的動機

動機是完成目標和學習欲望的驅力。由於學習障礙學生發現這些學校的挑戰是如此的費力,因此他們的教師要對他們有信心且相信他們可以成功是很重要的。為了維持動機,教師必須使學習更為有趣。圖2-10為激勵學生學習的活動,應該具有下列特性(Lerner, 2003):

	使學生覺得學習是一種享受
	使教師能夠對於學生的進步表現出樂趣和榮耀
活動特性	包括學生感興趣的主題
	提供外在誘因
	讓學生作選擇和自主決定
	投射真誠和熱誠

圖2-10 激勵學生學習的活動特性

3. 依照學生的適當水準來進行教學

根據Vygotsky近側發展區(Zone of Proximal Development, ZPD)的理論,學生的學習有幾種水準。在較低水準,學生幾乎可獨立學習;而在上端部分,由於水準超過學生的能力,以致即使有建構非常仔細的教學,學生也無法掌握住能力並進行遷移和類化。近側發展區(ZPD)是此項範圍

的中間部分，教學應該發生在此發展區。因爲它難易適中，在大人輔導下學生能夠在此發展區上成功學習。

4. 提供鷹架支持的社會環境

教師和學生之間的交互關係是一項學習的決定性因素。教師提供學生學習和成長必要的支持與資訊，這種支持稱爲「鷹架作用」。因爲學生使用這種協助可建立堅固的了解，進而讓他獨立解決問題或完成任務。

5. 發展某些能力成為自動化反應

爲求有效反應，許多學習領域必須變得自動化和習慣化。例如：記住說話時的國字；閱讀時透過視覺記住國字。閱讀障礙學生無法快速回憶起國字和圖片；學習障礙學生在習得自動化能力上傾向於較爲緩慢，他們必須付出更多努力在自動化上，以致於他們較少致力於針對學習歷程的其他領域，如閱讀理解或數學解題。這些學生需要更多練習和重複，來發展某些能力自動化的反應。

三、學習策略教學與學習障礙

「學習策略」指學習者因時、因地、因作業性質所使用的一些方法或原則，這些方法或原則可幫助學習者有效獲得、運作、統整、儲存及檢索訊息，以達到學習目的（邱上貞，1991）。教學的學習策略取向著重學生如何學習，而不是他們要學習的內容。有效率的學習者能運用各種學習策略來協助他們，學習障礙學生缺乏學習策略。研究亦顯示有效且成功的學習者與效果較差而易失敗的學習者之間最大的差異，就在於前者比較懂得運用有效的學習策略（Winograd, 1984）。一旦教師協助學生獲得學習策略時，學生就會學習到如何學習。

有效率的學習者會使用怎樣的策略呢？這類學習者能控制和指導他們的思考歷程來促進學習。他們詢問自己問題，組織自己的思想，連結和整合新教材，也會試著預測未來和監控新資訊的適切性（Lenz, Ellis, & Scanlon, 1996）。

相對地，學習障礙學生常缺乏這些功能性的學習策略，他們不知道如何控制和指導其思考去學習，獲得更多知識或記住所學的方法。學習障礙學生首先須了解和習得促進學習與記憶的學習策略。研究顯示一旦他們接

受學習策略教學，就會變得能夠了解如何獲得學業性成功和運用這些策略至許多情境（Gersten, 1998; Pressley, 1991）。

有關學習策略教學的興趣已產生了許多重要研究（Deshler et al., 1996; Brown & Campione, 1986）。以下是學習策略教學的實用指南：

1. 活化學生的背景知識，可使他們從教學中獲益更多。

2. 背景知識是學生學習新教材能力的強烈指標。

3. 成功學習者會監督他們本身的進展，擁有如何做的觀念。

4. 主動學習的學生比被動學習的學生更成功，有效學習者能夠形成問題和作結論。

5. 成功學習和學生自我概念之間有強烈相關，即學習成功可提高自我概念。

6. 成功學習者會使用有效的記憶策略，凡是了解愈多者愈能夠記憶更多。

7. 學生之間的互動機會是重要的：合作學習和同儕助手可增加成就、動機及提高人際關係。

8. 質問對理解是有幫助的。若能自己產生質問時，學生就能更有效學習；接觸高層次問題的學生，比僅接觸低層次問題的學生了解更多；教師給予更多反應和鼓勵追蹤時，他們傾向於更能深思熟慮。

以下將探討認知策略、後設認知策略、學習的社會脈絡和學習型式等學習理論的教學應用：

㈠ 認知策略

一般認知策略包括注意、記憶與語言技巧等（Short & Weissberg-Benchell, 1989）。注意力、學業成就和智力，都有相當程度的關係。成功學習者常能排除干擾因素，集中注意在與學習有關的訊息上；許多學習困難者是因注意力缺陷，且不知如何有效運用注意力策略（Loper, Hallahan & Ianna, 1982）。有效的注意力策略教學，應包含注意力的選擇性、持久性和彈性等方面的能力訓練（Krupski, 1986）。

在記憶策略方面，學者將其大略分為反覆處理、組織化及精緻化等三

類（邱上貞，1991；Ashcraft, 1989; Mayer, 1983），如表2-4。

表2-4 記憶策略的類型

策略	內涵	方式
反覆處理	指學習者將接收的訊息反覆在運作記憶中出現，以免喪失。	• 口語複誦 • 反覆抄寫 • 反覆地看 • 組合運用（口語複誦、反覆抄寫、反覆地看）
組織化	指建構所學習的訊息後，再存入記憶歷程。	• 大綱法 • 建構法 • 類聚法
精緻化	指學習者利用各種方法將已習得的資訊，加入新學習的資訊中。	• 空間關係取向的視覺精緻化（如舉例法、心像法……） • 語文連結取向的語意精緻化（作筆記法、問答法……） • 同時使用前述兩者的方法

在理解策略方面，由於閱讀是個複雜歷程，此種策略是用來協助學生解決閱讀問題。例如：教導學生辨識文章結構，可促進學生的閱讀理解（胥彥華，1989）。

(二) 後設認知策略

「後設認知」（metacognition）指個人對自己認知歷程的認知，亦即個人經由認知思考從事求知活動時，個人自己既能明確了解他所學知識的性質與內容，且能了解進一步支配知識的方法，以解決問題。Flavell（1985）認為後設認知，包括後設認知知識和技能。後設認知知識指個人對自己所學知識的明確了解，個人不但了解自己所學知識的性質和內容，也知道知識中所蘊涵的意義及原理原則。後設認知技能則指在求知活動中，個人對自己行動適當監控的心理歷程。

它是一種透過控制和指導某人自己思考歷程，來促進學習的能力。人們在做某些事情來協助他們自己學習和記憶時，就表現了後設認知的行為，諸如概述不同的技術性策略以協助他們自己了解和記住教材，或演練和重複所學來協助保留和強化他們的學習，這些行為顯示認識某人本身的

限制和計畫自己學習及問題解決的能力（Swanson, 1996）。

　　有效率的學習者會使用後設認知策略，但學習障礙學生傾向於缺乏指導其本身學習的能力。不管怎樣，一旦他們學會有效率學習者所使用的後設認知策略，就可將其應用到各種情境上。例如：學者發展了四種後設認知的閱讀策略，如圖2-11（Palincsar & Brown, 1984）。

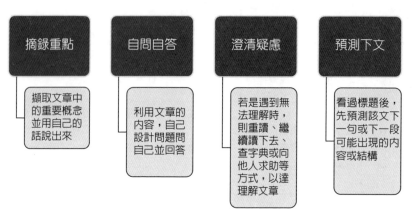

圖2-11　後設認知的閱讀策略

㈢ 學習的社會互動

　　社會環境會明顯影響到學習本身。學習歷程不僅是一種學生自我中心的活動。在學習歷程上，師生及學生之間的社會互動，均具有關鍵性影響。

1. 社會文化認知發展觀

　　Vygotsky（1978）首先觀察到認知發展的社會本質及人際關係在發展上所扮演的角色。他認為人類自出生開始，一直生長於社會中，而此一社會文化世界既會影響成人的行為，也會影響成長中的兒童。在認知發展上，由外化而漸進內化，由初生時的自然人，漸漸轉變成社會人，亦即兒童的認知發展，無異是在社會學習的歷程中進行的。

　　他曾提出「近側發展區」（ZPD），就是指介於兒童自己實力所能達到的水平，與經別人給予協助後所可能達到的水平，這兩種水平間的差距即為該兒童的近側發展區。而在此種情形下別人所給予兒童的協助，稱為「鷹架作用」。也就是說，了解兒童實際發展水準後，找出其近側發展

區，就可透過大人協助使其認知能力得到最充分的發展。

2. 交互教學

在交互教學方面，認知策略是透過師生之間的社會性對話進行教學。此種教學型式是師生輪流引導有關教材的討論（Palincsar & Klenk, 1992）。這種教學法是依據近側發展區、專家鷹架和期望教學等理論所提出的閱讀理解教學法；主軸是師生輪流引導對話，包含四項主要策略，如圖2-12（Palincsar & Brown, 1984）。

圖2-12　交互教學的主要策略

(1) 提出問題

指導學生閱讀後，要求其根據文章重點提出相關的問題，避免問及不重要或細節的訊息。在提出問題策略上，教師可提供學生題幹來形成問題，如以「6W」協助學生發問。

(2) 摘要

指導學生針對文章內容所出現的重要概念加以統整，學生若能摘要重點，排除不必要或重複的訊息，則表示其已能理解所閱讀的內容，而且能確認閱讀文章的重點。敘述摘要有五大原則：刪除瑣碎的部分、刪除多餘部分、描述高層概念、選擇標題句作為摘要的架構、當段落的順序不明確時，主動創造足以顯現主題的句子。

(3) 澄清疑慮

指導學生確認不能理解之處。同樣地，學生會啟動相關知識，將所閱讀的文章內容與之前已有的知識相比較。在過程中，這是一種理解監控的策略，是在指導學生確認文章中任何難以理解的部分，以採取合宜的調整措施（如反覆閱讀、對照上下）。

(4) 預測

指導學生根據文章題目、大綱、圖畫等預測文章的可能內容，以及根據文章上一段的內容陳述，預測下一段會發生什麼事或有哪些訊息。也就是，讓學生能從結構式文章中的標題、副標題或隱藏於文章中的問題，來預測作者將要討論的內容。

交互教學是一種有效的教學法，可使學生的閱讀理解和閱讀文章所使用的總結、質問、澄清和預測獲得增進（Palincsar, Brown, & Compione, 1991）。國內研究亦發現這種教學法對國小閱讀理解困難學生之閱讀理解能力，具有教學成效與保留效果；同時顯示學生在提問、摘要、澄清疑慮較常使用，而預測較少使用（何嘉雯和李芃娟，2003）。

㈣ 學習型式

「學習型式」（learning style）會影響到學習表現的成效。個人的學習型式常包含一般行為、態度和氣質。透過了解學生的學習型式，我們可洞悉其學習困難的本質（Dunn, 1988）。以下將探討一些學習型式及行為氣質：

1. 主動積極型與消極被動型

有種看待學生的學習型式在考量他們是否為積極主動或消極被動的。有效率的學習須主動參與學習歷程。積極主動的學習者會有效使用許多認知策略，包含建構資訊、自我質問、比較新舊資訊，以及強烈參與且有學習動機（Brown & Campione, 1986）。

不過，學習障礙學生會以消極被動的方式來看待學習任務。由於過去學習經驗通常是失敗的，所以他們可能會失去對學習的興趣，而變成為消極被動和依賴的學習者。

2. 視覺型、聽覺型及體覺型

Riessman（1964）曾將學童在學習新事物時所善用的感覺樣式，分成視覺型、聽覺型及體覺型（包含觸覺和動覺）等三類。視覺型最有效的學習方式是以書籍、文字、圖片為媒介，透過視覺過程去閱讀和觀看；而聽覺型最有效的學習方式是以聲音、音樂、口語解說為媒介，透過聽覺過程來認識或理解；至於體覺型兒童最有效的學習方式，是藉由親自操作、觸

摸或肢體移動等方式來認識或理解。惟這些類型之間的差別,只表示一種個人內在相對的偏好而已。

3. 沉思型與衝動型

另一種分析學習型式的方法,就是決定學生的學習行為是否為沉思型或衝動型(Goldstein, 2008)。在選擇對問題反應之前,沉思型學生會精思熟慮的考量變通性作法,不輕易回應;衝動型學生則會快速的回應。

學習障礙學生通常以衝動型式來回應,這種反應型式常是不利於學校成就表現的。衝動型學生似乎決定快速,不會去考量他們的思考就脫口而出,而應予協助來獲得各種變通性的學習策略(Torgesen, 1991)。

4. 行為氣質

雖然行為氣質具有天生的生理基礎,不過會受後天環境或經驗的修飾,使個人的氣質有助於未來人際關係及人格的健全發展(Campos, Barret, Lamb, Goldsmith & Sternberg, 1983)。研究顯示幼兒有不同的人格和行為氣質,分別是好動型、普遍型、社交型、專注型、自如型及文靜型(表2-5)。尤其,這些氣質型式會奠定兒童日後對外在世界的反應(王佩玲, 2003)。在了解學習障礙兒童及其對學校學習的反應時,氣質差異也值得注意(Keogh & Bess, 1991)。

表2-5 各氣質類型的特性

類型	特性
好動型	活動量高,又不易專心。
普遍型	無極端現象出現,而且大多數的孩子都屬於這種氣質特性。
社交型	這類型的孩子會主動和他人建立關係,也容易相處,固執性不高。
專注型	專心且活動量不大。
自如型	與社交型類似,差別僅在於這類型的孩子堅持度較高。
文靜型	這類型孩子不愛動,對陌生人或情境容易退縮,加上情緒反應較弱,不容易察覺出來。

王佩玲(2003),第60-62頁。

(五) 學習策略教學對學習障礙的涵義

學習策略取向教學具有實際的教學意涵。學習障礙學生能夠發展控制自己學習的後設認知能力。一旦教導他們有效的學習策略,他們就可以在學習情境上使用並成為主動參與的學習者,接受其本身學習的責任。社會脈絡上所發生的有效學習,師生之間的相互關聯是具有決定性的。

四、發展心理學與學習障礙

發展心理學是研究人類個體隨年齡成長身心特質變化過程的學問,也提供了解學習障礙個體的一種重要理論。這種理論的關鍵觀念之一就是大腦的認知能力或思考成熟是依照順序來進展的,個別兒童的學習能力取決於他目前的認知能力或思考成熟狀況。另外,這個理論蘊涵著企圖揠苗助長式的加速或減慢發展過程,反而可能會衍生出更多的問題。

(一) 皮亞傑的成熟發展階段

皮亞傑(Jean Piaget)是發展心理學的先驅者,他投注其一生研究兒童的認知發展,發現認知成長發生在一系列不變和相互依賴的階段上。在每個階段,兒童只有能力學習某些認知任務;一旦兒童經歷一系列成熟或發展階段時,兒童的認知思考和學習能力就會隨著年齡而改變(Piaget, 1970)。皮亞傑提供了下列有關兒童一般認知發展階段的概要描述(表2-6):

表2-6 皮亞傑的認知發展階段論

發展階段	年齡範圍	行為特徵
感覺動作期	0-2歲	此一時期兒童多靠身體動作和感覺來認知外在世界。
運思前期	2-7歲	2-4歲兒童多以自我為中心,4-7歲兒童則尚未具有保留概念。
具體運思期	7-11歲	此階段的兒童已具有保留概念、分類及序列的能力,也能對具體事物進行心智運思。
形式運思期	11歲以上	此一時期青少年已能進行抽象思考和邏輯推理的形式運思。

每個認知發展階段間的轉移,取決於成熟、連續性和階層性的階段。對教學來說,學生需要充足的機會和經驗,來穩定行為和每個階段發展的

思考。然而學校課程卻常要求學生發展抽象性和邏輯性的概念，而未提供充足的機會來完成了解概念的預備性水準。如果教師不依照學生認知發展階段的特性，而企圖教導抽象性和邏輯性的概念，可能會導致不適當的學習。

對學習障礙學生來說，需要特殊教學來協助他們強化在下一學習步驟的準備度能力。教師可藉由了解兒童的成熟階段和任何發展遲緩，來協助兒童習得這些能力。

㈡ 發展遲緩

「發展遲緩」（developmental delay）或成熟落後，意味在特定發展範圍上的一種緩慢。根據此一觀點，每一個體的各種人類功能都有其預定的成長速率（Bender, 1957），而且不同能力之間的成熟速率並不同。有些能力會產生發展落後的現象，不過這種發展遲緩有時是短暫的。因此，許多學習障礙與一般兒童和青少年的不同，可能只是時間早晚的問題而已。

發展取向指出，社會或學校真正創造了許多的學習障礙。若是要求尚未準備好的兒童進行學業性活動時，就可能會發生學習問題或造成失敗。Vygotsky（1978）認為引導教學至「近側發展區」時，兒童和青少年就可產生學習。如果兒童和青少年的能力與其教學水準不能調和，學習就不可能發生。

㈢ 發展心理學對學習障礙的涵義

發展心理學理論對學習障礙學生具有下列涵義，如圖2-13：

出生先後的效應

課程與教材編選要配合認知發展順序

強調學習準備度

圖2-13 發展心理學理論對學習障礙學生的涵義

1. 出生先後的效應

個體不同能力的成熟，皆有其自然發展的情形和時間。有時學習問題的成因，可能僅是學生某種歷程成熟上的遲緩。研究顯示年齡較輕的兒童傾向於比年齡較大的兒童有更多學習問題，且更可能被轉介接受學習障礙的服務（Diamond, 1983）。

2. 課程與教材編選要配合認知發展順序

教育環境常都要求兒童可能向未發展認知能力方面的智能，因而可能造成真正的阻礙學習。兒童與大人的認知能力是不同的，且認知能力是依序發展的；他們的思考方式會隨著兒童的成熟而持續改變。教師必須設計學習經驗，來提高學生的自然發展與成長。

3. 強調學習準備度

「學習準備度」（learning readiness）指學習目標能力之前，需要成熟的發展和先前的經驗。例如：跑步的準備度需要某一神經心理系統的發展水準，適當的肌肉強度和某些先備動作功能的發展。若不擁有這些能力而企圖教導跑步的能力是無用的。為了說明不同學習領域的準備度，學生必須習得某種能力和知識。

對學習障礙學生來說，需要特殊的教學來協助他們強化下一學習步驟所需的準備度能力。教師可以透過了解兒童和青少年的成熟階段與任何發展上的遲緩，來協助兒童和青少年習得這些能力。

五、行為心理學與學習障礙

行為心理學協助我們了解學習行為塑造的方法，以及明顯影響我們的教學方法。過去幾十年來，由於行為學派大師斯肯納（B. F. Skinner）的努力，使得行為心理學的概念不斷發展，不僅對學習提升產生有意義的應用，且在學習領域上，行為心理學亦可作為研究、評量和教學的基礎（張世彗，2017；張春興，2007；Haring & Kennedy, 1992）。以下將探討行為心理學在行為管理和教學上的應用。

㈠ 前提事件、目標行為及行為後果

行為心理學的核心就是包含**前提事件**（Antecedent, A）、**目標行為**

（Behavior, B）及**行為後果**（Consequence, C）等關鍵行為單元。目標行為
是個體的反應，如果能夠將目標行為想成是兩個環境影響之間的三明治式
事件可能是有幫助的——這些環境影響分別是個體的反應之前（前提事件
或刺激）和個體的反應之後（後果事件或增強）。若想要有效改變學生行
為，就須仔細分析這些關鍵要素之間的關係（張世彗，2017）。惟須注意
的是，行為心理學的理論常被評為太過於強調控制，具負面效應。

(二) 運用行為分析

運用行為分析（applied behavior analysis, ABA）也是行為心理學理論
的教學應用，它需要教師分析學生想要學習的特定任務，並決定學習那項
任務所需的能力。繼而，依照順序來安排這些能力。此類教學包括協助學
生透過學習尚未精熟的每項任務來達成教學目標，甚至可分析複雜行為來
決定其組成或次要能力，然後教導學生尚未習得的每項次要能力，學生藉
由學習每項次要能力，而學習到這些複雜的行為。

例如：我們想要教導一位兒童「讀出鐘面上的半點鐘」所涉及的步
驟，就可用來說明運用行為分析的方法。首先分析「讀出鐘面上的半點
鐘」所涉及的步驟，例如：能指出（說出）半點鐘時，長針所指的位置；
能指出（說出）半點鐘時，短針所指的位置；能根據步驟，找出數字較小
者；依比較小的數字說出是幾點半；能自行看長針、短針讀出鐘面上的半
點鐘。其次，在此項順序上，教導兒童每項能力，協助兒童組合能力，最
後讓兒童自行看長針、短針讀出鐘面上的半點鐘。運用行為分析的步驟，
如圖2-14（陸世豪譯，2004）。

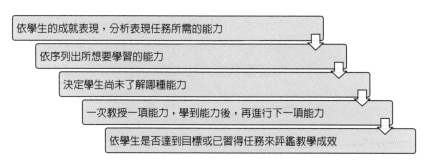

圖2-14　運用行為分析的步驟

表2-7是依照運用行為分析取向，而得的教學原則。

表2-7　運用行為分析取向的教學原則

原則	做法
設定目標	• 建構學習任務作為清晰的學業目標 • 運用任務分析將目標分成可管理的步驟
提供緊湊的課業和有明確順序的教材	• 順序化和建構材料與課業，以協助學生一次精熟一項步驟 • 使用快節奏以致學生透過過度學習，來使學習變得自動化
運用例子詳細解說	• 確定學生了解任務 • 提供詳細的教學和解釋
提供大量練習新能力的機會	• 問許多問題 • 提供許多主動結果的機會 • 協助學生主動發展，使他們能夠自如的做活動
給予學生回饋和矯正	• 協助學生經由教師的回饋來學習新材料 • 提供立即的、學業本位的回饋和矯正
評量學生的進展情形	• 主動監督學生的進步 • 需要時，教學上做些調整

(三) 學習階段

所有個體需要一段時間來了解已學習過的概念，並非每個人都能第一次就掌握住概念，學習障礙兒童和青少年在這些情境上甚至會更為明顯。因此，在教學方面，考量學生的學習階段是很重要的。這些階段包括學習知識、概念、習得的能力、精熟、維持和類化（圖2-15）。

凡是能了解學生學習階段的教師，就可提供適當的教學，來協助學生由某一階段的學習遷移至下一個階段的學習。學習障礙兒童和青少年通常在每個學習階段都需要許多的支持，他們可能比其他兒童和青少年在學習階段上的移動來得緩慢，且可能需要協助以順利遷移至下一個學習階段，尤其是類化階段。

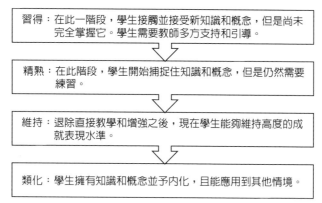

圖2-15　學習階段

㈣ 明確教學和直接教學

有關教學的行為心理學著重於習得教學材料，這種依據行為心理學而衍生出來的教學實務，稱為「**明確教學**」（explicit teaching）或「**直接教學**」（direct instruction）。

「明確教學」和「直接教學」非常類似，不過「直接教學」使用的時間較「明確教學」來得長，且它也是重著於學生須學習的學業能力，以及營造環境來確保學生能習得這些技巧。換句話說，直接教學有下列幾項要素，如圖2-16（Tarver, 1992; Rosenshine & Stevens, 1986）：

	直接教授學業性能力
	由教師引導和控制的
	仔細地運用順序的和結構的教材
	給予學生精熟基本能力
要素	對學生設定清晰明確的目標
	分配足夠的教學時間
	持續性監督學生的成就表現
	提供學生立即性的回饋
	教授一項能力直到精熟為止

圖2-16　直接教學的要素

　　「明確教學」指教師了解所要教授內容的特定技巧，明確教導每項步驟或能力，而不是留給學習者根據其本身經驗進行推論學習。在明確教學上，教師提供學生：(1)學習歷程中充分支持；(2)解決問題或解釋關係的模式；(3)充分練習，圖2-17提供了明確教學的關鍵原則（Gerstern, 1988）。

圖2-17　明確教學的關鍵原則

(五) 行為心理學理論對學習障礙的涵義

　　行為心理學理論對學習障礙學生的教學，具有下列幾項涵義：

1. 教學計畫應考量特定學生的學習階段

　　在教學計畫上，教師必須考量特定學生的學習階段。因為我們無法預期學生一開始就能夠完全學會一項新的領域。學習狀況良好的學生會做出許多嘗試來學好事情，所以他們能夠類化到其他的情境。對學習障礙學生來說，每個階段往往須花費更多時間，因而每個階段都需要明確或直接教學。

2. 明確和直接教學應結合其他教學方法

　　一旦教師覺察到學生獨特的學習型式（視覺型、聽覺型、沉思型、衝動型⋯⋯）和特殊的學習困難時，直接和明確教學甚至會更有效。例如：對於閱讀理解困難的學生，教師在直接教學時就應預期到學習閱讀理解上

的困難。為了學習該項能力，這位學生需要更多時間、練習和不同概念呈現的方式。

3. 明確、直接和運用行為分析的教學是有效的

直接和明確教學對學習障礙學生，接受學業性任務是有效的。因此，教師應該了解分析課程成分與運用行為分析的方法。

結語

理論可以協助我們了解學習障礙個體的學習問題本質，亦可作為教學策略或方法的基礎。由於學習障礙的問題本質主要是涉及到大腦內部，因而醫學領域是必要的。從神經心理學觀點來看，學習障礙意味著人體大腦和中樞神經系統的功能不全或不成熟。心理學是研究個體行為的一門科學，多元智力理論、認知心理學、學習策略教學、發展心理學，以及行為心理學等的基本理論和概念，都對於學習障礙的了解、評量、教學和研究上具有重要涵義。

本章重點

1. 人類的行為都是透過大腦和中樞神經系統來傳遞的，而學習行為是大腦最重要的一項活動。從神經心理學觀點來看，學習障礙意味著人體這項最複雜精細器官的功能不全或不成熟。

2. 大腦兩個半球並非各自獨立運作的；他們之間仍有許多相關聯的地方和功能。個體的學習歷程取決於大腦左右半球及其相關聯的功能，任一半球的功能效率不足，會影響到個體整體與語言獲得及應用效果。

3. 神經心理學檢視主要是探討智能、語言、感覺動作、注意、記憶、學習、及社會情意的運作範圍，同時也評估大腦左右半球之間功能的差異。

4. 目前已有事實指出，閱讀障礙者的大腦結構和功能與正常人的大腦明顯不同。

5. 神經心理學檢測可從傳統的神經心理學評量與軟性的神經訊號,來檢測疑似學習障礙個體。不過,傳統神經心理學的檢測並無法顯露許多軟性神經的訊號,且可能無法發現任何學習個案的異常。

6. 醫學資訊對學習障礙具有下列涵義:需要大腦和學習方面的最新資訊、醫生有時會參與學習障礙兒童的處遇,以及醫學科技的提升會影響到學習障礙個體等。

7. 有些學習障礙學生有閱讀困難,但是在數學、音樂、美感或藝術等其他領域都擁有優異的能力。

8. 認知心理學是對人類心智歷程及結構所作的科學分析,著重人類學習、思考和了解的過程。

9. 了解學生為何沒有能力學習的心理歷程異常,可作為學習障礙領域的基礎,因為它提供了對學習障礙學生有價值的評量和教學的觀點。

10. 依據心理歷程觀點而建立教學取向,包含缺陷訓練歷程、透過偏好歷程來進行教學及組合法。

11. 支持教學與圖示法兩種有效的認知學習策略。

12. 認知心理學具有下列涵義:協助學生建構和連結知識、教學活動應考量到學生學習的動機、依照學生的適當水準來進行教學、提供鷹架支持的社會環境,以及發展某些能力成為自動化反應。

13. 學習策略指學習者因時、因地、因作業性質所使用的一些方法或原則,這些方法或原則可幫助學習者有效獲得、運作、統整、儲存及檢索訊息,以達到學習目的。

14. 一般認知策略包括注意、記憶與語言技巧等。注意力策略教學應包含注意力的選擇性、持久性和彈性等訓練;記憶策略可分為反覆處理、組織化及精緻化等;有效率的學習者會使用後設認知策略,但學習障礙學生傾向缺乏指導其本身學習的能力。

15. 在學習歷程上,師生及學生之間的社會互動均具有關鍵性影響。交互教學主軸是師生輪流引導對話,包含提出問題、摘要、澄清疑慮、預測等策略。

16. 學習型式會影響到學習表現的成效。個人的學習型式常包含一般行為、態度和氣質。透過了解學生的學習型式,我們可洞悉其學習困難

的本質。

17. 發展心理學理論的關鍵觀念之一，就是大腦的認知能力或思考成熟是依照順序來進展的。個別兒童的學習能力取決於他目前的認知能力或思考成熟狀況，如皮亞傑的認知發展階段論。

18. 發展心理學理論對學習障礙學生具有下列涵義：出生先後的效應、課程與教材編選要配合認知發展順序，以及強調學習準備度。

19. 行為心理學的核心就是包含前提事件、目標行為及行為後果等行為單元。

20. 運用行為分析（ABA）是行為心理學理論的教學應用，它需要教師分析學生想要學習的特定任務，並決定學習那項任務所需的能力。繼而，依照順序來安排這些能力。

21. 運用行為分析的步驟為：依學生的成就表現，分析表現任務所需的能力、依序列出所想要學習的能力、決定學生尚未了解哪種能力、一次教授一項能力；學到能力後，再進行下一項能力、依學生是否達到目標或已習得任務來評鑑教學成效。

22. 依據行為心理學而衍生出來的教學實務，稱為明確教學或直接教學。

23. 行為心理學理論對學習障礙具有下列涵義：教學計畫應考量特定學生的學習階段、明確和直接教學應結合其他教學方法，以及明確、直接和運用行為分析的教學是有效的。

第二篇
評量、安置
與教學

▌第❸章▐▐▌

評量學習障礙

　　本章主要是著重在學習障礙評量。它檢視法律在評量歷程的影響，探討評量模式和用途，以及分析評量決定和不同種類的評量資訊。另外，也考慮了目前使用差距公式作為接受特殊教育服務資格的觀點。

（第一節） 法律與評量歷程

一、《特殊教育法》對評量歷程的影響

　　《特殊教育法》對評量實務的影響是無庸置疑的。我國在1984年首次公布《特殊教育法》及其施行細則，爾後歷經多次修訂。2019年的《特殊教育法》主要修訂，如表3-1（http://edu.law.moe.gov.tw/）。

表3-1　《特殊教育法》主要修正的條款

條文	主要內涵
第3條第1項第8款	「嚴重情緒障礙」改為「情緒行為障礙」，因為原條文無法涵蓋ADHD，且學童也可能有情緒問題或行為問題或兩者皆有的問題。情緒行為障礙即可全部涵蓋。
第9條	中央政府特殊教育預算，未來將不得低於當年度教育預算4.5%（但不排除身心障礙子女教育補助費）。
第14條	各學校將來可以有增設特殊教育行政人員的法源依據。
第25條	將來每個縣市至少應設立一所特殊教育學校（分校或班），並以招收重度及多重障礙學生為優先。啟聰學校以招收聽障生為主，啟明學校以招收視障生為主。
第26條	特殊學校校長應具備特殊教育之專業知能。
第28條	訂定個別化教育計畫時應邀請家長參與，必要時家長得邀請相關專業人員陪同參與。
第28-1條	為利於訂定個別化教育計畫，各主管機關應加強辦理普通班教師、特殊教育教師及相關人員之培訓及在職進修，並提供相關支持服務之協助。
第35條	國民教育階段的資賦優異教育採分散式資源班、巡迴輔導班及特殊教育方案辦理。（原藝術才能班得採集中式特殊教育班辦理，有變相資優班之嫌）
第45條	各校應設置特殊教育推行委員會，並應有身心障礙學生家長代表。
第46條	學校家長會至少應有一位身心障礙學生家長代表為常務委員或委員。

條文	主要內涵
第47條	直轄市及縣（市）主管機關辦理特殊教育之績效，中央主管機關應至少每四年辦理一次評鑑。
第49條	訂定行政命令及自治法規，應邀請同級教師及家長團體參與訂定。

在《特殊教育法》中有兩段條文直接會影響到評量程序：(1)各級學校應對每位身心障礙學生擬定個別化教育計畫（第28條規定）；(2)程序保護和父母權利（第17、21條規定）。

㈠ 個別化教育計畫如同評量教學歷程

法案的主要規定之一就是要求各級學校應針對每位身心障礙學生擬定個別化教育計畫（IEP），顯示IEP仍是各級學校身心障礙兒童和青少年接受特殊教育服務的基礎。IEP的目的主要有二：(1)它是特殊教育學生的書面文件，規定個別學生的能力水準、特定教育目標和安置；(2)它是一種評量教學歷程的管理工具，以確保針對個別學生所設計的教育符合其特殊需求。

㈡ 程序保護和父母權利

程序保護是設計來保護父母與學生的權利。2019年公布的《特殊教育法》修訂案，有關這方面也有描述（見本書末附錄）。圖3-1是父母權利和程序保護的整理。

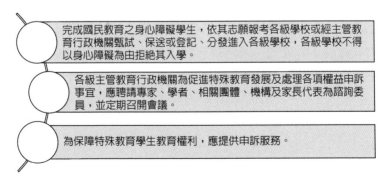

完成國民教育之身心障礙學生，依其志願報考各級學校或經主管教育行政機關甄試、保送或登記、分發進入各級學校，各級學校不得以身心障礙為由拒絕其入學。

各級主管教育行政機關為促進特殊教育發展及處理各項權益申訴事宜，應聘請專家、學者、相關團體、機構及家長代表為諮詢委員，並定期召開會議。

為保障特殊教育學生教育權利，應提供申訴服務。

圖3-1　《特殊教育法》中有關父母權利和程序保護

二、評量教學歷程的階段

評量教學歷程大致可分為三個較大的階段：(1)轉介；(2)鑑定、分類與安置；(3)教學（如圖3-2），這幾個階段符合我國《特殊教育法》中IEP的立法。

圖3-2 評量教學歷程的階段

㈠ 轉介階段

這個歷程包括轉介前和轉介活動。轉介前活動是由普通班教師所採取的預防性介入測量，以符合班上有困難學生的需求。在轉介學生之前，教師常採取這種處理策略。如果處理成功，就沒有進行轉介的必要了。

轉介前介入比正式鑑定較少累積蒐集有關學生成就資料的方法。通常有一組同事協助班級教師分析學生學業或行為問題，並建議調整教學和行為處理的方法，然後班級教師嘗試運用所建議的方法來協助學生。在鑑定上，轉介前階段是重要的，因為一旦轉介學生，學生就很可能被確認為符合特殊教育資格（張世彗、藍瑋琛，2019）。一般來說，轉介前介入模式有下列三種，如圖3-3（Lerner, 2003）：

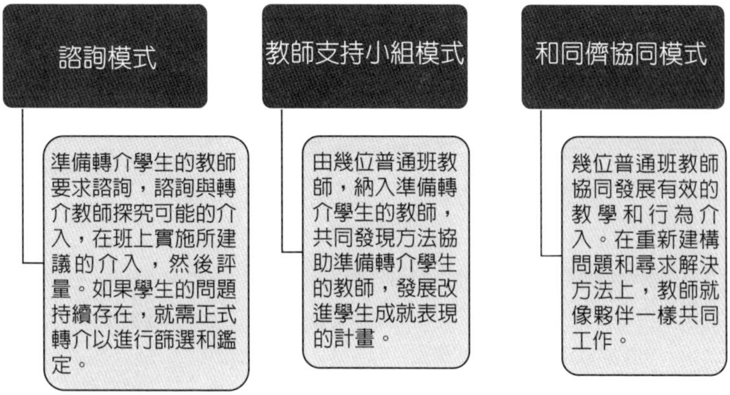

圖3-3 轉介前介入模式

(二) 鑑定、分類與安置階段

鑑定、分類與安置階段是這項過程的核心，包括確認學習障礙本質和嚴重程度、及對學生作最適當的安置。在此階段，特殊教育相關專業人員藉由評量學業成就表現、心理歷程和有關學習障礙領域上的行為來獲得相關資料。我國《特殊教育法》規定身心障礙教育（含學習障礙）之評量與教學工作，應以專業團隊合作進行為原則，由受過專業訓練的人員實施測驗。在鑑定安置上，專家實施測驗獲得其他的評量資料，以決定學生是否符合接受特殊教育的學習障礙資格，並徵求父母對學生入班的同意後，就直接對學生進行教育安置。

(三) 教學階段

一旦學生安置在特殊教育班後，接著就是在學習障礙學生開學後一個月內訂定IEP。根據我國2012年公布的《特殊教育法施行細則》第9條中的規定，IEP指運用專業團隊合作方式，針對身心障礙學生個別特性所訂定之特殊教育及相關服務計畫，其內容及參與會議的人員，如圖3-4（教育部，2014）。

IEP內容	IEP會議的參與人員
☐ 學生能力現況、家庭狀況及需求評估。	☐ 學校行政人員
☐ 學生所需特殊教育、相關服務及支持策略。	☐ 特殊教育及相關教師
☐ 具情緒與行為問題學生所需之行為功能介入方案及行政支援。	☐ 學生家長
☐ 學年與學期教育目標、達成學期教育目標之評量方式、日期及標準。	☐ 學生本人（必要時得邀請）
	☐ 相關專業人員（必要時得邀請）
☐ 學生之轉銜輔導及服務內容。	☐ 家長得邀請相關人員陪同（必要時）

圖3-4　IEP的內容與參與IEP會議的人員

完成IEP之後，就是教學階段了，包括實施教學和監督學生的進展情形。在此一階段，讓學生接受所設計的特定教學，協助他們達到IEP上所設定的年度目標、學期教育目標。

另外，這個階段也要求依據學生的進展情形，來評論和重新評鑑計畫。美國的《身心障礙者教育促進法》（IDEIA）要求通知父母有關其孩子的進展情形，就像普通兒童或青少年的父母一樣。我國在法規上雖然沒有這樣的明定，惟在教學實務上都有類似的作法。

第二節　運用評量資訊作決定

一、評量種類

轉介學生接受評量是因為他們正體驗到學業問題，而評量過程可協助確定學生的問題本質和優弱勢。透過評量過程，特殊教育人員企圖回答此類問題：「這位學生為何有學習困難？」、「什麼特性阻礙這位學生的學習？」、「如何協助這位學生的特殊需求？」。

特殊教育人員常會使用傳統評量和非正式評量，來獲得學生的全面性

面貌（Poteet, Choate, & Stewart, 1993）。茲簡述一些評量的種類如下：

㈠ 傳統評量

傳統評量程序常依賴標準化的正式測驗，這些測驗分數要求主試者比較學生的成就表現。標準化測驗雖有其優點，不過也受到許多批評。例如：標準化測驗無法提供有關學生足夠資料、標準化測驗會對文化不利者產生偏見。

㈡ 非正式評量

傳統測驗的缺失，導致特殊教育人員轉而尋求非正式評量的程序。由於非正式評量的興致在成長中，因為它在自然情境上評量學生，使用學校課程及利用學生在班上所真正做的。本部分呈現幾種非正式評量的型式：

1. 實作評量

凡是強調實際表現行為的評量方式，都可稱為「實作評量」（performance assessment）。在學校情境下，學生有許多學習成就表現是無法運用紙筆測驗正確評量的，如溝通、應用數學科概念的能力……著重實際的表現行為，都需要教師依據學生在歷程和結果的情形來評量，以決定學生的成就表現。

這種評量設計來評量學生於課程上真正做的，要求學生主動表現某些班級任務（產生、證明、創造、建構、應用、解決、計畫或解說），其型式是多元的，如建構反應題、書面報告、作文、演說、操作、實驗、資料蒐集、作品展示、案卷評量……。

2. 檔案評量

「檔案評量」（portfolio assessment）是一有目的蒐集整理學習證據的資料文件，可真實反應學生的表現，記錄學生的學習歷程，幫助學生作有意義的學習。因此，只要與學生學習歷程和成果有關的作品，均可列入檔案評量中，這些作品包括作業、報告、圖片、測驗結果、筆記、作文、實驗、自我省思、照片、研究計畫雜誌、檢核表、軼事觀察、錄影帶……。

在檔案評量上，蒐集學生一段時間真正班上作品的多種樣本。這種檔案是用來多次評量學生目前的成就水準和進展，通常運用檔案評量來測量閱讀和寫作進展。學生作品的樣本，可用來決定學業領域上的成就和進展

情形。

在決定蒐集什麼樣本上，教師首先必須考量教學方案的目標，然後樣本應該反映這些目標。

3. 動態評量

「動態評量」指在教學前、中及後，以因應和調整評量情境的方式，對學習者的認知能力進行持續性評量。藉以了解教學與認知改變的關係。經由教學後，確認學習者所能達到的最大可能潛能表現（Day & Hall, 1987）。

相較於傳統、靜態的評量，動態評量能反映學生的認知歷程，並敏銳偵測學習者的潛能。在動態評量上，教師試著評量學生在教學情境的學習能力，而非企圖決定學生已學習到的。首先，主動且變通性的從事教學，然後觀察學生在有利的條件下能夠學得多好。

動態評量的關鍵要素是學習的社會環境。若師生之間擁有健康的交互關係，學生的學習能力就可以成長和發展。教師可評量學生在互動教學環境上的表現情形，且能做主觀判斷，而非測驗分數（Palincsar, Brown, & Campione, 1991）。

二、獲得評量資訊

為了回答許多先前的問題，教師可以從下列方式來獲得資訊：個案史或面談、觀察、評定量表、非正式量表及標準化測驗。

多種資訊常會在同一時間匯集，或一種評量程序會影響到另一種評量程序，例如：觀察學生可推測到應使用特定測驗或無關的言論，連同誤解測驗者的對話，就可以推測為聽覺困難，並導致決定應該使用測驗來了解學生的聽力嚴重程度。

㈠ 個案史或面談

從個案史的背景及發展，對個案自覺及線索提供是有貢獻的。透過面談，父母會分享孩子在懷孕時的資訊、出生情形及發展狀況、重要發展里程碑（站立、走路及語言）、孩子健康史（包括疾病或意外紀錄）、及家庭成員的學習問題。至於學生的在校紀錄，可從父母和學校人員中獲得。

　　面談須試著建立互信關係，避免詢問可能會引發父母產生防禦的問題。面談者應傳達一種合作、接納和同理的精神，維持專業客觀，以防止過度的情感涉入。

(二) 觀察

　　觀察是評量學習障礙學生必要的部分，而它所產生的資料可提供有價值的貢獻。透過測驗或個案面談仍無法確認許多學生的屬性，觀察常能偵測到學生在班上的重要特性和行為，且有助於其他評量的發現。

　　觀察對於了解學生的個人適應也有幫助。學生如何回應情境和人？學生對於學習問題的態度為何？影響學生社會和家庭生活的學校問題為何？在測試情境時，教師觀察班上一位學生。當學習活動變困難時，學生完全放棄，簡單地填寫答案；拒絕猜想並害怕做錯。這些觀察可以提供教師每位學生有價值的資料。

　　我們也可以藉著觀察學生的動作和步態，評量其動作協調和發展。兒童可以跳躍、踢或丟球嗎？學生如何握住一枝鉛筆？另外，亦可透過觀察評量學生的語言使用能力，如學生有構音問題嗎？有足夠的字彙嗎？能夠使用完整句子嗎？

(三) 評定量表

　　「評定量表」（rating scales）要求教師或父母記錄他們的觀察和對學生的主觀印象。表3-2呈現了十項的評定量表，是設計來協助普通班教師確認班上的學習障礙學生。

表3-2　學習行為特徵檢核表

題目	1（很少）	2（偶而）	3（經常）
1. 閱讀時有跳行、增加或遺漏字句的現象	☐	☐	☐
2. 閱讀時有字句顛倒的現象	☐	☐	☐
3. 閱讀時有反覆重讀部分字句的現象	☐	☐	☐
4. 抄寫一個生字必須抬頭對照課本或黑板三次以上	☐	☐	☐
5. 抄寫時有跳行、增加或遺漏字句的現象	☐	☐	☐
6. 寫字時有筆順不正確的現象	☐	☐	☐

題目	1（很少）	2（偶而）	3（經常）
7. 寫字時有筆畫少了或多了的現象	☐	☐	☐
8. 寫字時把相近的字體寫錯	☐	☐	☐
9. 寫作時無法完整表達自己的本質	☐	☐	☐
10. 對於加法的進位有困難	☐	☐	☐

選自林幸台等人（1992）：學習行為特徵檢核表指導手冊。

㈣ 非正式量表

　　非正式量表（informal inventories）是有用且實用的變通性評量程序。運用班級材料來進行非正式評量的優點，是評量愈能接近預期行為。非正式評量也提供教師實施和解釋自由。例如：教師評量時可激勵學生，或給予學生更多完成測試的時間。這類調整可讓學生安心，並協助確定他們能做出最佳的努力。

　　「非正式年級認字測驗」（Informal Graded Word-Recognition Test）就是一種非正式量表。這類測驗可以作為決定學生閱讀水準的一種快速方法，也可以用來分析學生的認字錯誤（Lerner, 2003）。非正式數學量表可容易指出，學生基本計算能力的弱點（Underhill, Uprichard & Heddens, 1980）。表3-3是適用三年級之非正式數學量表，量表難度可依所欲測試的年級水準而升降。

表3-3　非正式的數學調查測驗

減法	114－3	126－2	148－5	179－4	165－3	155－2	196－3
	139－16	145－22	113－11	186－44	178－24	192－81	140－10
	752－241	279－124	370－230	143－121	478－352	191－180	754－322

㈤ 課程本位評量

　　「課程本位評量」（Curriculum-based Assessment, CBA）是一種成就表現型式的評量，廣泛運用在特殊教育。「課程本位評量」強化評量和教學之間的連結，藉由依據學生在班級的課程要求來評量學生。例如：如果

期待學生在班上能夠拼讀某些單字，就評量學生在這些單字上的成就表現（Tindal & Nolet, 1995）。

　　首先，教師決定課程領域或學生被期待學習的IEP目標。其次，透過經常、系統的和重複的測量學生這些學習任務。最後將學生的成就表現結果圖表化，使師生都能清晰觀察到學生的進展情形。「課程本位評量」提供了一種評量學習障礙學生的有用程序。以下是課程本位評量的實例：

生字認讀之課程本位評量

一、個案簡介

　　阿明，12歲，就讀特教班六年級；唐氏症（智能障礙中度）。

(一) 能力現況說明：

1. 認知能力

(1) 記憶能力約在2-3個單位長度，短期記憶差，需長時間及多次練習才能記住。

(2) 能聽懂日常的簡單指令，但對抽象概念及複雜指令理解有困難。

(3) 能指認、說出生活周遭常用物品及名稱。

(4) 易受外界聲光刺激影響專注力。

(5) 模仿力強，學習動機高。

2. 語文學業能力

(1) 詞彙少，但能理解生活用詞，造詞有困難。

(2) 可仿寫和抄寫，但筆順及空間分配待加強。

(3) 能認讀圖卡及部分常見簡單國字，能自行認讀的字少，在給予圖卡、視覺或口訣輔助下識字量可提升，課文內的生字須經多次練習才能記住。

(4) 可認讀注音，但注音拼讀能力不穩，須協助。

3. 溝通能力

(1) 可進行日常對話，也可理解日常生活指令。

(2) 說話口齒不清，若非常接觸且熟悉的人較難理解其表達內容。

(3) 口語表達需求能力欠佳，語句短，但在示範要求下，可說出8字左右的句子。

二、教學程序

㈠實用語文課程以教師自編課文為主要教學內容，輔以口語表達、繪本教學及口腔動作訓練。

㈡一個學期以兩篇課文為原則，一篇課文約教學八週，每週三節，教學流程安排如下：

週次	教學內容及主題
W1	課文導讀與內容講解；課文圖片認讀
W2、W3	課文內容理解與實作；課文圖片與生詞配對；生詞描寫／仿寫
W4～W6	生字認讀與書寫；生字認讀、書寫與區辨
W7、W8	生字造詞練習；句型表達練習

註：灰階表示課程本位評量主要內容

㈢以實用語文「圖書館」課文中的8個生字為評量主體，並針對個案能力編製「課程本位評量學習單」。目標在**提升個案對自編課文「圖書館」生字認讀正確率**。

㈣前測（W1）：正式進入課程前，先提供無圖片提示之課文給個案，要求個案將會唸的字唸出，以了解其先備能力。

㈤教學期（W4～W6）：依個案學習特質及優勢能力進行教學，讓個案能儘快抓到識字訣竅，並於每節上課前以生字卡進行評量，以了解個案生字認讀情形。

㈥後測（W7、W8）：教學結束後一週進行後測，評量個案對認讀生字及生字區辨的學習效果。

依實際教學，確切施測日期如下：

評量階段	日期
前測	4/25
教學期 （共9次）	5/17、5/19、5/20、5/23、5/24、5/26、5/30、5/31、6/2
後測 （共3次）	6/10（認讀生字卡）、6/13（生字認讀學習單）、6/14（生字形似字區辨學習單）

三、評量工具與程序

㈠ 以自編課文「圖書館」的8個生字為評量內容，製作生字卡，以評量個案「生字認讀」：

　1. 進行評量

　　(1) 讓個案看國字唸出正確讀音。（指導語：「這是什麼字？」）

　　(2) 展示字卡時，給個案10秒鐘，時間到，請個案嘗試唸出。

　　(3) 評量過程除指導語外，不給任何提示或說明，並記錄個案反應。

　2. 計分：計算個案正確讀出之生字，即為個案在學習單的得分。

㈡ 以自編課文「圖書館」的8個生字為評量內容，編製「生字圈選作業單」，以評量個案「生字指認、認讀」：

　1. 進行評量

　　(1) 請個案依指示找出正確的生字。（指導語：「這是什麼字？請找出一樣的X」）

　　(2) 評量過程除指導語外，不給任何提示或說明，並記錄個案反應。

　2. 計分：計算個案正確圈出之生字，即為個案在學習單的得分。

㈢ 以自編課文「圖書館」的8個生字為評量內容，編製「生字形似字區辨作業單」，以評量個案「生字區辨」：

　1. 進行評量

　　(1) 請個案依指示找出正確的生字。（指導語：「請圈出對的字！」）

　　(2) 評量過程除指導語外，不給任何提示或說明，並記錄個案反應。

　2. 計分：計算個案正確圈出之生字，即為個案在學習單的得分。

四、資料分析

㈠ 得分分析

　　在前測，個案8個生字中無法正確認讀任何一個。第一次教學後可正確認讀2個生字，由於進入認讀生字教學前，個案已能熟練將課文圖

片與生詞配對的練習，因此雖無法單獨認讀出生字，但有2個字是將課
文生詞說出（例如：挑—挑選、可—不可以）。後續評量中亦可發現
此現象，個案會將生詞說出，無法立即讀出單獨的生字讀音，但在多
次強調後已漸漸減少。在第八次的生字教學後，個案認讀生字的正確
率已達百分之百，隔週進行後測（生字卡認讀）正確率亦達100%，個
案認讀生字得分，如表1。

表1　個案認讀生字得分

階段	前測	教學期								後測
得分	0	2	3	3	5	6	4	5	7	8	8

　　6/13進行的後測Ⅱ是利用自編之生字圈選作業單，評量個案生字指
認的能力，個案得分如表2。依據指導語「這是*什麼字？請找出一樣的
X*」施測，由於個案對圖片相當熟悉，雖然注音拼讀不穩，但仍可在說
出圖片名稱後，說出目標字（如「**ㄕㄨ**」櫃的書），也能很快地一行
一行找出藏在其中的目標字，正確率達100%。

表2　個案於後測Ⅱ生字圈選得分表

生字	書	挑	不	跑	安	位	可	時	平均
得分／總分	8/8	8/8	8/8	8/8	8/8	8/8	8/8	8/8	8

　　6/14進行的後測Ⅲ是利用自編之生字形似字區辨作業單，評量個
案生字區辨能力，個案得分如表3。依據指導語「*請圈出對的字！*」施
測，個案表現雖不若後測Ⅰ（生字卡認讀）及後測Ⅱ（生字圈選）表
現那麼穩定，有時個案會有衝動作答的情形，沒看清楚就急著圈選，
但要求重新作答後，即可圈出正確生字。整體來說，個案在生字形似
字區辨的表現正確率仍可達75%。

表3　個案於後測III生字形似字區辨得分

生字	書	挑	不	跑	安	位	可	時	總分
作業單1	O	O	X	O	O	O	O	X	6
作業單2	O	X	O	O	O	O	X	O	6
平均得分	2	1	1	2	2	2	1	1	6

　　由圖1可知，個案在經過教學後認讀生字的正確率有效提升，且在相隔一週後進行的三種後測，皆能維持不錯的生字認讀率，顯示這段時間的教學對個案是有效的。

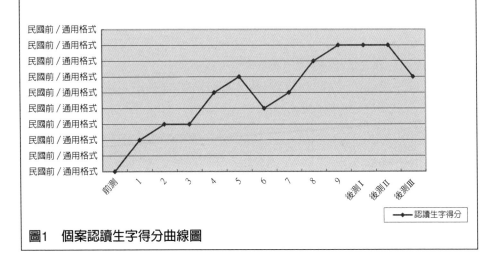

圖1　個案認讀生字得分曲線圖

㈥ 標準化測驗

　　使用標準化測驗進行正式評量，這種測驗須嚴格執行評分和解釋程序。這類測驗具有下列特性：(1)測驗附有指導手冊，提供施測、計分和解釋的指引；(2)指導手冊中提供有測驗編製之信度和效度資料；(3)指導手冊中有常模可供對照，通常包括百分等級、T分數或標準分數常模等。

　　主試者應了解使用和解釋測驗的技術，及澈底熟悉測驗使用的方法。有經驗的測驗評量者可發現單獨使用某些測驗，就可產生必要資訊。本質上，所有測驗僅能提供有限個人能力的測量。我們可從「標準化」（測驗

標準化的組別爲何？）、「信度」（測驗結果一致嗎？）及「效度」（測驗測量到所欲測量的能力嗎？）等方面，來判斷標準化測驗的完整性。

　　在評量過程上，可使用這類標準化測驗。了解測驗限制與合理使用這些資訊是重要的，單一分數僅是資料的一小部分，教師不應該過度類化特定測驗的涵義。在評量上如果使用多元的資料來源，標準化測驗的結果也可以提供評量和教學豐富的資訊。

三、運用評量結果作決定應考量的課題

　　評量目的之一在於蒐集和分析學生目前能力水準的資料，協助計畫教育方案，以提高學生的學習。在形成評量和撰寫評鑑報告上，應考量下列課題：

㈠ 決定目前的成就表現水準

決定學生目前的成就表現的水準，常包括下列步驟，如圖3-5：

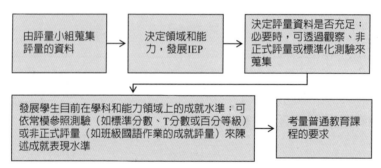

圖3-5　決定學生目前成就表現水準的步驟

㈡ 蒐集額外的資料

　　評量人員必須獲得額外資料，以充分了解學生的全貌。他們需到班上進行觀察，獲得有關學生在校行爲的資料。例如：學生在數學獨自操作活動時做什麼呢？個案史可提供有關過去的健康狀況、教師評語和成績等資料，這些資料對學生問題的了解都有幫助。

　　爲了了解學生學習困難的相關問題，特殊教育人員有必要找出一組特

性。例如：嚴重國字抄寫問題的學生，也可能有視知覺或精細動作能力上的困難；國語文閱讀有問題的學生，可能有音韻異常或工作記憶能力差的情形。

⑶ 設定年度與學期教育目標

特殊教育人員應該為學生設定什麼年度目標呢？年度目標是一般估計學生一年內將達成什麼。這些目標應代表學生最必要的需求和每一領域的優先順序。例如：數學領域的年度目標為學習加法和減法。

學期教育目標是設計來將學生由目前的成就水準，提升到年度目標。針對年度目標，學期教育目標可以是下列情況：

1. 學生能完成兩位數進位的加法問題（如78 + 89）。
2. 學生能完成有兩位數借位的減法問題（如31 – 28）。

⑷ 服務取向

學校教育人員須提供怎樣的特殊教育和相關服務呢？對普通班學生要提供何種服務的範圍？這些選擇跟學生服務的安置有關。在特殊教育法中，一般課程被認為是適合的起點，以作為IEP的編寫。對所有學生來說，一般教育課程是較好的課程。

⑸ 監督進步情形

學生的進步要如何檢視呢？誰來負責？

⑹ 發展教學計畫

學生適合怎樣的教學計畫？雖然IEP裡沒有明確陳述，惟必須發展一個教學計畫。這項計畫須知道學生的所有資料以作為評估，其發展階段和技能是否尚未精熟、年齡、興趣及態度，教師要對方法、教材和學生本身有深入認識，以利形成教學計畫的策略。

⑺ 考量潛能和成就之間的差距

我國的學習障礙鑑定基準已蘊涵有差距本位的程序；也就是說，學習障礙學生在成就和潛能之間有嚴重的差距。成就指學生目前的成就表現水準或學業能力（如國語、數學……）；何謂個體的潛能呢？我們要判斷一

位學生的潛能，常基於智力測驗、認知能力測驗、臨床判斷或其他工具等的測量。不過，通常是採用個別智力測驗來測量；而差距就是成就和學習潛能之間的差異。

差距因素提供了一種判斷學生是否有學習障礙及符合接受特殊教育服務資格的一種方法。我國直轄市暨各縣市政府之「特殊教育學生鑑定及就學輔導會」（簡稱鑑輔會），必須自己建立界定「嚴重」差距的方法，而美國多數學校（約98%）也是使用差距因素來確認學習障礙。美國有許多州甚至將學習障礙資格認定予以量化，它們使用下列幾種差距公式之一，來決定兒童是否適合接受學習障礙的特殊教育服務（Mercer, Jordan, Allsop, & Mercer, 1996）。

1. 決定差距分數的方法

差距分數指學生學習潛能的目前成就方面數量的差異，學校使用了下列幾種決定潛能—成就差距分數的方法（Reynolds, 1985）：

(1) 偏離資格標準的年級水準

這種方法是透過確定學生的成就分數顯著低於其目前年級，來確認學習障礙學生。評量小組成員決定學習障礙資料所需偏離年級水準的原則，如表3-4（Rickek, Caldwell, Jennungs, & Lerner, 1996）。

表3-4　偏離資格標準的年級水準

年級	偏離水準
低年級	超過低於目前年級水準一年
中高年級	低於目前年級水準一年半
國中	低於目前年級水準二年
高中	低於目前年級水準二年半

偏離年級水準的方法是容易實行的，但是有統計上的弱點。這種方法傾向於確認低成就者，而非學習障礙學生（Cone & Wilson, 1981）。

(2) 標準分數法

標準分數法可以避免某些年齡和年級，分數比較上所存在的統計問題。這種方法是將所有分數轉換成基於平均數和標準差的標準分數。

　　智力與成就測驗上的標準分數可互相比較。在判斷差距上，如果所獲得的標準分數之間的差異大於一個或兩個差異的標準誤，就可將學生視為符合學習障礙服務的資格。雖然標準分數法符合許多統計要求，但是它並不考量某些統計特性，如朝向平均數的迴歸問題（Reynolds, 1985）。

(3) 依年級或年齡分數的方法

　　依年級或年齡分數的潛能和成就之間的差距方法常被使用，當這兩者轉換成年齡或年級水準分數時，它的統計缺失是這些分數並未考慮到測驗的測量誤差，測驗之間也沒有可供比較的常模。也就是說，某測驗的年級或年齡水準無法與另一測驗的年齡或年級水準相比較（Cone & Wilson, 1981; Lerner, 2003）。這種方法又可分為以下幾種型式，如表3-5：

表3-5　依年級或年齡分數之潛能—成就差距的方法

方法	內涵	公式	例子
心理年級法（the mental grade method）	使用學生的心理年齡來評估閱讀預期，為決定閱讀預期年級（RE），從學生的心理年齡（MA）中減去五年。	RE = MA − 5	例如：大年10歲，IQ120，閱讀期望年級是7.0。如果他有4.0的閱讀年級水準，則其閱讀就有三年的差距。7.0(RE) = 12(MA) − 5
學年法（the year-in-school method）	這種方法認為心理年級法未考量到學年，可能對某個案會有不正確期望，尤其是智商特別高或低者。	學年 × 智力分數 = RE + 1.0 ÷ 100	小真10歲，4.5年級。使用這個公式和IQ120，她的閱讀期望年級是6.4：若小真有4.0的年級閱讀水準，期望和成就水準之間的差距是2.4年。
學習商數法（the learning quotient method）	這種方法考量心理年齡（MA）、實際年齡（CA）和年級年齡（GA）。由於每個因素都有某些誤差，三者平均稱為期望年齡（EA）來降低誤差。兒童的學習商數（LQ）顯示，學生能夠學習的百分比。	LQ（學習商數）= AA（成就年齡）÷ EA（期望年齡）	學校可指定學習障礙服務資格的學習商數（LQ）。例如：LQ79以下，意味兒童學習少於他能夠學習的80%。

(4) 迴歸分析法

迴歸分析法是一種測量差距的統計程序，受到許多測量專家的支持。迴歸方程式提供統計決定特定智力分數的預期成就範圍，它顯示學生的成就分數是否在學生智力分數的合理範圍內。這種方法可調整當測量第二次時特別高或低的分數，傾向於移至平均數的一種統計傾向。

不管怎樣，迴歸分析法也受到批評。許多評量學習障礙所使用的測驗，無法符合可接受的心理分析標準。迴歸分析是一種精細、複雜的技術，卻被運用於粗略測量行為的測驗上（Salvia & Ysseldyke, 2001）。

2. 運用潛能─成就差距公式的問題

雖然目前國內外學習障礙的資格認定上都不乏採用差距因素，這種方式也有其優點，不過，批評差距公式亦不少（Salvia & Ysseldyke, 2001; Swanson, 1993; Tomlan & Mather, 1996）。這些質疑的議題包括：

(1) 智力測驗可有效測量兒童的潛能嗎？

有關智力測驗本身的嚴重問題，以及學習障礙兒童可能因其障礙特性而在智力測驗的得分稍低。例如：語言障礙可能因其障礙特性而降低智力測驗分數，減少差距，使兒童不符合接受學習障礙之特殊教育服務。另外，兒童的文化和個人經驗也可能不利於智力測驗分數。

(2) 差距公式無法確定幼兒學習障礙

潛能─成就的差距主要是基於在校學業失敗。因學前幼兒尚未進入學齡階段的正規教育，所以我們無法運用差距公式來確定學習障礙幼兒。

(3) 等待失敗

此種潛能─成就差距標準需要兒童落在預期成就表現水準之後，才符合接受特殊教育的服務資格。這種情形常導致服務遲緩，並造成兒童因等待而形成低自尊及喪失興趣和動機。

(4) 強調低成就標準，會降低定義的其他範圍

學習障礙個體除低成就外，尚包括學校適應不良、動機不足、情緒或心理歷程異常，單靠低成就的標準是不充足的。

(5) 現今我們用來測量個體成就表現的測驗完美嗎？

目前許多成就測驗的信度和效度不佳。因此，所得分數可能無法充分反映兒童的成就表現水準。

(6) 潛能和成就之間要差異到什麼程度才算嚴重

國小二年級水準以上的一年差距比國小六年級水準以上的一年差距來得嚴重嗎？尤其，嚴重差距應該透過固定的時間總數（一年或二年）來測量嗎？或是應該使用一些統計測量或公式呢？

㈧ 考量反應介入

從美國2004年公布施行《身心障礙者教育促進法》（IDEIA）以來，研究和實務人員已開始使用反應介入（RTI）來證實學習障礙學生的資格。雖然運用此種方法確定學習障礙學生的資格仍有問題待解決，不過這種方法的運用已經在快速成長中（Gersten & Dimino, 2006）。茲介紹兩種常見的介入反應模式，如圖3-6。

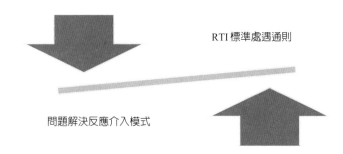

RTI 標準處遇通則

問題解決反應介入模式

圖3-6　常見的反應介入模式

1. RTI標準處遇通則

RTI的標準處遇通則（Standard Treatment Protocol, STP）包含多項獨立的教育介入，可用來區別學習障礙學生。這項通則讓學生確實接受教育介入，並再三監控進程以了解學生反應。在系統嚴格監控下，常會讓學生學科進步；若經過許多教學介入後，學生還是沒進步才可認定為學習障礙。

這種通則常有三個不同階段的介入，階段Ⅰ人數最多，階段Ⅱ人數會變少，階段Ⅲ則變成個位數。階段Ⅰ指在班級教學中大部分學生會有學習困難（可能是學習困難學生之80%），他們可接受教學來改善而不需更進一步支持，階段Ⅰ常會在普通班執行。經過階段Ⅰ的教學後，剩下部分學習困難學生（可能只有學習困難之15%）須進入階段Ⅱ。階段Ⅱ也是普通

班的責任，但包含更多介入與對學生的進步有更多監控。階段Ⅲ是最後的介入層次，學生進入階段Ⅲ時教師會確認其是否有學習障礙，僅有約5%的學生要接受這個階段的服務。

至於要怎麼做才能有效蒐集到RTI所需的文件，並保護學生權利且公平考量其資格呢？表3-6說明了這些原則（Bender & Shores, 2007）。

表3-6　有效標準處遇的原則

- 確定普通班教學的閱讀課程是經過實證研究的，教師也受過訓練。若條件都符合，階段Ⅰ介入就成為每週一次的進步監控，不需分開來教學。
- 專業的介入訓練要有科學基礎，是為保證處遇的真誠性，即執行RTI對所有學生都有幫助。
- 階段Ⅰ和Ⅱ可運用普通班專業教師或特殊教育教師等來進行獨立觀察。
- 當成員已花時間觀察學生，並提供再安置建議，就不需再花時間為學生進行個別施測。
- 階段Ⅰ和Ⅱ介入，可能會有不同的觀察者。這樣可讓教師更了解學生對介入的反應，也會有更多對教學的建議。
- 階段Ⅱ的介入，學生須參與學校中原有的小團體教學，同時會每天和每週監控進步情形，並繪成圖表。
- 進入階段Ⅲ前，須召開身分確認會議，正式決定學生在階段Ⅰ和Ⅱ的介入無效。會議後，學生會確認為學習障礙，階段Ⅲ的介入就像執行特殊教育服務資格的法定程序。

2. 問題解決反應介入模式

這種模式與標準處遇通則有許多共同點，都涵蓋三到四個層級，每進一個層級，其處理強度愈強。如果學生對當下的處理層級成效不彰，則建議採取進一步層級處理。不過，在作決定過程和提供介入的類型上，兩種模式亦有明顯區別。

問題解決反應介入模式比標準處遇通則沒那麼正式，但這不意味著此種模式是非結構的。事實上，為避免實施時的雜亂，這種模式須有清楚的結構。問題解決反應介入模式（Problem-Solving Response to Intervention）首見於行為諮商，過程能以行為、歸納與實證來描述，其中關鍵是歸納。在模式裡，團隊成員開會討論個別學生需求，並以需求為基礎發展介入方案。雖然介入可能服務一位以上的學生，然而策略是特別設計來解決個別學生的問題。團隊會評估介入成效，並根據學生成績資料來調整教學策略。

　　多數問題解決反應介入模式是一種四項步驟的循環過程（Grimes & Kurns, 2003）。其步驟，如圖3-7。

界定問題（define the problem）

界定與分析學生問題，最重要是找出學生困難的原因，並量化界定。任何與學生有關的訊息都須探究，如發展遲緩、健康議題或阻礙正常發育的資訊，可能意味需進一步檢查。

↓

擬定介入計畫（plan an intervention）

針對學生的特殊問題設定目標，發展包括一個以上策略的介入計畫。學生目標須以基線期資料為參考，規劃適當的年級進步水準。有科學實徵且忠實執行的教學課程是成敗的關鍵。

↓

實施介入（implement the intervention）

實施時須精確且忠實，行政人員的觀察要能證明介入如原先規劃。教師可利用課程本位評量，來偵測學生的進步情形。

↓

評估學生的進步情形（evaluate the student's progress）

在介入足夠時間後，團隊要討論介入效果。經介入後所得學生進步資料，可用來再評估學生的功能並決定該怎麼做。這些資料須包括以天或星期為間隔，衡量學生進步的圖表或班級成績。所有決定要有數據作依據，否則不能妄下論斷。

圖3-7　問題解決反應介入模式

　　就像標準處遇通則一樣，問題解決反應介入模式常分成三或四個層次。在三個層次的模式中，層次一涵蓋在普通班對學習困難學生實施經科學證明有效的課程或策略。進步不彰的學生，宜接受層次二更強化的教學，以課程本位評量，每週或更頻繁地將學生的進步情形繪成圖表；若學生進步仍不理想，則啟動層次三進一步評估特殊教育服務的適法性。

　　在問題解決反應介入模式中，最重要是如何決定進步是足夠的。學者建議聚焦在表現與成長兩者之雙重差距。圖3-8為雙重差距須考量的面向（Bender & Shores, 2007）。

圖3-8 雙重差距考量的面向

　　同時考量這兩種資料來檢測學生對介入反應的全貌是很重要的。即使學生在個人的學科有進步，但與同儕相較仍然落於最後的20%，這樣我們將無法了解學生從介入中獲益的情形。

　　團隊須比較介入前、介入時與介入後學生進步的資料點或斜率。如果學生進步明顯，但仍落後同儕時，或許需要持續相同的，但更為複雜的策略介入。如果開始介入時，學生落後同儕20%且進步非常有限，可能需要跨入另一個層次。所以，同時考量這兩種資料會更精確了解學生反應的全貌。

　　在多數RTI文獻中，第二和第三層次的切截點（cut-points），包括後10%-20%的班級成績。表3-7是問題解決反應介入模式的指南（Shores & Bender, 2007）。

表3-7 問題解決反應介入模式指南

- 教師以班級指標性測驗，篩選普通班無法跟上一般課程的學生。
- 篩選成績落在最後20% - 25%的學生，教師應啟動層次 I 循環的介入計畫。
- 問題解決團隊開始完成問題解決的第一與第二程序，團隊仔細紀錄決策過程，包括由誰負責及時程、監控進步的程序與工具……。團隊亦須確定負責人員為經過充分訓練。
- 教師或他人執行計畫。在介入的課堂上，學校行政人員、語文或數學教師須觀察，並記錄該課程或策略與計畫中之教學程序相符。
- 層次 I 介入因屬普通班的功能，可用於全部學生，故層次 I 介入無須通知家長。
- 層次 I 介入耗時6-12週，至少每週評量一次，故最少有六個資料點可供教師評估學生對介入的反應。
- 問題解決團隊開會來評估所得數據。結果可能繼續此種介入或更換策略，學生若達到進步目標，可停止介入或轉往層次II。若決定留在層次 I 或轉往層次II，則開始另一次循環。

四、小結

評量是蒐集有關學生資料，用以形成教育性決定的歷程。在特殊教育上實施評量的主要理由有二：(1)分類和資格。我國《特殊教育法》及其子法要求學生必須被鑑定為學習障礙或其他障礙類別，才能符合接受特殊教育服務的資格；(2)計畫教學。特定的評量資料往往可用來協助教師為學生進行教學。

教育性評量和教學之間的連結愈接近，評量教學歷程就會愈有效。引導教學需要著重課程和教學上的評量。雖然在開始教學之前可事先進行評量，不過在教學歷程中教師仍會持續探測和評估，以利對學生的特殊教育需求保持了解。

許多父母和教師非常關心使用差距公式來做有關兒童的教育性決定，同時支持臨床判斷和經驗的必要性（Chalfant, 1989）。事實上，有關學習障礙服務資格的決定不應僅依靠差距公式來決定。因差距公式著重於潛能和成就之間的關係，而忽視了學習障礙個體其他獨特的學習特性，所以觀察、非正式評量、父母和教師的經驗在資格決定上也是重要的考量。另外，介入反應模式為美國學術及實務界，因應2004年所通過《身心障礙者教育促進法》（IDEIA-2004）的產物，且迄今仍有若干問題尚待解決。不過，這種發展日後也可能會對我國的學習障礙評量產生影響，值得留意和了解。

第三節 學習障礙學生的鑑定安置實務

實務上，評量學習障礙學生因次類別多，使用的工具繁多和鑑定基準並非十分精確易於認定，一直都是每年鑑定安置工作的重點類別之一。以下將先描述鑑定原則與參考標準、研判思考流程圖、疑似學習障礙學生重新鑑定參考流程，然後呈現填寫說明和參考範例。

一、鑑定原則

㈠ 一般教育環境下所提供之介入仍難有效改善，再轉介鑑定

「一般教育環境介入」係指普通班教師、學業性輔導人員（例如：補救教學計畫）或其他專業人員，針對學生之學習問題，進行密集與長期（半年或至少一學期以上）之補救教學。所謂仍難有效改善係指學生在一般教育環境下接受教學，其學習表現仍無法與智力預期水準相當。

注意力缺陷、發展性動作協調障礙等發展性問題，需有醫療院所或其他相關專業之介入〔例如：醫療（含藥物治療）、職能治療、語言治療、專注力訓練……〕後，仍造成讀寫、理解、口語、書寫、數學……障礙。

㈡ 釐清並排除其他障礙或環境因素所直接造成之結果

非生理（智能、感官缺陷、情緒障礙）與環境（文化刺激不足、教學不當等）因素，所直接造成之結果。必須排除下列情況：

1. 生理因素

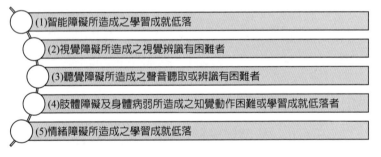

(1)智能障礙所造成之學習成就低落

(2)視覺障礙所造成之視覺辨識有困難者

(3)聽覺障礙所造成之聲音聽取或辨識有困難者

(4)肢體障礙及身體病弱所造成之知覺動作困難或學習成就低落者

(5)情緒障礙所造成之學習成就低落

註：(1)-(5)應以醫療或相關專業人員的評估、診斷為依據。

2. 環境因素

(1)文化刺激不足係指可能因家庭文化背景（例如：低社經地位、家庭教養功能不彰、隔代教養、單親照顧困難或新移民文化適應問題等），而導致缺乏親子互動及學前語言啟蒙經驗。

(2)學習環境不利係指可能因缺乏在普通教育中吸收到所需經驗的充

分機會（例如：教師教學不當、教材太難、中途輟學、長期缺席、使用非母語進行測驗及教學等），而導致的學習動機低落或學業落後。

㈢ 內在能力與學習表現有顯著差異

1. 符合智能中等（IQ85）或中等以上。

2. 內在任一能力（包含注意、記憶、知覺、知覺動作、理解、推理）與學習表現（聽覺理解、口語表達、識字、閱讀理解、書寫、數學運算）有顯著困難。

3. 學習成就（聽、說、讀、寫、算）低落：在一項或多項學科之表現顯著低於目前就讀年級同儕，且學業低成就現象隨其年級升高而更明顯。一般而言：

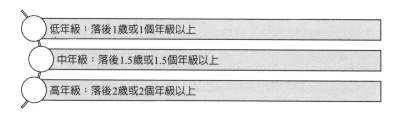

低年級：落後1歲或1個年級以上

中年級：落後1.5歲或1.5個年級以上

高年級：落後2歲或2個年級以上

㈣ 神經心理功能異常

此功能異常可透過相關內在能力測驗、智力結構與組合、學習表現之錯誤類型、學習策略成效或專業醫學診斷等方式，來分析與驗證。

除神經心理功能異常外，也可能包括生理，例如：腦傷、癲癇等造成學習表現有顯著困難，且其異常現象持續長達半年（至少一學期）以上者。若為一年級學生，應追溯其學前發展史。

二、臺北市國小身心障礙在校學生學習障礙組研判架構參考

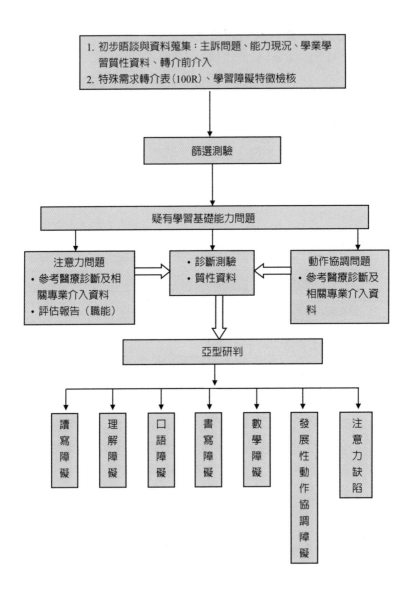

三、臺北市國小身心障礙在校學生學習障礙組鑑定心評工作流程圖

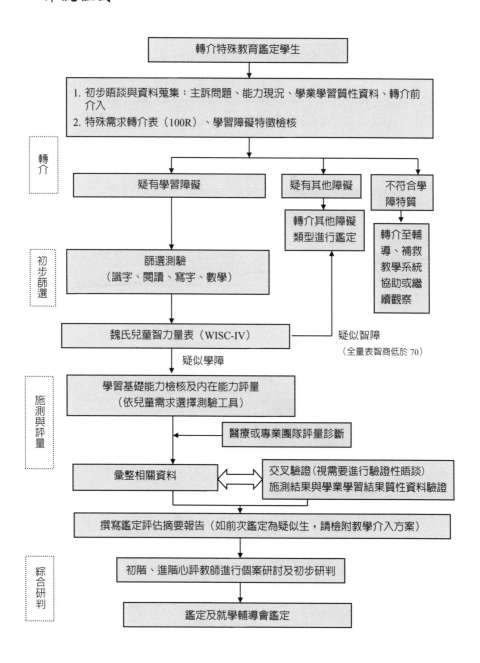

四、臺北市國小疑似學習障礙組學生複評鑑定心評工作流程圖

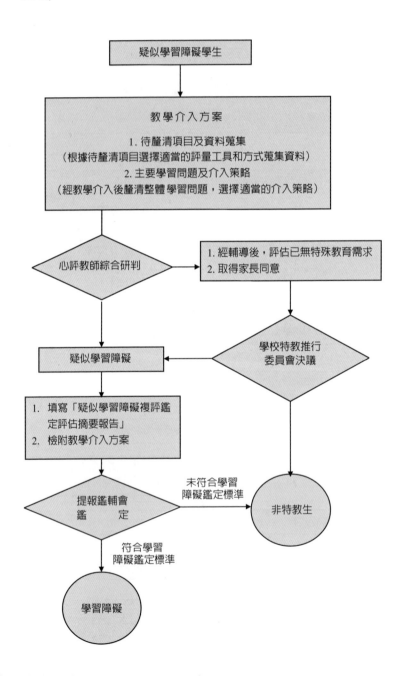

五、身心障礙在校學生學習障礙組鑑定評估摘要報告

臺北市○○學年度○○國民小學身心障礙在校學生鑑定評估摘要報告

學習障礙組初次鑑定

編號		姓名	小亦	性別	男	實齡	10	團體智測	CPM百分等級	52
						年級	四		SPM百分等級	16

※身分別

■未接受過鑑定安置之學生　　　　　　　□一年級疑似生，障礙類別為_____
□曾被鑑定為其他障礙（勾選此項請加填「歷次鑑定結果」）　□其他_____

壹、轉介

一年級開始個案在班級成績落後，上課分心，識字與閱讀有明顯的困難，導師與科任老師提供課後指導。三、四年級開始參與學校攜手班計畫加強輔導課業，仍然考試成績不佳，作業無法準時繳交，學習動機低落，因此轉介。

個案主要困難陳述：

1. 長期注音符號拼讀與書寫、國字的讀寫、文章閱讀特別有困難。

2. 數學基本運算能力與概念理解尚可，但一遇到應用問題或文字敘述較多的填充題就無法理解。

3. 語文能力低落連帶影響其他科目的學習（數學、社會、自然），長期為班上最後一名。

4. 在課堂中經常發呆、專注力不足、學習動機低落，影響各科學習。

轉介者（姓名／職稱）：黃薇蓉／導師

一、次級輔導策略與成效

策略 1.重點摘要輔導紀錄策略內容 2.建議參考「輔導策略及成效記錄表」填寫	實施人員				實施時間與頻率	實施方式		實施時間與頻率		
	導師	補救系統	輔導教師	其他（科任）		個別	小組	穩定進步中	有成效但不穩定	成效不顯著
調整學習環境（座位調整、提供提示）	V			V	三年級開始至今，依科目與上課教室適時調整。	V				V
調整教學方式（每節課盡可能包含多種活動，以提高學習興趣；利用多感官教學、結構化、作業方式）	V			V	三年級開始至今，依科目與上課教室適時調整。	V	V			V
調整班級經營（獎勵、分組、上下課作息規範）	V			V	三年級開始至今，依科目與上課教室適時調整。	V	V			V
改變教室規則（允許在不干擾上課情形下，暫時不參與課堂活動）	V			V	三年級開始至今，依科目與上課教室適時調整。	V				V
提供同儕志工：提醒教室轉換、攜帶學用品與作業繳交	V			V	三年級開始至今，每天。	V			V	
教務處補救教學（攜手班）	V	V		V	三年級開始至今，一週兩次。		V			
下課與課後時間補救教學	V			V	三年級開始至今。	V	V		V	
家長諮詢（提供教養方式、有效訓練方法、書面親職教育資訊、與家長溝通教育理念）	V				三年級開始至今，每月一次。	V			V	
親師溝通	V				三年級開始至今，每週一次。	V			V	
長期協助就醫、服用專注力藥物	V				三年級開始至今。	V			V	

二、特殊需求轉介表	三、學業表現		中等以上	全班平均數	中下到最後30%	全班最後15%
■疑為學習障礙		整體				V
□與一般同學差異不大		國語				V
		數學				V
	其他科目補充說明：其他科目亦長期為班上最後15%。					

四、學習障礙特徵檢核

(一) 學習行為特徵檢核表　　　　　　　　　　評量者：【導師】　　評量日期：【103.03.03】

1. 讀寫障礙　(□正常□輕□中■重)　　2.數學障礙 (□正常■輕□中□重)

3. 發展性障礙 (□正常□輕■中□重)

說明：檢核表結果顯示個案在讀寫障礙出現重度，明顯有閱讀跟書寫困難；發展性障礙出現中度，顯示個案在注意力部分有困難；數學障礙雖然出現輕度，但經資源班老師進一步釐清，發現個案在數量概念與加減乘除計算能力正常。

(二) 國民中小學學習行為特徵檢核表　　　　　評量者：【導師】　　評量日期：【103.03.03】

特徵向度	很不頻繁	不頻繁	頻繁	很頻繁
1.注意與記憶				V
2.理解與表達				V
3.知動協調		V		
4.社會適應			V	
5.情緒表現		V		

說明：

1. 檢核表顯示個案在注意與記憶部分出現困難頻率為很頻繁，尤其在注意力部分。

2. 理解與表達部分檢核表顯示個案在文字辨識、文章義理理解、書寫表達部分，出現困難頻率為很頻繁。

3. 知動協調、社會適應與情緒表達個案較無出現困難。

五、家庭狀況

(1) 經濟狀況：■一般或良好　□經濟清寒：(□有低收入戶身分　　□申請中　　□無)

(2) 手足狀況：□獨生子女　　□非獨生子女 (兄___/弟___/姐___/妹___人)

　　　　　　　□有特殊手足 (如資優或身心障礙)，請說明：

(3) 文化不利：□家長不識字　□家長為新住民，不熟悉本地語言　　□其他_____

(4) 文化適應問題 ：□轉學生　　□中輟生

　　　　　　　　　□曾居留國外 _____國，時間 _____年，返國居住時間 _____年

(5) 隔代教養：□祖父母 (祖父/祖母)；祖父母教育程度□不識字　　□國中以下　　□國中以上

(6) 單一照顧者：□ 單親 (父/母)　　□父母其中一方在外地工作

(7) 家庭教養方式：□權威　　■民主　　□放任

(8) 家庭教育功能：■一般或良好　　□照顧者缺乏教養技巧　　□家中沒有人提供課業上的協助或督導

　　　□放學後沒有人掌握學生的行蹤　　□其他_____

(9) 居住環境：■一般或良好　　□充滿不好的影響，如電動玩具店……

(10) 其他狀況補充說明：如：_____

※補充說明：家庭狀況與功能良好，父母用心教養，排除家庭與文化不利因素。

六、學生健康/ 發展史

(1)身心發展：□身體健康　　□體弱多病　　■發展正常　　□發展遲緩　　□感覺統合失調　　□社會情緒問題

(2)相關病史：■無　　□視力問題　　□聽力問題　　□氣喘　　□過敏性體質 (例如：異位性皮膚炎)　□其他_____

(3)接受早期療育情形：■否　　□是 (起訖時間：　　　　～　　　　，

　　　　　　　　　　　　　　　療育內容：　　　　　　　　　　　　　　　　　)

(4)接受學前教育情形：□否　　■是 (請圈選)小/ 中／大班

※補充說明：個案除身材較同年齡孩童比起偏瘦以外，其他健康狀況正常。

七、能力現況說明

項目	具體說明
(一)健康狀況	1. 個案比起同年齡孩童身材偏瘦小。 2. 其他健康狀況與同年齡孩童差不多。
(二)感官功能 （視覺、聽覺、嗅味覺、觸痛覺、動覺、平衡覺等）	感官功能與同年齡孩童差不多。
(三)知覺動作 （感官知覺、大肢體動作、小肌肉動作、手眼協調、體能、平衡）	個案知覺動作發展與一般孩童差不多，但在團體行動時，動作明顯比一般同學慢很多，轉換教室跟不上同儕腳步。
(四)溝通能力 （聽覺理解、口語表達、社會溝通、動作表達、文字表達）	聽話理解能力差，常因不專心而抓不到老師與同學說話的重點，也經常答非所問，口語表達能力差、不太能和同學閒談、不太能接續別人的話題。
(五)生活自理 （飲食、如廁、穿著、漱洗與衛生、整潔）	1. 具備基本生活自理能力。 2. 經常遺失個人物品，不會保管自己的東西，物品的收納與整理須老師提醒。 3. 經常忘記帶上課所需的文具或課本、經常忘記交作業。
(六)社會情緒 （自我概念、人際互動、環境適應、情緒表達、衝動控制、挫折容忍）	1. 情緒穩定良好，乖巧聽話。 2. 舉止害羞。
(七)認知能力 （注意、模仿、記憶、理解、推理）	1. 注意力差，不易持續專心任何活動，專注時間約為五分鐘。 2. 組織力差，說話或做事顯得凌亂、沒有重點與組織。 3. 理解力差，弄不清楚抽象或較複雜的概念。
(八)學科學習 （拼音、識字、閱讀理解、寫字、作文、數學概念、計算、應用題解題）	1. 各科學習長期為班上最後 15%。 2. 識字量比同學少很多、無法閱讀課本跟考卷、會抄寫但無法知道字彙意義、無法寫出通順的句子。 3. 數學具備基本加減乘除計算能力，但因不夠專注，有時求快會粗心犯錯。無法進行數學應用問題。 4. 學業表現受專注力問題影響，寫作業時亦需要更長的時間才能完成。若克服了注意力的問題，學習將會有更好的表現。
(九)其他 （學習動機、學習態度）	上課經常沒有反應，學習動機較為低落，對課堂學習表現厭倦、缺乏動機、不感興趣。

貳、篩選

學習基礎能力檢核 （注意：全部項目均施測）

測驗名稱		測驗結果			解釋	施測日期
		原始分數	常模對照			
閱讀理解篩選測驗 （中文閱讀障礙診斷測驗）		10	切截分數	13	閱讀有困難	103.03.03
識字量評估測驗 （中文閱讀障礙診斷測驗）	識字量總計	720	95%信賴區間	0-1602	識字有困難	103.03.03
			百分等級	5		

基礎數學概念評量 施測日期【103.03.03】	比大	比小	不進位加法	進位加法	不借位減法	借位減法1	借位減法2	借位減法6	九九乘法	空格運算	應用問題
做對/全部%						.88	.88	.89	.62	.88	.50
解釋						一般	一般	一般	一般	一般	低分
做對/做完%						1.0	.87	.88	.87	1.0	.50
解釋						高分	一般	一般	低分	高分	低分

參、施測與評量

一、魏氏兒童智力量表第四版　　施測者：【資源班老師】　　施測日期：【103.01.13】

分測驗分數	語文理解				知覺推理				工作記憶			處理速度			全量表智商
	類同	詞彙	理解	常識	圖形設計	圖畫概念	矩陣推理	圖畫補充	記憶廣度	數字序列	算術	符號替代	符號尋找	刪除動物	
	11	10	12	11	9	8	8	4	8	8	5	8	10	10	93
組合分數	105				89				89			94			

□受試者或測驗情境之特殊狀況：服用藥物過後施測，配合度佳。

二、內在能力評量（※請注意：根據篩選階段之結果，依學生需求選擇工具進行施測）

項目	測驗名稱		測驗結果			解釋	施測日期
			原始分數	常模對照			
識字	常見字流暢性 (中文閱讀障礙診斷測驗)	正確性	17	百分等級	3	識字量過低	103.03.03
		流暢性	17.76	百分等級	4	顯著落後	103.03.03
	中文年級認字量表	□書寫 ■認讀	34	切截分數	65	認字困難	103.03.04
				百分等級	1		
	找出正確的字測驗 (基本讀寫綜合測驗)	看詞選字	17	T分數	/	年級分數 1.6	103.03.04
		聽詞選字	19	T分數	/	年級分數 1.9	103.03.04
	看字讀音造詞 (基本讀寫綜合測驗)	看字讀音	46	T分數	/	年級分數 1.9	103.03.04
		看字造詞	45	T分數	/	年級分數 2.1	103.03.04
	部件辨識測驗 (中文閱讀障礙診斷測驗)	答對總題數	10	百分等級	12	顯著低落	103.03.06
		每分鐘正確題數	2	切截分數	2.17		
	部首表義辨識測驗 (中文閱讀障礙診斷測驗)	答對總題數	13	百分等級	10	顯著低落	103.03.06
		每分鐘正確題數	2.6	切截分數	2.80		
	聲旁表音測驗 (中文閱讀障礙診斷測驗)	答對總題數	4	百分等級	2	顯著低落	103.03.06
		每分鐘正確題數	0.8	切截分數	2.20		
閱讀理解	中文閱讀理解測驗		35	T分數	36	PR14 閱讀理解能力 低落	103.03.06
口語表達	修訂學齡兒童語言障礙評量表	語言理解	36	百分等級	56	正常	103.03.07
		口語表達	45	百分等級	46	正常	103.03.07
		語言發展	81	百分等級	51	正常	103.03.07

書寫	看注音寫國字 (基本讀寫字綜合測驗)		20	T 分數	/	年級分數 2.2	103.03.04
	聽寫 (基本讀寫字綜合測驗)		32	T 分數	/	年級分數 2.9	103.03.04
	遠端抄寫 (基本讀寫字綜合測驗)		18	T 分數	/	年級分數 3.2	103.03.04
	國小兒童 書寫語文能力 診斷測驗	產品	54	百分等級	1	實施書寫語文 能力教學	103.03.05
		造句	SQ 93.3	百分等級	19	中下	
		文意	3	百分等級	4	實施書寫語文 能力教學	
注意力	問題行為篩選量表 (1~9題)	教師	9	是否 6 分以上	是	注意力不足	103.01.17
		家長	8	是否 6 分以上	是	注意力不足	103.01.08
		英語科任	8	是否 6 分以上	是	注意力不足	103.01.17
非正式評量	經過與導師及科任老師訪談，老師們表示個案每天早上都會服用專注力藥物（利他能半顆），早上藥效發揮後可專心，但藥效過後，個案在課堂中仍出現注意力不足現象。家長曾與醫生調整用藥劑量，但因個案身材瘦小，且用藥後有明顯副作用，因此家長無法接受再加重藥物劑量。						

三、醫療或專業團隊評量診斷

（一）醫師診斷結果　　□無　□尚在評估中　■有（已檢附■診斷證明　■評估報告）

診斷 結果	持續力與注意力較弱，注意力分散	醫療院所	臺北市立聯合醫院 — 松德院區
		診斷時間	102 年 11 月 16 日

建議 及 處方	建議： 1. 提供注意力訓練課程。 2. 建議服藥。 醫師是否建議用藥？□否　　■是（藥名：　利他能　、劑量：　一天半顆　） 因個案身材瘦小，用藥後有副作用產生，因此醫師開的劑量較輕。 目前學生服藥情形？□否　　■是，持續服藥中　□斷斷續續　原因：＿＿＿＿＿＿＿＿＿＿＿＿

（二）其他專業人員評估結果　　□無　■有

評估 結果及 建議	評估結果 1.個案整體能力與智力功能相較於同年齡屬中等程度。 2.個案專注力不足、持續力低、反應慢、警覺性低，有注意力不良現象。 評估建議 1.建議提升個案專注力以幫助其學習。 2.建議家長接受親職教育相關課程。

評估者	臨床心理師	評估時間	102 年 11 月 20 日

（三）介入情形及成效說明：

　　個案從三年級開始即穩定的接受醫院門診治療，至今已有一年多時間，介入與成效仍不穩定，目前個案仍有注意力不集中、作業品質不佳、學習低成就等現象，建議接受特殊教育服務。

結語

　　《特殊教育法》對評量實務的影響是無庸置疑的。評量教學歷程可分為轉介、鑑定／分類與安置、教學等階段。特殊教育人員常會使用傳統評量和非正式評量來獲得學生的全面性面貌，以利作決定。評量目的在於蒐集和分析學生目前能力水準的資料，協助計畫教育方案，以提高學生的學習，但是在形成評量和撰寫評鑑報告時應考量若干課題，如決定目前的成就表現水準與考量反應介入。在鑑定實務上，因學習障礙學生的次類別多，鑑定基準不易認定，每年都是鑑定工作的重點。

本章重點

1. 《特殊教育法》對評量實務的影響很大，有兩段條文直接會影響到評量程序：(1)各級學校應對每位身心障礙學生擬定IEP（第28條規定）；(2)程序保護和父母權利（第17、21條規定）。

2. 評量教學歷程可分為三個較大的階段：轉介、鑑定／分類與安置、教學。

3. 轉介階段包括轉介前和轉介活動。轉介前介入模式有諮詢模式、教師支持小組模式，以及同儕協同模式。

4. 鑑定、分類與安置階段是這項過程的核心，包括確認學習障礙本質和嚴重程度、及對學生作最適當安置。

5. 一旦學生安置後，接著是在開學後一個月內訂定IEP。IEP指運用專業團隊合作方式，針對身心障礙學生個別特性所訂定之特殊教育及相關服務計畫。

6. 完成IEP後，就是教學階段了，包括實施教學和監督學生的進展情形。

7. 轉介學生接受評量是因為他們正體驗到學業問題，而評量過程可協助確定學生的問題本質和優弱勢。

8. 為了回答許多問題，教師可從下列方式來獲得資訊：個案史或面談、觀

察、評定量表、非正式量表及標準化測驗。

9. 評量目的之一在於蒐集和分析學生目前能力水準的資料，協助計畫教育方案，以提高學生的學習。在形成評量和撰寫評鑑報告上，應考量下列課題：決定學生目前的成就表現的水準、蒐集額外的資料、設定年度與學期教育目標、服務取向、監督進步情形、發展教學計畫、考量潛能和成就之間的差距。

10. 差距分數指學生學習潛能的目前成就方面數量的差異。決定潛能－成就差距分數的方法，包含偏離資格標準的年級水準、標準分數法、依年級或年齡分數的方法，以及迴歸分析法。

11. 實務上，評量學習障礙學生因次類別多、工具繁多及鑑定基準不易認定，一直都是每年鑑定安置工作的重點類別。

第四章

安置學習障礙

本章檢測學習障礙兒童和青少年的教育安置。為探討學習障礙學生的安置，我們著重下列課題：融合教育理念的發展、法律對教育安置的影響、及提高普通和特殊教育教師間夥伴的關係。

(第一節) 融合教育理念的發展

特殊教育發展的主要趨向分別是：(1)強調早期療育；(2)身心障礙者與正常社會有更多統合；(3)更著重中學至成人的轉銜服務方案（Kirk, Gallagher, & Anastasiow, 2009）。以下僅就統合部分作深究。

「統合」（integration）有時指「回歸主流」（mainstreaming），包括身心障礙者由隔離機構移至社區生活；由特殊教育學校移至普通公立學校；從特殊教育班移到普通班（Hallahan & Kauffman, 2014）。就像某些廣泛受到支持的社會課題一樣，統合始於1960年代，逐漸發展壯大至現今。在1960-1970年代，統合勝利的事實是它們降低了身心障礙者在機構中的人數，以及特殊教育學生進入特殊教育學校和特教班的人數。今日有些急進統合派並不滿意於此，直到所有機構、特殊教育學校及特教班完全消失為止。他們主張所有身心障礙學生應在普通班接受教育。相較於1960-1970年代，多數特殊教育者所曾夢想的，現今主張保守統合者也建議身心障礙學生和普通學生之間應該有更大程度的互動。

這股浪潮已造成美國特殊教育專業領域上的爭論。急進與保守統合者之間的爭吵已影響到特殊教育領域的分離。誠然，最後不管何種觀點流行，未來幾年在美國身心障礙學生的教育方法，尤其是教育場所將會有劇烈變化。如前所述，統合理念源於1960年代。不過，這項理念的形成並非憑空而來，而是有其脈絡可尋的哲學與歷史根源。

一、正常化原則及其衍生的課題

首先，我們來探究統合理念的哲學根源是正常化。就像實驗心理學肇始於歐洲，而在美洲發揚光大一樣（張春興，2004）；正常化原則亦起源於歐洲，而在美國流行。正常化原則是一項哲學理念，指盡可能建立和維持個人行為與特性以符合文化常態（Wolfensberger, 1972）；亦即，身心障

礙學生的教育應盡可能地類似於普通學生。就方法上言，我們應該將身心障礙學生盡可能地安置於類似普通學生的環境。同樣地，我們應運用盡可能接近普通學生使用的處理方法。在結果方面，我們應致力協助身心障礙學生進入主流的社會體系中（Hallahan & Kauffman, 2014）。

　　雖然正常化原則的涵義淺顯易懂，不過要澈底落實這項概念卻在美國社會和教育上捲起了無數的爭議。其中具高度爭議的課題，如圖4-1。

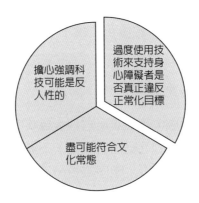

圖4-1　正常化原則衍生具爭議的課題

㈠ 盡可能符合文化常態

　　即使正常化原則的原創者認為是各種服務傳遞方式的需求，包括住宿機構、特殊教育學校和特教班，不過近來有些人將正常化原則解釋為廢除這類隔離式環境。其次，有些身心障礙者團體（如聾人）對與正常社會太過接近感到懷疑。

㈡ 過度使用技術來支持身心障礙者是否真正違反正常化目標

　　無疑地，科技改變了專業人士服務身心障礙者的方法，亦改變身心障礙者自己參與社會的方法。尤其，有些科技已能協助身心障礙者過更多獨立生活，參與先前無法進行的活動。不過，有些身心障礙者也可能過於依賴科技而不願增進本身能力的風險，以及過於依賴人工方法來與環境互動而使個人的正常化受到傷害。

㈢ 擔心強調科技可能是違反人性的

過分強調科技可能會造成障礙者被視爲「缺損人」（broken persons）的危險，就像有缺損的機器需要固定一樣（Cavalier & Mineo, 1986）。他們認爲此種違反人性的指標，就是科技者集中全力讓身心障礙者適應現有科技產品，而非發展科技產品來符合個體需求。

由上可發現，美國要實施正常化概念所捲起的漣漪主要包括：(1)不同個人或團體對「盡可能符合文化常態」的看法不一；(2)質疑過度使用技術來支持身心障礙者是否會眞正違反正常化的目標；(3)擔心過於強調科技可能是違反人性的。

二、統合理念的歷史根源

有關統合理念的實施，專業人士已經大聲疾呼了三十至四十年。雖然身心障礙者和一般人之間的互動已有成長，不過在美國有兩項社會運動卻有助於統合加速化。依歷史發生順序來看，這兩項社會運動，如圖4-2。

去機構化
（deinstitutionalization）

普通教育改革（Regular Education Initiative, REI）

圖4-2　加速統合的社會運動

過去有段時間，將身心障礙兒童和成人安置在住宿機構（如特殊教育學校或教養院）是常見的，尤其是嚴重障礙或問題者。1960-1970年代，美國有項離開住宿機構回到社區的社會運動，稱爲「**去機構化**」。這項運動的主要動力是一般大衆和特殊教育專業，了解到許多大型機構所提供的服務不適當。雖然有些專業人士主張「去機構化」，認爲這項運動具有改進多數終身住宿者生活品質的潛力，但因計畫不足也導致某些人失敗。

事實上，將身心障礙者由住宿機構移至社區可能要冒更大風險。另

外，「機構化」研究亦有不同看法：(1)一派認為「即使在最好的條件，『機構化』仍會傷害到身心障礙者」；(2)一派主張「去機構化」是一件符合倫理道德的正確事情，應著重於成功實施的方法（Bybee, Ennis, & Zigler, 1990）。

雖然有上述質疑，不過這項運動卻導致許多身心障礙兒童回到家庭，使得目前較小特殊教育設施位於鄰近地區是很常見的。安置在中途之家的情緒障礙者不再需要更多大型機構的隔離環境。在工作教練的支持下，愈來愈多身心障礙者目前在競爭性職場中工作（Hallahan & Kauffman, 2014）。

另一項加速統合的社會運動，最早是由前任美國教育部助理祕書Will（1986）所提出的「**普通教育改革**」。她要求普通班教師對學校中的特殊教育學生（包括多元文化及身心障礙者等）擔負更多責任。雖然多年來無數專業人士主張回歸主流，不過將身心障礙學生安置在普通班，她算是跨出了一大步。

正如Will所言的，REI對普通教育到底應負多少身心障礙學生教育的責任是模糊的。而這種模糊卻導致了特殊和普通教育人員在這方面角色的爭論。迄今，統合身心障礙學生的觀點，存在著由「**完全融合**」（full inclusion）至維持多元安置模式理念。

三、統合現況

根據美國《身心障礙者教育促進法》（IDEIA-2004）的規定，迄今身心障礙學生的教育方案一直主張，學校應該將他們安置在「**最少限制環境**」（Least Restrictive Environment, LRE）。而「最少限制環境」的理念是假定沿著一條直線上有各種變通性作法：直線的一端是住宿機構，另一端為普通班（圖4-3），又稱「多元安置模式」或「服務連續體制」（continuum placements）。整體來說，美國特殊教育工作者對於多元安置模式的變通選擇是滿意的（Hallahan & Kauffman, 2014; Kirk, Gallagher, & Anastasiow, 2009）。

普通班	普通班＋諮詢	普通班＋巡迴輔導	資源班	醫院或在家教育	自足式特殊班	通學特殊教育學校	住宿特殊教育學校

融合愈多 ◄————————————————————► 隔離愈多

圖4-3　特殊教育服務連續體制

　　近來已有一些特殊教育工作者，反對「最少限制環境」（LRE）的理念。雖然仍屬少數，不過這股浪潮有愈來愈大的現象。他們主張完全融合（Lipsky & Gartner, 1996），也就是強調所有身心障礙學生應該單獨在其鄰近學校的普通班接受教育。他們多數認為完全融合有下列幾項要素，如圖4-4：

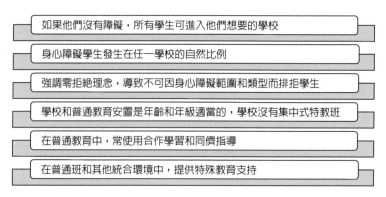

如果他們沒有障礙，所有學生可進入他們想要的學校

身心障礙學生發生在任一學校的自然比例

強調零拒絕理念，導致不可因身心障礙範圍和類型而排拒學生

學校和普通教育安置是年齡和年級適當的，學校沒有集中式特教班

在普通教育中，常使用合作學習和同儕指導

在普通班和其他統合環境中，提供特殊教育支持

圖4-4　完全融合的要素

　　有些專業人士贊成完全消除特殊教育，有些則認為特殊教育教師、語言治療師、職能治療師……仍是有必要的（Hallahan & Kauffman, 2014）。然而，完全融合理念也受到許多特殊教育專業人士的抗拒，圖4-5為反對完全融合理念的看法。

	父母、普通班及特殊教育班教師大都滿意目前的多元安置模式
反對 融合	普通班教師不願或無法因應所有身心障礙學生
	斷定身心障礙者為少數的觀念是有瑕疵的
	完全融合者不願考量實徵事實是專業上的不負責任
	缺乏支持單一服務傳遞模式的資料下，特教人員應保留多元安置模式

圖4-5　反對完全融合理念的看法

四、邁向未來

　　不管是否贊同完全融合理念，其實美國多數從事特殊教育工作者都贊成某種程度的統合。雖然目前多數統合實務仍然還沒有豐富的實徵性資料顯示其成效，不過專業人員常推薦下列策略，如圖4-6（Hallahan & Kauffman, 2014; Kirk, Gallagher, & Anastasiow, 2009）：

圖4-6 融合策略

(一) 轉介前小組
　　結合各類專業人士，尤其是普通和特殊教育教師。這些小組成員與普通班教師共同發展策略來教導學習困難的兒童，以降低普通班教師將這類學生轉介到特殊教育班。

(二) 協同諮詢
　　普通班和特殊教育教師共同發展身心障礙學生的教學策略，這兩類專業人士之關係前提是共享責任與權威。

㈢ 合作教學

普通班和特殊教育教師在普通班一起教學，這種方法有助特殊教育教師了解普通班的運作。

㈣ 合作學習

教師將異質能力的學生（如身心障礙學生），安排在一起學習的教學方法。

㈤ 同儕指導

這是一種基於學生可彼此有效指導，而用來統合身心障礙學生在普通班的方法。學習者或教師的角色，可以是身心障礙學生或一般學生。

㈥ 部分參與

基於減量原則，普通班中的身心障礙學生與一般學生一樣進行相同的學習活動；教師在活動中調整，讓學生盡可能參與。

㈦ 設計改變態度的課程材料

發展課程教材，來改變一般學生對身心障礙學生的了解。

㈧ 逆向回歸

在身心障礙學生明顯較多的班級中，安排一般學生共同學習。

第二節 法律對教育安置的影響

一、教育安置理念

我國學習障礙學生在何處接受教學，是鑑定安置小組委員所作出的一種關鍵性決定。不過，安置和融合主題乃是學習障礙領域和其他障礙類別最具爭論的課題。融合指將身心障礙兒童安置到普通班進行教學。我國各級學校中，融合教育運動在成長中，引發了教師、家長團體、行政和研究人員熱烈的反應。基本上，這種爭論包括：(1)完全融合觀：身心障礙兒童有權利盡可能參與正常環境，蒙受主流社會、學校和學業的利益。

這種觀點也提出其他教學情境是有害和標記的（Stainback & Stainback, 1996）；(2)連續體制觀：學習障礙學生所面臨的問題本質，需要普通班無法容易提供之個別、密集和明確的教學。這種觀點維持學習障礙學生需要普通班以外的教學。

學習障礙學生融合教育成效仍具爭議，不過學校融合教育運動並未停止。將學習障礙學生安置在普通班與資源班進行教學，仍在穩定增加中。

㈠ 不同教育安置的連續體制與最少限制的環境

我國2019年的《特殊教育法》修訂案與美國2004年公布之《身心障礙者教育促進法》一樣，在法案中都包括兩種有關教育安置的重要規定：

1. 不同教育安置的連續體制。顯然，學校配置了各種教育性安置，來迎合各種需求的身心障礙學生接受特殊教育和相關服務。這些教育安置選擇包括普通班、資源班、特殊班、特殊教育學校和其他安置型式。

2. 類似最少限制的環境。我國《特殊教育法》雖然沒有明示最少限制的環境，不過卻有其實質的內涵。例如：第11條規定：「高級中等以下各教育階段學校得設特殊教育班，其辦理方式如下：(1)集中式特殊教育班；(2)分散式資源班；(3)巡迴輔導班」；第18條規定：「特殊教育與相關服務措施之提供及設施之設置，應符合適性化、個別化、社區化、無障礙及融合之精神。」為提高正常化和參與更大的社會經驗，「最少限制的環境」（LRE）的規定，旨在確保身心障礙學生在校有與普通班學生相處的經驗。

因此，鑑定安置小組做出安置決定時，必須企圖針對每位障礙學生選擇最少限制的安置環境。

圖4-7說明了教育安置體制。依照接觸普通學生的程度來看，愈底層限制愈少，愈頂端限制愈多。這個模式意味輕度學習障礙學生更可能接受層次Ⅰ（普通班）或層次Ⅱ（資源教室）的服務。嚴重學習障礙學生則更可能接受層次Ⅲ（特殊班）或層次Ⅳ（特殊教育學校）的服務。在許多個案上，鑑定安置小組會推薦幾個安置選擇的服務。例如：特殊班和資源班同時都有。當一位特定學生在學習上有進展時，就可能需要重新教育安置，來因應其新的特殊需求。

　　支持融合者批評這種傳統的特殊教育服務模式階層是不健全的，因為它會造成兒童的標記和隔離。他們推薦應依據實際年齡和兒童的同儕來做安置（Langone, 1998）。

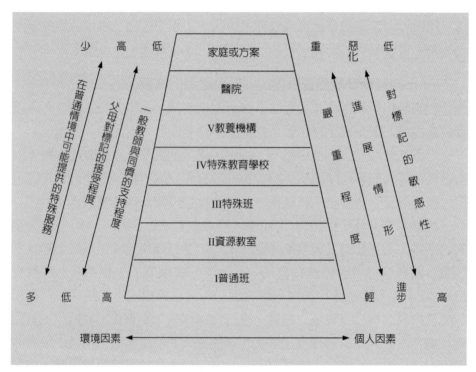

圖4-7　教育安置體制

㈡ 教育安置原則

　　不像一般學生均就讀普通班，凡是確認符合特殊教育資格之身心障礙學生，目前會有除了就讀普通班之外的其他安置型式。因此，安置身心障礙學生須考量下列原則：

1. 就近入學

　　我國《特殊教育法》第10條規定：「……國民教育階段，特殊教育學生以就近入學為原則……」。因此，學習障礙學生的安置以鄰近學區就學為主，學區學校無適當場所提供特殊教育者，得經主管機關安置於其他適

當特殊教育場所（教育部，2014）。

2. 彈性安置

我國《特殊教育法》第17條規定：「各主管機關應每年重新評估前項安置之適當性……。」另外，《身心障礙及資賦優異學生鑑定辦法》第23條亦規定：「……經鑑輔會鑑定安置之身心障礙學生……，遇障礙情形改變、優弱勢能力改變、適應不良或其他特殊需求時，得由教師、家長或學生本人……提出重新評估之申請。……」因此，鑑輔會在安置之後應每年重新評估安置的適當性，或遇有安置學習障礙學生錯誤或須調整的情形，得視需要主動重新評估和安置（教育部，2014）。

3. 服務需求

安置目的是希望提供特殊教育學生適當的教育及相關專業服務。因此，安置時應考量學生對特殊教育及相關專業服務的需求程度，而非僅考量障礙的程度。

(三) 提高學習障礙學生的統合安置

特殊教育初期是針對特定障礙類別（如智能、聽覺和視覺……），建立集中式特殊教育班或特殊教育學校。而Dunn（1968）指出，有些安置在集中式特殊教育班的智能障礙學生，可以由其他安置中獲益，啟動了統合身心障礙學生至隔離環境較少的觀念。自此以後，我們已經看到許多安置上的改變，以及要求更多統合。我們注意到三種提高學習障礙學生統合安置的理念：回歸主流（mainstreaming）、普通教育改革（REI）和融合。

回歸主流指將學習障礙學生，逐漸安置在普通班進行教學的實務。基於回歸主流哲學，學習障礙學生某一學科或部分時間統合在普通班，目標在於漸進增加學生花費在普通班的時間總量。

普通教育改革比回歸主流更前衛，它的前提在於學習障礙和其他學習及行為問題的兒童，透過普通班要比透過特殊教育的服務系統更有效。尤其是許多不符合接受特殊教育服務資格之問題輕微兒童，包括身心障礙、貧窮與其他兒童等。

　　融合指身心障礙學生在普通班接受教學，同時運用適當支持來符合他們的個別需求。而完全融合是安置所有身心障礙兒童至鄰近學校的普通班中，目的在於重新建構學校以消除特殊教育（Villa, Thousand, Meyers, & Nevin, 1996）。Kochhar等人（1996）指出融合教育應有下列要素：(1)所有兒童在相同學校及班級一起學習，並提供必要的服務及支持；(2)承認所有兒童有獨特需求；(3)身心障礙兒童進入鄰近的學校就讀；(4)安置適合其年齡的班級；(5)在相同學校教育身心障礙學生及一般生。

1. 對融合教育安置的憂心

　　許多父母和專業人士對所有學習障礙學生的融合有所保留。他們憂心融合教育安置無法符合許多學習障礙學生的個別需求。我國《特殊教育法》的核心之一就是IEP。許多學習障礙學生需要個別化的直接和明確教學，這是目前普通班很難提供的，以致學習障礙學生的教育安置常受到忽視。

　　個別化教育安置取決於有可供選擇的各種安置。若僅有完全融合可供選擇，學校就不再提供各種安置的連續體制，如資源班和集中式特殊教育班。事實上，一種型式並無法適合所有情境，而將學習障礙學生都安置在普通班會忽略了個別計畫的觀念（Hallahan & Kauffman, 2014）。有學者甚至指出，學習障礙學生融合成效的教育結果是令人失望的（Robers & Mather, 1995）。

2. 增進學習效果的教學策略

　　為促使融合教育安置更有效，透過科技整合小組，互相調整能力和知識來提供每位學習障礙學生獲得足夠的支持。理想上，所有成員都要參與作決定、教學和評鑑學生的需求及進展情形。圖4-8是一些學習障礙學生在融合教育安置中常用的教學策略（Kochhar, West & Taymans, 1996）。

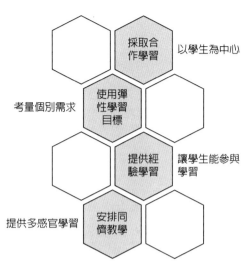

圖4-8 融合教育安置常用的教學策略

(1) 採取合作學習

在融合班中，很多學科須採取分組方式進行，同時運用異質團體分組，讓學習障礙學生與普通學生在同組中互相合作和學習。

(2) 以學生為中心

融合班中的活動應以學生為中心；教師扮演引導的角色，導引學生學習。

(3) 使用彈性學習目標

彈性學習目標指大目標一致，但是小目標不同。例如：寫作時，普通班學生按照平常方式寫作，學習障礙學生則可能使用剪報的方式來完成相同的題目。

(4) 考量個別需求

在融合班中達到個別目標，而非透過一對一教學。

(5) 提供經驗學習

教師應提供實際操作、參觀等方式，讓學生親身體驗教學內容。

(6) 讓學生能參與學習

在融合班中，教師可以採取下列讓學習障礙學生參與學習的方式，包括：讓每位學生分享和討論答案、問問題以了解學生理解多少、每講完一

段約15分鐘，以及暫停一下問學生聽懂多少。

(7) 安排同儕教學

由高年級教導低年級，也可以由較優異者教導較弱者。

(8) 提供多感官學習

教學時，運用多重感官法，既可增加教學趣味和活潑性，更可加深學習障礙學生對學習內容的印象。

二、教育安置選擇

在選擇學習障礙學生的教育安置上，鑑定安置小組必須取得家長同意，同時應考量學生障礙的嚴重性、相關服務需求，以及社會和學業能力。學習障礙學生主要是接受何種安置形式？我國學習障礙學生目前在各種教育安置的比例並未詳細統計，惟國民教育階段各級主管機關之鑑輔會對於被鑑定為學習障礙的學生，大都是安置在普通班，結合部分時間抽離到分散式資源班接受特殊教育服務（教育部，2012）。

事實上，沒有一種教育安置選擇是理想的，教育安置組合可能是一種有價值的作法。例如：學生可部分時間在特殊班或資源班，其餘時間在普通班。以下是一些可供選擇的教育安置方式：

㈠ 普通班

普通班的安置是學習障礙學生最少限制的選擇，卻也是最少特殊教育服務的教育安置。另外，普通班學生也有可能是尚未被確定的疑似學習障礙學生，或家長不願孩子接受特殊教育的學生。學習障礙學生成功統合在普通班需要完整的配套措施。光是安置在普通班並不足以確保學業成就或社會性接納。

教育服務這類學生的兩種方法，是透過直接服務和間接服務。前者，資源班教師直接在普通班服務學生；後者是資源班與普通班教師一起工作，然後教導學生。通常安置在普通班的學習障礙學生，接受直接和間接服務的組合（Zigmond, 1995）。

理想上，普通班和特殊班教師要共同分享教學責任。特殊教育人員可能諮詢班級教師、提供學生教材、或真正教導普通班的學生；普通班教師

也必須有能力、知識和意願來服務安置在班級中的學習障礙學生。另外，普通班教師的在職服務和繼續教育也是很重要的。

(二) 分散式資源班

分散式資源班是一種提供身心障礙學生補救教學的教育情境，學生花費多數時間在普通班。分散式資源班是一種對普通班教學的支持性作法。我們必須採取作法來照料資源方案的學生。例如：如果學生喜愛體育，教師就應該避免預先占有這個時間。另外，分散式資源班必須諮詢班級教師有關學生離開教室的合理時間。分散式資源班應該是令人愉悅的，且有充足的教材供應。

(三) 集中式特殊教育班

基本上，集中式特殊教育班是小型的，學生人數不會太多，教師可使用各種教材。在集中式特殊教育班可提供高度個別化和仔細監督的密集教學。有些集中式特殊教育班是單一類別的（僅包含學習障礙學生在內）；有些則是跨類別的（包含各種身心障礙學生，通常是學習障礙、情緒障礙、注意力過動異常或智能障礙）。

集中式特殊教育班對某些學習障礙學生是有利的，他們似乎比普通班的類似學生有較佳的自我概念，可能是因為這些學生無法符合普通班的成就標準。我國目前並沒有專收學習障礙學生的集中式特殊教育班。

(四) 特殊教育學校

這是一種專為學習障礙學生所設立的特殊教育機構。在國外，這些學校通常是私立的，學生可能花費一天50%以上時間在特殊教育學校（Lerner, 2003）；有些學生則是全時制的參與特殊學校；有些學生只有部分時間在特殊教育學校接受特殊教育，其他時間在普通學校的資源班或普通班。

我國則尚未出現此類教育機構。這類特殊教育學校優點是他們通常對學習障礙學生的服務良好，有時對某些學生是唯一可行的選擇；缺點是收費高、交通距離遠、及缺乏與其他學生互動的機會。

㈤ 個別教學

這種教學方式是高度個別化的，兒童透過一位有能力的教師進行密集教學，以因應其特殊需求。有時學習障礙學生需要個別教學，且在此種支持下表現良好。因此，學校可尋求包括在班上使用電腦教學、其他輔助和志工小老師的方法，盡可能提供個別教學。

㈥ 住宿機構

住宿機構常提供遠離家庭的全時制安置學生。學生在公私立住宿機構接受教育時間超過一天中的50%（U.S. Department of Education, 1997）。極少學生有嚴重障礙到須採取此類安置，不過某些個案如果社區缺乏適當機構，且行為極端嚴重，那麼這類住宿機構的安置可能就是學生和家庭最佳的選擇。

然而，這類安置機構有許多缺點。例如：將學生由家庭中抽離、著重學生的障礙、較少提供在社區經驗的機會。

㈦ 在家教育或醫院環境

在家教育或醫院情境上的兒童，通常有需要這些安置的醫學條件。學校選派教師至這些情境中提供教學。

（第三節）提高普通和特殊教育教師之間夥伴的關係

由於普通班或資源班是學習障礙學生主要的安置方式，使得特殊教育與普通班教師的關係就愈發顯得重要。以下就夥伴關係的教學策略和學習障礙教師的角色與能力敘述如下：

一、夥伴關係的教學策略

一旦愈來愈多的學習障礙學生安置在普通班或資源班進行教學時，提高普通和特殊教育人員之間夥伴關係的程度就會變得格外必要。發現促進此種關係努力的方法，對成功融合學習障礙學生是很重要的。普通和特殊教育人員必須成為夥伴（Langone, 1998）。圖4-9為促進此種關係的教學策略。

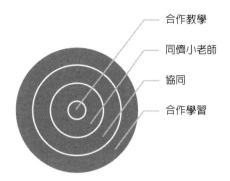

合作教學

同儕小老師

協同

合作學習

圖4-9　促進夥伴關係的教學策略

㈠ 合作教學

合作教學（co-teaching）是普通班教師和特殊班教師在普通班一起教學，這種方法有助於特殊班教師了解普通班的運作情形。柯懿眞和盧台華（2005）曾探討資源班教師與普通班教師實施合作教學的情形，結果顯示：(1)要因應不同的課程內容性質與學生需求，選擇適切的合作教學模式。例如：對描述或統整概念多採行「一主教，一協助」或「團隊教學」的模式；在練習或評量活動則多運用「平行模式」或「選擇式教學」；(2)合作教學對資源班或一般學生的數學成績及學習均有正向影響；(3)普通班與資源班教師主動積極的態度，是維持合作教學持續發展的關鍵；(4)普通班與資源班教師應互相切磋以促進專業成長。

㈡ 同儕小老師

同儕小老師（peer tutoring）是一種基於學生可彼此有效指導，而用來統合身心障礙學生在普通班的方法。學習者或教師角色可以是身心障礙學生或一般學生。

㈢ 協同

協同（collaboration）是普通班和特殊班教師一起發展身心障礙學生的教學策略，這兩類專業人士之關係前提是共享責任與權威。

㈣ 合作學習

合作學習（cooperation learning）是教師將異質能力的學生安排在一起，進行學習的一種教學方法。

二、學習障礙教師的角色和基本能力

有關學習障礙教師的角色和基本能力，如圖4-10。

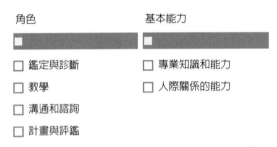

角色

□ 鑑定與診斷
□ 教學
□ 溝通和諮詢
□ 計畫與評鑑

基本能力

□ 專業知識和能力
□ 人際關係的能力

圖4-10　學習障礙教師的角色和基本能力

㈠ 角色

學習障礙教師的角色是多元且複雜的，可歸納為下列幾項：

1. 鑑定與診斷

鑑定的目的在找出符合特殊教育服務的對象。然後，採用正式和非正式評量的方式，來評估學生的問題或成因，作為擬定IEP的依據。

2. 教學

教學是學習障礙教師的核心工作。教師須依每位學生的特殊需求，擬定適切的年度和學期教育目標及教學策略，選擇適當的教材教法，運用教學資源來進行個別化教學。

3. 溝通和諮詢

資源班學生多數時間與普通班學生一起學習，因而學習障礙教師的主要對象是普通班教師，另外還包括學生、家長及學校的其他行政人員，他們須常溝通學生的學習和行為問題、教學計畫、特定的教學技術……。

4. 計畫與評鑑

資源班要能順利推展，發揮預定的效果，必須有完整的教學介入方案計畫。例如：目標、課程、學生鑑定及個案會議、經費預算與使用、教學資源管理和應用……，同時在運作過程中也須定期評鑑實施成效，以作為改善依據。

(二) 基本能力

學習障礙教師的責任很難界定，因為他們改變得很快。例如：我國的資源班原本僅招收學習障礙學生，現今則改為身心障礙資源班，招收不分類的身心障礙學生（含學習障礙學生）。就學習障礙的角度來看，學習障礙教師應能：(1)建立確認、評估和教授學生的教育方案；(2)參與篩選、評量和評鑑學生；(3)協同普通班教師來設計和實施教學；(4)使用正式和非正式評量；(5)參與擬定IEP；(6)透過直接介入、共同教學和協同來實施IEP；(7)面談父母；(8)協助學生發展自我了解，獲得因應和克服其障礙的希望和信心。

為達到上述目標，有效的學習障礙教師須具備下列能力：

1. 專業知識和能力

專業知識和能力包含學習障礙教師必要的專業知識基礎。這種技術性角色需要評量和診斷、課程與教學、管理學生行為、計畫和經營教學環境、及監督和評鑑等。學習障礙教師必須知道醫學資訊和心理學理論（含發展心理學、行為學習論、認知心理學等），也須擁有教授口語、閱讀、書寫、數學、非語文、行為管理、社交技巧、前職業和職業能力。

2. 人際關係的能力

與人一起工作的藝術是學習障礙教師逐漸在成長的責任。一旦學習障礙學生的服務從特殊班和資源班移至普通班，教師角色的重點就從提供直接教學者轉變到共同教師、諮詢者和協同者（Langone, 1998）。因此，新的學習障礙教師不僅要有專業能力，且要有善於處理人際關係的能力。

協同需要教師成為尊重、同理和開放的。他們必須能與他人建立良好的關係，對另一種專業發展的階段表現適當的反應；一種積極且熱誠的態度，結合願意學習是必要的。與他人工作時，學習障礙教師必須能夠管理

個人壓力，冷靜面對危機及尊重不同的觀點。

結語

　　特殊教育發展的一項主要趨向就是統合。統合理念雖然源自於1960年代，但這項理念的形成是有其哲學與歷史根源。統合理念的哲學根源是正常化，而歷史根源在美國有兩項社會運動加速統合：去機構化和普通教育改革。迄今，統合身心障礙學生的觀點，處於完全融合與多元安置模式的爭論中。學習障礙學生融合教育成效仍具爭議，不過將這類學生安置在普通班與分散式資源班進行教學仍在穩定增加中。因此，特殊教育與普通班教師之間夥伴關係的程度就愈發顯得重要。

本章重點

1. 統合有時指回歸主流，包括身心障礙者由隔離機構移至社區生活；由特殊教育學校移至普通公立學校；從特殊教育班移到普通班。
2. 統合理念的哲學根源是正常化。正常化原則指盡可能建立和維持個人行為與特性符合文化常態，即身心障礙學生的教育應盡可能地類似於普通學生。
3. 正常化原則的涵義淺顯易懂，不過在美國社會和教育上引發無數爭議，包含過度使用技術來支持身心障礙者是否真正違反正常化目標、盡可能符合文化常態，以及擔心強調科技可能是違反人性的。
4. 在美國有兩項社會運動卻有助於統合加速化：去機構化和普通教育改革。
5. 最少限制環境的理念，又稱多元安置模式或服務連續體制。
6. 完全融合就是強調所有身心障礙學生，應該單獨在其鄰近學校的普通班接受教育。這個理念有下列幾項要素：如果他們沒有障礙，所有學生可進入他們想要的學校、身心障礙學生發生在任一學校的自然比例、強調零拒絕理念，導致不可因身心障礙範圍和類型而排拒學生、學校和普通

教育安置是年齡和年級適當的，學校沒有自足式特教班、在普通教育中常使用合作學習和同儕指導、在普通班和其他統合環境中提供特殊教育支持。

7. 反對完全融合理念的看法：父母、普通班及特殊教育班教師大都滿意目前的多元安置模式、普通班教師不願或無法因應所有身心障礙學生、斷定身心障礙者為少數的觀念是有瑕疵的、完全融合者不願考量實徵事實是專業上的不負責任、缺乏支持單一服務傳遞模式的資料下，特教人員應保留多元安置模式。

8. 不管是否贊同完全融合理念，美國多數從事特殊教育工作者都贊成某種程度的統合。專業人員常推薦下列融合策略：轉介前小組、協同諮詢、設計改變態度的課程材料、同儕指導、部分參與、合作教學，以及逆向回歸。

9. 學習障礙學生融合教育成效仍具爭議，不過將學習障礙學生安置在普通班與資源班進行教學仍在增加中。

10. 鑑定安置小組做安置決定時，須針對每位障礙學生選擇最少限制的安置環境。

11. 安置身心障礙學生須考量就近入學、最少限制的環境、彈性安置、服務需求等原則。

12. 學習障礙學生在融合教育安置中常用的教學策略，包括：採取合作學習、以學生為中心、使用彈性學習目標、考量個別需求、提供經驗學習、讓學生能參與學習、安排同儕教學，以及提供多感官學習。

13. 沒有一種教育安置選擇是理想的，教育安置組合可能是一種有價值的作法。

14. 普通和特殊教育人員必須成為夥伴。促進此種關係的教學策略，包含合作教學、同儕小老師、協同，以及合作學習。

學習障礙學生的教學

評量和安置學習障礙學生都只是起點而已，接著需要提供學習障礙學生所需的特殊教育教學形式。實施教學的目標在使用評量所蒐集的資料，包括分析學生特性、設計特殊的教學方案。開始實施教學之後，評量並不會因而停止。

事實上，教學和評量是持續且相連的。教學可視為是一種評量─教學─評量的歷程。首先測試學生，然後依照所形成的資料進行教學，教學後再測試學生以決定教學內容。如果學生在評量上表現良好，就表示教學已經成功，並計畫下一步的教學。如果學生在評量上表現不佳，教師就必須重新評估教學計畫，分析錯誤來確定學習失敗的原因，並發展出新的教學行為。

在教學上，教師通常會使用許多不同的介入策略、技巧或方法。除了針對學生無法做到的部分之外，教師還須詳細觀察學生已經學會的部分。例如：透過觀察學生閱讀理解所出現的錯誤，有助於教師了解學生的思考方法。

因此，教學是一種關於教學的概念和態度。它並不需要任何一種特別的教學系統或教育情境，它可使用不同的策略或教學方法，可應用在各種情境。以下我們將就教學歷程與特色、不同教學取向、考量個人、教學和環境變項、及教學趨向作探討。

（第一節）教學歷程與特色

教學歷程可視為是一個循環。這些階段分別是：(1)評量；(2)計畫；(3)實施；(4)評鑑；(5)修正評量，然後新計畫、新的實施形式，以及持續性的教學歷程循環，如圖5-1。

| 評量 | 計畫 | 實施 | 評鑑 | 修正評量 | 再循環 |

圖5-1 教學歷程循環

這種教學歷程具有下列特色，如圖5-2：

需持續變通和作決定	針對特定學生的計畫，而非全班	各種安置型式皆適用（小組、融合班等）
• 在多數班級中，教科書建構了課程，取代教師成為作決定者。惟資源班教師是不能完全依賴教科書的。	• 因為教授一般學生的良方，並非教授一位特殊需求學生的最佳方法。	• 教師要解釋回饋資料和準備作決定的能力；應敏於覺察個別學生的學習型式、優弱勢、發展情形及對外在世界的調適。

圖5-2　實施教學的特色

第二節　不同的教學取向

我們將分析每一種教學取向各有其優缺點，這些教學取向大致可區分為五類，如圖5-3並分述如下：

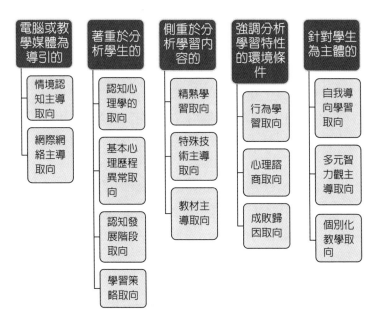

圖5-3　教學取向的分類

一、電腦或教學媒體為導引的

(一) 情境認知主導取向

這種教學取向又稱「錨式情境教學法」（anchored instruction），主要在於生活中有許多可應用的材料，將問題重點定位在一個問題情境中，透過教學者的電腦輔助教學情境設計的導引，讓學習者能夠習得解釋問題的能力，且學到可應用至各種情境的知識（林生傳，2004）。

「情境認知主導取向」在教材設計上，有下列原則：(1)以影碟方式呈現，提供學習者眞實、有趣的畫面刺激，並幫助學習者理解，以利學習遷移；(2)以故事敘述方式來呈現資料，營造有利於問題解決且有意義的學習情境；(3)故事結構是開放性，讓學習者有多面向的思路可走，激發學習者的內在興趣與動機；(4)隱藏資料的設計，讓學習者對相關資料作研判、搜尋，以決定所需的資料；(5)配對冒險故事，目的在提供重複演練核心知識的機會、學習遷移和釐清先前所學的知識技能，何者可用；(6)強調跨學科領域的設計，達到知識整合的目的（徐新逸，1998）。

「以生活數學系列：安可的假期」，就是以影碟爲工具，採故事方式所組成的冒險故事。它陳述複雜且待解決的問題給學習者，讓他們運用隱藏於故事中的資料來進行問題解決（徐新逸，1998）。

(二) 網際網絡主導取向

隨著科技發展一日千里，電腦早已成爲重要的教學輔助工具。利用電腦的特性不僅發展出各種電腦輔助教學軟體，而且研究也證實這種教學模式對個人學習、課後補救教學及學習動機的提高是有效的（林生傳，2004）。

一般而言，網路教學指藉由電腦及網際網絡的特質所實施的教學活動，除了電腦輔助教學之外，並運用網路無遠弗屆的特性，進行線上的合作學習。基本上，依據應用程度分，網際網絡在教學應用上依序可分爲三個階段，如圖5-4（皮世朋，2000）。

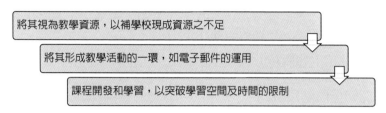

將其視為教學資源，以補學校現成資源之不足

將其形成教學活動的一環，如電子郵件的運用

課程開發和學習，以突破學習空間及時間的限制

圖5-4 網際網絡在教學應用上的程度

二、著重於分析學生的

㈠ 認知心理學的取向

認知心理學是對人類心智歷程及結構所作的科學分析，著重人類學習、思考和了解的過程（鄭麗玉，1993）。就學習障礙學生來講，認知心理學著重注意、記憶、問題解決、語言、資訊處理等心理歷程（Stanovich, 1993）。若從教學的角度來看，這些程序著重：(1)決定學習所需的心理歷程為何？(2)確定學校學習所需的特定心理歷程；(3)提供這些心理歷程和教學方法之間的連結（Deshler, Ellis, & Lenz, 1996）。教學方法包括引起注意、強化記憶保留和遷移、提供回饋、新舊知識和經驗的連結、提供學習輔導等（Gagn'e, 1985）。在評量學生的學習問題和教學設計上，了解認知處理概念和兒童在不同心理運作上的優弱勢是很有價值的。

就像所有教學法，我們應該使用認知處理與其他教學取向。教師必須了解課程的範圍和順序，以及熟悉教學的發展和行為模式。通常教學愈接近學業性工作會愈有效。例如：中文字的視覺辨別教學對閱讀的關聯，要比幾何形狀的視覺辨別來得更接近。

㈡ 基本心理歷程異常取向

事實上，我國《身心障礙及資賦優異鑑定辦法》上的學習障礙定義，就包括了心理歷程上的異常（教育部，2014）。這種概念的重點在強調兒童的心理歷程異常——注意、記憶、理解、知覺、知覺動作、推理等。教學方法著重：

1. 強化認知不足（例如：聽知覺不足的學生，將會接受聽知覺訓練）。

　　2. 依照學生的學習優勢來進行教學（例如：如果學生善於視覺處理，就應選擇利用這些長處的教學方法）。

　　3. 組合運用上述兩種方法。

(三) 認知發展階段取向

　　在兒童發展階段上，教師依據正常發展階段上的特定順序來分類學生，如皮亞傑（Piaget）的認知發展階段。若依據此種取向，教師會針對尚未達成的階段來進行教學。

　　這種取向表示學校不應該將兒童推向尚未準備的學習任務。重要的是，了解人類發展的階段，及個體正在運作的階段，協助兒童作階段之間的移動。兒童發展階段取向已受到凡是與學習障礙學生在一起的人的批評（Lerner, 2003）。我們不要等待而必須努力去作直到兒童成熟為止，在協助兒童能力的發展上，介入和直接教學全都是必須的。

(四) 學習策略取向

　　學習策略指個體對任務取向，包括因應計畫、執行和評鑑任務上的成就表現時，個人如何思考和行動。藉由分析學習障礙學生如何產生學習、記得、解決問題和了解的學習策略，可以提供另外一種教學取向。

　　學習障礙學生傾向是無效的學習者，因為他們不知道成為一位成功學生的祕訣：如何研究、統合新舊資料、監督他們的學習和問題解決、記得或預測將要發生的。也就是說，學習障礙學生需要學習策略教學。而教授學習障礙學生的學習策略取向，包括引領學生計畫、表現和評鑑策略執行的認知和行為元素（Deshler, Ellis, & Lenz, 1996）。他們須學習指導和控制其本身學習和類化的策略至各種學科領域，例如：國語文、數學、英文等。

三、側重於分析學習內容的

(一) 精熟學習取向

　　精熟學習取向是假定學生必須學習每種能力順序，以利學習一種任務。就像爬梯子一樣，如果錯過一些階梯就可能會掉落下來。運用此種取向的教學，必須澈底了解每一學科領域的能力順序。精熟學習取向的步

驟如下：(1)建立學科領域上能力的順序；(2)教師試著決定學生已學得多少，順序內還有哪些是未知的；及(3)順序上應從何處開始教學。

布魯姆（Bloom）認為教師應該先找出每個學生學習某件任務的認知及情意起點特性，而後以此為基礎進行包括「回饋─校正」在內的精熟學習策略教學。其實施策略（如圖5-5）如下（Anderson & Block, 1985）：

實施策略	學習者必須了解學習任務的性質及其學習的程序
	教師必須擬定與學習任務有關的特定教學目標
	課程或教材要分成較小的學習單元，並且在每一單元結束時予以測驗
	教師應在每一次測驗之後對學習者的錯誤及困難給予回饋
	教師必須找出各種方法，來改變某些學生能夠學習的時間
	教師應提供各種替代的學習機會以利學習
	由兩、三位學生組成小組並定期集會一小時以檢討其測驗結果，並相互幫忙去克服由測驗所發現的困難，則學習者會更努力學習

圖5-5　精熟學習取向的實施策略

這種學習取向適用於時間固定及班級團體教學的情境，布魯姆（Bloom）認為精熟學習的教學過程大致如下：

1. 引導階段

在此一階段，教師常利用上課時間告訴學生他們要學習的內容、方法、精熟標準評量程序及成績評定方式等。

2. 教學步驟

教師首先將一學期的教材分成許多連續的小單元，每一單元的教材分量約需一至二週才能教完。教完後則測試，如有錯誤須校正（此一過程採個別化方式），學生只須對錯誤之處重新學習即可。然後，施予第二次形成性測驗以確定是否精熟該單元。至於在第一次測試中達到精熟標準者，則可先進行充實學習的活動，然後再進入下一單元的學習，其詳細步驟，如圖5-6（Guskey, 1985）。

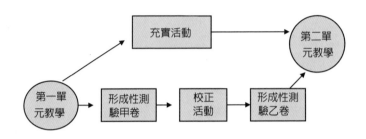

圖5-6　精熟學習取向的教學過程

　　批評者質疑此種學生必須習得每種特定能力，以學習任務或學科。他們認為學習是以較為整體的方式發展的，反對兒童必須按部就班學習每項次要能力。例如：全語言閱讀教學的支持者就辯稱，學習是以整體而非按照順序的方式來發生的（Goodman, 1992）。

㈡ 特殊技術主導取向

　　這種技術有時是以首創者來命名（如Orton-Gillingham法），有時則是一種奧祕的醫學名詞（如神經心理的特徵法）。特殊技術主導取向通常使用明確的直接教學，且常使用作為一對一的補救方法。

㈢ 教材主導取向

　　出版的教材變成為另一種教學取向的基礎，教材引導和指導教學。教師使用此種取向最基本的決定是選擇教材。一旦決定了選擇，該教材本身就會變成作決定者，而不是教師。教材提供一定程序，選擇將要教授的能力，提供練習活動。例如：郭靜姿和蔡明富（2002）所主編之《解脫「數縛」》的數學學習障礙學生教材設計，就是一例。

　　這種依賴教材會降低教師的角色。如前所述，教學需持續和主動作決定。若教師依循教材取向會冒著成為教育售貨員，以及讓材料指揮教學內容和方法的風險。因此，若沒有誤用教材，出版教材可成為一種有價值的教學工具。

四、強調分析學習特性的環境條件

㈠ 行為學習取向

這種教學方法在於分析學習特性的環境條件。使用斯肯納（B. Skinner）的操作制約原理之行為管理法，來降低不適當行為或強化受歡迎行為。行為基本原理著重在下列三項要素：前提事件（刺激）、目標行為，以及行為後果。我們可操弄或調整前提事件與行為後果等環境事件，來產生受歡迎的目標行為。

相較於透過試著分析學生學習障礙的成因或認知歷程。此種取向的焦點在於透過修正環境，發現改變學習的行為和方法。採用行為學習取向來教導學習障礙學生使用增強、逐步養成等行為原理，來促進學生的成就表現。我們可經由持續性測量，顯示學習行為上的改變，來證實行為方法的成功。行為學習取向的教學方法對學習障礙領域，有很大貢獻（Alberto & Troutman, 1998）。

批評者認為這種取向過度著重特定能力，無法考量到更為整體的學習型式。有些教師發現實際運用行為管理的缺失，抱怨詳細記錄的時間不足（Kohn, 1993）。

㈡ 心理諮商取向

心理諮商的教學取向集中在學生的感受及與教師的關係。學習的心理動力常在教材、技術、方法、認知歷程上產生。在學習情境上失敗的學生，是不快樂的。他們的挫折、不良的自我發展及不適切的感受，都會導致持續的學習失敗。這種取向建議，所需的是藉由建立成功感受和師生之間健康的心理動力關係。

一旦學習障礙學生發展出積極的情意，可以增進其學業能力（Yasutake & Bryan, 1995）。即使入學後適應良好，持續的學習失敗可能有不利影響。隨著兒童年齡漸增，這些失敗感受、挫折和過度敏感傾向會增加。俟學生達到青少年時，情意問題會更明顯。這種取向的目標在於重建自我概念、希望和信心，同時讓學生了解到教師了解學生問題，且有信心學習和成功。

重點在於提供適當的環境條件，來增進學生的自信及建立與教師之間健康的關係。學生與小老師共同學習之後，許多在學業學習上有很大進展的個案，能夠與學生建立有意義的接觸。不過，心理諮商取向亦有其批評，批評者認為專用此種取向可能會製造出快樂的失敗，凡是已習得的學生會滿意他們的學業失敗。

㈢ 成敗歸因取向

學者發現一般人對從事過有關成敗的工作後，多將自己行為結果之成功或失敗，歸結是能力、努力、工作難度、運氣、身心狀況或其他等因素的影響（Weiner, 1973）。教師可根據每個學生對自己學習後成敗的歸因，預測他以後對此學科課業的學習動機；將失敗歸因於努力不夠者，比將失敗歸因於題目太難者的學習動機強。

對某些個性依賴信心弱的學生來說，要想維持他的學習動機，教師在回饋中須給予鼓勵和支持，很可能比其他方法更有效。因此，除了教授學生知識外，必須注意到自己的行為及對學生的態度，隨時都可能影響學生的學習動機。

五、針對學生為主體的

㈠ 自我導向學習取向

自我導向學習是一種積極導引學生在學習歷程中，獲得高程度行為目標的教學取向。它可協助學生建構對自己學習的了解及意義，以及發展推理、問題解決和批判思考的能力。例如：學者提出的自主學習循環模型，包含自主學習、正規自我導向學習（由教師引導進行自我導向學習活動）、非正規自我導向學習（學生在學校外各種教育機構中的學習）、非正式自我導向學習（完全由學習者負起學習責任）、自主學習的循環（也就是學生透過正規、非正規及非正式三種途徑，都能進行自我導向學習）（胡夢鯨，1996）。

如果想要實現自我導向學習的功能，教師應注意提供下列教學策略：(1)學習者在學習歷程中必備的心智策略；(2)所提供的策略應配合實際生活情境的需要；(3)學習者要變成為學習的參與者，而非聆聽者；(4)課程

活動的發展，其重要結果是由學習者提供，而非教師。

另外，尚須下列因素才能促進有效的自我導向學習：(1)師生的對話互動面向上，對話是有目的的將學習責任逐漸轉移到學生身上；(2)教室中的社會支持面向上，要安排良好的學習環境、鼓勵成員運用同儕學習，以及學習能夠尋求的人力和非人力資源；(3)動機與態度面向上，要能引起學習者的學習興趣，強調主動參與；(4)認知學習策略面向上，要示範和提供記憶、思考和組織、理解與監控、問題解決及計畫設計策略（林生傳，2004）。

(二) 多元智力觀主導取向

智力可說是生物提供條件，文化提供發展機會。而個人智力的展現，不僅需要具備這些身心發展潛能，也需有機會把這些潛能發展出來，才能表現在解決問題和生產創造上（Gardner, 1999）。他建構的多元智力理論包含了八種智能，提供了一個很好的參照架構，使教師據以規劃並檢視自己的課程設計、教學方法和評量方式，以協助學生多元適性的學習和發展。

在課程與教學中，落實多元智力觀的應用有下列幾種方式，如圖5-7（Lazear, 1999）：

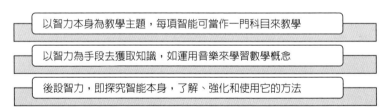

以智力本身為教學主題，每項智能可當作一門科目來教學

以智力為手段去獲取知識，如運用音樂來學習數學概念

後設智力，即探究智能本身，了解、強化和使用它的方法

圖5-7 落實多元智力觀的應用方式

Gardner同時提出多元智力觀的教學階段，包含喚醒、擴展、教學及遷移等四階段。如果從各項智力的角度來看，有研究人員分別提出單一智力的教學策略，在課堂上靈活運用以啓發學生的多元智力，如表5-1（李新民，2000）。

表5-1 單一智力的教學策略

智力類型	教學策略
語文	寫日記、寫報告、出版、講故事、全語教學、腦力激盪
邏輯—數學	分類與分等、邏輯推理、蘇格拉底式問答、邏輯量化入門、科學思維、創意應用題
視覺—空間	彩色記號、圖畫比喻、影響立體呈現、紙牌遊戲、概念構圖
肢體—動覺	實際操作、模擬動作、肢體語言回答問題、創意戲劇、冒險學習
音樂	聆聽音樂、配樂、伴奏心情音樂、團體詩歌朗誦、歌曲創作
人際	社區服務、小組合作、同伴分享、圓桌會議、城鄉交流
內省	自我監控、情緒調整、靜思期、自我挑戰、優點轟炸
自然觀察	運用工具觀察、改善觀察力、多感官的品味、知覺體驗、預測活動

㈢ 個別化教學取向

　　如果學校分派每位學生有他自己的教師，就可完全解決提供所有學生適當教學水準的問題。一位大人、一位學生的研究，發現個別指導對學生成就具有實質的正面成效（Wasik & Slavin, 1993）。個別指導有效的一項主要理由是指導者能夠提供個別化教學，明確的處理教學以符應學生的需求。如果學生學習快速，指導者就能夠移至其他任務上；反之，指導者就能發現問題是什麼，嘗試另一種解說或在任務上投注更多時間。這些策略包括：

1. 同儕個別指導

　　學生能夠彼此協助學習。在同儕指導上，由一位學生教導另一位學生。有兩種同儕指導的主要型式：(1)跨齡的個別指導，即個別指導比所要教導的學生年長；(2)同齡的同儕指導，即一位學生個別指導一位同儕。

2. 大人個別指導

　　一對一的大人對兒童的個別指導，也是最有效的教學策略之一。這種方法主要的缺點，就是成本高。

六、結語

　　事實上，前述這些取向並非完全相互排斥的，有效的教師可同時使用幾種教學取向。每種教學取向對整個教學環節都有貢獻，惟每種方法也都有其限制。因此，教師必須了解每種教學取向的知識及限制。

　　教師不應過度依賴單一的教學取向。因為沒有神奇的教學方式，教師應該具備廣泛的教材和技術、彈性，以及想像力和創意，以因應每位學習障礙學生特殊教育上的需求。

第三節　考量個人、教學和環境變項

一、敏察個人變項

㈠ 建立自我價值感

　　雖然有效教學須客觀且澈底的課程能力和方法的知識，不過它也須主動的了解學生（Brooks, 1991）。教師應了解學習障礙可能會影響到學生的每一個範圍。尤其，了解學習失敗對學生情意或心理的影響。不僅父母和老師會讓學生不快樂，而且父母的焦慮常會變得無法控制。父母會質疑他們的兒童到底是障礙或懶惰，如果他們的智力正常，即使最有愛心的父母都會因其孩子的無力學習，而傾向於處罰、責罵和威脅來產生受歡迎的結果。教師也會因而感到挫折。

　　兒童在這些不利條件下盡力學習，然而當失敗一再持續時，兒童可能變得無法抵抗。這種感受可能會一再地徘徊腦海中。因此，教師的重責在於激勵已失敗的學生，建立他們的自我概念和自尊。學習成功對人格具有正面效果，可提高自我價值感。此類教學可視為治療性的（Brooks, 1991）。下列原理提供治療性教學的指南，如圖5-8：

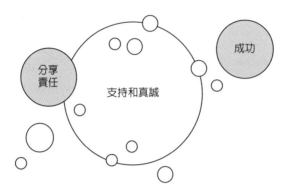

成功

分享
責任

支持和真誠

圖5-8　治療性教學的指南

1. 支持和真誠

雖然學生學習失敗，教師仍須接受學生是值得尊重的個人。由於學生生活在持續挫折和失敗的氣氛中，要父母保持接受和客觀態度是相當困難的，學生會變得非常敏感於父母的沮喪（失望）。而父母常不知道他們的孩子，對其努力的反應。

學生擅於偵測真誠，如果教師告訴他們做得很好，而他們知道剛好相反時，他們很快就會偵測出不誠實。相反的，不能透過說許多學生有同樣的困難與傳達他們將一起來發現克服的方法，來試著降低有關錯誤的焦慮。

2. 分享責任

在教學上，師生之間的參與是另外一種因素。學生應參與分析其問題和評鑑他們的成就表現。要對學習障礙學生的混亂生活導入秩序的要求時，關鍵性要素在於提供結構和建立例行性。許多學生需要和歡迎此種秩序。在協同精神上，學生在設計課業和選擇材料上應採取主動的角色。這種結構和例行性可在許多教學範圍上提供，如活動順序或物理環境。

3. 成功

學習障礙學生常有長期失敗的學校史。他們可能已發展失敗感。因此，拆解這種失敗連鎖，並創造新的自我感受應該是教師最重要的事。

許多學習障礙學生和大人，透過了解他們的學習問題本質和學習使用他們的長處來達到成功。達到學習目標和得到成功的感受是最重要的。教

師所設計的任務和所選擇的教材,來允許學生去體會成功。教師除了選擇適當難度水準的教材外,還可透過讚美、使用外在酬賞和由圖表來發展進展情形的視覺紀錄,讓學生意識到成功和進步。另外,在任何科目或能力上,都應採取無失敗的作法。例如:決定學生的精熟水準基線後,向前推移以確保持續性成功。

(二) 提升學習興趣和動機

教師若能依據學生的特殊興趣來提供教材時,成功機會就會增加。我們可透過觀察學生或實施興趣量表來決定學生的興趣。使用學生興趣領域上的教材給予學生強烈的學習動機,學生有各種閱讀興趣包括運動、冒險和行動歷史、科學、有關人的故事。教師可從學生有興趣的教材中,發展有價值的閱讀課業。一旦觸及其真正的興趣,學生常會有較大的進展。學者曾提出下列培養學生內外在學習動機的具體建議,如圖5-9:

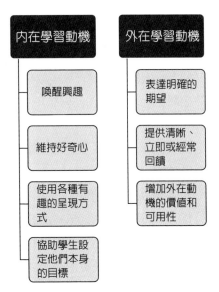

圖5-9 培養學生內外在學習動機的具體建議

1. 內在學習動機

(1) 喚醒興趣

讓學生相信所要呈現教材的重要性與興趣水準，可能的話展現獲得知識的方法是有用的（Tomlinson, 2002）；運用有關教材的實例來介紹課程，也特別有效。

(2) 維持好奇心

教師常讓學生有令人驚奇的示範說明，並引導他們想要了解的原因。Guthrie和Cox（2001）發現，給予學生手邊科學活動的經驗，可大大增加他們對書本上相關主題的學習，而能提高動機。

(3) 使用各種有趣的呈現方式

教師能夠變化使用影片、客座講授、示範等，來維持學生興趣。另外，使用電腦、遊戲或模擬也可提高多數學生內在的學習動機。

(4) 協助學生設定他們本身的目標

學生常會致力於他們自己所設定的目標，而非他人所設定的目標（Ryan & Deci, 2000）。

2. 外在學習動機

教師必須試著提高學習障礙學生對學業性教材的內在動機，但是他們同時也應關心學習的外在誘因。以下是一些提供外在學習誘因的原則：

(1) 表達明確的期望

溝通明確的期望是重要的。學生須正確地了解做什麼、評估的方法、及達到成功的行為後果是什麼？

(2) 提供清晰、立即或經常性回饋

特定回饋兼具訊息性和動機性（Kulhavy & Stock, 1989）。它告訴學生做對了什麼，使他們知道未來要做什麼，以及協助提供他們一種努力本位的成功歸因。另外，立即回饋也很重要，不宜延宕回饋，以致回饋的訊息性和動機性降低。當然，教師也應經常性的傳遞回饋，來維持學習障礙學生做出最佳的努力。

(3) 增加外在動機的價值和可用性

動機的期望理論指出，動機是個體接近成功價值和個體估計成功可能性的產物。也就是說，有些學生對教師的讚美和成績並不感興趣，但對於

額外休息時間或在班上有特別權利則很看重。因此，教師應該增加外在動機物的價值，來強化學習障礙學生的學習。另外，並非所有學生都能達到高分或最佳表現，因而更多可用的酬賞標準是必要的。

二、操控教學變項

許多有關學習障礙的因素，教師和學校能夠處理的並不多。例如：學生家庭環境或遺傳組合可能是造成學習問題的關鍵，但是教師通常無法改變此類變項；反之，教師應該仔細考量能夠改變的其他因素。圖5-7是教師可以重新調整的教學變項。

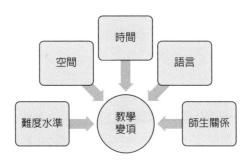

圖5-10　教師可調整的教學變項

㈠ 難度水準

我們可修正教材難度，來迎合學生目前成就表現的水準。評量學生無法成功完成學習任務，是否因學習任務太難。期望學生表現超過其忍受水準，可能會造成其學習完全崩潰。

另外，一種要考量的因素是學科領域的順序能力。某項學習任務在其他學習任務之前。尚未習得減法的學生是難以期待他能夠在減法難度水準上表現成功的；沒有習得口語的學生可能在閱讀和寫作上表現不佳。

我們必須透過學習能力或反應，來變得自動化。例如：在閱讀上，學生剛開始在言語上使用音韻能力來理解中文字；繼而這項歷程就應變成自動化，以利有效閱讀。

㈡ 空間

空間指有助於學習的物理環境。調整空間的方法是使用特別房間、寧靜角落及排除分心的刺激等。學校環境不應該是一個使學習分心的地方，學生必須逐漸內化本身的控制，以致能夠在未經調整的空間環境中相處。

㈢ 時間

控制教學情境中的時間有多種方法。注意力廣度短暫學生的課程要受到限制，以致他們能夠使用少量的時間來完成。例如：(1)指定一道數學問題來替代一整頁；(2)透過變化活動的型式，將時間分成較短的單位，交替出現動態和靜態的活動；(3)改變有計畫的活動，例如：讓學生到教師的桌子或走到櫃子拿材料，都是有價值的中斷較長的教學活動；(4)縮短家庭作業，逐漸增加學生學習任務的時間。

㈣ 語言

我們也可調整語言來提高學生的學習。為了確保語言是清晰明確的，教師應該檢測他們的指導用語。語言應該符合學生了解的程度。對重度障礙學生來說，須使用最簡單的陳述，包括降低電話用語的指導或僅使用必要的中文字、維持眼神注視學生、避免模稜兩可的中文字、使用姿勢強調意義、用緩慢的節奏說話、避免複雜的句子。

㈤ 師生關係

良好師生之間的關係是實施教學的首要步驟。許多教學成功取決於此類融洽關係的建立。如果缺乏這層關係，學習是無從發生的。雖然教材和技術不適當或有缺點，如果擁有良好的師生關係，學習通常可能會發生的。

三、考量各種環境變項

各種環境變項是指考量與個人成長和生活的各種環境，包括家庭、學校和社會。這些環境都會影響到學生的學習能力和想法，了解學生的學習、態度和進展，往往取決於與各種環境變項的積極互動，這是實際教學的重要特色。

㈠ 家庭環境

家庭是兒童的第一個環境。學前兒童的家庭經驗會影響到認知發展，並奠定日後學校成就表現的基礎。兒童的自我概念、自尊及對於學習好奇心的發展，都取決於父母的支持和鼓勵。父母是兒童的角色楷模，當兒童體驗到學校困難時，支持性的家庭關係就變得特別重要了。家庭環境的功能若是不彰顯，會導致學校問題的產生，且兒童的學習障礙也會對家庭成員產生影響（Turnbull & Turnbull, 1996）。

㈡ 學校環境

學校經驗的核心部分，是學生與其同儕和學校人員（包括教師、行政人員、職員等）的關係。除了學科之外，學生必須因應學校環境中的預期價值和行為的潛在課程。他們必須學習參與班級的複雜規則，如學習被認識的方法。

許多學習障礙學生不僅有學業困難，而且常有行為問題。他們常與教師和同學的關係不佳，較少得到讚美和肯定，常遭受批評和不贊同，甚至是忽視（Brooks, 1997）。

㈢ 社會環境

學生和社會環境也有其顯著作用。每個人需要與其朋友有令人滿意的關係。友誼可作為社會性成長的基礎，並提供建立自信的機會。對許多學習障礙學生來說，社會環境變成另一項可怕的失敗範圍。通常他們的社會知覺不佳，或不擅於洞悉日常生活的細微差別。他們不曉得其行為如何影響到別人，以及他們的行為如何被解讀。因此，令人感到不滿的社會經驗導致了對學校學習產生負面的影響（Bos & Fletcher, 1997）。

第四節　教學趨向

在此節，我們將檢視一些學習障礙學生教學的趨向，如圖5-11。

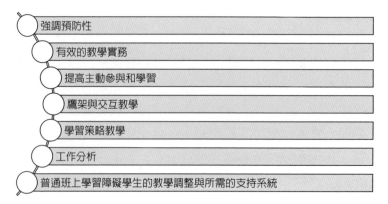

圖5-11　學習障礙學生的教學趨向

一、強調預防性

　　許多造成學習困難而被歸類為學習障礙的兒童是可預防的。例如：高品質的學前教育方案可明顯的降低日後學習障礙兒童的人數（Conyers, Reynolds, & Ou, 2003）；針對閱讀困難的低年級兒童運用個別的教學策略，能有效的預防閱讀障礙（Morris, Tyner, & Perney, 2000）；運用音韻本位的初期閱讀策略，是多數處於閱讀障礙危機的兒童所必要的（Cavanaugh et al., 2004）。

二、有效的教學實務

　　有效的教學研究，是蒐集有關學校班級和產生高成就學生之教師品質和特性的探究。有效的學習障礙教師會使用下列步驟：運用直接教學、給予讚美、使用良好的管理、提供良好的注意和情緒氣氛、提供反應時間的機會、及使用主動的學習策略（Morsink et al., 1986）。茲分述如下：

㈠ 直接教學

　　許多學習障礙學生需要直接教學。直接教學意味著教師清晰地陳述所教的內容與解釋需要做什麼。在直接教學上，提供學生適當解決問題或解釋關係的方法。學生在學習歷程中，獲得充分支持和足夠練習（Cazden, 1992）。研究發現有效教師是學業本位的，而且能夠使用下列教授明確能

力的程序,如圖5-12(Rosenshine, 1997):

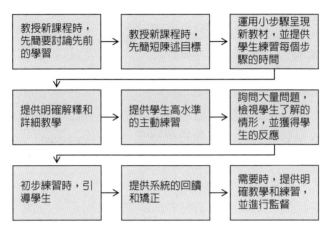

圖5-12 有效教師教授明確能力的程序

(二) 增強、注意和管理

教師應該針對適當學習和社會性行為提供增強。以下是一些實用增強物的類別:自我增強、讚美、注意、打電話回家、權利、活動增強物、具體增強物和食物等(Martella et al., 2003)。學習障礙學生需要許多成功機會,教師須注意不適當行為通常會增加不適當行為的次數。

(三) 反應時間的機會

學習障礙學生需要足夠思考和反應的時間。他們也需要許多回應、回答問題或提供意見的機會。研究顯示普通班教師花費較多的時間在高成就者的教學上,較少給予低成就者回應的機會。另外,普通班教師通常投入較少時間在學業學習上,而投入較多時間在常規訓練或矯正活動上(Bateman, 1992)。

三、提高主動參與和學習

主動學習者具有參與教學、將結果歸因為本身努力、與其知識和經驗相關的任務和材料,以及主動建構學習的意義等優點。另外,學習障礙

學生特別不可能從長時間的講述中學習，他們傾向於主動參與時會做得最好。這意味擁有此類學生的教師，應該廣泛的使用手邊計畫、合作學習與其他主動學習的方法。

四、鷹架與交互教學

鷹架（scoffolding）指教師在教導學生學習任務初期階段上的支持。在指導學生上，鷹架的隱喻是用來描述教師在學習任務初期（超越學生的能力水準）提供學生支持。這種教學概念通常與Vygotsky的近側發展區的觀念相連，他指出學習取決於經驗成人和社會互助。教師提供學生在學習任務初期階段所需的支持或鷹架（Stone,1998）。

為使鷹架能夠成功，兒童須與先前所知的部分產生交流。鷹架程序使用進行中的互動，教師則提供兒童能力頂端的支持。鷹架的例子包括簡化問題、教師示範程序、學生大聲思考、教師透過問題來引導學生思考。以下是一位教師鷹架一位兒童努力組合困難拼圖的簡例：

> 兒童：我沒有辦法把此塊拼圖放進去。
>
> 教師：哪一塊拼圖可以放在這裡呢？（指著拼圖的底部）
>
> 兒童：他的鞋子（尋找一塊類似玩偶的拼圖，但是卻嘗試錯誤的那一塊）。
>
> 教師：嗯！什麼拼圖看起來像這個形狀（再度指著拼圖的底部）。
>
> 兒童：棕色這塊拼圖（嘗試它結果不吻合，然後看著教師試著尋找另外一塊拼圖）。
>
> 教師：你拿對了！現在試著把那塊拼圖轉動一點（運用姿勢動作展現給他看）。
>
> 兒童：對了！（對自己評論說，放入更多塊，現在拿一塊綠色的拼圖來配對，轉動它）。此時，教師在一旁看著兒童做動作。

交互教學就是一種鷹架教學的例子，最早是由Palincsar和Brown（1984）所提出。這種教學方法有四項關鍵的原理，如圖5-13（Palincsar, Brown, & Campione, 1991）。

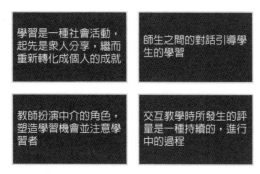

圖5-13 交互教學的關鍵原理

交互教學一直被視為是一種有效的教學取向。學生可增進其總結、詢問、澄清和預測能力，同時亦顯示出閱讀理解能力有進步（Palincsar, Brown, & Campione, 1991）。

五、學習策略教學

對學習障礙學生來說，學習策略教學就像教學方法一樣扮演著愈來愈重要的角色。學習策略教學協助學習障礙學生負責他們本身的學習，成為主動學習者獲得學習策略的清單，能夠選擇學前情境的適當策略、能夠類化策略至其他情境。

在國外有一項受到廣泛使用的策略教學模式，稱為「策略介入模式」（Strategies Intervention Model, SIM），是由Deshler等人（1996）在美國堪薩斯大學學習研究中心，經過多年研究學習障礙青少年所發展的。這個模式的核心就是一系列八個教學階段，可使學生能夠解決問題或完成任務。這項學習策略的教學步驟，如圖5-14。

1. 步驟Ⅰ：教師對學生進行前測，並獲得承諾（包括階段一：定位和前測；階段二：認和承諾）

> 教師對小英（學生）進行前測，以決定其目前的學習習慣，同時獲得學生願意學習的承諾。要求小英演示（表現）所需的學習策略任務。例如：針對自我質問策略，教師要求小英閱讀一篇文章，回答理解上的問題。她和小英討論其表現情形，並建立獲得學習策略的需求，以及獲得小英學習多種策略的承諾（步驟一）。

↓

2. 步驟 II：教師描述學習策略（包括階段一：空位和概論；階段二：呈現策略和記憶系統）

> 教師描述新的學習策略。其次，教師對小英解釋表現這項學習策略所涉及的步驟和行為。首先，小英將閱讀一篇文章，然後停止並問自己一些問題，當作在思考一項問題時，可自己回答它或回到章節來找答案。一旦你能思考所有問題並回答後，就可以閱讀下一篇文章（步驟二）。

3. 步驟 III：教師示範策略〔包括階段一：空位；階段二：呈現；階段三：學生登記（召募）〕

> 教師示範新的學習策略。她示範步驟二描述的所有步驟。一旦如此做之後，小英大聲思考，以致小英能夠目睹整個歷程（步驟三）。

4. 步驟 IV：學生口頭練習策略〔包括階段一：口頭精緻；階段二：口頭演練（複誦）〕

> 小英透過大聲說話來演練步驟，直至達到100％正確的目標（無須提示）。藉由自我教導程序，小英熟悉了這些步驟（步驟四）。

5. 步驟 V：學生控制練習和回饋（包括階段一：空位和概論；階段二：引導練習；階段三：自主練習）

> 小英在控制的教材下練習並獲得回饋，教師提供小英材料練習新的學習策略。透過仔細選擇練習的材料，教師保持其他介入問題降到最少。例如：在閱讀材料上，練習自我質問策略，她選擇小英很容易練習的目標策略而不會感到困難的材料（步驟五）。

6. 步驟 VI：高階練習

> 小英練習班上教材，並獲得回饋。一旦小英在控制的材料獲得策略上的精熟，教師應使用普通班教材的策略。這個步驟是發展學習策略應用和類化的步驟。在資源班成功使用策略之後，小英必須學習類化這項技術至更大的學習情境（步驟六）。

7. 步驟 VII：教師對學生進行施測，並獲得承諾（包括階段一：認可和慶祝；階段二：預測和約定類化）

> 教師進行後測以決定小英的進展情形，並獲得類化的承諾。如果小英能夠因應目標領域上的課程要求，就表示教學是成功的（步驟七）。

8. 步驟 VIII：學生類化學習策略（包括階段一：空位；階段二：活化作用；階段三：適應；階段四：維持）

> 小英類化學習策略。有效策略的教學是真正測量那位學生類化習得的策略至真實，且在新情境繼續運用的程度（步驟八）。

圖5-14　策略介入模式的教學步驟

六、工作分析

　　工作分析是一種教授學習障礙學生的有用步驟，其目的在計畫學習特定的順序性步驟。工作分析將複雜活動分解成較容易的步驟，然後將這些

步驟組織成順序，接著教授學生順序上的每個步驟。在運用上，教師必須考慮下列事項：(1)什麼是學生必須學習的重要教育任務？(2)學習這個任務的順序性步驟是什麼？(3)學生需要演示什麼特定的行為？

另外，依據任務來分析學習表現也是有用的。(1)學生須了解和演示任務上的何種助力？例如：任務需要語言、記憶、問題解決、聽覺或視覺能力。(2)任務需要一種或多種能力，以及學生必須從一種能力轉變到另一種能力？(3)任務是語文或非語文的？(4)任務需要社會或非社會的判斷？(5)需要什麼能力或參與水準？(6)失敗是由於呈現方式或預期反應的型式？（Johnson, 1967）。

七、普通班上學習障礙學生的教學調整與所需的支持系統

㈠ 教學調整

我國多數學習障礙學生，至少花費多數時間在普通班（教育部，2012）。研究顯示普通班教師在其教學生涯中，可能教到身心障礙學生的機率相當高（邱上眞，2001）。普通班必須做出合理調整，來因應這些安置在普通班的學習障礙學生。

研究指出：(1)普通班課程調整教學歷程，約可分為建立關係、漸入佳境和合作無間等三個階段，且有助於教師專業成長，惟須特殊班教師提供協助；(2)教師認為效果較佳的調整策略為合作教學、教導學習策略、合作學習、多元層次教學、遊戲教學及視覺化提示等，不過會因身心障礙學生而有個別差異；(3)實施課程調整教學能提高身心障礙學生的專心度、人際關係及對國語科的學習態度與成就，亦可滿足不同學生的學習需求（蔣明珊，2004）。以下將從教學策略、作業及評量等方面，來描述這些調整：

1. 教學策略方面

普通班教師有逐漸增加教導班上學習障礙學生的責任，符合這些責任的支持就是協同，這是普通班和特殊教育教師之間一種計畫完善和統整的能力。班級教師能夠調整班級及教學的方法，包括（Lerner, Lowenthal, & Lerner, 1995; Smith, 1995）：

(1) 增進記憶

教學上，教師可做下列調整：

① 教導突顯重點來協助記憶

針對有記憶資訊問題的學生，可鼓勵他們使用突顯重點或劃底線，告訴他們如何選擇標題、關鍵句子或術語。

② 要求他們使用輔助記憶的工具

我們不應該要求有記憶問題的學生，將其記憶能力運用到非必要的任務上。例如：九九乘法表記憶有困難的學生，應鼓勵他們使用計算器。每日時間表也可放在學生容易接近的位置。這些輔助不僅可用來協助記憶，且可作為教學工具。

③ 讓記憶困難學生在學習上採取較小的步驟

對這類學生來說，分解教學和練習成較小的單元可能是很有幫助的。若能如此，學生的學習可能會更有效率。

④ 教導複習和練習記憶

對記憶困難學生來講，學習複習已知的資料是有助益的。這可透過學生習得新材料後立即複習（書寫或口頭）的測試，來達到此項目標。

⑤ 運用多重管道的方式，讓訊息以視、聽、動、觸等形式出現

對這類學生來說，愈具體可操作的事務，愈能記住。

(2) 提升認知

學習障礙學生的另一項特徵是注意力廣度短暫，這些學生的專注力維持不久。下列活動可協助學生參與和延長其專注力：

① 用具高度意義的方式呈現所要學習的教材

由於記憶和注意力問題，學習障礙學生不可能像其他學生有很大的背景資料。對多數學生有意義的資料，可能對學習障礙學生沒有意義。因此，決定學生是否了解所學習內容的意義是非常重要的。運用例子、類推或比較，可提升意義性或有關新資料問題的意義。

② 延緩總結性測試和成績

對學習障礙學生來說，提供經常和鼓勵性回饋是重要的。評估其工作當作形成性的學習經驗也是有助益。對某些學生來說，延緩正式或總結性測試（為成績或分數），直到這些學生對正在學習的內容獲得較大的精熟

為止。

(3) 促進社會和情意的發展

① 建立易親近和了解的班級酬賞系統

有長期失敗和不適當行為者，學生可能會感受沒有體驗到酬賞的機會。因此，有必要讓學生了解班上的酬賞制度，並感受自己參與其中。

② 建立對自我和他人的認識

有些學習障礙學生對本身行為及其對他人的影響並沒有明確認識。因而，協助這些學生對自己行為與對他人作用的洞悉，可能是促進社會情意成長的機會。真誠且關心地與這些學生談論其行為，可能也是與他們建立信任關係的重要步驟。

③ 教導正向行為

這些學生可能缺乏與人良好相處的能力，他們不知道如何成為一位朋友或如何與教師建立正面關係。因此，教師可直接教學社會技巧。

④ 尋求協助

如果學習障礙學生的行為非常不適當或負面行為持續不退，當所有方法都試過後，不要遲疑尋求協助。教師應該了解尋求協助並不是一種無能力的訊號，而是良好判斷的訊號。

(4) 增進組織能力

學習障礙學生特性之一，就是有組織生活的困難。缺乏組織會造成作業不全。這些學生需要學習計畫的方法、如何蒐集適當學生任務的材料、如何排定完成作業的優先步驟……。以下是一些協助學生組織的步驟：

① 提供放置物品的規定，尤其是常用品。

② 提供學生所需材料的清單。

③ 提供時間表使學生能正確知道何時要做什麼事。

④ 放學前，確定學生記下回家的每項作業。

⑤ 提供學生組織材料的資料夾。

(5) 增加學生的專注力

下列活動可協助學生參與和延長他們的專注力：

① 使用部分練習。

② 讓教學活動充滿趣味來維持學生的興趣。

③ 不同興趣濃度的教學活動交替呈現。

④ 增加教學活動的新奇性。

⑤ 調整新教材呈現的速率和方法。

如果教材呈現太快或過於複雜，有專注力問題的學生可能會捕捉不到。因此，教師可採用的措施包含放慢教材呈現的步調；呈現教材後，透過詢問經常性問題來確保學生能夠了解每項步驟；使用視訊器材（如電子白板）來吸引學生對學習步驟的注意。

⑥ 與學生討論和諮商

學生可能不了解其特別的專注力問題，以及專注力在學習上所扮演的角色。因此，透過毫無威脅性的方式來解釋專注力問題的本質及其改進策略，對學生來說可能是相當有助益的。

⑦ 引領學生更為親近教學

如果學生表現不佳，我們可移開對學生的注意（不提供眼神接觸、少微笑、其他鼓勵性的表現或移動座位接近教師），來引導學生接近教學。

⑧ 提供經常和直接的鼓勵

如果教師捕捉到學生在專注某件事，讓學生了解並予以酬賞。

⑨ 強調持續注意，而非快速完成任務

如果學生因不像其他同儕一樣，快速完成任務而受罰時，他們會感到沮喪和分心。對某些學生來說，調整完成教學的分量或要求完成的時間，可能是非常有益的。

⑩ 教導自我監督注意

使用計時器或警示鐘可教導學生在不同時距下，記錄他們是否注意在學習的教學或材料。一旦他們聽到嗶嗶聲或其他訊號，就可記錄他們正在注意什麼？這些記錄可協助了解須注意何種焦點的需求。

(6) 增進傾聽能力

以下是能夠協助學生習得較佳傾聽能力的策略：

① 運用簡短而直接的句子來教學，一次提供一個指示。需要時，常重複它。

② 確定學生知道所有使用的字彙。

③ 鼓勵學生重複所聽過的指示，讓學生重複他們剛聽到的資訊來建

立傾聽和記憶的能力。

④ 運用關鍵語來提醒學生，例如：這是重要的，仔細聽。有些教師使用事先安排的訊號，如手勢或指示前開關燈光。

⑤ 使用傾聽支持（如圖表、圖片、黑板的關鍵點），來說明和支持語文資料。

(7) 調整課程

教師通常能改變或調整課程，即使小規模改變也對學生有利。

① 選擇高興趣的教材，來增加基本課程。可能的話，使用手邊或操作性材料。創造須主動參與的活動，許多學生由動手做中會學得更好。

② 運用視覺輔助來補充口頭和書寫資料，使用學習輔助如電腦、計算器來了解動機。

(8) 協助學生管理時間

以下是設計來協助學生管理時間的活動：

① 學生可持有紀錄時間的表格來發展時間感，以及那些時間須完成什麼活動。學生也可運用電腦或圖表來圖解說明時間的運用。

② 製作清單協助學生組織他們的任務，讓他們檢核所完成的任務。

③ 使用行為契約設定特定活動所分配的時間數量。

2. 作業方面

作業調整有下列方法（邱上貞，2000）：

(1) 改變作業型式

例如：教師可讓學習障礙學生以電腦、錄音、剪貼等方式完成指定作業，或降低回家作業的分量。

(2) 提示寫作業的步驟

例如：教師可在問題之後註明答案所在的頁數；劃關鍵字。

3. 評量方面

最常用的評量調適，包括：(1)修正時間表：延長時間，在某天測試；(2)修正呈現方式：例如：使用播放器指示；(3)修正評量方式：例如：在小冊子上指出答案或作記號；讓學生用口頭作答，教導學生如何在多選測試中刪除不正確的答案；操作、作品、觀察記錄、書面或口頭報告等。

㈡ 支持系統

　　有相當比例的國中教師認為在滿足身心障礙學生需求時，最大阻力來自學生本身的問題；同時多數教師表示最希望獲得的協助方式，是校內諮詢教師方案、線上諮詢專線服務、及校內的特殊教育或輔導知能研習；最希望獲得協助的內容，為了解身心障礙者的特質及因應個別差異的技巧。

　　相對於國中普通班教師，有較高比例的國小教師認為他們所遭遇的困難及所需協助的項目較多；地方教育行政機關所提供的各項服務措施，雖能符合普通班教師的需求，但是要達到學校本位的服務模式仍有待努力（邱上眞，2001）。

　　因而，我們應提供給普通班教師有系統、有效能、容易取得、能針對教師需求、及時、就近及頻繁的支持系統服務模式。除了要有學校本位經營理念與考慮普通班教師的需求外，亦要從身心障礙學生及其家長、一般普通班學生及其家長、學校行政實務和教育行政機關的行政運作與資源，進行全盤性或全方位的思考。

結語

　　評量和安置學習障礙學生之後，接著就要提供他們所需的教學。教學可視為是持續性的歷程循環。教學取向是多元的，大致可區分為電腦或教學媒體為導引的、著重於分析學生的、側重於分析學習內容的、強調分析學習特性的環境條件、針對學生為主體的等五類。

　　每一種教學取向都有其優弱點。除了不同的教學取向之外，實施教學尚須考量個人、教學和環境等變項。最後，我們檢視了七項學習障礙學生的教學趨向。

本章重點

1. 教學是一個從評量、計畫、實施、評鑑、修正評量、新計畫和實施形式

等，持續性的教學歷程循環。

2. 這種教學歷程具有下列特色，包含須持續變通和作決定、針對特定學生的計畫，而非全班，以及各種安置型式皆適用（小組、融合班等）。

3. 教學取向大致可區分爲電腦或教學媒體爲導引的、著重於分析學生的、側重於分析學習內容的、強調分析學習特性的環境條件、針對學生爲主體的等五類。

4. 情境認知主導取向主要在於生活中有許多可用材料，將問題重點定位在一個問題情境中，透過教學者的電腦輔助教學情境設計的導引，讓學習者能習得解釋問題的能力，且學到可應用至各種情境的知識。

5. 網際網絡在教學應用上，依序可分爲三個階段：將其視爲教學資源，以補學校現成資源之不足、將其形成教學活動的一環，如電子郵件的運用、課程開發和學習，以突破學習空間及時間的限制。

6. 認知心理學的取向著重：(1)決定學習所需的心理歷程爲何？(2)確定學校學習所需的特定心理歷程；(3)提供這些心理歷程和教學方法之間的連結。

7. 基本心理歷程異常取向的教學方法，著重：(1)強化認知不足；(2)依照學生的學習優勢來進行教學；(3)組合運用上述兩種方法。

8. 認知發展階段取向重要的是了解人類發展的階段，以及個體正在運作的階段，協助兒童作階段之間的移動。

9. 學習障礙學生需要學習策略教學。而教授學習障礙學生的學習策略取向，包括引領學生計畫、表現和評鑑策略執行的認知和行爲元素。

10. 學習障礙學生的教學趨向，包含強調預防性、有效的教學實務、提高主動參與和學習、鷹架與交互教學、學習策略教學、工作分析，以及普通班上學習障礙學生的教學調整與所需的支持系統。

11. 精熟學習取向的步驟：(1)建立學科領域上能力的順序；(2)教師試著決定學生已學得多少？順序內還有哪些是未知的？(3)順序上應從何處開始教學？

12. 教材主導取向一旦決定了選擇，該教材本身就會變成作決定者，而不是教師。

13. 行爲學習取向的教學方法在於分析學習特性的環境條件，使用斯肯納

（B. Skinner）操作制約原理之行為管理法，來降低不適當行為或強化受歡迎行為。

14. 心理諮商的教學取向及建議，藉由建立成功感受和師生之間健康的心理動力關係。

15. 成敗歸因取向強調除了教授學生知識外，須注意自己的行為及對學生的態度，隨時都可能影響學生的學習動機。

16. 自我導向學習是一種積極導引學生在學習歷程中，獲得高程度行為目標的教學取向。它可協助學生建構對自己學習的了解及意義，以及發展推理、問題解決和批判思考的能力。

17. 在課程與教學中，落實多元智力觀的應用有幾種方式：(1)以智力本身為教學主題，每項智力可當作一門科目來教學；(2)以智力為手段去獲取知識，如運用音樂來學習數學概念；(3)後設智力，即探究智力本身，了解、強化和使用它的方法。

18. 個別化教學取向，包含同儕個別指導與大人個別指導。

19. 在建立自我價值感上，治療性教學的指南包含支持和真誠、分享責任及成功。

20. 教師若能依據學生的特殊興趣來提供教材時，成功機會就會增加。

21. 教師可以重新調整的學習變項，包括難度水準、空間、時間、語言，以及師生關係。

22. 家庭、學校和社會等環境都會影響到學生的學習能力和想法，了解學生的學習、態度和進展，取決於與各種環境變項的積極互動，這是實際教學的特色。

第三篇
學習障礙的
一生範圍

第六章

學習障礙幼兒

　　學習障礙者是終其一生的課題。因此，除了學習障礙青少年和成人外，我們實在有必要及早確定年幼的學習障礙，並提供適當協助。由於中央政府支持身心障礙幼兒早期服務的規定，因而地方各級學校和機構就將服務延伸至幼兒。例如：2018年修正公布的《特殊教育法》第19條就明示：「……對身心障礙國民，除依義務教育之年限規定辦理外，並應向下延伸至二歲……。」以下將探討學習障礙幼兒的初期徵兆、知覺動作發展與學習、障礙幼兒的評量與安置、及學習障礙幼兒的教學策略。

第一節　學習障礙幼兒的初期症狀

一、幼兒發展的重要性

　　學前階段是所有幼兒的關鍵期，但是對偏於異常或學習障礙幼兒來說，這幾年就更重要了。如果幼兒錯過發展其智能和情意機會的決定性期間，就可能會永久喪失其寶貴的學習時間。幼兒從出生那一刻起，他們須持續且密集學習直到就學年齡，他們應該精熟許多學習種類。父母和他人須主動參與以提高幼兒的學習，否則他們的智能就無法獲得最佳的成長。開始入學就已落後的幼兒，可能無法趕上或善用學校所提供的努力。

㈠ 早期療育的優點

　　學前特殊教育的基本前提是早期療育，使幼兒發展產生明顯不同。如果能事先了解幼兒的問題，就可以阻止或降低日後學校的失敗。學前特殊教育方案在於鑑定0-5歲有特殊需求與可能面臨學業困難的幼兒，然後立即提供早期療育方案。實施早期療育有幾項的理由，如圖6-1（蔣明珊、沈慶盈，2001）。

　　幼年時被診斷有障礙的兒童，傾向於具有特定症候群或明顯的身體障礙，許多幼兒甚至有重度和多重障礙。基本上，單一機構或療育並無法充分滿足這些幼兒的需求，往往需要專業人員緊密合作，方能有效地服務身心障礙幼兒。如果幼年能確定其障礙類別，同時整合專業團隊提供療育，就可以大大地提高身心障礙幼兒的學習和發展。

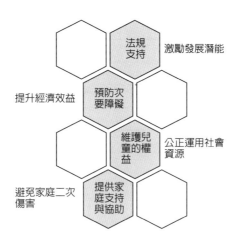

圖6-1　實施早期療育的理由

(二) 學習障礙幼兒接受服務的百分比

　　若想要了解到底有多少3-5歲幼兒接受學習障礙的特殊教育服務是有困難的，因為在學前階段各縣市都是採取不分障礙類別，而且大都以發展遲緩來描述有障礙的幼兒。另外，由於沒有學科學業課業上的要求，學習障礙幼兒並不像其他障礙類別容易鑑別出來。依據教育部（2018）之「107年特殊教育統計年報」可知，我國學前階段接受特殊教育服務之學習障礙幼兒的人數為0（表6-1）。

表6-1　學前階段特殊教育學生人數統計

類型	特教類別	人數
身心障礙類	智能障礙	560
	視覺障礙	55
	聽覺障礙	541
	語言障礙	452
	肢體障礙	217
	腦性麻痺	433
	身體病弱	193
	情緒行為障礙	63
	學習障礙	0

類型	特教類別	人數
	多重障礙	308
	自閉症	1,099
	發展遲緩	14,404
	其他障礙	154
	合計	18,479

二、學習障礙幼兒的先兆

有些學習障礙的初期症狀，可從幼兒的動作發展、聽覺處理、視覺處理、語言發展或注意力觀察到。通常這類幼兒在某些發展領域是正常或優越的，而在其他領域則會出現明顯的困難。這些學習障礙先兆是日後學業困難的指標，他們會有學業性的學習障礙，如閱讀、書寫和數學問題（Kirk & Chalfant, 1984）。幼兒時可能不會被鑑定為學習障礙的一項理由，就是《特殊教育法》及其相關法令的學習障礙定義，皆強調聽、說、讀、寫、算等方面的學業失敗，同時也要求幼兒能力和學業成就之間的差距。這種取向稱為「等待失敗法」，因為幼兒在符合鑑定和服務資格之前，必須要有學業困難或失敗。

基於此，由於幼兒尚未接觸到正式的學業學習（國語文、數學等），無法確認他們有學習障礙。因而確定學習障礙幼兒的適當方法，在於尋找學習障礙先兆或初期症狀，而非等待幼兒入學後失敗（Lerner & John, 2012）。研究亦顯示早期鑑定顯現學習困難訊號的幼兒，並提供早期介入的重要價值。約74%國小閱讀能力弱的兒童，國中時仍是如此（Fletcher & Foorman, 1994）；閱讀困難兒童可在學前階段確定，並提供適當協助（Torgesen, 1997）。

不同國家確認學習障礙幼兒，接受適當教學的年齡並不同。我國大致在6-8歲就致力於確認學習障礙或疑似學習障礙，並接受普通班和資源班的教學。美國教育部資料顯示多數學習障礙兒童直到9-14歲才被確認出來，很少6-8歲兒童接受特殊學習障礙的服務（Lerner, 2003）。有些學習障礙幼兒初期症狀的簡述，如表6-2。

表6-2　學習障礙幼兒的初期症狀

初期症狀	詮釋
粗大動作能力笨拙	粗大動作有問題的幼兒在走路、跳躍、跑步、丟擲及抓取等能力是笨拙的。
精細動作能力有問題	這種能力包含用以移動手指、手腕及手眼協調的小肌肉。例如：堆積木及使用剪刀、吃飯、綁繫鞋帶、握筆、抄寫……能力。
聽覺處理能力困難	這些幼兒聽得到，但是會出現音韻覺識、聽覺辨別、聽覺記憶、及聽覺序列與混合等能力上的困難。
視覺處理能力困難	視覺處理困難的幼兒可以看得到，但在注音符號和單字的視覺辨別、視覺記憶或視覺閉合上有問題。
注意力缺陷異常的行為	這些幼兒無法規範他們的活動量來符合當時要求，易分心、常變換活動，以及無法完成任務或活動。衝動的幼兒未考慮行為後果就行動，教師尚未完成問題前就脫口說出答案。這些幼兒很難與同儕分享和輪流活動。

第二節 知覺動作發展與學習

　　父母、教師、醫師和其他專業人員，常將一位學習障礙幼兒描述為笨拙或手部操作不靈活。他們在使用吃飯器具、穿衣、脫下外套、接球或騎腳踏車的動作緩慢，惟許多學習障礙幼兒沒有動作問題，甚至擅長動作能力；有些幼兒會出現嚴重的動作整合問題與明顯的動作發展遲緩。

　　我國《特殊教育法》及其相關法規，已經了解到學前特殊教育幼兒身體教育上的需求。幼兒的IEP能設定其他相關專業服務，如職能或物理治療（教育部，2014）。職能和物理治療師是醫學訓練的專業人員，提供各種知覺動作和身體異常的治療。基本上，知覺動作發展活動是學前特殊教育方案的一部分。以下將先描述相關理論，再述及知覺處理，最後探究動作發展。

一、相關理論

(一) 知覺動作理論

　　學習障礙的知覺動作理論是由Newell Kephart（1967）所建立。這個理論指出知覺動作發展正常的幼兒，建立了堅實且可靠的世界概念，正是

他們6歲面臨學業任務的時刻。

相對地，有些學習障礙幼兒的動作發展不正常。他們必須與仍不可靠的知動世界相互競爭。為了處理符號性材料，幼兒須學習一些有關空間和時間相當精細的觀察，同時將這些觀察與物體及事件產生關聯。學習障礙幼兒在面對符號性材料時會出現問題，因為他們對Kephart所謂圍繞其周遭的基本宇宙實體（空間和時間層面）有不適當定位。這些幼兒缺乏必要的動作經驗，無法適當組織其資訊處理系統。

(二) 感覺統合理論

「感覺統合理論」（sensory integration theory）是由美國南加州大學的Jean Ayres博士，從研究大腦如何處理經由眼睛、耳朵、皮膚和身體其他部位所輸入的基本感覺而發展的。

感覺統合指把籠罩全身的觸覺、內耳前庭平衡感覺、空間形態視覺、聽覺，以及肌肉關節動覺之本體感受等感覺訊息的輸入，在腦幹部統整組合起來，以提供充分運用於身體內外知覺、順應反應、學習過程、及腦神經機能的發展。如果腦幹無法發揮統整各項感覺輸入的功能，就會產生感覺統合失常的現象（Ayres, 1981）。

Ayres曾以「南加州感覺統合測驗」（Southern California Sensory Integration Tests, SCSIT）篩選感覺統合失常的兒童，然後進行介入，使得這些兒童的學習困難及情緒困擾等現象，因而獲得顯著改善。使用感覺統合介入的職能治療師，相信有些學習障礙幼兒的若干感覺統合功能有異常，而干擾到其對身體和身體動作的認識（引自Lerner, 2003）。針對此類個案，需要感覺統合理論來協助學習障礙幼兒。感覺統合包括三種系統，如圖6-2。

1. 前庭系統

前庭系統（vestibular system）包括受器（內耳內）、腦幹部的前庭神經核、神經束，以及大腦中與這些相關聯的部分。前庭系統讓個體了解頭在何處及處理地心引力的方法，這個系統在個人體內扮演非常重要的角色，與個人眼球、頸部、軀幹及四肢肌肉活動的關係非常密切。

前庭系統異常的兒童容易跌倒，無法控制身體做有效的活動（如寫字），也無法對外界刺激做出正確反應（如運算、閱讀）。由上可知，前

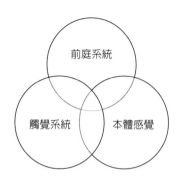

圖6-2 感覺統合系統

庭系統不僅影響軀幹四肢及眼球運動，也會影響到視知覺的功能及情緒發展，而這些能力又直接或間接對學習能力有影響。

前庭異常的刺激活動治療，包括身體計畫和平衡訓練，如在墊子上和海綿滾筒中連續翻滾運沙包、坐在滑板上用腳滑動來回運沙包、坐或趴在懸吊木板或圓木上搖盪或旋轉，以及在大球上滾動以刺激前庭系統（羅鈞令，2000）。

2. 本體感覺

本體感覺（proprioceptive sensation）又稱深層感覺（deep sensation），包括來自肌肉、肌腱、關節、韌帶、骨骼等深層組織的感覺。這方面的功能通常無法排除前庭和觸覺系統的相互影響。本體感覺不僅會影響肌肉張力的變化、運動功能及肢體認識，也影響個人的視知覺能力及情緒穩定。

這方面有問題的兒童是慢而笨拙的，常須藉視覺來彌補缺陷；除了手部操作活動有困難外，全身的肢體平衡也會受影響；無法計畫如何移動身體免於撞牆，及無法直接動作，如跳躍或書寫。

本體感覺刺激活動的治療，包括玩過山洞或小狗鑽洞、原地轉圈、讓兒童推或拉重物、用軟墊鋪在地上游泳、花式走路、比定力、比扭力，以及從事其他有計畫的動作能力。學者曾針對3-5歲幼兒運用包含前庭、運動覺（本體感覺）及觸覺的刺激活動方案來訓練，結果顯示實驗組肢體概念的進步較對照組為多（Culp, Packard, & Humphry, 1980）。

3. 觸覺系統

觸覺系統（tactile system）包括皮膚表面的刺激和觸摸的感官，在神

經組成中扮演最基本的角色。觸覺刺激經驗對兒童日後在學習課業、操作事物及情緒穩定上，都有很大的影響。

多數感覺整合功能失常的兒童，常有觸覺系統功能的問題。最常見的問題是辨別觸覺刺激有困難；觸覺系統功能混亂的兒童，自然在辨別能力上有缺陷。因此，無法完全建立視知覺，導致學習認字、寫字及操作上有困難。另外，有些幼兒有觸覺防禦的問題。這類幼兒不喜歡他人觸摸或抱住，討厭穿著某材質的衣服，父母幫他洗頭和洗澡很困難。到幼兒園上課，會因神經系統無法抑制不舒服的觸覺感，而無法專心上課；休息時，其他同學不經意的碰觸會引發很大的情緒反應（蘇津平，2005）。針對觸覺防禦所使用的治療方式如下：

(1) 利用各種會發出聲音的觸覺球、玩具刺蝟、玩具毛毛蟲等

使用上，觸覺刺激須由疏至密，由軟至硬，刺激時間逐漸增長。尤其，觸覺刺激的部位必須由手腳至臉口、身體背側至腹側、外側至內側。

(2) 讓觸覺刺激融入治療活動中

讓兒童做活動時，自然而然獲得觸覺刺激。例如：用手指在背上寫字、沙畫、進球池內游泳……。

(3) 加強觸覺區辨能力

例如：讓兒童閉眼取出百寶箱內的東西，並猜測是何種東西。

二、知覺處理

在學前階段，幼兒是主動參與學習。他們精熟許多前學業性能力，可作為日後學習的基礎。在此階段，幼兒學習了解和使用語言、習得各種感覺能力，以及擴展注意、記憶和思考能力。知覺是認識和解釋感覺資訊的歷程，由於知覺是一種習得能力，教學歷程對幼兒知覺能力會有直接影響。

「完形心理學」（Gestalt psychology）認為，知覺概念指掌握經驗整體性的能力。而知覺異常概念對我國《身心障礙及資賦優異學生鑑定辦法》中之學習障礙定義——知覺或知覺動作等能力有顯著困難者，有強烈的影響（教育部，2014）。

視知覺、聽知覺、觸知覺、運動知覺和知覺形式概念等層面，對學習障礙的了解有相當意義。茲分述如下：

(一) 視知覺

視知覺在學校學習上扮演著重要的角色，尤其閱讀。以下是與視知覺有關的能力：

1. 辨別形象－背景

「形象背景辨別」（figure-ground discrimination）指從周遭背景中，區別物體的能力。這方面有缺陷的學生，無法著重視覺背景分離出來的問題項目。例如：圖6-3是一個像十字形的形狀，在這個圖畫裡有個十字形、圓形和三角形，用紅色鉛筆把十字形的輪廓描起來，不要把筆離開紙面。

圖6-3　辨別形象－背景的題目

2. 視覺區別

「視覺區別」（visual discrimination）指區分不同物體的能力。例如：要求兒童找出一列有兩個耳朵之小狗的單耳小狗，或要求「ㄍ」和「ㄎ」之間的視覺區別；配對同一注音符號、數字、圖片、設計和形狀的能力，則是另一種視覺區別任務。物體可依顏色、形狀、大小或明亮度來辨別。視覺辨別注音符號和中文字的能力，是閱讀學習所必要的。

3. 空間和倒轉

物體、注音符號及中文字之間的知覺世界，有一重要差異。在前閱讀發展階段，兒童做知覺類化（有時稱為物體一致性法則）。也就是物體無

論如何變化，均保持相同名稱或意義。例如：一張桌子就是桌子，不管它是面向前或後、左或右、向上或向下。幼兒會對小鳥做出相似的類化，不管其姿態、大小、顏色或毛量，小鳥就是鳥。

開始處理注音符號和中文字時，幼兒會發現此種知覺類化不一定正確。有些學習障礙學生無法對於他們先前所形成的知覺類化，做出必要的修正。視知覺處理的其他差異是，關於整體和部分的感受。整體感受表示以整體方式來看待物體，而部分感受表示傾向於著重細節。幼兒須能整體和部分看待物體，以利有效的學習。

在閱讀方面，學習者必須能夠在整體和部分之間變動性的移動。有時他們必須整體的看待世界；有時又必須看細節。例如：為了區別「門」和「閃」，閱讀者必須能夠摘記中文字上的細節。凡是只依賴某種視覺形式的幼兒，似乎有閱讀學習上的困難。

4. 視覺閉合

「視覺閉合」（visual closure）是一種需要個體確認尚未呈現完整刺激物體的能力。一旦呈現的圖形存有間隙、不均衡或不對稱時，你就會傾向於把刺激知覺視為完整、均衡及對稱的（如圖6-4及圖6-5）。例如：一位有能力的閱讀者，能夠閱讀一列上半部被覆蓋的國字。

圖6-4　視覺閉合的例子 I

圖6-5 視覺閉合的例子 II

5. 空間關係

空間關係指物體位置的知覺。幼兒必須認識物體或符號（注音符號、中文字、數字或圖片）的安置，以及物體的空間關係。例如：在閱讀方面，必須在空間上將中文字視為各自分離的實體。針對數學學習，空間關係的能力尤其重要。圖6-6是這類型的題目：「看這一排，這些是椅子，大部分椅子都朝同樣的方向。只有一把放錯了方向，把放錯方向的那把椅子找出來。」

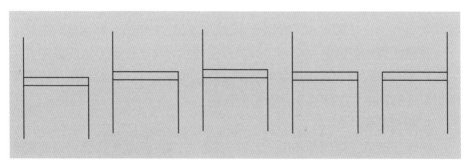

圖6-6 空間位置知覺的題目

6. 物體和注音符號的再認

物體再認是觀看它們時，認識特定物體的能力，包括注音符號、數

字、中文字、幾何圖形（如三角形）和物體（如狗或玩具）的再認。目前已發現幼兒認識字母、數字和幾何形式的能力，是可靠的閱讀成就指標（Richek, Caldwell, Jennings, & Lerner, 1996）。

(二) 聽知覺

聽知覺是學習的重要管道，它是認識或解釋聽到事物的能力。研究顯示，許多弱讀者有聽覺、語文和音韻困難（Lyon, 1998）。這些幼兒的聽覺器官沒問題，而是有聽知覺障礙。聽知覺能力是在早年正常發展的。因此，許多教師錯誤的假定所有學生都已習得這些能力。以下是與聽知覺有關的能力：

1. 聽覺辨別

聽覺辨別是認識音素和確認相同或不同中文字之間的差異。在這項問題的測試上，學生離開主試者（所以沒有看到說話者嘴巴的視覺線索），然後詢問配對的中文字是相同或不同的，這兩個中文字有些微的音素不同（如葛、渴）。

2. 音韻覺識

閱讀學習的必要能力就是認識所聽到中文字是由個別的語音（聲母和韻母）所組成的能力，這種能力稱爲「音韻覺識」（phonological awareness）。例如：當幼兒認識「狗」這個字，其耳朵是聽到語音的輸送，但是習得音韻覺識的幼兒知道「狗」這個字是由一個聲母、一個韻母和一個聲調所組成：「ㄍㄡˇ」。音韻覺識缺乏的幼兒，無法了解這樣的系統。

閱讀困難幼兒通常完全不了解語言組成的方法，他們無法認識中文字的音素或音素數目。這些幼兒無法認識類似的中文字，因而無法了解或使用學習音韻和中文字所需的注音符號原則。

3. 聽覺記憶

聽覺記憶是一種儲存和憶起曾經聽過的訊息。例如：我們可以要求學生做三次活動，如關窗戶、關門及將書放在桌上。透過傾聽此類指引，學生能夠儲存和檢索嗎？

4. 聽覺動作協調

聽覺動作協調是一種能夠將聽覺刺激與身體運動協調在一起的能力。

5. 聲音的位置

聲音的位置是指能夠在環境中，判定聲音的來源或方向的能力。

6. 聽覺序列

聽覺序列是一種記住項目順序的能力。例如：注音符號表、星期和月分的學習。

7. 聽覺混合

聽覺混合指混合單一音素形成完整中文字的能力，這類障礙的學生有混合困難。例如：「ㄇㄠ」的音素形成單字貓。

8. 形象背景聽知覺

形象背景聽知覺指在一般聽覺刺激的背景中，能區別和注意適當聽覺刺激的能力。

9. 時間的聽知覺

時間的聽知覺指能適時地認知和區別不同聽覺刺激的能力，如區別聽覺刺激的節拍、速度。

(三) 觸知覺

觸知覺可透過手指和皮膚表面的觸摸感官獲得。藉由評量下列範圍，可了解幼兒的觸知覺情形：

1. 壓力感

外在刺激對皮膚所形成的強度反應。

2. 觸覺記憶

經由觸摸物體而對其屬性（如大小、形狀……）的記憶能力。

3. 辨識物形

經由手觸摸物體的形狀（如石頭）所形成的反應（如圓的、硬的等）。

4. 觸覺靈敏度

皮膚對某些特質（如冷熱、粗細……）的反應。

(四) 運動知覺

運動知覺指透過身體移動和肌肉感受來獲得。身體不同部位的姿勢和肌肉緊張、鬆弛的身體感受，都是身體運動知覺的例子。教師藉由評量下

列範圍，可了解幼兒的運動知覺：

1. 身體知覺

身體能力和限制的知覺、身體外在部位及運作方法的知覺、能說出身體各部位、了解身體在空間如何並移動身體的某部位等。

2. 兩側感和方向感

前者指身體左、右兩側的知覺；後者則是將兩側感表現在空間內。

3. 運動知覺靈敏度

跳躍、接物、旋轉等動作反應靈敏的程度。

4. 速度

有關四肢運動的速度。

5. 喜好

身體部位慣用的習性（如手和腳）。

6. 強度

身體部位伸長、擺動、疲勞及施力的反應程度。

㈤ 知覺形式概念

知覺形式概念是基於幼兒有不同學習方法。有些幼兒似乎傾聽學習方式最佳（聽覺的）；有些則以動作表現的學習最佳（身體動覺的）；有些則用看的方式學習最好（視覺的）；有些則喜愛觸摸的學習方式（觸覺的）。有些學習障礙學生會對某種知覺或學習形式有偏好。

教學上，為實施知覺形式概念，教師首先評量幼兒的基本知覺能力，透過視覺、聽覺或觸覺形式，評量幼兒的學習優弱勢。依據這項資料可以使用下列教學方法：(1)強化缺陷學習形式；(2)依照學習偏好形式來教學；(3)組合法。

基本知覺能力的概念是有爭議的，因為內心所發生的知覺並不易觀察和測量。最近大腦功能研究使用新的大腦影像技術，顯示大腦內不同的知覺系統存在於不同領域。

在學業能力和教學上，教師會使用有關幼兒的學習形式和知覺優弱點。例如：對中文字注音符號的聽知覺有很大困難的幼兒，可能有音韻學習困難，他們需要額外練習。教師應該考量幼兒的知覺困難，也須儘快移

入他們想要改進的學業領域。例如：在閱讀方面，教師可以教授中文字和注音符號的視覺區別，來替代區別抽象的幾何符號。

另一項重要的考量變項是幼兒的文化和語言背景，尤其目前臺灣有許多外籍新娘所生的孩子。不同文化的學習形式並不相同，幼兒行為會反映出這些差異。不是以中文為母語的幼兒，可能會有聽知覺和音韻覺識的困難。

三、動作發展概念及其價值

動作發展和學習有密切關係，早期感覺動作學習是日後複雜知覺和認知發展的基礎（Piaget, 1952）。有關動作發展和學習關係的理論，就是基於相信動作學習為其他學習的基礎。表6-3是有關動作學習的基本概念。

表6-3　動作學習的基本概念

基本概念	闡　釋
人類學習始於動作學習	兒童移動時，學習就產生了。了解學習能力必然會牽涉到動作發展的了解。
動作發展階段有自然順序	習得每個順序階段的動作能力，可作為下階段學習的基礎。
許多學業和認知表現是基於成功的動作經驗	有些兒童需要更多粗大和精細動作統整活動的經驗。

Weikart曾指出有八項重要的動作經驗，可協助幼兒在學校表現成功（林翠湄譯，2000）。因為這些經驗能夠：(1)提供幼兒學習基本身體動作協調的機會；(2)發展幼兒的身體及空間意識；(3)提供加強聽力及視覺技巧的學習機會，促進幼兒專注力；(4)形成基本時間感；(5)協助幼兒發展正面的自我概念（表6-4）。

表6-4　八項重要的動作經驗

動作經驗型式	實例
跟隨動作指令（需視覺、聽覺、觸覺及運動覺）	把雙手放在耳朵上
口述身體動作	在教室往前走或向後走

動作經驗型式	實例
非移動式的身體動作 （不用移動身體的重心）	彎曲及伸直、旋轉及翻滾、擺盪及搖動、蜷縮及伸展
移動式的身體動作（需轉重心）	單腳跳、併步跳、跳躍
與物體一起作身體移動	投球、踢球、拍球
在身體動作中表現創意	告訴幼兒要使用身體部位做動作，然後再讓幼兒探索
感受及表達節拍	能依照節拍走路
與別人一起隨著一般節拍做動作	邊唸「膝蓋、膝蓋、膝蓋、膝蓋」，邊輕拍膝蓋幾次

　　學習障礙的初期理論非常重視感覺和知覺動作學習。現今，則較少將焦點放在動作發展上。雖然目前的學習障礙教學方案不強調動作發展，不過體適能、運動和動作活動卻依然是個體增進生活及工作的要素。無疑地，這種決定性角色已經受到廣泛認同。

　　基本上，動作發展包含粗大和精細動作發展。前者包括頸部、軀幹、手臂和大腿的大肌肉。粗大動作發展涉及到姿態控制、走路、跑步、跳躍等；後者則涉及到小肌肉的運用。至於精細動作統整，則包括手指協調和舌頭及說話肌肉的靈活。幼兒學習時拿起小東西、使用剪刀、抓住和使用鉛筆、解開鞋帶及使用湯匙或筷子時，就可以發展精細動作能力。

　　顯然，幼兒教育課程就包含動作發展。對許多學習障礙幼兒來講，動作統整困難是一件很重要的問題。有些幼兒會表現出過度的動作（當幼兒用右手臂表現一個動作時，左手臂會不自主出現一個影子般的動作）、身體形象不佳、粗大動作活動統整不良，以及缺乏方向感。他們常會透過翻倒桌椅、掉落東西，以及撞落物品來困擾他人。這方面有問題的學習障礙幼兒，應該使用包含建立動作能力、空間知覺和動作計畫的方法等介入策略（Cook, Tessier & Klein, 1996）。

　　學者甚至指出幼兒如果是無法玩玩具、使用黏土或繪畫、騎腳踏車、玩遊戲和跳舞等活動，可能會導致一連串的失敗（Bricker & Cripe, 1996）。有時，學習障礙幼兒須透過適應體育教學來接受動作教學。目前已注意到運用適應體育教學來因應障礙幼兒的需求，協助他善用其他幼兒

能夠享受的運動、娛樂和休閒活動（Eastman & Safran, 1986）。

第三節　學習障礙幼兒的評量與安置

　　目前評量實務的重點，在於使用非正式、功能性的評量來替代單獨依賴標準化測驗。在自然環境上，有更多眞實的幼兒評量和觀察（Lerner, Lowenthal & Egan, 2002）。

一、學習障礙幼兒的評量

㈠ 早期鑑定和評量階段

　　學習障礙幼兒評量有下列幾個相關聯的階段，每一階段會使用不同的評量程序，如圖6-7（Lerner, Lowenthal & Egan, 2002）。

圖6-7　學習障礙幼兒評量的階段

1. 發現兒童

　　發現兒童階段，指在社區中發現學習障礙幼兒的方法。重點在於初步接觸和增加大眾對服務的認知，社區運用方法來提醒有幼兒的家庭（如早期療育中心、學前特殊教育資源中心、日托中心、幼兒園、安親班、醫院及地方刊物……）。

2. 篩選

　　篩選階段重點在於快速檢視許多幼兒，以確定誰需要接受特殊教育服務。早期療育中心或公私立幼兒園可鼓勵家庭帶其幼兒接受免費的評估服務，即使家庭不被質疑有學習障礙幼兒。篩選是簡短、成本低的評量幼兒的各項發展領域的能力。

　　許多學前社會或教育行政系統使用面談來詢問父母，運用問卷偵測可能有特殊需求的幼兒。希望透過早期偵測疑似個案，來防止日後學習障礙的發展。

3. 診斷

診斷階段在於決定發展遲緩的範圍。重點在於由心理評量小組透過正式和非正式測量來全面性測試疑似障礙的幼兒，以決定其問題本質、嚴重程度及幼兒需求的適當安置和介入。

4. 設計介入方案

設計介入方案階段在於依據所蒐集到的評量資料，發展長短期教學目標、建立介入優先順序、相關支持等。介入方案包括使用班級評量作為每日教學的部分，使教學歷程包括評鑑有關特定教學目標的學生成就表現。對學前特殊教育教師來說，針對介入方案所作的評量是一項最重要的歷程。若缺乏這種評量，教師就無法充分回應障礙幼兒的成就表現和個別的學習需求。

5. 評鑑

評鑑階段集中於評估進展情形，這個階段在於決定幼兒是否仍須特殊教育服務、幼兒已習得什麼能力、仍缺乏何種能力及需要何種新的安置。

(二) 評量領域

不同的評量工具所欲評量的範圍，並不盡相同。例如：「嬰幼兒發展測驗」著重粗大動作、精細動作與適應能力、語言、身邊處理及社會性等領域（徐澄清、廖佳鶯、余秀麗，1997）；「出生至三歲的AEPS測量」則針對精細動作、粗大動作、適應能力、認知、社交性溝通及社會等領域（瑞復益智中心譯，2000）。

為評量幼兒的發展遲緩，如果依照王天苗等人（2003）所編的「嬰幼兒綜合發展測驗」來看，評量包含認知、語言、動作、社會及自理能力等發展領域。

1. 認知發展

認知發展包括評量幼兒的思考計畫和概念發展能力。認知任務是確定顏色、命名身體各部位、背誦計算（1-10）、了解配對（拿三個積木給我看）、位置概念（上面、下面、之間、中間）、確認概念（圖形的、大的）、或顏色、大小和形狀分類。

2. 動作發展

動作發展包括精細和粗大動作發展的評量，包含接住球或珠子、跳躍、踢、觸摸手指、剪不同形狀、配對形狀及寫名字，通常也會評量幼兒的視覺和聽覺敏銳度。

3. 語言發展

這種評量包括說話和語言能力，及了解和使用語言能力。主試者可透過讓幼兒說出某中文字來評量構音，要求重述數字和句子、描述圖片、回答問題或陳述姓名、年齡、住址、電話……。

4. 社會發展

觀察記錄幼兒的社會和情意互動，基本上包括幼兒與同儕及大人相處的程度。

5. 自理能力的發展

這個領域指幼兒的生活自理能力，包含獨自上廁所、穿脫衣服、吃東西及與父母分離的能力。

(三) 評量工具

國內可以用來評量幼兒發展的正式評量工具，如表6-5（張世彗、藍瑋琛，2019）。

表6-5　評量幼兒發展的測驗工具

編製／修訂者／年代	測驗名稱	適用範圍	適用對象
劉鴻香、陸莉／1997	VMI暨補充測驗	視覺動作、視知覺、動作協調	3歲至成人
鄭信雄、李月卿／1998	幼兒感覺發展檢核表	前庭反應不足、觸覺防禦、發展期運用障礙、空間和形狀視覺失常、重力不安全症	3-6歲
黃惠玲／2000	零歲至六歲兒童發展篩檢量表	語言與溝通發展、社會人格發展、粗大動作、精細動作、知覺與認知發展	0-6歲
徐澄清等／1997	嬰幼兒發展測驗	粗大動作、精細動作與適應能力、語言、身邊處理及社會性	1-6歲兒

編製／修訂者／年代	測驗名稱	適用範圍	適用對象
瑞復益智中心／2000	出生至三歲的AEPS測量	精細動作、粗大動作、適應能力、認知、社交性溝通及社會	0-3歲
林麗英／1997	學前發展性課程評量	感官知覺、精細動作、粗大動作、社會、生活自理、語言溝通、社會性及認知	0-6歲
王天苗等／2003	嬰幼兒綜合發展測驗	認知、語言、動作、社會及自理能力	3-71個月
林巾凱、林仲慧等／2004	兒童感覺統合功能評量表	姿勢動作、兩側整合動作順序、感覺區辨、感覺調適、感覺搜尋、注意力與活動量、情緒和行為反應	3-10歲
陳榮華、陳心怡／2013	魏氏幼兒智力量表第四版	語文和非語文智力	3-7歲
吳武典等／2006	托尼非語文智力測驗（幼兒版）	認知能力	4-6歲
林寶貴等／2008	學前兒童語言障礙評量表	語言理解和語言表達	3-5歲11個月
楊坤堂、張世彗等／2005	學前幼兒與國小低年級兒童口語語法能力診斷測驗	表達性口語語法和接收性口語語法	5-8歲
林幸台、吳武典等／2000	綜合心理能力測驗	語文和非語文智力	4-8歲
劉惠美、曹峰銘／2012	華語嬰幼兒溝通發展量表	語言及溝通發展	8-36個月
黃瑞珍、李佳妙等／2009	零歲至三歲華語嬰幼兒溝通及語言篩檢測驗	語言發展	0-3歲
黃瑞珍、簡欣瑜等／2010	華語兒童理解與表達詞彙測驗	語言理解和表達	3-6歲
吳武典、張正芬等／2004	文蘭適應行為量表	溝通、生活技巧、動作技巧及社會化等之適應行為	3-12歲

二、學習障礙幼兒的教育安置

㈠ 安置選擇

教育安置指主要服務障礙幼兒的場所。根據107年特殊教育統計年報，學前階段身心障礙類學生的安置情形，如表6-6（教育部，2018）。

表6-6　學前階段身心障礙類幼兒安置類型概況

學前障礙幼兒的安置類型	百分比（%）
集中式特教班	5.8
分散式資源班	1.1
巡迴輔導	71.1
普通班接受特教服務	22.0

過去多數學習障礙幼兒是接受集中式特教班的服務。現今，更多幼兒是安置在融合環境中的分散式資源班、巡迴輔導或普通班。目標在統合學習障礙幼兒與其正常同儕，以消除隔離式教育的烙印作用，以及缺乏與一般幼兒社會性互動。

㈡ 融合環境

融合教育運動一直在成長中。超過90%以上的學前階段身心障礙類幼兒，目前安置在普通班與普通班結合資源班或巡迴輔導的方式接受服務（教育部，2018）。

㈢ 家庭本位、中心本位及組合服務

早期介入方案的服務，到底應該採取何種型式？目前常見的型式，包括中心本位（center-based program）、家庭本位（home-based program）或折衷本位方案等，如表6-7（Kirk, Gallagher, & Anastasiow, 2009）。

以臺北市早期療育綜合服務網之早療中心為例，可以發現這是一種中心本位的服務方案。對象為6歲以下特殊需求幼兒和家長，每週三次（小組教學或個別教學），共3小時（http//www.tpscfddc.gov.tw）。

表6-7　早期介入方案的服務型式及其優點

服務型式	內涵	優點
中心本位	身心障礙幼兒及其家庭至中心接受訓練和諮商（每日3-4小時，每週2-5次）	中心成員可以見到更多的身心障礙幼兒
家庭本位	專業人員至家中訓練和諮商身心障礙幼兒及其家庭（每週1-3次）	適合交通不便的家庭、職業婦女及單親家庭；幼兒和父母在中心學習的技能須遷移到家庭；提供父母在自然情境中教導兒童
折衷本位	有時在中心；有時專業人員至家中訓練和諮商（一週來中心幾次，隔週至家裡）	變通性

㈣ 轉銜至新安置

「轉銜」（transition）指從一種組織方案的型式，移至另一種組織方案的型式。對幼兒來講，進入新的安置是一種創傷的經驗，應仔細規劃轉銜、統整和監督。採取步驟來確保轉銜順利是重要的。接受的教師應該觀察幼兒與父母支持，參與年度討論，熟悉幼兒的IEP。

1. 嬰幼兒的轉銜

對嬰幼兒及其家庭來說，轉銜是困難的。這些嬰幼兒由個人、小型的或一對一方案移至較大的環境。有些將安置至特殊班；有些則可安置到學前普通班。轉銜計畫須仔細的批定，且家庭須了解計畫。

依據「各教育階段身心障礙學生轉銜服務實施要點」可知，發展遲緩兒童進入學前教育場所之轉銜，各地方政府主管教育行政機關應依發展遲緩兒童通報轉介中心通報之人數，規劃安置場所，各發展遲緩兒童通報轉介中心應於轉介前一個月，邀請安置單位及相關人員召開轉銜會議，並於完成轉銜後二週內，將轉銜服務資料移送安置單位（教育部，2014）。

2. 學前兒童的轉銜

幼兒會在6歲時完成學前特殊教育，就必須決定下一個階段的安置。幼兒由小型教學小組，至較大、非結構性的環境。幼兒可能有下列選擇（見圖6-8）：

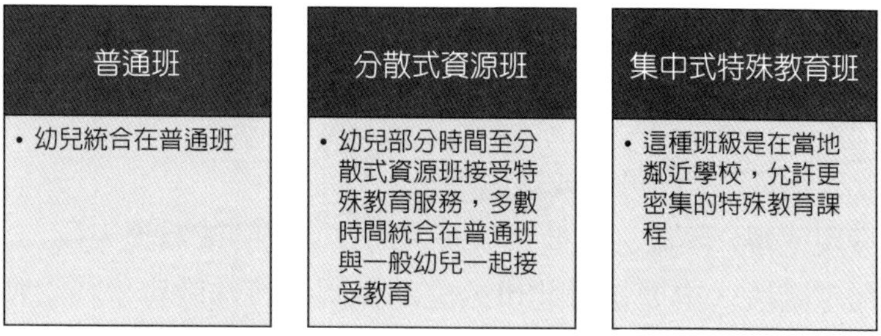

普通班	分散式資源班	集中式特殊教育班
• 幼兒統合在普通班	• 幼兒部分時間至分散式資源班接受特殊教育服務，多數時間統合在普通班與一般幼兒一起接受教育	• 這種班級是在當地鄰近學校，允許更密集的特殊教育課程

圖6-8　學前幼兒的轉銜選擇

　　進行此種轉銜時，學生轉銜服務須移送的資料，應包含學生基本資料、目前能力分析、學生學習紀錄摘要、評量資料、學生與家庭輔導紀錄、專業服務紀錄及未來安置與輔導建議方案等項。另外，學生由學前教育單位進入國小之轉銜，原單位（幼兒園）應於安置前一個月邀請安置學校及相關人員召開轉銜會議，並於安置確定後二週內由教務處（輔導室），將轉銜服務資料移送至安置學校，各安置學校得視需要邀請各該學生原單位（幼兒園）之導師（輔導教師或個案管理人員）及家長至校召開輔導會議，並視需要邀請相關人員參加會議。

　　此外，學前教育階段之安置學校（場所）應於開學二週後對已安置而未就學學生，安置學校應造冊通報教育單位及社政單位，相互協調配合追蹤輔導六個月。

三、學前特殊教育幼兒鑑定安置實務

　　直轄市及各縣市對學前身心障礙幼兒鑑定安置的作法並不盡相同，在此以臺北市為例。根據臺北市○○學年度學前特殊教育幼兒入幼兒園鑑定安置暨學期中鑑定實施計畫，可以確定下列重點：

　　1. 招收對象為年滿2足歲以上尚未滿6足歲之身心障礙或發展遲緩幼兒，且年滿3足歲至未滿4足歲之身心障礙或發展遲緩幼兒，必須以安置本市設有特幼班之幼兒園為限。顯然3歲以前的身心障礙或發展遲緩幼兒，並未包含在內。

　　2. 鑑定與安置工作，須取得家長同意書。

　　3. 除視障幼兒、聽障幼兒及身心障礙手冊載明的障礙類別外，其餘均

會鑑定為發展遲緩幼兒，目前幼兒並不會被鑑定為學習障礙。

4. 鑑定與安置之工作人員，主要包含鑑輔委員（複審）和鑑定小組（初審）。

5. 鑑定及安置工作可分成幾個階段，分別是：

(1)發現或轉介階段（主要是家長、幼兒園老師或醫護人員）。

(2)鑑定階段（主要是臺北市公立幼兒園及特殊教育學校之特幼教師及學前巡迴輔導教師等組成的鑑定人員來進行教育評估）。

(3)安置階段（主要成員包括鑑定人員、鑑輔委員、家長、安置學校代表，會共同決定幼兒安置之學校及所需相關服務）。

＊＊＊＊＊＊＊＊＊＊＊＊＊＊＊＊＊＊＊＊＊＊＊＊＊＊＊＊＊＊

臺北市○○學年度學前特殊教育幼兒入幼兒園鑑定安置暨學期中鑑定實施計畫

一、依據

(一)特殊教育法第九條及施行細則第九條。

(二)臺北市特殊教育學生鑑定及就學輔導委員會設置要點有關規定。

二、目的

辦理學前特殊教育幼兒入幼兒園鑑定安置，確認個案是否具備特殊教育生身分，以提供適性的特教服務及安置環境，並完成通報事宜。

三、辦理單位

(一)主辦單位：臺北市政府教育局

(二)承辦單位：臺北市立文山特殊教育學校南區特教資源中心

(三)協辦單位：○○國小附幼

四、招生對象

(一)普通班：設籍且居住臺北市（且非寄居身分，並有居住事實），或居留本市之外籍、華裔（需出示護照、居留證正本），年滿2足歲以上尚未滿6足歲（民國○○年○月○日至○年○月○日出生者）之身心障礙或發展遲緩幼兒。年滿3足歲至未滿4足歲之身心障礙或發展遲緩幼兒，限安置本市設有特幼班之幼兒園。

(二)特幼班、特殊教育學校幼兒部：設籍且居住臺北市（且非寄居身

分，並有居住事實），或居留本市之外籍、華裔（需出示護照、居留證正本），年滿2足歲以上尚未滿6足歲（民國○○年○月○日至○年○月○日出生者）之身心障礙或發展遲緩幼兒。

五、鑑定與安置之工作人員

（一）鑑輔委員：聘請臺北市政府教育局有關人員、教育專家學者、家長團體代表及專業人士擔任。

（二）鑑定小組：臺北市公立幼稚園及特殊教育學校之特幼教師及學前巡迴輔導教師。

六、鑑定及安置工作程序

（一）受理方式

1.報名時間與地點：符合報名資格之幼兒家長，於○○年○月○日（星期○）至○月○日（星期○）止，上午9時至12時，下午1時30分至4時，向十二區協辦單位辦理報名。

2.報名資料：

(1)家長攜帶戶口名簿正、影本（外籍人士攜帶護照或居留證），及依安置原則順位證明文件（無則免繳），至十二區協辦單位辦理報名，正本驗畢發還，並繳交影本。

(2)家長填寫特殊教育幼兒入園報名表、鑑定安置同意書，並附上填好通訊地址及幼兒姓名之掛號回郵信封三個。

(3)請繳交身心障礙手冊或重大傷病卡或十六所早療評估鑑定醫院任一所之報名前一年內，早療評估報告書或半年內診斷證明影本。

(4)視障幼兒請出具半年內，醫院視力診斷證明書。

(5)聽障幼兒請提供診斷證明，並附半年內裸耳及配戴助聽輔具後之聽閾值報告書乙份。

（二）協辦單位彙整幼兒名冊，於○月○日（星期○）前送交承辦單位（臺北市立文山特殊教育學校南區特教資源中心）。

（三）承辦單位與協辦單位安排鑑定工作

1.鑑定日期：○○年○月○日（星期○）至○月○日（星期○）

2.鑑定地點：十二區協辦單位、西區特教資源中心、聽障教育資源

中心、視障教育資源中心、南區特教資源中心

3.鑑定程序：

(1)由承辦單位分配各區鑑定人員。

(2)由承辦單位將報名表資料彙送鑑定人員，由鑑定人員聯絡家長，安排幼兒特殊需求之教育評估時間、地點。

(3)由鑑定人員實施教育評估。

(4)鑑定人員撰寫鑑定報告。

㈣召開安置預備會議

1.於○○年○月○日（星期○），由承辦單位負責召開。

2.繳交鑑定資料、鑑定報告及討論鑑定安置事宜。

㈤召開安置會議

1.於○○年○月○日（星期○）至○月○日（星期○），由承辦單位召開。

2.鑑定人員、鑑輔委員、家長、安置學校代表出席會議。

3.會中決定幼兒安置之學校及所需相關服務（專業治療、輔具等）。

㈥函知安置之各國小附幼、特殊學校學生名單，並個別通知家長。

㈦接受鑑定安置之幼兒，不得再參加一般幼兒入學招生登記。

七、疑似身心障礙幼兒學期中鑑定

㈠辦理對象

就讀本市各公立幼兒園普通班疑似身心障礙幼兒，並未經臺北市特殊教育學生鑑定及就學輔導委員會鑑定與安置者。

㈡辦理方式

1.函請各校提報轉介名單，並填寫學期中鑑定報名表及繳交相關資料。

2.安排巡迴輔導教師到校評估。

3.召開鑑定會議。

4.提供適性特殊教育服務。

㈢辦理時間

於每年11月初，召開特殊教育學生鑑定及就學輔導委員會議。

八、鑑定與安置工作進度表

年	月	日	星期	項目	備註
○ ○	9	○	○	草擬計畫	
	9	○	○	召開鑑定安置工作籌備會議	臺北市立文山特殊教育學校南區特教資源中心
	12	○	○	招生說明摺頁宣導送相關學校機構醫療院所	臺北市立文山特殊教育學校南區特教資源中心
○ ○	1	○	○	鑑定人員研習（暫定）	國立臺灣師範大學特殊教育學系臺北市立大學特殊教育學系
	2	○	○	召開招生報名說明會	十二區協辦單位園長、特幼教師、巡迴教師、西區特教資源中心、視障教育資源中心、聽障教育資源中心
	2	○	○	發新聞稿及招生簡章	主辦、承辦單位及協辦單位
	2	○	○	鑑定人員實務討論	鑑定人員參加
	3	○	○	辦理報名	十二區協辦單位協助受理報名、學前巡迴輔導教師
	3	○	○	各協辦學校送名冊至承辦單位	臺北市立文山特殊教育學校南區特教資源中心
	3	○	○	鑑定人員實務討論	鑑定人員參加
	3	○	○	執行鑑定教育評估工作	鑑定人員
	4	○	○	輔具需求名冊送至承辦單位	北市特幼教師及學前巡迴輔導教師鑑定人員
	4	○	○	鑑定人員實務討論	視情況召開
	4	○	○	彙整輔具需求名冊送至西區特教資源中心；視障教育資源中心、聽障教育資源中心	臺北市立文山特殊教育學校南區特教資源中心
	4	○	○	召開安置預備會議	大會後即函知安置學校及個別通知家長
	5	○	○	召開安置會議	臺北市立文山特殊教育學校南區特教資源中心
	5	○	○	寄發安置就學名單	臺北市立文山特殊教育學校南區特教資源中心
	5	○	○	辦理報到	各安置學校

年	月	日	星期	項目	備註
	5	○	○	彙送已報到學生輔具需求名冊	臺北市立文山特殊教育學校南區特教資源中心、安置學校
	6	○	○	召開○○學年度鑑定安置檢討會議	臺北市立文山教育學校南區特教資源中心
	9	○	○	各公立幼兒園通報學期中疑似個案	臺北市立文山特殊教育學校南區特教資源中心
	9	○	○	執行學期中鑑定教育評估工作	臺北市立文山特殊教育學校南區特教資源中心巡輔教師
	11	○	○	召開學期中鑑定會議	臺北市立文山特殊教育學校南區特教資源中心

九、安置原則

(一)依下列順位安置

1. 教職員工直系血親適齡子女。

2. 家長領有身心障礙手冊。

3. 家長為低收入戶。

4. 具原住民身分之兒童。

5. 特殊境遇婦女之適齡子女。

6. 父或母有一方為外籍配偶。

7. 兄弟姊妹在同一國小或幼稚園就讀（學生兄弟姊妹若一人已安置，另一人優先安置）。

8. 學區就近就學。

(二)同一順位競額時依年齡5歲、4歲、3歲順序安置，同一順位同年齡競額時抽籤決定（於安置會議中當場抽籤）。

(三)同一順位同年齡競額須抽籤決定，請家長務必親自（或寫委託書，委託他人代表）出席，若家長（或被委託代表）未出席，經唱名三次未到時，由當日出席與會家長之子女優先安置，若仍需競額須抽籤時，則由鑑輔會代為抽籤，家長不得異議。

十、報名日期（○月○日〜○月○日）結束後，仍須報名之幼兒，由文山特殊教育學校南區特教資源中心統一辦理報名之相關事宜。

＊＊＊＊＊＊＊＊＊＊＊＊＊＊＊＊＊＊＊＊＊＊＊＊＊＊＊＊＊＊＊

第四節 學習障礙幼兒的教學策略

在此節，我們將探討動作發展、視覺、聽覺、觸覺和身體動覺處理等方面的教學策略，茲分述如下：

一、動作發展

動作活動是幼兒課程特別有用的部分，這部分的教學策略可分成下列目標領域，如圖6-9：

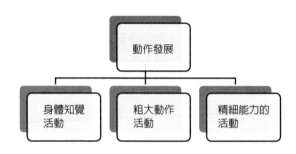

圖6-9 動作發展的目標領域

(一) 身體知覺活動

這些活動的目的，在於協助兒童發展身體各部位功能和位置的正確形象。

1. 指出身體各部位

兒童指出不同的身體部位：頭、眼、腳等，若閉上眼睛這種活動會更困難。兒童也可以躺在地板上，要求他們觸摸身體不同的部位。這項活動會因為有韻律的表現而更加困難，例如：使用節拍器。若要有變化，可做個機器人，關節用扣件繫住，且可移動至各個位置。兒童能依指令移動機器人的手足，並使用其本身的身體運動來搭配位置。

2. 默劇

學生用手勢或動作表達特定職業的特性，如駕駛捷運的司機、指揮交

通的警察、築路的工人……。

3. 人物

人、動物、物品可以剪下來，表示身體的功能性部位。

4. 圖畫補充

使用身體各部位遺漏的圖片，由兒童說出或畫出所遺漏的部位。

5. 老師說

透過老師說活動，指示兒童將左手放在右耳、右手放在左肩。其他的指示可能是將右手放在左手前面，或者是向右轉、走兩步和向左轉。

(二) 粗大動作活動

粗大動作活動包含身體各部位移動的能力。這些活動的目的在發展較平穩、有效的身體動作，以增加兒童的身體意識感受和空間定位。

1. 移動能力

移動能力指由某場所移動到另一場所的能力，包含身體姿勢、位置變換及平衡控制，如滾翻、爬行、步行、上下臺階、跑步、跳躍等活動。

(1) 滾翻

如可在床上、地毯上或墊子上，進行滾翻的動作。

(2) 行走或線上走路

向前、向後和斜著走在地板上作好直線或曲線的路線，讓兒童走向目標。或在地板上畫上顏色的線，線可以是彎曲或螺旋的；在地板上放上一條繩子，讓學生沿著繩子的一邊行走。

(3) 箱子遊戲

兒童有兩個小箱子，一個在前、一個在後。學生用雙腳踏進前面的箱子，移動後面的箱子至前面，然後踏入那個箱子。學生可使用不同的手來移動箱子和使用不同的腳。

(4) 上下階梯

我們可讓兒童獨自上下階梯，也可利用自然環境中高低不平之路面，讓兒童實地操作。

(5) 跑步

跑步需要靠肌力，神經系統的協調作用、體能耐力和整個心理動作的

學習，在技能學習上非常重要。教師可設計讓學生沿著路線跑、或遇到障礙時，能改變方向繼續前進。

(6) 跳躍

兒童一次單腳跳，在跳時換上另一隻腳。跳躍時也要有韻律感：左、左、右、右或左、左、右。

(7) 跳回

在跳躍床、彈簧、或底墊跳上跳下（跳回）。

(8) 跳繩

這是提供給動作統整不佳兒童的一種困難活動，跳繩時結合韻律、平衡、身體動作和統整。

2. 平衡感

平衡能力指個體對地心引力維持均衡的狀態，包括靜態平衡（如單腳站立）和動態平衡（如走平衡木、維持直立姿勢、閉眼平衡等）。

(1) 坐姿平衡

可讓兒童靜坐，上身保持不動愈久愈好；或側身躺下，一手伸直頭上，兩腳併攏伸直，保持不動。

(2) 立姿靜態平衡

可讓兒童先練習單腳站立，學會再練習換腳站立。

(3) 動態平衡

走平衡木是很好的選擇。一旦平衡板的寬度減少時則平衡動作愈困難，變化平衡板的動作及使平衡板變成傾斜，都會增加平衡板的難度。

(4) 搬運東西的平衡

兒童使用身體的各部位，練習搬運東西時能保持平衡，如搬運餐盤、把小沙袋放在身體各部位或將東西放在手指上。

3. 腕力和持久力

可讓兒童推動小車子、拉動重物、拉緊床單上下振動或能仰臥起坐等。

4. 其他粗大動作活動

(1) 丟擲

氣球、濕海綿、豆子袋和各種大小的橡皮球，可用來丟擲目標物、教

師或彼此。

(2) 接住

接住這種能力比丟擲難。學生可練習先前提及或其他學生所丟擲的物體。

(3) 球類遊戲

各種型式的球類遊戲可協助發展動作統整，包括氣球、排球或滾球遊戲、對地面擲球及用球丟擲牆壁。

(4) 輪胎遊戲

舊的輪胎可用作滾動和接住的遊戲。如果學生發生丟擲和接住橡皮球過於困難時，就可使用。

(5) 藤圈遊戲

不同大小的藤圈，可用來發展動作能力。讓兒童纏繞手臂、大腿和腰部；用球在上面彈回；在藤圈扔上小布袋（內裝玩具）；在藤圈踏進踏出。

(6) 用繩索繫的能力

一條長繩子可用來做各種訓練。讓兒童用繩子圍繞身體指定的部位（如膝蓋、腳踝和臀部）來教授身體形象；讓兒童依指示將繩子圍繞椅子、放在桌下、跳前跳後；用繩子作成形狀、注音符號或數字。

(三) 精細能力的活動

精細動作指手指及手腕的操作，即抓握技能、手處理事務的技能、兩手協調、手眼協調、手的肌肉及應用技能等。下列是提供幼兒精細動作活動經驗的活動：

1. 集中注意

發展兒童集中注意力時，要按照他的發展階段逐漸增加難度，並把時間逐漸增長，鼓勵兒童有耐性地完成活動。例如：將木栓插入洞洞板中、用線穿念珠、用迴紋針夾住厚紙的一端。練習時間開始要短（5分鐘），漸漸增長（45-60分鐘），並結合獎勵制度。

2. 手與手指的訓練

練習兒童肌肉力量及彈性時，可採取下列活動。例如：握住會發聲的

玩具、抓握浸了水的海綿、握住橡皮蓋，讓軟管裝滿水，再握一下，使水完全滴空。此外，還可運用黏土、麵粉讓兒童捏、打、壓，以增進手指力量、彈性及靈活度。

3. 手眼協調

下列活動都是以手眼協調的訓練為主，包含用眼睛視覺辨別、手眼向同方向移動、用手推（壓）眼睛所看到的目標。這些活動需要兒童不斷練習，直到完全會操作為止。例如：在洞洞板上釘釘子、打開或蓋上瓶蓋、在方格紙上貼貼紙、使用撈魚網撈乒乓球、用大夾子夾豆子放到另一個容器中、使用安全別針別東西等。兒童從特定數量的水壺，把水倒入桶子裡。愈小的數量和更為精細的測量，會使任務更加的困難。有顏色的水，可使活動更加的有趣。

4. 剪東西

選擇適合兒童發展水準的剪東西活動，最容易的活動是剪直線。兒童可剪標上記號的幾何圖形，如正方形、長方形、圓弧、角度或三角形等。透過使用不同顏色畫線，教師可以顯示剪的方向改變。

5. 書寫活動

彩色書或幼兒園的書常可提供良好的紙筆活動，來練習精細動作和手眼發展。例如：連接點畫成各種形狀、描寫自己的名字、使用鼓鎚練習握桿的方法、在紙上畫線或著色、兒童注視著幾何設計並在紙上複製它等。

二、視覺處理

視知覺能力是學業學習所必要的。良好的視覺辨別為一年級閱讀成就的強烈指標。能夠閱讀注音符號、中文字、數字和複製幾何圖形的兒童，閱讀能力較佳。圖6-10是一些視知覺和視覺記憶的活動。

㈠ 視知覺

1. 分類東西

讓兒童以形狀、大小和顏色來分類東西。這些東西可放在盒子內，如錢幣、碎片、鈕扣、豆子等。

視知覺	視覺記憶
□ 分類東西	□ 尋找物品
□ 釘字板設計	□ 記憶物品的記憶
□ 重製模型	□ 按情節說故事
□ 發現特定形狀的物品	
□ 配對幾何圖形	
□ 中文字和注音符號辨別	

圖6-10 視覺處理的活動

2. 釘字板設計

使用彩色的釘子，學生在釘字板上重製彩色的視覺幾何圖形。

3. 重製模型

兒童使用積木重製模型。讓兒童使用同一或有不同顏色的木頭或塑膠積木，來配對幾何圖形，並讓他們建立複製的模型。

4. 發現特定形狀的物品

要求學生在圖片上發現所有特定圖形的物品，然後是所有圓形的物品等。

5. 配對幾何圖形

把形狀放在卡片上，讓兒童玩須配對這些形狀的遊戲。蒐集幾罐不同大小的蓋子，混合蓋子或罐子，讓兒童可以配對罐子或蓋子。

6. 中文字和注音符號辨別

中文字和注音符號的視知覺和辨別，是重要的閱讀預備能力。提供配對種類或形狀命名機會的遊戲，可針對中文字和注音符號調整。賓果遊戲的卡片，也可用中文字和注音符號製作。說到中文字或注音符號時，學生能認識並翻開中文字或注音符號。

㈡ 視覺記憶

1. 尋找物品

讓兒童面對一堆物品，教師隨機覆蓋和排除其中一樣物品，然後再展示這些物品，要求學生尋找遺漏的物品是什麼。

2. 記憶物品的記憶

教師短暫的展示有順序排列的玩具、數字、注音符號或中文字，然後讓兒童依序回憶物品或東西。

3. 按情節說故事

在磁鐵板上，擺放上有故事情節活動的圖片，然後排除圖片，讓兒童依靠對圖片的視覺記憶來描述故事。

三、聽覺處理

許多學習障礙幼兒需要特定教學，來獲得聽覺處理能力。此部分的考慮是音韻覺識、聽覺辨別、傾聽聲音和聽覺記憶，如圖6-11。

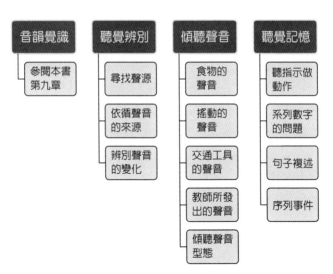

圖6-11 聽覺處理的活動

㈠ 音韻覺識

爲了開始閱讀階段的成功，兒童必須聽中文字和注音符號上的語音（音、音素）。有關這方面的教學策略，請參閱本書第九章。

㈡ 聽覺辨別

1. 尋找聲源

教師可將發出聲音的物品藏起來，由學生試著找出來。

2. 依循聲音的來源

在教室走動時，教師或學生吹口哨。然後，其他學生試著遵循所要走的路線。

3. 辨別聲音的音量、遠近和高低

協助學生辨別教師所產生聲音的音量，是大聲或小聲；讓學生閉上眼睛判斷聲音從房間哪裡傳過來，是遠或近；讓學生學習辨別教師所產生聲音的高低。

㈢ 傾聽聲音

兒童閉上眼睛並傾聽周遭環境中的各種聲音或聲音的型態，例如：

1. 食物的聲音

要求兒童傾聽各種被吃或切的食物，如蔬果或紅蘿蔔。

2. 搖動的聲音

將石頭、豆子、沙或米放入有蓋子的容器中，讓兒童搖動和傾聽來確認內容物。

3. 交通工具的聲音

教師可給兒童聽機車、汽車、火車、飛機……的聲音，然後要求他們確認。

4. 教師所發出的聲音

兒童閉上眼睛，並確認教師掉落一枝鉛筆、撕一張紙、削鉛筆、輕拍玻璃、開窗戶、用剪刀剪或開抽屜所發出的聲音。

5. 傾聽聲音型態

讓兒童閉上眼睛或坐著，教師可採取韻律方式來拍手或打鼓，要求學生計算有多少聲音型態或要求他們重複聲音型態。

㈣ 聽覺記憶

1. 聽指示做動作

在學生面前擺放三、四樣東西，並給他一系列的方向指示。例如：在小明的桌子下擺放洋娃娃、大年的椅子上放一顆球，以及把綠色積木放入珍珍的盒子裡。一旦學生的聽覺記憶有增進，就可增加東西的數量。另外，也可以利用耳機給學生幾個簡單任務。例如：在紙上畫一個藍色大圓形、在正方形下放一個黑色小方形、從圓圈中間畫一條黑線到正方形左上端的角落。

2. 系列數字的問題

提供一系列數字，並詢問有關系列數字的問題。例如：寫出四個數字：4、8、2、6；讓他們寫出最大、最小、最接近5，以及最接近其年齡的數字。

3. 句子複述

大聲說出句子，並要求複述。先由簡單句開始，然後是複雜句。

4. 序列事件

讓學生傾聽一篇與一系列事件有關的選集，然後要求學生依序說出故事中每個事件。

四、觸覺和身體動覺處理

對無法很容易經由視覺或聽覺系統學習的兒童，觸覺和身體動覺提供了一種強化學習的方法。圖6-12是激勵觸覺和身體動覺的活動。

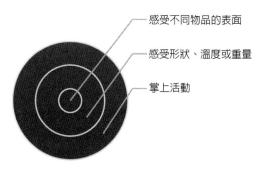

感受不同物品的表面

感受形狀、溫度或重量

掌上活動

圖6-12 觸覺和身體動覺的活動

㈠ 感受不同物品的表面

兒童感受不同的物品，如平坦的木頭、金屬、砂紙、海綿、濕的表面及食物，把不同材料貼到小木板上，學生閉上眼睛觸摸木板，並學習辨別和配對不同的表面。

㈡ 感受形狀、溫度或重量

準備不同的幾何圖形，讓兒童觸摸和辨別形狀；觸摸裝滿水的器具作爲教授溫暖、冷熱的方法；用豆子和米填充到容器裡，分別有各種不同重量，讓兒童透過搖動和感受來配對重量。

㈢ 掌上活動

在兒童手掌上寫數字或注音符號，要求兒童重製或確認他們感受到的形狀。

結語

學前階段是兒童的關鍵期，對偏於異常或學習障礙幼兒來說，就更重要了。由於沒有學業要求，我國學前階段之學習障礙幼兒的人數爲0，因而確定學習障礙幼兒的適當方法，在尋找學習障礙先兆，而非等待幼兒入學後失敗。

基本上，知覺動作發展活動是學前特殊教育方案的一部分，相關理論包含知覺動作理論、感覺統合理論、視聽動觸等知覺處理與動作發展概念。目前學習障礙幼兒評量實務的重點，在自然環境上有更多真實的幼兒評量和觀察。現今，更多幼兒是安置在融合環境中，目標在統合學習障礙幼兒與其他正常同儕。最後則提供有助於增進學習障礙幼兒，動作發展、視覺、聽覺、觸覺和身體動覺等方面的教學策略。

本章重點

1. 及早確定年幼的學習障礙，並提供適當協助是有必要的。

2. 實施早期療育有幾項的理由，包含法規支持、激勵發展潛能、預防次要障礙、提升經濟效益、維護兒童的權益、公正運用社會資源、提供家庭支持與協助，以及避免家庭二次傷害等。

3. 由於沒有學業要求，學習障礙幼兒並不像其他障礙類別容易鑑別出來。我國學前階段接受特殊教育服務之學習障礙幼兒的人數為0。

4. 有些學習障礙的初期症狀，可從幼兒的動作發展、聽覺處理、視覺處理、語言發展或注意力觀察到。這些學習障礙先兆是日後學業困難的指標，他們會有學業性的學習障礙。

5. 有些學習障礙幼兒的初期症狀，包含粗大動作能力笨拙、精細動作能力有問題、聽覺處理能力困難、視覺處理能力困難，以及注意力缺陷異常的行為。

6. 許多學習障礙幼兒沒有動作問題，甚至擅長動作能力；有些幼兒會出現嚴重的動作整合問題與明顯的動作發展遲緩。

7. 知覺動作理論是由Newell Kephart所建立，有些學習障礙幼兒的動作發展是不正常的。

8. 若腦幹無法發揮統整各項感覺輸入的功能，就會產生感覺統合失常的現象。

9. 感覺統合包括前庭系統、本體感覺及觸覺系統。

10. 視知覺、聽知覺、觸知覺及運動知覺和知覺形式概念等層面，對學習障礙的了解有相當意義。

11. 與視知覺有關的能力，包含辨別形象―背景、視覺區別、空間和倒轉、視覺閉合、空間關係，以及物體和注音符號的再認等。

12. 與聽知覺有關的能力，包含聽覺辨別、音韻覺識、聽覺記憶、聽覺動作協調、聲音的位置、聽覺序列、聽覺混合、形象背景聽知覺，以及時間的聽知覺等。

13. 與觸知覺有關的能力，包含壓力感、觸覺記憶、辨識物形、觸覺靈敏度。

14. 與運動知覺有關的能力，包含身體知覺、兩側感和方向感、運動知覺靈敏度、速度、喜好、強度。

15. 為實施知覺形式概念，可以使用下列教學方法：(1)強化缺陷學習形式；(2)依照學習偏好形式來教學；(3)組合法。

16. 動作發展和學習有密切關係，早期感覺動作學習是日後複雜知覺和認知發展的基礎。

17. 學習障礙幼兒評量有幾個相關聯的階段，分別為發現兒童、篩選、診斷、設計介入方案及評鑑。

18. 現今更多幼兒是安置在融合環境中的分散式資源班或普通班。目標在統合學習障礙幼兒與其他正常同儕，以消除隔離式教育的烙印作用，以及缺乏與一般幼兒社會性互動。

19. 早期介入方案的服務，到底應該採取何種型式？目前常見的型式，包括中心、家庭或折衷本位方案等。

20. 轉銜指從一種組織方案的型式，移至另一種組織方案的型式。

21. 學習障礙幼兒的教學策略，在動作發展方面包含身體知覺活動、粗大動作活動、及精細能力的活動；在視覺方面包含視知覺和視覺記憶活動；在聽覺方面包含音韻覺識、聽覺辨別、傾聽聲音和聽覺記憶；在觸覺和身體動覺方面包含感受形狀、溫度或重量、感受不同物品的表面，以及掌上活動。

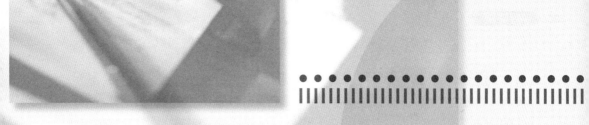

▌第七章▐▐▐

學習障礙青少年
和成人

對許多人來說，學習障礙是一生的問題，會自幼年持續至青少年和成人。中學教育方案一直在成長中，以服務學習障礙青少年。本章將討論學習障礙青少年的特性、中學所面臨的特殊挑戰、轉銜計畫、中學的教學型式和方案、學習策略的教學程序、中學以後和大學方案，以及學習障礙成人。

第一節 學習障礙青少年的概況與特性

本節將描述學習障礙青少年，接受特殊教育的統計概況及其特性。

一、教育統計概況

根據107年特殊教育統計年報（教育部，2018），由圖7-1可發現國中階段接受特殊教育的學習障礙學生人數共有11,481人，約占國中階段身心障礙學生人數（27,180人）的42%，其次是智能障礙學生（6,599人，約占24%）。另外，由圖7-2可知，高中階段接受特殊教育的學習障礙學生人數，共有8,239人，約占高中階段身心障礙學生人數（25,221人）的33%，其次是智能障礙學生（7,602人，約占30%）。

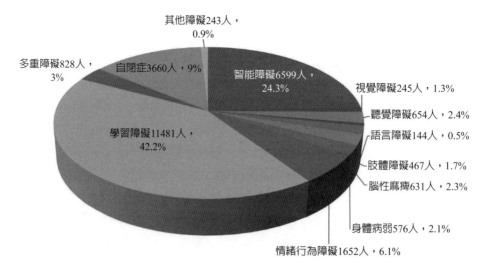

圖7-1　107年度國中階段身心障礙學生人數統計與各障別比例之概況

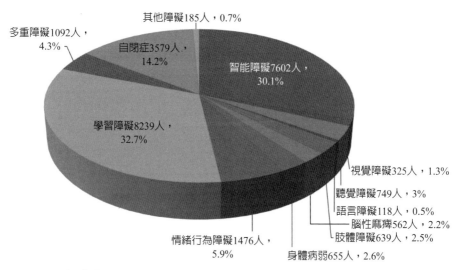

圖7-2　107年度高中職階段身心障礙學生人數統計與各障別比例之概況

二、學習障礙青少年的特性

　　青少年階段是一混亂和難以適應的階段。身心狀況和情意適應形成了影響青少年學習的特性。學習障礙青少年在學校和社會生活上有困難，不只因他們是學習障礙，而是因為他們尚須因應青少年所面對的適應和挑戰。由於許多學習障礙的特性和青少年重疊，想要了解特殊行為是根源於學習障礙，還是正常的青少年發展是很困難的。有許多個案的困難是源自於兩者，因而使得學習、社會和行為問題變得複雜。

　　在談到學習障礙青少年的特性之前，我們將簡要探討會影響到青少年學習歷程的一般特性，如圖7-3。

　　這些特性包含：(1)獨立和安全：青少年想要變獨立，但他們也須保持與家庭的關係。他們須發展解決其自由欲望與安全和依賴之間的衝突；(2)身體快速變化：青少年是身體成長和外表快速改變的階段，他們須發展新的自我形象，學習因應不同的身體外表與心理和生理的壓力；(3)發展性別角色：青少年須學習適應的另一種改變；(4)同儕壓力和價值觀：同儕壓力和價值觀對青少年影響很大。一旦朋友的價值觀與父母不同時，就可能產生家庭衝突；(5)自我意識：青少年傾向於在乎自己的長相和他

人比起來如何，這種自我意識會導致自卑和退縮（Biehler & Snowman, 1997）。

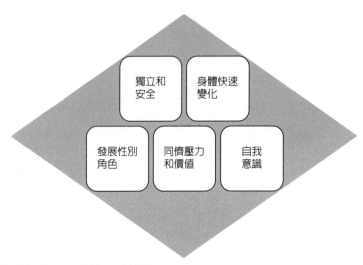

圖7-3 青少年學習歷程的一般特性

就學習障礙青少年來說，青少年的問題會與其他學習障礙合成在一起。青少年的典型特性與面臨的挑戰，可能對其學習產生負面影響。圖7-4是學習障礙青少年的特性。

圖7-4 學習障礙青少年的特性

(一) 被動學習

由於一再失敗的經驗，學習障礙青少年可能會發展出學習無助。他們是被動的學習者（Deshler, Ellis, & Lenz, 1996）。

㈡ 自尊低和自我概念不佳

學習障礙青少年對其學習和達成能力的信心很低，常缺乏成功經驗會造成情緒問題，包含自尊低和自我概念不佳（Silver, 1998）。

㈢ 社交和行為有問題

青少年期間的友誼和同儕認同是很重要的。由於學習障礙青少年常表現出不適當的社會性，他們通常有交友困難。社交和行為問題比學業問題來得明顯。長期失敗、自尊低、動機不佳、不適當的同情接納、阻斷性行為，就是他們的代價（Thompson, 1997）。

㈣ 注意力缺陷

許多學習障礙青少年缺乏符合中等學校要求的專注能力，而其注意力缺陷會嚴重的阻礙進展（Barkley, 1998）。

㈤ 動機不足

進入中學後，學習障礙學生會體驗到多年的失敗。他們會開始質疑自己的智能，相信他們的努力是無用的（Luther, 1993）。一旦這些感受導致堅持度降低，只要遇到困難，他們會很快放棄。即使這些青少年偶而體驗到成功，也不會認為成功是他們本身的因素；反而歸因於成功是一些外在力量，如教師協助、幸運（Yasutake & Bryan, 1995）。因此，要讓這些學生努力學習是非常困難的。

第二節 學習障礙青少年的鑑定與安置實務

有關學習障礙青少年的鑑定和安置，本節以臺北市為例探討其國民中學教育階段和升學高中職的鑑定和安置實務。

一、國民中學階段

依據臺北市○○學年度特殊教育需求學生升學國民中學鑑定安置實施計畫，以下將描述其目的、申請資格、提報方式、鑑定安置結果。

㈠ 目的

1. 提供國小升國中及國中在校特殊需求學生鑑定評估，協助適當安置。

2. 對特殊需求學生進行專業評估，安排合宜課程。

3. 及早了解學生需求，協助學生學習適應。

4. 鑑定診斷結果，作爲提供相關特殊教育服務資源之依據。

㈡ 申請資格〈應同時符合下列條件〉

1. 國小升學國中轉銜階段

(1)國小應屆畢業生或15足歲以下具有國小畢業資格者。

(2)應符合「設籍本市之非寄居身分有居住事實」之規定。

(3)具有身心障礙或疑似身心障礙身分且經家長同意者。

2. 國民中學校內階段

(1)具有臺北市公私立國民中學在學學籍者。

(2)欲申請或改變特殊教育安置方式之身心障礙學生（含疑似），且經家長同意鑑定者。

㈢ 提報方式

1. 受理申請：由學校教師或家長向就讀學校特教組（特殊教育學校爲註冊組）提出申請。

2. 應備資料：依照各障礙類別鑑定安置實施計畫另訂之。

㈣ 鑑定安置結果

本市鑑輔會之鑑定安置依相關法規及各類組鑑定原則運作，並依鑑定安置結果確認特殊教育服務資格、發給相關鑑定證明文件及後續之安置服務方式或相關建議：

1. 特殊教育服務資格之確認

經鑑輔會鑑定後，將會給予下列特殊教育服務資格之研判：

(1)確認身心障礙：學校應優先主動提供必要的特殊教育服務。

(2)疑似身心障礙：仍屬提供特殊教育服務之資格，學校應主動提供特殊教育服務。

(3)臨界智障：學校視個案狀況及師資人力提供特教服務。

(4)待觀察：特教組應適時提供特教諮詢，在一年觀察期內提出個案狀況評估報告。

(5)非特教學生，不提供特教服務。

2. 特殊教育安置結果及特殊教育服務方式

(1) 普通班接受特教服務

指學生在普通班接受課程教學，學校提供必要之協助，各相關特教資源中心必要時，亦提供相關諮詢及支援【安置國立及私立國民中學學生】。

(2) 分散式資源班

學生部分時間或全部時間在普通班學習，學校應提供必要的配合協助，並由資源班教師依據學生需求提供資源教學及支援服務，學生學籍設在普通班【安置教育局所屬公立國民中學學生】。

㈤ 安置原則

安置於普通班（含接受特教服務者）及資源班，學生以入學學區國中為原則。

㈥ 鑑定安置工作時程表

時程	○○年5月中旬	○○年12月上旬	○○年3月上旬〈○○學年度〉
學情障類	鑑定資格及安置	鑑定資格及安置	

㈦ 申請變更安置處理方式

個案具有變更特教服務及安置方式之需求者，得依據下列辦法辦理，以符合學生教育需求。由家長向就讀學校之特教組（特殊教育學校為註冊組）提出申請。

1. 各校完成個案評估後，得召開個案評估會議或校內特教推行委員會議議決個案鑑定及安置建議。

2. 相關評估結果及會議建議，應於鑑定期程內提報鑑定安置會議進行最後確認。

※※※※※※※※※※※※※※※※※※※※※※※※※※※※※※※

臺北市○○學年度國小身心障礙學生轉銜國民中學鑑定安置

（國小送件報名和國中各校送承辦學校日程表）

組別	受理報名單位	受理報名單位聯絡方式	受理報名時間	鑑定作業時間	鑑定安置會議時間	結果公布
學障、情障組（國小）	臺北市各國中（含完全中學國中部）	國小請逕送學區國中特教組（欲就讀特教班逕送第一志願學校）	2-3月	3-4月	北：5月 中：5月 南：5月	教育局發文函知各校
學障、情障組（北區）	○○國中	聯絡人：組長 電話：			5月	
學障、情障組（中區）	○○國中	聯絡人：組長 電話：	4月	4月	5月	教育局發文函知各校
學障、情障組（南區）	○○國中	聯絡人：組長 電話：			5月	

二、高中職階段

依據臺北市○○學年度特殊教育需求學生升學高中職鑑定安置實施計畫，以下將描述其目的、申請資格、提報方式、鑑定安置結果。

㈠ 報名資格、日期和方式

1. 報名資格：需同時具備⑴～⑶項資格者

(1)凡設籍臺北市且非寄居身分，並有居住事實之國民中學畢業或具同等學力之學習障礙學生。

(2)持有縣市政府特殊教育學生鑑定及就學輔導委員會（以下簡稱鑑輔會）所核發國民中學階段之學習障礙鑑定證明。

(3)經教師或家長長期觀察推薦，能提出下列與其潛能相符合之具體事實證明之一者：

①曾獲得與希望就讀類科有關之競賽獎項。

②曾獲得與希望就讀類科有關之能力或技能檢定合格者。

③能提出與希望就讀類科有關之特殊優異潛能證明者（如二年內之性向測驗、特殊優良成品、專長或表現……）。

(4)本鑑定安置適用對象為國民中學學習障礙學生基本學力測驗總分加25%後，仍不足以彰顯其潛能或有特殊專長表現，能提出具體資料或證明者。

2. 報名日期：○年5月○日（星期○）及5月○日（星期○）

日期	時間	受理報名行政區
○年5月○日（星期○）	上午9:00-12:00	士林、北投、中山
	下午13:00-16:00	內湖、南港、松山
○年5月○日（星期○）	上午9:00-12:00	信義、大安、中正
	下午13:00-16:00	文山、萬華、大同

3. 報名方式

(1) 團體報名：團體報名學生之相關證件，正本由就讀國中驗畢後發還，繳交之影本加蓋與正本相符章，並由國中驗證者蓋職名章。

(2) 個別報名：個別報名者請持相關證件正、影本，正本驗畢後發還。

(3) 報名後須經資格審查，資格不符者，不予安置。

(4) 收件時當場檢驗繳交相關資料，資料不齊者直接退件。

(二) 繳交○○年度國中會考成績單（正本或驗正本交影本均可）

1. 繳件方式：應屆畢業生由原畢業學校承辦人員辦理團體送件，非應屆畢業生親自或委託送件均可。

2. 如志願有修改者，請再次填寫志願選填說明表，與國中會考成績單一起繳交。

(三) 晤談與安置會議

1. 晤談會議

出席人員為學生與家長、晤談委員、鑑定安置委員會委員及相關人員。學生未參加晤談會議者，視同放棄，不予安置。

2. 安置會議

出席人員為鑑定安置委員會委員及相關人員、學生、家長，其安置原則如下：

(1)以學生之適性適能安置為主，由委員會依學生整體綜合表現、學習能力（含○○年度國中會考成績）、性向、具體才能、志願之適切性、身心狀況、晤談建議等提供安置建議。

(2)安置以平均分散各校，每一類科安置一名為原則。

(3)安置學校為臺北市所屬公私立高中、高職，不包含特殊才能班。

(四) 注意事項

1. 學生於報名前，各國中輔導教師及特教教師應與家長充分溝通，先行引導認識志願適切性及就讀學校環境科別、學生學力及性向，以利安置作業之進行。

2. ○○學年度經臺北市政府教育局鑑輔會安置且載入錄取名單者，○○學年不得再行參加臺北市政府教育局辦理之鑑定安置。

3. 參加多元入學方案之學生如已經錄取報到者，不得繼續參加本鑑定安置；經本鑑定安置且報到之學生，不得重複參加其他入學管道之報到，否則取消入學資格。

4. 學生不得重複參加其他障礙類別之鑑定與安置，否則取消入學資格。

5. 經鑑輔會鑑定為學習障礙學生，但不符合本簡章報名資格者，可持基本學力測驗成績，採加分25%之方式登記分發入學高中職。

6. 經委員會建議安置之學生不願意接受者可自行放棄，選擇其他入學管道升學。

7. 各國中應主動於○○年7月○日前，將學生個案轉銜服務資料表（I.T.P.）及相關資料彙送至報到學校，並轉銜追蹤至少六個月。

第三節 中學學習障礙青少年的特殊課題

在中學階段，現在學習障礙青少年的就學數目居首位（教育部，2018）。研究顯示學習障礙學生在中學會面臨極端的困難，許多人缺乏普通教育上必要的成就技巧及輟學（Blackorby & Wagner, 1997）。

中學的要求明顯與小學不同。學習障礙學生從學生本位的小學進入學科內容導向（如國文、數學……）的中學教育情境，國中學習障礙學生通常缺少符合高中學業期望所需的必要能力。如果中學教師不能因應學生特殊的學習優勢和興趣，那麼學習障礙學生想要順利中學畢業，就變得是個問題或挑戰。

學習障礙青少年會體驗到許多問題。這些問題從輕微到嚴重，會干擾到許多領域的精熟。除學業問題外，這些學生有認知能力、社會行為和情緒困難。許多小學就在身心障礙資源班接受服務的學習障礙青少年，進入國中和高中時仍然需要協助。有些青少年的問題則直到進入中學後才被確定，原因在於其問題的細微本質和中學的課程要求增加。

一、學習障礙青少年的安置和中等教育階段的融合

一旦安置許多的學習障礙青少年在普通班或分散式資源班時，中學的融合運動在成長中。在提供融合教育上，中學面臨幾個障礙，如圖7-5。

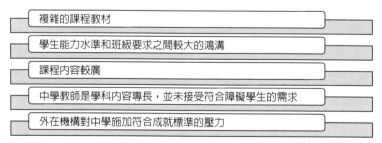

複雜的課程教材

學生能力水準和班級要求之間較大的鴻溝

課程內容較廣

中學教師是學科內容專長，並未接受符合障礙學生的需求

外在機構對中學施加符合成就標準的壓力

圖7-5 中學提供融合教育所面臨的障礙

　　為了在中學實施融合教育，建立學科領域教師和身心障礙資源班教師之間的夥伴關係是必要的。夥伴包括兩位以上專業人員一起計畫和實施教學，有下列幾種模式（Cole & McLeskey, 1997）：

(一) 協同小組

　　協同小組是不同教育領域專業人員願意一起工作，來發展解決阻礙學生進步的問題。作為協同小組的一員，教師可發現各種策略來增進對學生的服務。小組成員發展支持性和互利關係，並分享彼此的資源（Knackendoffel, 1996）。

(二) 協同諮詢

　　班級中若僅有一些學習障礙學生，就可使用協同諮詢。特殊教育教師和學科領域教師共同合作，但不是直接在教室教學，仍由學科領域教師維持主要的教學責任。

　　透過學科領域教師和身心障礙資源班教師之間的夥伴關係，可在中等教育階段提高融合。這種夥伴關係的優點包括分享行政責任、教師更注意其問題行為、更了解學生、提供教師從事問題解決的機會、教師能向學生示範協同等，教師可使用其優點來探究學生的特殊需求。表7-1為發展成功夥伴的要素與內涵 （Cole & McLeskey, 1997）。

表7-1　發展成功夥伴的要素與內涵

要素	內涵
行政支持	行政人員支持是必要的。
志願參與	如果是自願的，共同教學最佳。
檢測目前的實務	學科領域專家和資源班教師測試他們目前做什麼與其教學理念。
決定教師優勢	教師討論教學的優缺點及輔助他們能力的方法，同時也應了解教學夥伴關係可能會讓他們失去什麼？
發展信任和尊重	教師必須學習共同信任，尊重能力並評論夥伴。
溝通和時間	共同教學者必須願意在一天中，提供計畫、溝通和評鑑的時間。

二、學習障礙青少年的教學取向

學習障礙青少年有效的中等教育方案，包括下列要素：(1)密集的國文和數學教學，以因應他們的閱讀、書寫和數學技巧不佳；(2)明確的學習技巧教學，包括行爲控制、協助學生學習使其教師能正面看待他們的行爲、組織時間、摘記演講或本文，以及組織資料和考試等能力（Zigmond, 1997）。圖7-6爲中學可供服務學習障礙青少年的教學取向 （Cole & McLeskey, 1997）。

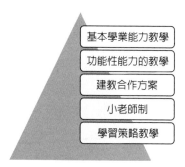

圖7-6　中學服務學習障礙青少年的教學取向

㈠ 基本學業能力教學

基本能力教學目標在於補救學生的學業不足，通常著重於增進學生國文和數學能力。例如：小明國中二年級的國文僅有國小六年級程度，則這位學生的國文教學就是國小六年級程度。

㈡ 功能性能力的教學

功能性能力教學的目標在於儲備學生在社會運作的功能，教導學生使他們能夠在學校外世界適應良好的求生能力。這類課程包括消費者資訊的主題、完成應用形式（如工作申請）、銀行和用錢能力、生活照顧能力和電腦。自我認同和生涯計畫的輔導與諮商，也經常是課程的一部分。

㈢ 建教合作方案

建教合作方案的目標在於提供青少年求職和生涯相關技巧，以及眞正

的工作經驗。基本上，建教合作方案的學生為半工半讀。在校時，他們可能研究與其工作相容的教材。有時這些學生上普通課程，也與身心障礙資源班教師在一起。建教合作方案對沒動機在中學環境的學生，是特別成功的。身心障礙資源班教師可作為統整者，統合所需工作技能的教育和監督工作職場上的學生。

㈣ 小老師制

小老師制的目標在於協助特定學科領域的學生。例如：如果大年在物理科體驗到失敗或困難，他的教學著重於他正在研讀的物理教材。身心障礙資源班教師，須了解學生可能有困難之所有學科的要求。

㈤ 學習策略教學

學習策略教學的目標在於教導學生學習的方法，而非特定學科領域上的內容。學習策略研究顯示，學習障礙青少年是無效的學習者。並不是他們缺乏學習能力，而是他們運用無效的學習方法。例如：大年的記憶可能適合地理課事實的記憶，但他們必須把學習努力正確的放在記憶這些事實上。因而，重點在於教導學生適應和因應改變中世界的方法。

學習策略是一種學生可用來接近內容任務或其他學習情境的工具。有效的策略教學，包括協助學生運用其能力完成重要學業性任務、解決問題和自主完成工作程序。若能夠精熟學習策略，學生就能克服或降低學習障礙的影響。

第四節 成功學習障礙成人的啓示

教導學習障礙青少年的最高目標，在於確保他們變成為自我依賴、有信心、有能力、適應良好的成人。對學習障礙個體來說，達到此種生活品質的歷程通常是一條漫長的旅程。

為促進這趟旅行，在此將先檢視成功學習障礙成人研究上，所顯露出來的這些最佳指標，然後了解學習障礙會阻礙或促進自我依賴的個人特徵。因此，相對於自我依賴目標的達成，我們將檢視學習障礙青少年的認知、動機、學業性和社會性特徵。

一、教導學習障礙青少年的內容

　　許多學習障礙成人是成功且具生產性的社會成員，檢視其特徵可以作為我們輔導或教學內容，使學習障礙青少年達到類似的成功。例如：Gerber等人（1992）曾面談多位高度和中度成功的學習障礙成人，以了解他們達到職涯成功的方法。他們將成功界定為與下列變項有關，如圖7-7：

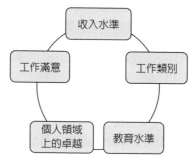

圖7-7　職涯成功的有關變項

　　結果顯示高度和中度成功學習障礙成人在所有主題都是超越的，而高度成功的學習障礙成人表現更佳。另外，許多學習障礙成人體驗到多年失敗，直到他們決定控制其一生為止〔即內在決定（internal decision）〕；同時調適自己以求向前邁進〔即外在決定（external decision）或外在表現形式－適應性〕，如圖7-8（Reiff, Gerber, & Ginsberg, 1996）。

內在決定	外在表現形式－適應性
• 追求卓越的欲望，設定明確目標 • 採用正面的方式 • 重新架構學習障礙的經驗	• 毅力或努力工作是一種生活方式 • 適應環境讓其能力獲得發揮 • 顯現習得的創造力，以提高表現的能力 • 周遭有支持和協助的人，並設計個人進展方案來提供能力

圖7-8　高度成功學習障礙成人的特性

檢視某些高度成功學習障礙大人的內在決定和外在表現形式，可以提供教育人員確保所有學生在社會表現上的啓示。雖然上述特徵並非一種成功處方，不過研究發現卻可作爲重要指引和澄清教育人員在教導學習障礙青少年時，應該追求的關鍵目標。簡言之，教育人員應該致力於確保學生下列事情，如圖7-9（Raymond, 2004）：

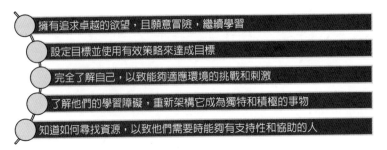

擁有追求卓越的欲望，且願意冒險，繼續學習

設定目標並使用有效策略來達成目標

完全了解自己，以致能夠適應環境的挑戰和刺激

了解他們的學習障礙，重新架構它成為獨特和積極的事物

知道如何尋找資源，以致他們需要時能夠有支持性和協助的人

圖7-9 教育人員教導學習障礙青少年時應追求的目標

如所預期的，成功學習障礙大人與仍然是青少年的理想特徵通常是很不一樣的。爲提供有效的介入學習障礙青少年，重要的是了解他們是誰與他們所運作的環境，同時要牢記自我依賴的長期目標。以下將歸結研究已顯示有關次級情境期望的互動爲何，以及在學業、社交、動機和認知等領域上學習障礙青少年的特徵。

二、中學情境期望及其與學習障礙青少年特徵互動的方式

小學主要著重在基本能力的教學；中學則著重學科內容的教學。尤其，經過一個暑期，學生就要從兒童轉變成能有效使用自我管理能力的青少年。顯然，學習障礙青少年須面對許多情境期望和任務要求。多數學校和非學校環境上的情境期望，可分成下列領域（Lenz, Clark, Deshler, & Schumker, 1989）：

(一) 學業性期望與學習障礙青少年的學業性特徵

由於多數中學生有不同的教師、課本，而且所上的每種學科都有獨特的情境期望。因此，教師須有效的呈現課本上的新資訊，以及協助學生快

速了解和同化資訊。對某些學生來說，一旦要求他們有效率的處理新資訊時，就可能會產生困難。學校對中學生學業性期望，如表7-2。

表7-2　學校對於中學生學業性期望的一覽

1. 閱讀：學生能夠自主地從課文中獲得資訊。
2. 傾聽和作筆記的期待：學生必須自主地從講述中得到資訊。
3. 作測驗：通常傳統的紙筆測驗需要記起事實和列舉。
4. 學生必須有一組基本學業性能力和系統地使用這些能力在問題解決情境上。
5. 學生必須使用有效的學習和成就表現策略。
6. 學生必須擁有充足的學科領域知識，以學習新的內容資訊。
7. 學生必須善用環境所提供的學習增強。

對許多學習障礙青少年來講，這些期望對他們似乎是困難的（Mellard & Hazel, 1992）。檢視學習障礙青少年的學業性特徵，可提供其在中學體驗學業困難上的啟示（表7-3）。

表7-3　學習障礙青少年的學業性特徵

1. 缺乏迎合學業性要求所必需的基本學業性技巧。
2. 擁有各種基本能力的知識，但是在問題解決情境上無法系統地加以使用。
3. 不會使用有效的學習／成就表現策略。
4. 沒有足夠的知識以學習中學所呈現的新內容資訊。
5. 在環境中常無法善加利用增強物。

（二）社會性期望與學習障礙青少年的社會性特徵

就像學業性期望一樣，青少年必須迎合的社會性期望會因情境而有不同。基本上，期望著重在適當時間展現有效的社會性行為。這些要求可分成三項主要領域：(1)交談和友誼：期望行為包括使用主動傾聽、歡迎他人、說再見、啟動交談、中斷他人、問問題等；(2)與他人相處的期望：期望行為包括接受／說謝謝、給予／接受讚美、給予／接受批評等；(3)關心問題解決：期望行為包括適當使用有關遵循指示、給予／得到協助、

要求回饋、給予原則、解決問題、說服他人、交涉協商、加入團體活動等（Hazel et al., 1981）。表7-4總結了中學的社會情境期望。

表7-4 中學的社會情境期望

1. 展示尊重權威；遵守班規。
2. 接受批評和支持；招募必要的支持。
3. 成為團隊的成員。
4. 參加團體社會性活動，並與同儕和大人交談及討論。
5. 抗拒不適當的同儕壓力。
6. 在不同情境中維持愉悅的社會性方式。
7. 主動地參與班級討論。

在學校和非學校環境中，這些社會性期望的領域是具普遍性的。例如：有幾項社會互動能力對達成和維持就業是有效的，包括傾聽和口語社會能力（Mathews, Whang, & Fawcett, 1980）。學習障礙青少年常會體驗到許多社會運作上的問題（Swanson & Malone, 1992）。檢視學習障礙青少年的社會性特徵，會有助於了解為何社會性期望對這些學生來說是個問題（表7-5）。

表7-5 學習障礙青少年的社會性特徵

1. 缺乏基本社會性技巧。
2. 可能錯誤解讀包含非語文溝通的社會性情境。
3. 對於文化道德原則的了解貧乏。
4. 社會性問題解決不佳。
5. 較其同儕的社會性參與缺乏。
6. 有不適當的刺激控制。
7. 不會主動參與班級。
8. 提供選擇時，不會拉近支持的服務。

(三) 動機期望與學習障礙青少年的動機特徵

動機層面著重在關心學生對未來達到目標成功可能性的信念。青少年對動機期望迎合的程度，往往會受到期望參與活動價值知覺歸因的影響。表7-6總結了有關中學的動機期望。

表7-6　中學的動機期望

1. 期望學生自主地為成功付出必要的努力。
2. 通常努力的事實會超過實際的成就表現。
3. 期望學生自主努力且有自主的工作習慣。
4. 期望學生自主創造和實施有效的工作計畫。

自主似乎是描述中學情境動機期望的關鍵字。青少年就讀高中時，我們期望他們了解自主努力的方法，而有自主努力的內在動機。類似期望可能發生在工作場所。惟許多學習障礙青少年常有迎合中學和非學校環境動機期望的困難。至於影響動機的變項是多重且複雜的。有些學生對適當努力和成功之間的關係有迷思。累積的失敗經驗和令人厭煩的學校和工作環境，並無法激勵這些青少年設定獲得必要能力和追求成功的目標。探究學習障礙青少年的動機特徵（表7-7），可提供一些啟示。

表7-7　學習障礙青少年的動機特徵

1. 可能體驗到大的壓力。
2. 可能無法看到適當努力和成功間的關係。
3. 對於學習或演示的付出有困難。
4. 可能避免具挑戰性的任務和容易放棄先前的回饋。
5. 可能依賴外在的動機來源。
6. 對設定目標或作未來計畫有困難。
7. 有退學的風險。

(四) 認知期望與學習障礙青少年的認知特徵

基本上，我們期望中學生有回饋自主能力，組織已習得資訊和資源來

學習、解決問題、及運用他們的知識至不同的學科內容領域。在融合教育影響下，教師面臨著班級中日益增加的低成就學生。我們鼓勵教師使用科技來輔助其教學，或運用另類教材修正他們對所學內容的期望。有時鼓勵他們針對低成就學生降低所學內容的分量，以利其體驗到成功。表7-8總結了中學的認知期望。

表7-8　中學的認知期望

1. 藉由使用先前的知識和能力，來運用關鍵的資訊處理能力。
2. 知道和自主使用學習與演示的有效策略。
3. 使用有效的後設認知歷程來管理思考過程。

　　雖然有些學習障礙青少年多數時間能有效地迎合認知期望，不過許多學生在這項領域上體驗到困難（Warner, Schumaker, Alley, & Deshker, 1980）。檢視學習障礙青少年的認知特徵（表7-9），將會有助於了解為何對這些學生會造成困難。

表7-9　學習障礙青少年的認知特徵

1. 因認知缺陷而生的認知問題。
2. 傾向於有記憶問題。
3. 使用後設認知和執行歷程時，傾向於會體驗到問題。
4. 許多學習障礙青少年由於媒介和記憶缺陷，教育人員需要提出新資訊以擴大學生和資訊的互動來提高了解和記憶。
5. 缺乏不同認知策略的知識。

(五) 小結

　　成功學習障礙大人和青少年特徵之間的差異是很多的。雖然有些青少年可能已開始擁抱控制其生活，成為自我依賴者而被視為是成功的大人，惟多數青少年沒有且可能不會有，除非教師、父母和其他支持的人採取特定行動來促進。

第五節 學習障礙成人

在此部分，我們將探討從學校轉銜至成人生活、中學以後和大專院校，以及學習障礙成人。

一、從學校轉銜至成人生活

對青少年來說，從學校轉銜至成人生活是充滿複雜或挑戰的。這些新角色包含升學、就業、及體驗令人滿意的個人和社會關係（Halpern, 1994）。為了成功度過這種轉銜，青少年（含學習障礙青少年在內）需要朋友、家庭和學校人員不同的支援程度。

㈠ 轉銜輔導及服務辦法

2014年的《特殊教育法》第31條，為辦理各教育階段身心障礙學生轉銜服務時有所依據，特訂定《各教育階段身心障礙學生轉銜輔導及服務辦法》（教育部，2014）。其主要內涵如下：

1. 學校辦理學生轉銜輔導及服務工作，高級中等以下學校應將生涯轉銜計畫納入學生IEP，專科以上學校應納入學生特殊教育方案，協助學生達成獨立生活、社會適應與參與、升學或就業等轉銜目標。

2. 跨教育階段及離開學校教育階段之轉銜，學生原安置場所或就讀學校應召開轉銜會議，討論訂定生涯轉銜計畫與依個案需求建議提供學習、生活必要之教育輔助器材及相關支持服務，並至教育部特殊教育通報網填寫轉銜服務資料。

3. 發展遲緩兒童進入學前教育場所之轉銜，直轄市、縣（市）主管機關應依發展遲緩兒童通報轉介中心通報之人數，規劃安置場所。各發展遲緩兒童通報轉介中心應於轉介前一個月召開轉銜會議，並於安置確定後二星期內，將轉銜服務資料移送安置場所。

4. 學生進入國小、特殊教育學校國小部、國中或特殊教育學校國中部之轉銜，原安置場所或就讀學校應於安置前一個月召開轉銜會議，依會議決議內容至通報網填寫轉銜服務資料，並於安置確定後二星期內完成通報。安置學校應於開學後一個月內，召開訂定IEP會議。

5. 國民教育階段之安置學校，應於開學後二星期內對已安置而未就學學生，造冊通報學校主管機關，依強迫入學條例規定處理。

6. 學生升學高中或特殊教育學校高職部之轉銜，學生原就讀學校應於畢業前一學期召開轉銜會議，依會議決議內容至通報網填寫轉銜服務資料，並於安置或錄取確定後二星期內，完成通報。高中及特殊教育學校高職部應於開學後一個月內，召開訂定IEP會議。

7. 學生升學專科以上學校之轉銜，學生原就讀學校應於畢業前一學期召開轉銜會議，依會議決議內容至通報網填寫轉銜服務資料，並於錄取確定後二星期內完成通報。專科以上學校應於開學後一個月內，召開訂定特殊教育方案會議。

8. 設有職業類科之高中及特殊教育學校高職部，應於學生就讀第一年辦理職能評估。畢業前二年，學校應結合勞工主管機關，加強其職業教育、就業技能養成及未來擬就業職場實習。學生於畢業前一年仍無法依其學習紀錄、行為觀察與晤談結果，判斷其職業方向及適合之職場者，應由學校轉介至勞工主管機關辦理職業輔導評量。

9. 國中以上學校學生，表達畢業後無升學意願者，學校應於學生畢業前一學期召開轉銜會議，並依會議決議內容至通報網完成通報。學生離校後一個月內，應由通報網將轉銜服務資料通報至社政、勞工或其他相關主管機關銜接提供福利服務、職業重建、醫療或復健等服務，並由學生原就讀學校追蹤輔導六個月。

(二) 發展轉銜計畫

學習障礙青少年轉銜計畫的目標，可依循不同的徑路，如圖7-10（Dunn, 1996; Lerner, 2003）。

1. 升學

學習障礙學生進入學校或中學以後，學校的人數已在增加中。許多學習障礙學生並不考慮中學後的教育，因為他們並未受到鼓勵，來準備這樣做。無論如何，如果有效地設計和實施轉銜計畫及其他客觀條件的配合，更多學生會追求中學以後的教育選擇。

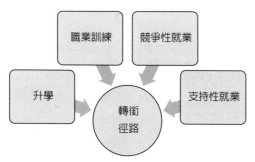

圖7-10 學習障礙青少年轉銜計畫的目標

2. 職業訓練

有些學習障礙學生在中學以後會透過職業訓練機構、中心或進入學徒訓練，習得一技之長來準備就業。

3. 競爭性就業

有些學習障礙學生在中學以後，會進入競爭性的就業環境。職業輔導教師必須成為轉銜小組的核心成員，協助這些學生探索職業，至少能獲得不同領域內的基本知識。父母和教育人員須合作來協助學生確定他們感興趣的領域，及潛在的就業場所，同時也要決定學生如何符合這些領域的需求。

4. 支持性就業

有些學習障礙學生在中學以後會透過支持性就業，提供從學校至工作的橋梁。在此種型式的方案上，轉銜教育人員尋求潛在的雇主來僱用學習障礙學生。在某些個案上，工作教練在就業場所工作監督和協助學生。

二、中學以後的高等教育

㈠ 教育統計概況

根據107年特殊教育統計年報，從圖7-11中可發現大專校院學習障礙學生人數共計有3,503人，約占大專校院身心障礙學生人數（13,189人）的27%，居首位（教育部，2018），其次是自閉症學生的人數（2,146人，約占16%）。

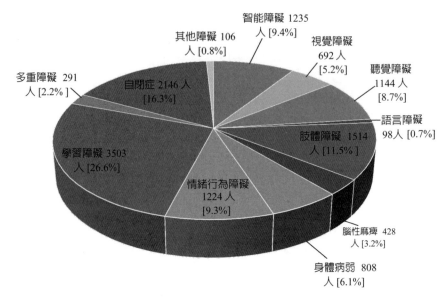

圖7-11　107年度大專校院身心障礙學生人數統計與各障別比例之概況

(二) 學習障礙個體的大學入學考試和甄試

接受大學入學考試的學習障礙學生，也可適用特殊的調整。我國教育部為增加大專校院提供身心障礙學生升學大專校院甄試（簡稱甄試）、單獨招生科系之名額，以及鼓勵大專校院輔導入學後之身心障礙學生，特訂定「教育部補助大專校院招收及輔導身心障礙學生實施要點」（http://edu.law.moe.gov.tw/）。

(三) 美國復健法案504條款

中學以後教育包括專科學校、學院和大學。學習障礙成人也常因無法通過大專校院入學考試，而繼續接受教育。即使中學以後的大專校院願意接受他們，亦可能無法固定提供他們所需的支持和調整。

幾年以前，多數學習障礙成人是不可能進入大專校院就讀的。現今，他們進入中學以後就讀高等教育的機會大為增加，除因身心障礙學生身分額外加分外，目前國內進入大專校院的就學比率愈來愈高（至少已達報考學生的八成以上）。研究指出許多學習障礙個體渴望體驗大專校院的生

活,並爲其未來作更好的準備（Vogel & Reder, 1998）。

在美國，聯邦立法是造成中學以後和學院方案成長的主因。1973年的復健法案504條款（公法93-112）中規定：「合格的身心障礙個體不應單獨由於障礙的理由，而排除他們參與任何接受聯邦財政支援的方案或活動。」由於美國多數學院接受聯邦財政的支援，因此它們大都受制於此項條款的規定。另外，這項條款亦要求教育機構須針對身心障礙學生（含學習障礙個體在內）作合理的調整（Rothstein, 1998）。這些可能的調整，如圖7-12。

可能的調整	同意延長作業完成的時間
	調整教學方法
	採用變通性課程
	修改測量成就的考試順序
	提供學生教科書的錄音帶
	協助學生作筆記
	提供學生諮商服務
	發展IEP
	提供閱讀、數學和語言方面的基本能力教學

圖7-12　身心障礙學生的合理調整

隨著教育機構日益增加實行504條款，美國學習障礙成人就可進入中學以後學校接受各種服務。

(四) 大專校院學習障礙學生的輔導問題

對學習障礙青少年來說，大專校院可能會形成許多在中學沒有面對過的問題。例如：師生的接觸很少、作業和評鑑範圍較長、獨立或分組報告增多。就讀大專校院時，學生也沒有像中學一樣的家庭支持網絡。

學生也有更多他們必須自行管理的非上課時間。另外，物理環境是不同的，如教室在不同的建築物中、同儕適應、宿舍吃飯、洗衣和睡覺形式。爲符合這些新的要求，學生可能需要一段適應期。

許多學生在大專校院會面臨到另一項問題，就是英文的要求。對許

多學習障礙學生來講，主要的障礙之一就是英文的要求，甚至可能會影響到他們完成大專校院的課業。學習障礙學生所要面臨最大的挑戰之一，就是獲得和維持大專校院學科教師的接納與合作。研究顯示提供在職訓練來協助教職員了解這些學生的需求，及熟悉調整作法是有必要的（Vogel, 1997）。圖7-13是協助學習障礙大專校院學生的參考指引。

指引	開始上課之前和必要時，可提供4-6週的大綱，並與學習障礙學生討論
	演講和討論可附上主題評論與概要
	使用黑板、白板或單槍投影機概要呈現演講材料、閱讀所寫的內容
	使用黑板、白板或單槍投影機投影重點提示、關鍵概念和特定術語
	口頭強調重點、主要觀念和關鍵概念
	提供口頭和書寫作業
	提供學生參與、詢問和討論的機會
	提供有關上課、閱讀作業及問題的個別討論機會
	提供本文，研究問題和評論活動的指引，協助他們精熟材料和考試準備
	同意用口頭或其他方式來替代書寫作業
	調整評量程序，例如：同意用口頭、錄音或打字方式來替代筆試
	協助學生獲得有錄音帶的本文

圖7-13 協助學習障礙大專校院學生的指引

目前我國教育部（2014）訂有「教育部補助大專校院招收及輔導身心障礙學生實施要點」，補助鼓勵招收一定名額的大專校院設立服務身心障礙學生的資源教室，來增進身心障礙學生在校適應的需求。這項要點包含資源教室開辦費、輔導人員工作費、協助同學工作費、教材耗材費、交通費、課業輔導鐘點費、學生輔導活動費、行政事務設備費及會報經費。

隨著就讀大專校院之身心障礙學生人數增加而逐年提升補助經費，103年補助大專校院（資源教室）辦理輔導身心障礙學生工作，總計補助156校共3.57億元。這些資源教室的任務，包括學生學習和生活諮詢與輔導、生涯輔導、綜合服務、評量、IEP，以及與教職員溝通等。

三、學習障礙成人

即使學習障礙個體離開學校，其問題仍然是存在的。對許多個案來說，這些問題會伴隨他們一生。透過電視、期刊、報章雜誌上有關大眾學習障礙認識方案，許多成人認知到他們的問題與學習障礙有關。例如：*Newsweek*就曾刊出一篇有關學習障礙的文章（Wingert & Kantrowitz,1997）〈學習障礙成人的一生像什麼？〉這些成人有時在發現其優勢或適當職務上，有很大的困難。他們在求職和維護工作、發展令人滿意的社會生活及因應日常生活上會有麻煩。

許多學習障礙成人會對其問題發展出令人驚訝的逃避和處理策略。學習障礙成人的調查顯示他們有幾項主要需求：社會關係和技能、生活諮商、發展自尊和自信、克服依賴、求生技能、職業訓練、工作保留、閱讀、拼字、個人財務管理、及組織能力。當這些成人失去工作時，他們並不確定哪裡錯了（Gerber & Brown, 1997）。

學習障礙成人的獨特性是什麼？他們通常是自我確認和自我指示的。為求成功，診斷和補救歷程是必要的。他們可能對於一生所需技能的學習具高度的動機，他們想知道測驗結果的意義為何？補救方案的目標為何？由於對補救方案的承諾，使他們能夠獲得成功。

由於成人不在學校中，他們常需要發現他們的服務機構。因而，學習障礙專家須擴大他們提供成人服務的範圍：「一群容易受到忽視的人口」。學習障礙成人應學習法律賦予他們的權益（Latham & Latham, 1997）。在美國有所謂的學習障礙成人的組織：學習障礙成人委員會（Committee for Adult with Learning Disabilities, LDA, http://www.Idanatl.org）、全國特殊學習需求成人協會（National Association for Adult with Special Learning Needs, NAASLN, http://www.Idpride.net）。國內也有學習障礙的組織：「中華民國學習障礙協會」（Association of Learning Disabilities, ALD, http://ald.daleweb.org），除了大專校院的學習障礙成人外，並未涉及到高等教育以後的學習障礙成人。

結語

　　對許多人來說，學習障礙是一生的問題，會持續至青少年和成人。學習障礙青少年會因青少年的問題與其學習障礙合在一起，而可能對其學習產生負面影響。如果中學教師不能因應學生特殊的學習優勢和興趣，那麼學習障礙學生想要順利畢業，就變得是問題或挑戰。檢視成功學習障礙成人所顯露出來的特徵，可作為輔導或教學內容，讓學習障礙青少年達到類似的成功。

本章重點

1. 根據2018年特殊教育統計年報，國中和高中職階段接受特殊教育的學習障礙學生人數皆占首位。

2. 學習障礙青少年的特性，包含被動學習、自尊低和自我概念不佳、社交和行為有問題、注意力缺陷，以及動機不足。

3. 學習障礙青少年會體驗到許多問題。這些問題從輕微到嚴重，會干擾到許多領域的精熟。除學業問題外，這些學生有認知能力、社會行為和情緒困難。

4. 在提供學習障礙青少年融合教育上，中學面臨幾個障礙，包含複雜的課程教材、學生能力水準和班級要求之間較大的鴻溝、課程內容較廣、中學教師是學科內容專長，並未接受符合障礙學生的需求，以及外在機構對中學施加符合成就標準的壓力。

5. 為了在中學實施融合教育，建立學科領域教師和身心障礙資源班教師之間的夥伴關係是必要的，模式包含協同小組和協同諮詢。

6. 發展成功夥伴的要素與內涵，包含行政支持、志願參與、檢測目前的實務、決定教師優勢、發展信任和尊重，以及溝通和時間。

7. 中學提供服務學習障礙青少年的教學取向，包含基本學業能力教學、功能性能力的教學、建教合作方案、小老師制，以及學習策略教學。

8. 教導學習障礙青少年的最高目標，在於確保他們成為自我依賴、有信心、有能力、適應良好的成人。對學習障礙個體來說，達到此種生活品質的歷程，通常是一條漫長旅程。。

9. 許多學習障礙成人是成功且具生產性的社會成員，檢視其特徵可作為我們輔導或教學內容，使學習障礙青少年達到類似的成功。

10. 許多學習障礙成人體驗到多年失敗，直到他們決定控制其一生為止【即內在決定】；同時調適自己以求向前邁進【即外在決定或外在表現形式－適應性】。

11. 教育人員應該致力於確保學生下列事情：擁有追求卓越的欲望，且願意冒險，繼續學習、設定目標並使用有效策略來達成目標、完全了解自己，以致能夠適應環境的挑戰和刺激、了解他們的學習障礙，重新架構它成為獨特和積極的事物，以及知道如何尋找資源，以致他們需要時能夠有支持性和協助的人。

12. 從學校轉銜至成人生活是充滿挑戰的。為了成功度過這種轉銜，學習障礙青少年需要朋友、家庭和學校人員不同的支援程度。

13. 學習障礙青少年轉銜計畫的目標，可依循不同的徑路，包含升學、職業訓練、競爭性就業，以及支持性就業。

14. 對學習障礙青少年來說，大專校院可能會形成許多在中學沒有面對過的問題。目前我國教育部補助鼓勵招收一定名額的大專校院設立資源教室，來增進身心障礙學生在校適應的需求。資源教室的任務，包括學生學習和生活諮詢與輔導、生涯輔導、綜合服務、評量、IEP，以及與教職員溝通等。

15. 即使學習障礙個體離開學校，其問題仍然是存在的。除了大專校院的學習障礙成人外，目前國內並未針對高等教育以後的學習障礙成人進行協助與輔導。

第八章

學習障礙兒童的父母與家庭

現今，接觸過特殊教育團體的專業人士都了解到家庭的重要性。我們現在體會到身心障礙者的家庭，尤其是父母可協助我們在教育上的努力。事實上，忽視家庭是短視的，因為它會降低教學成效。

學習障礙兒童會對父母造成無數的情緒犧牲。就像教師在班上所面對的問題一樣，這些兒童的父母也面對許多的相同問題，但是強度更明顯。兒童在學校一天幾小時，但是父母在各種情境和要求型式上，遠超過教師，沒有假期。

學校有必要考量家庭優勢。透過學校和家庭之間非正式的溝通，家庭—學校的協同是鼓勵父母和家庭參與。父母在協助兒童上扮演著決定性角色。這些角色可能包括：(1)成為消費者，持續學習更多有關學習障礙令人困擾的問題；(2)成為捍衛者，確保其兒童的合法權利能得到認識；(3)成為提倡者，在家庭、學校和社區上為其兒童尋求正確方案；(4)成為明智者，對其兒童的感受、失敗和害怕表現同理心，亦能堅定的管理兒童的行為。學習障礙兒童的父母，並沒有容易的答案或解決方法（Tarnbull & Turnbull, 1996）。

是故，學習障礙兒童是充滿挑戰的，但也有其代價。父母需要來自學校、家庭成員和其他專業人員的支持，在這種支持鼓勵和專家的分享下，兒童才能夠成長。

第一節　學習障礙兒童對家庭系統的效應

本節要先分析對學習障礙兒童之家庭和父母的迷思與正思，然後再述及父母獲知兒童為學習障礙的心理歷程，最後談到對家庭系統的影響。

一、迷思和正思

我們對學習障礙兒童之家庭和父母的看法並不一定真確，會有若干迷思，如表8-1。這些迷思有待透過事實來調整。

表8-1　　對學習障礙兒童之家庭和父母的迷思與正思

迷思	正思
許多障礙兒童的問題要責怪父母	父母會影響兒童的行為，兒童也會影響父母的行為。有些障礙兒童生來具有特殊氣質，會影響到父母的行為。
障礙兒童的父母在調適之前，一定會體驗到一系列反應，包含震驚、否認、悲傷、焦慮和害怕、生氣	父母並不會經歷情緒反應，他們可能體驗到一些或所有情緒反應，但是不全然有特定順序。
父親對障礙兒童的發展不重要	雖然父親常受到研究人員忽視，且常比母親體驗到較少壓力。在家庭動力關係上，父親扮演決定性角色，惟研究顯示他的角色常是間接的，也就是父親會影響母親對兒童的反應。
兄弟姊妹常不會受到障礙兒童加入的影響	兄弟姊妹常會像父母一樣體驗到一些情緒反應，如果他們的成熟度不足會使這些情緒更困難。
專業人員總是站在有利立場，協助障礙兒童的家庭	家庭和朋友等非正式支持來源，常比專業人員和機構等正式支持更有效。

修改自Hallaman & Kauffman（2014）。

二、獲知學習障礙兒童的心理歷程

　　任何兒童的出生對家庭的動力關係都會有明顯影響，而障礙兒童的出生對於家庭的效應甚至可能更為嚴重。父母在面對學習障礙兒童的窘境，可能會歷經一系列可預測的心理歷程（Smith, 1997）。當初次告知父母，他們的孩子為學習障礙時，父母可能會經歷哀傷的過程，如圖8-1和表8-2。這種歷程的階段如下：

　　震驚　不相信　否認　生氣　協議（交涉）　沮喪　接納　超越接納

圖8-1　　父母獲知學習障礙兒童可能的心理歷程

　　沒有一個因素能夠預測父母體驗這個階段的次序、父母經歷的階段數

目或每個階段花費的時間長度。這種歷程是線性的，父母常會回到先前的階段。雖然不能假設所有或多數家長都會經歷，並產生上述的行為反應，但是多數人仍須處理當中複雜的情緒感受。事實上，這種情緒感受就像一連串的情緒轟炸，宛如洗三溫暖一般，通常會不斷出現好幾年。

我們的目標在使父母能不會受到不正當情緒所籠罩，而達到接納。一旦父母接受孩子及其伴隨的障礙，他們就能提供兒童特殊需求，繼續過正常生活（Gallagher, 1995; Lavoie, 1995）。

表8-2 得知兒童是學習障礙的心理歷程

階段	心理歷程
震驚	收到壞消息時，父母會捲入失去感覺的狀況。
不相信	父母不相信診斷結果的階段。
否認	父母拒絕考量兒童有學習障礙，及他們可尋求另類診斷的下一個階段。
生氣	當父母說：「為何發生在我的身上？」或「這是不公平的」，就出現了生氣的感受。
交涉（協議）	當父母決定減輕其孩子的狀況時。
沮喪	一旦父母做出像這樣的陳述：「有何用？」凡事是無法改變的時候，就是明顯的沮喪。我的孩子將會發生什麼事？父母甚至可能對發現解決方法感到失望、傷心及無助。
接納	父母能看待過去，並接受兒童的一個階段。
超越接納	珍惜兒童的差異，及兒童如何使父母生活更好。

三、對家庭系統的作用

家庭系統包含祖父母、父母、兒童、兄弟姊妹、及生活在家庭中的其他人員。理論上，一個家庭或系統的一部分發生什麼，就會影響到其他部分。也就是說，家庭系統內所有成員是相互依賴的，且每位成員對其他成員有互動效果。

整個家庭系統會受到學習障礙兒童的影響。兒童進入學校且開始面對學習失敗時，父母可能有罪惡感；一旦他們變得挫折時，就可能會彼此譴責，進而導致婚姻緊張。此外，兄弟姊妹和其他家庭成員也會受到影響。

父母如果更加注意學習障礙孩子，其餘兄弟姊妹可能會感到生氣或嫉妒。

兒童就像父母一樣，可與學習障礙之兄弟姊妹調適良好，也可能調適不佳（Seligman & Darling, 1989）。就像父母一樣，學習障礙兒童的兄弟姊妹比一般兒童的兄弟姊妹有較大適應困難的危機。

為何有些個體反應不佳，有些則良好，理由仍未獲得完全了解。研究指出兒童對其障礙兄弟姊妹發展積極態度，最困難的情境有三種：(1)兩位兄弟姊妹年齡相近，會有更多衝突的機會；(2)同性別的兄弟姊妹更可能體驗到衝突；(3)一般女孩比其障礙兄弟姊妹年紀較大，當其進入青少年時可能會有負面態度，因為他們常要肩負兒童照料的責任（Stoneman, Brody, Davis, & Crapps, 1988）。

第二節　學習障礙兒童的家庭權益和溝通

一、家庭權益

我國修訂公布之《特殊教育法》規定了父母參與教育性作決定歷程上的權利。父母有權（教育部，2014）：

㈠要求學校提供包括資訊、諮詢、輔導、親職教育課程等支援服務內容。

㈡了解學生的鑑定資料。

㈢得邀請教師、學者專家或相關專業人員陪同列席鑑輔會。

㈣參與兒童的IEP之擬定。

美國2004年的《身心障礙者教育促進法》修訂案，則強化了父母和家庭在其兒童教育歷程上家庭和父母的權利。父母有權（Lerners & Johns, 2012）：

㈠給其孩子自由適當的公立教育。

㈡要求評鑑其兒童。

㈢學校想要評估其孩子或改變兒童的教育安置時，須予以通知。

㈣通知同意（父母了解並同意書面的教學計畫，且可隨時撤回同

意）。

㈤獲得獨立評鑑其孩子。

㈥要求重新評鑑其孩子。

㈦讓其孩子使用最適當的語言測試。

㈧瀏覽所有孩子的學校紀錄。

㈨通告父母的權利。

㈩參與兒童的IEP。

(十一)通知孩子的進展情形，至少和普通班學生一樣。

二、父母與專業人員之間的溝通

不管採取何種與父母工作的取向爲何？成功關鍵在於父母和專業人員能夠一起工作有多好的程度，即使是最具創意、構思完善的模式，如果專業人員和父母無法有效溝通也會失敗。另外，避免專業人員和父母產生誤解的關鍵之一就是溝通。有關學生特性和興趣，父母是一種令人無法估量的資訊來源。透過保持告知父母學生在班上的進展情形，教師可培育要求父母支持的關係。在學期開始，爲了與父母建立溝通，教師應該啓動更密集和焦點式討論。以下是三種此類的溝通：

㈠ 親師會議

親師會議是一種教師傳達父母訊息的有效方法，爲家庭和學校之間的橋梁。同樣地，它提供教師從父母處學習更多有關父母對學生觀點的機會。除了對父母開放固定的會面時間外，教師可能想要召開與特定學生之親師會議。學者認爲成功親師會議的實施關鍵在於計畫，建議首先用打電話聯絡，提出會面的需求。其次，運用書面、電子郵件（email）、臉書（Facebook）或Line通訊提醒父母會面時間和地點。表8-3提出幾項建議教師詢問他們自己有關會議計畫，以及在會議結束後評估其表現的問題（Turnbull & Turnbull, 1990）。

表8-3　教師詢問他們自己有關親師會議的問題

階段	事項	問題
會前準備	通知家庭	• 我或學校提供親師會議的書面通知？ • 我是否提供一種父母了解日期和時間的方法？
	會議準備	• 我瀏覽過學生的累積紀錄嗎？ • 我評估過學生行為和指出關心的領域嗎？ • 我寫過學生不適當行為的紙條給父母看過嗎？ • 有關學生的行為，我諮詢過其他相關專業人員嗎？ • 我心理上有練習和瀏覽過會議時，準備要說的內容嗎？
	準備物理環境	• 情境夠隱密嗎？ • 情境夠舒適嗎？
會議活動	發展支持	• 會面前我要求非正式交談嗎？ • 有對父母的前來表達激賞嗎？
	從父母處獲得資訊	• 有詢問足夠的開放性問題嗎？ • 我的身體語言對父母所述顯現興趣嗎？ • 我有澄清我不太了解的觀點嗎？
	提供父母資訊	• 我有盡可能正面談論其孩子嗎？ • 我有使用特定例子來澄清我的觀點嗎？
	結論	• 我有瀏覽過要點以決定下一步嗎？ • 我有重述負責完成下一步的人和時機嗎？ • 我有採用正面的語彙結束嗎？ • 我有對父母的前來表示感謝嗎？
會後追蹤	追蹤	• 我考慮跟學生會面嗎？ • 我有與適當的其他專業人員分享結果嗎？ • 我有做會議進行的紀錄嗎？

在會議上，教師應試著向父母保證他們將會與他人溝通。教師不宜自負，應傳達對學生真誠的興趣並尊重父母。他們應該冷靜討論問題。父母想要了解其孩子問題的本質、診斷資料，以及目前的教學方法，也應該協助父母敏察兒童學習問題的本質及他們感到困難的任務。父母也應該知道他們在家裡可作些什麼。圖8-2是教師協助父母變得更熟悉學習障礙的問題及協助其孩子的方法。

如果會面焦點是學生學習不佳或不適當行為，教師在描述學生客觀的麻煩紀錄時，也應述說有關學生的正面事件，不要只是一味地傳達不好的訊息。Wilson（1995）曾提出與身心障礙學生家長有效溝通的原則：

敏於觀察孩子擅長某些事的任何暗示

不要將兒童推向他尚未準備好的活動

簡化家庭例行事務

試著將孩子的功能水準與任務相配對

直接且正向與孩子交談，避免批評

保持孩子的房間簡單且安靜

協助孩子學習如何與他人生活

兒童需學習對其重要的工作（如要求做自己的工作，成為家庭中有貢獻的一員）

保持你的外在興趣

圖8-2 教師協助父母幫助學習障礙孩子的方法

1. 接受：對家長的知識及了解表示尊重，並傳達接受的語言。

2. 傾聽：積極主動地傾聽。

3. 提問：以探索調查來誘發家長的期望，通常問題會產生有幫助的說明。

4. 鼓勵：強調學生在短處中的長處，尋找積極的觀點來分享及使用鼓勵的要點來結束會議之討論。

5. 保持指導：讓焦點議題保持討論，並指導家長就教師視野之外所關心的資源做分享。

6. 發展聯盟：著重在家長及教師分享一個共同目標，也就是幫助兒童。

㈡ 家庭聯絡簿或便條

家庭聯絡簿或便條是一種親師之間的溝通系統，教師使用簡單形式評估學生的行為，由學生帶回家給父母簽名，然後隔天帶回學校。

㈢ 旅行筆記本

旅行筆記本（traveling notebooks）類似醫生的病歷本，比家庭聯絡簿更不正式，特別適合接觸多位專業人員的學生。旅行筆記本在學校和家庭

之間往返。教師和其他專業人員（如職能治療師、語言治療師、物理治療師）可書寫簡短的訊息給父母。另外，旅行筆記本讓不同的專業人員可以保存每位人員對學生所做的內容（Lerner, 2003）。

第三節　父母支持團體與家庭諮商

一、父母支持團體

建立健康的父母心態和確保親師合作當然是受到歡迎的目標。父母支持團體可協助達到這些目標，這種可由學校、家庭服務組織、專業諮商人員或父母組織來組成，提供父母與小組會面來討論共通問題的方法。與同樣有類似問題兒童的父母會面，可降低父母孤立的感覺。例如：中華民國學習障礙家長協會成立的宗旨：

「在於增進學習障礙者之福祉；喚起政府、學界及社會大眾對學習障礙應有的認識；推動學習障礙之各項服務；推動與學習障礙相關之研究；敦促相關立法的訂定，並監督法令之落實；蒐集學習障礙相關資訊及編印學習障礙出版品。」

這類支持團體可提供下列好處（Lerner, 2003; Lerner & John, 2012）：
㈠協助父母了解和接納孩子。
㈡降低父母焦慮，協助發現他們並不孤單和發現解決方案
㈢了解到他們是孩子學習、發展和行為的核心部分，能夠學習感受其孩子的不同，並有效處理他們的問題。
㈣學習有關訓練、溝通能力、行為管理、父母主張、特教立法、社會能力發展、協助孩子交朋友、家庭管理和職業機會。

二、家庭諮商

家庭諮商則協助父母接納問題，發展對兒童的同理心、及提供有利的家庭環境。諮商和社工人員在提供此類協助上，經常扮演重要的角色。在

諮商上，第一步通常是協助父母度過其初期感受。除了先前已述及的感受外，初期反應可能包括哀傷、誤解、罪惡、自我貶抑等感受。父母可能透過轉移混亂或過度反應，變得具攻擊性來回應這些感受。教育人員應該對父母產生同理心，協助他們完成初期的反應階段。

除諮商父母外，諮商家庭內其他成員也很重要。家長或學校教師可運用下列方法：

㈠告訴其他兄弟姊妹這種情形是自然發生的，並讓他們了解造成學習障礙可能的成因。

㈡讓其他兄弟姊妹加入學校成員共組的協商會議。

㈢坦然與家庭中每個成員討論學習障礙這件事。

結語

在面對學習障礙兒童的窘境，父母可能會歷經一系列的心理歷程。整個家庭系統也會受到學習障礙兒童的影響。在教育性作決定上，法令對於父母有權利上的規範。為了有效服務學習障礙兒童，父母與專業人員之間的溝通是很重要的，方式有很多種。另外，父母支持團體與家庭諮商也是不可或缺的。

本章重點

1. 學習障礙兒童之家庭和父母的看法並不一定真確，會有迷思有待調整。
2. 父母在面對學習障礙兒童的窘境，可能會歷經一系列心理歷程。這些歷程為震驚、不相信、否認、生氣、協議（交涉）、沮喪、接納，以及超越接納。
3. 家庭系統內所有成員是相互依賴的，且每位成員對其他成員有互動效果。整個家庭系統會受到學習障礙兒童的影響。
4. 依據《特殊教育法》規定，父母有權：(1)要求學校提供包括資訊、諮詢、輔導、親職教育課程等支援服務內容；(2)了解學生的鑑定資料；

(3)得邀請教師、學者專家或相關專業人員陪同列席鑑輔會；(4)參與兒童的IEP之擬定。

5. 為了與父母建立溝通，教師應該啟動更密集和焦點式討論，此類溝通包含親師會議、家庭聯絡簿或便條、旅行筆記本。

6. 父母支持團體可協助建立健康的父母心態和確保親師合作的目標。

7. 諮商和社工人員常協助父母接納問題、發展對兒童的同理心、以及提供有利的家庭環境。

第四篇
學習障礙顯現的
症狀範圍

第九章

口語語言與學習障礙

　　語言是人類為了達到思想溝通，而創造的一種結合形音義的符號系統，它被視為是人類一項最偉大的成就。對人類來說，語言具有多種功能：(1)它提供一種溝通方法與其他人社會化，使文化能不斷繁衍更替；(2)它是一種可促進人的思維能力發展的工具；(3)它提供表達思想和認識世界的功能。

　　口語語言（oral language）指運用語音表達或接受的語言，簡稱「口語」；而使用文字來表達或接受思想、感情的語言，稱為「書寫語言」（written language）。許多學習障礙個體會出現與語言有關的障礙。

　　本章強調口語語言，包括接收性的「聽」和表達性的「說」。在此我們將探究語言系統、語言習得理論、語言學和語言學習、口語發展與早期的語文能力、學習障礙學生的語言問題、評量口語與教學策略，以及電腦科技在口語教學上的應用。

（第一節）口語語言的理論基礎

一、語言系統

　　語言有聽、說、讀和寫等幾種形式，這些形式都是透過語言統合系統來連結的。一旦兒童獲得一種形式的語言能力，同時也建立了基本語言的知識和經驗，就會帶進另一種語言形式的學習。透過口語，兒童所學習到的有關語言系統，提供閱讀和寫作的基礎；同樣地，兒童學習到有關閱讀和寫作的語言系統，也可增進口語。這些相互關聯的情形除具正面意義外，也會造成語言學習困難。例如：6歲的語言遲緩兒童可能在8歲時有閱讀障礙，而在11歲時有寫作障礙（Torgesen, 1998）。

　　聽、說和學習世界有關的早期經驗，皆可作為學習語言的基礎。透過口語的經驗，兒童學習到有關語言結構，擴展他們的智慧及熟悉不同的句子形式。他們正在建立字彙和認識句子結構，可用於閱讀和寫作。例如：口語經驗可協助兒童發展學習中文字、故事、歌曲、詩等知識；透過學習語言的注音符號，可發展兒童的語言基礎；音韻覺識不佳的閱讀障礙者須練習特定的注音符號；而音韻經驗則可提高對語言的熟悉度，並奠定閱讀

上認字能力的基礎（Lerner & John, 2102）。

　　總之，語言是一種統合系統，許多學習領域取決於對語音的精熟和語言符號的流暢。隨著兒童語言的成熟，其在發展思考歷程和抓住抽象概念上會扮演日益重要的角色。

㈠ 語言系統的形式

　　語言系統包含聽、說、讀及寫等形式，這些語言能力的習得是遵循聽→說→讀→寫的發展順序。不同的語言方式都有其基本的語言核心，來統合這些語言形式。尤其，每種語言形式的經驗強化了基本的語言核心，進而提高個體在其他語言形式上的流暢。

㈡ 語言是一種溝通過程

　　語言提供了人們相互溝通的方法。另外，還有其他的溝通方法，如姿勢、使用身體和符號語言。兩個人包含傳送語言（表達性語言）和接收語言（接收性語言）之溝通歷程，如圖9-1。

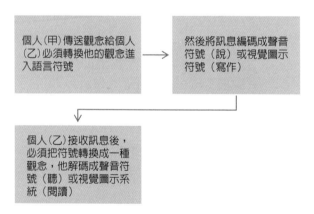

圖9-1　溝通歷程

　　在此過程中，任何時刻都可能發生「**分解**」（breakdown）現象。例如：溝通過程的表達性部分，障礙可能出現於感覺器官對符號的知覺和接收上，這些刺激在大腦的統合或記憶、回憶上。了解溝通歷程可以協助教師處理學習障礙學生的溝通問題（Lerner, 2003）。

二、語言學和語言學習

　　語言學是一種語言及其本質、發展、功能和應用的系統性學問。語言學概念對於聽、說、讀、寫、拼字、文法和用法等語言形式有許多涵義，也提供分析任何語言和學習障礙學生語言異常的有價值架構。

(一) 對語言的態度

　　學習障礙學生的教師須了解語言並非是靜止不動，不會改變或指定規則的一種工具。語言學家鼓勵尊重各種方言和在學校使用的各種語言。學生本身的語言就是其與外在世界最重要的連結之一，可見語言在學生教育歷程上的重要性。

(二) 語言學的系統

　　若想要探討語言學系統，我們需要下列語言學的基本概念和術語，如圖9-2：

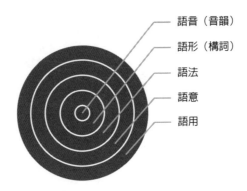

語音（音韻）
語形（構詞）
語法
語意
語用

圖9-2　語言學的基本概念和術語

1. 語音（音韻）

　　「語音」（phonology）指語言上說話聲音的系統。聲音最小的單位是音素。不同的語言和方言，會使用不同的音素。例如：「貓」這個中文字包含二個音素：「ㄇ」、「ㄠ」，認識音素在閱讀和口語學習上是重要的。

2. 語形（構詞）

「語形」（morphology）指語言上意義單位的系統。最小的意義單位就是「詞素」（morpheme）。不同的語言透過不同的語形，來顯示意義上的改變。例如：「人」這個字是一種音素或意義的單位；而「人」這個中文字則包含兩個音素「ㄖ」和「ㄣ」或意義單位。

3. 語法

「語法」（syntax）指語言的文法系統，即組合單字形成句子的方法。通常，不同語言的語法或文法系統是不同的。語法異常兒童是不可能學會句子上，單字順序的方法。尤其，在國語上我們可轉換單字順序來形成新的意義。例如：「弟弟在寫作業。」這個句子可轉換成「弟弟在寫作業嗎？」語法異常兒童可能無法形成此種句子的轉換。

4. 語意

「語意」（semantics）指語言上的單字意義。語音、語形和語法通常在學前階段就已建立好。如果學生對字詞的了解或用法貧乏，以及難以了解一串句子的意義，可能就有語意異常。不過，發展語意系統乃是一生的課題。

5. 語用

「語用」指說話者如何在其環境上使用語言。語用考量到說話者和聽者之間的關係：說話者評量聽者的說話程度、互動交談、針對某項主題和詢問相關問題等行為、及其他因素（如一般表情和眼神接觸）。有些學習障礙學生在解釋、推論、比較和因應他人語言的能力不足，就可能會形成許多社會適應問題，使得他們的溝通企圖較無效，交談的傾聽角色較貧乏；他們更常中斷說話者插入其觀念（Lahey, 1998）。

另外一種語言系統的元素，是「聲調」（intonation）或口語的聲音形式。每種語言的聲調系統是不同的。學生若無法捕捉國語的聲調系統（陰平、陽平、上聲、去聲），可能會使用單調方式說話或無法表達。

三、兒童習得語言的理論

(一) 自然天賦論

「自然天賦論」主要是運用生物性的觀念，來解釋語言學習的心理語文概念（Pinker, 1995）。在語言學習歷程上，兒童幾乎不是學習一組句子，而是內化了解和組成新句子所需的整個語言系統。「自然天賦論」認為人類語言學習是複雜的，所以有些重要語言範圍是無法學習到的，而是與生俱來的。

(二) 行為學習理論

這種理論認為語言是透過環境而學習到的，而行為原理（如逐步養成、增強……）會塑造語言學習。在此理論下，語言被視為環境刺激、動機和父母增強等方式而習得的一種行為。Skinner（1957）指出，語言是經由模仿和增強而習得的。

目前語言學習的行為觀已因行為教學策略的學習原理而擴大，例如：「鷹架支持」、提示、正增強和示範。在鷹架支持上，成人提供線索支持兒童獲得更多高級的語言；在提示上，成人提供自然的語文線索，如你想要什麼？在正增強方面，成人對兒童的語言企圖給予具體或社會性增強；在示範上，父母或教師從事語言，讓兒童觀察。

(三) 社會學習理論

社會學習理論強調人際有助於語言學習，兒童和他人之間的互動，就可在自然環境上提高語言學習（Lerner, Lowenthal, & Egan, 1998）。例如：15個月大的小明，知道「計程車」和「不見了」這兩個語詞。當小明與其父親在路上散步時，剛好有輛計程車經過。此時他的父親啟動交談，小明說：「計程車」。俟聲音消失後，父親繼續談話並詢問：「怎麼了？」小明回答說：「計程車不見了」，並伴隨手勢。在其父親輔導下，小明產生了第一個句子。

(四) 認知理論

認知理論認為了解有意義的說話之前，須先有心理運作，才能正確表

達語意。另外，一種重要因素為語言發展需要人際和社會經驗（Fey, Catts, & Larrivee, 1995）。

語言習得是兒童同化環境中的語言，然後使用本身的思考和知識來修正它（Piaget, 1970）。例如：兒童擁有一些關於水果的現有思考和知識（基模）。一旦大人吃水果時，兒童吸收這個新單字，並透過統合現有水果概念和單字來修正原有知識基礎。隨著兒童的成熟發展，他的語言變得更複雜，因為他們了解更多複雜的語言，並使用更複雜的思考來修正它。透過語言經驗，兒童改變了他們現有的知識基模或認知結構。

依據語言教學，認知理論指出基本元素是兒童的互動、語言和環境。父母和教師須確定兒童已知的，並提供建立意義和思考的主動經驗。兒童使用其經驗來擴張現有知識和語言基礎時，他們的語言和意義就逐漸發展了。

四、口語發展與早期的語文能力

㈠ 口語發展

兒童一般的口語語言發展情形，提供了看待口語語言異常的參照架構。兒童從出生時的哇哇哭泣至完全習得說話，歷經了許多的發展階段。

前九個月的口語化稱為牙牙之語。在此階段幼兒發出許多語言，並從聽到所發出的語音來獲得樂趣，同時因發出此類語音而提供他們使用舌頭、上下顎、牙齒和其他發聲器官，口頭回應他人的機會。聾童開始牙牙學語階段，但是不久就停止了，因為他們無法從聽到所產生的語音來獲得滿足。語言異常兒童的父母通常指出他的孩子沒有參與吹泡泡或牙牙學語的活動，我們應該鼓勵這些兒童參與此類口頭上的玩耍，協助他們擁有語言習得的正常經驗。

約九個月，牙牙學語就變得緩和並轉為難懂的話。兒童保留其所聽到語音，他們的口語化反映了周邊他人口語語言型式的節奏。雖然他們的語調型式可能與成人類似，不過在此階段幼兒通常不會使用單字。

多數幼兒似乎是自然且容易習得語言，並沒有接受直接教學的必要。在口語的習得上，「聽」通常是先於「說」的經驗；單靠「聽」並無法產生「說」的能力。事實上，兒童的聽和說必須創造回饋過程。輸入「聽」

和輸出「說」活動的關係，提供了塑造說話行為的立即增強。

(二) 早期的語文能力

提供幼兒語言環境的重要性，是語言世界所必要的。早期的語文能力（early literary）指兒童早期進入單字、語言、書籍、詩和故事的全面性世界，包括協助兒童了解語言的單字和語音。早期的語文能力哲學激勵幼兒欣賞故事和書籍，並鼓勵早期寫作（National Research Council, 1998）。

提供學習障礙兒童充足的文學環境是很重要的。從幼年開始，他們應該聽故事、說故事，甚至寫日記和故事。閱讀故事有助建立口語經驗，同時應鼓勵兒童重複可預測的元素。個人也應閱讀喜愛的故事，並讓兒童用播放器來聽。

五、學習障礙學生語言問題的型式

許多學習障礙學生會有潛在的語言問題，而學習障礙青少年和成人也常有口語和溝通問題（Lerner & John, 2012）。這些口語異常包含音韻覺識貧乏、說話延緩、語法異常、字彙不足、語言互動和交談情境上表現不佳（Bryan, 1991）。

口語異常也會出現在書寫語言上的成就表現，而影響到閱讀、寫作或拼字。閱讀有問題的學生通常也有口語問題。口語發展遲緩的幼兒常會在幾年後（尤其是入學後）再出現，而成為閱讀障礙（Torgesen, 1998）。下列將探討幾個有關口語學習的領域，如圖9-3：

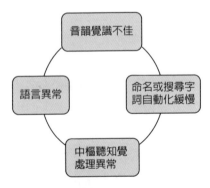

圖9-3　學習障礙學生口語異常的領域

㈠ 音韻覺識不佳

「音韻覺識」（phonological awareness）指兒童認識某單字是由聲音之音素所組成的，許多閱讀困難兒童對語言和單字的音素聲音是不敏銳的（Lyon, 1996）。成功的閱讀者須了解更多此類單字之間的差異，並能記住更多這些單字。他們也須擁有覺知這些單字內音素的聲音，以辨認這類單字在單一音素聲音上的不同。

許多有閱讀問題的學習障礙學生，無法達到應有的音韻能力（Mann, 1991）。一旦兒童了解音韻系統，他們就能進入注音符號系統。

㈡ 命名或搜尋字詞自動化緩慢

有些語言遲緩兒童在快速自動化命名上有困難，亦即他們無法快速且自動命名物品，且單字發展緩慢。例如：研究人員曾比較閱讀障礙及其同齡配對組發現，閱讀障礙組的各種連續命名速度（包括數字、注音、顏色、圖形）都是最慢的（謝俊明和曾世杰，2004）。

另外，命名和單字檢索緩慢是日後閱讀與學習障礙的重要指標，會影響這類兒童、青少年和成人。曾世杰等人（2005）曾追蹤學前幼兒至小四，發現幼稚園的數字命名速度，可有效預測四年級的閱讀理解和認字能力。而看圖命名緩慢可能是因記憶檢索有問題，使其很難接近語文和音韻資訊，這類問題在閱讀、學習和使用表達性語言上，可能是一生的困難來源（German, 1994）。

㈢ 中樞聽知覺處理異常

為何某些兒童在其預期年齡，不能發展出說話和語言呢？原因可能是兒童在快速處理語音上有麻煩，而不是在區別說話快速的聽覺變化（音響上的改變）。在正常語音發展期間，由於說話語音太快，導致這些兒童無法認識和解釋。研究指出說話和語言遲緩的兒童，可能有快速統合不同訊號和序列記憶的短暫困難，這些缺陷會影響到中樞聽知覺在極短時間的處理（Tallal, Miller, Jenkins, & Merzenich, 1997）。

「中樞聽覺處理異常」（Central Auditory Processing Disorders, CAPD）並非某種單一疾病，而是與學習障礙一樣，屬功能上的瑕疵。除學習障礙個體外，CAPD亦常見於其他具有中樞神經系統病理的異常，如失語

症、閱讀障礙及注意力缺陷。其行為特徵，如圖9-4（Bellis & Beck, 2003; Keller, 1998）。

行為特徵	常說「哈？」、「什麼？」
	在有背景噪音情況下，有明顯聽的困難
	對注音符號及語音分辨有明顯困難
	聽覺記憶差（包含聽覺廣度及內容排序）
	對口語刺激反應慢
	有閱讀、拼音等問題
	對聽覺刺激反應不一致
	常誤解別人的語意
	聽覺注意力差
	易分心
	依照口語指令做事有明顯困難
	經聽覺管道的學習能力差
	常要求別人再說一次
	有行為問題

圖9-4　CAPD的行為特徵

　　中樞聽覺處理異常呈現的問題不在於「聽不見」，而是「聽不懂」或無法處理聽到的信號。例如：老師說：「今天我要說一個關於三隻小豬的故事」。學生可能聽到的是：「今天我要兩個三隻咬豬的故事」。

㈣ 語言異常

　　語言異常與說話異常不同。說話異常是說話的不正常，如構音異常、聲音異常（非常沙啞的聲音）或語暢異常（口吃）。語言異常則較為廣泛，包括語言理解不佳、說話遲滯、單字意義或概念形成異常、及誤用文法規則。有些兒童有語言遲緩，他們可能使用很少的語言或無法與他人交談。凡是到4歲仍不會說話的兒童，就表示有語言遲緩的情形。

　　有些兒童說話會使用不適當的中文字、語法形式奇特或中文字順序混亂。有這樣問題的兒童，5歲時仍可能會說出「我打球很喜歡」。即使這些兒童處於豐富的語言環境，且有充足和參與標準中文的聽覺機會，仍可能會產生這種情形的語言異常。

　　有各種口語異常的學前幼兒，通常在日後會有其他語言形式的問題，

如閱讀和寫作；國小兒童和青少年的語言困難與嚴重閱讀問題有關。弱讀者的語文流暢低、語彙較少、組織能力不佳、語法能力差，並且有語意、語法和音韻缺陷（Blachman, 1997）。

　　語言異常有時被視爲就像「**兒童失語症**」（childhood aphasia）或「**發展性失語症**」（developmental aphasia）一樣。「發展性失語症」指口語習得有嚴重困難的兒童，這種異常不完全與中樞神經系統有關（Wiig & Semel, 1984）；至於「習得失語症」（acquired aphasia）是用來確認因中風疾病或意外事件造成腦傷，而失去說話能力的一種醫學術語。

　　有幾種語言異常的形式，有些有聽方面的問題、有些有交談困難、有些有閱讀或書寫語言困難。3歲仍不了解簡單指示，4歲尚未學會說話，或10歲仍無法閱讀或寫作，可能就有語言異常。

1. 接收性和表達性語言異常

　　口語異常通常可分爲接收性語言異常（了解口語問題）或表達性語言異常（使用口語或交談的問題），如圖9-5。有些則兩方面都有問題，會影響到語言的了解和使用。

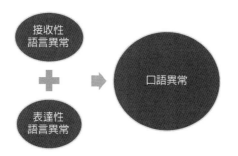

圖9-5　口語異常的類型

(1) 接收性語言異常

　　了解語文系統的歷程稱爲接收性口語語言，這種歷程上的異常就稱爲接收性的失語症。而接收性語言是發展表達性語言所必要的，有些兒童無法了解單字的意義；有些兒童甚至有更複雜說話單位的困難（如句子或較長的說話單位）。接收性語言有問題的兒童能夠了解單字或語詞，例如：廁所、洗手，但是在了解使用這些單字和語詞的句子上可能有困難，例

如：「上完廁所後要洗手」。**鸚鵡式語言**（echolalia）是另一種形式的接收性語言異常，即使用類似鸚鵡的形式重複單字或句子，卻不了解其意義的行為。

(2) 表達性語言異常

產生口語語言的過程稱為「表達性口語語言」，這種歷程上的異常稱為「表達性失語症」（Fey, Windsor, & Warren, 1995）。具有表達性口語異常的兒童能夠了解他人所產生的說話，不過這些兒童有說話或表達困難。

語言病理學家曾確定了幾種有關表達性語言的臨床狀況。「**舉名困難**」（dysnomia）是一種發現單字上的問題或單字記憶和表達不足。有這樣問題的兒童可能會使用一個單字來替代他們無法記住的每件物品，或他們可能企圖使用其他的表達來談論主題。至於「說話失能症」（praxia）指兒童能記住單字的語音，但在意志上卻無法操弄其說話的肌肉組織來發出適當的語音，即使他們沒有不能活動的狀態。

2. 語言不夠精熟

在現今社會中，來自外籍配偶（菲律賓、印尼、柬埔寨、越南等）家庭的學生有日益增加的現象。中文不夠精熟的兒童，在完全使用中文教學的班級中有許多困難。事實上，研究顯示真正的雙語能力是與較高層次的認知能力有關（Hakuta, 1990），獲得雙語能力涉及到建立兩種語言基礎的一種歷程。語言的二元化並不會阻礙雙語兒童整體語言的精熟或認知發展。

不管怎樣，多元語言學生的問題在於他們的中文不夠精熟，難以精確了解和使用中文。兒童的母語可作為建立中文能力的基礎。凡是能夠有效使用母語的學生可適當習得和使用中文，但是使用母語有困難的學生也會體驗到運用中文上的困難。

除了中文的限制外，有些不同語言的兒童也有學習障礙。他們不僅須因應學習中文，且須因應他們基本的語言異常和學習障礙。如果兒童在其主要語言上有異常，也會反應在第二種語言上（Lerner & John, 2012; Ortiz, 1997）。

第二節 口語評量與教學策略

一、評量口語

評量口語的目的在於決定兒童已習得什麼語言能力、兒童表現何種語言問題，以及兒童功能性使用語言到底有多好。這些訊息對教學設計是很有幫助的。評量口語應考量兩個層面：聽和說，包括正式測驗和非正式測量。

(一) 正式測驗

正式測驗是蒐集有關口語發展資料的標準化工具，表9-1是國內可評量口語能力的工具（張世彗、藍瑋琛，2019）。

表9-1 評量口語能力的工具

作者／年代	測驗名稱	適用對象
蕭淳元（1995）	低年級中文音韻能力測驗	小二
傅淳鈴（1998）	音韻和聲調覺知能力測驗	小一～小三
林寶貴、錡寶香（2002）	兒童口語理解測驗	小一～小六
鍾玉梅、李淑娥、張妙鄉（2003）	簡明失語症測驗	小一～小六
席行蕙、許天威、徐享良（2004）	國語正音檢核表	小一～國三
楊淑蘭、周芳綺（2004）	修訂中文口吃嚴重度評估工具──兒童版	3-13歲
楊坤堂、張世彗、李水源（2005）	學前幼兒暨低年級兒童口語語法能力診斷測驗	中班～小二
林寶貴、黃玉枝、黃桂君、宣崇慧（2009）	修訂學齡兒童語言障礙評量表	6-12歲以上
曾世杰、陳淑麗、謝燕嬌（2009）	音韻覺識測驗	小一～國三
黃瑞珍、李佳妙、黃艾萱、吳佳錦、盧璐（2009）	零歲至三歲華語嬰幼兒溝通及語言篩檢測驗（CLST）	0-3歲

作者／年代	測驗名稱	適用對象
劉惠美、曹峰銘（2010）	華語嬰幼兒溝通發展量表（MCDI-T）	8-36個月
黃瑞珍、簡欣瑜、朱麗璇、盧璐（2011）	華語兒童理解與表達詞彙測驗（REVT）	3-6歲
黃瑞珍、蔡昀純、林佳蓉、張亦渝、王亦群（2014）	華語學齡兒童溝通及語言能力測驗（TCLA）	小一～小六
鄭靜宜（2018）	華語兒童構音與音韻測驗（APTMC）	3-8歲或6歲以上具明顯語音異常者

㈡ 非正式測量

通常最有價值的資料是觀察兒童在其自然環境上（如班級上或休閒情境）功能性的使用語言。評量上使用評定量表時，訊息提供者（通常是父母）提供有關兒童口語發展和用法的資訊。非正式評量提供有關兒童口語能力有價值的資料，但是非正式評量技術並不標準化。透過評量兒童理解大聲閱讀故事的能力，可獲得非正式的傾聽測量。這種聽力測驗通常被作為非正式閱讀量表的一部分。這種程序需要教師大聲地閱讀不同難度水準的故事，然後詢問兒童理解性的問題，以決定他到底有多麼了解這種材料。

㈢ 口語評量的程序

基於在各種場所觀察到有關兒童的溝通行為，會有助於口語評量。口語評量有下列幾項步驟，如圖9-6（修改自劉麗容，1993）：

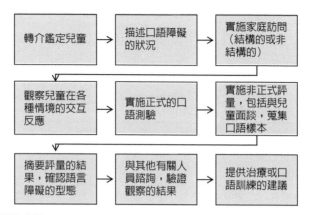

圖9-6　口語評量步驟

　　從上述步驟中，大致可分為下列四大項，如圖9-7：

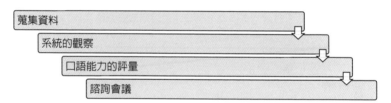

圖9-7　口語評量程序的分類

1.蒐集資料

　　蒐集有關兒童口語語言及聽覺能力的資料，是口語評量最根本的歷程，這些包括醫學資料、兒童問卷和學校紀錄等。面談教師可了解兒童的學習方式、社交關係及班上表現，訪談父母則可提供有關兒童在家和社區的溝通能力及情形，同時也要蒐集兒童身體檢查的資料。

2.系統的觀察

　　觀察人員可在不同情境下（如學校、家庭、運動場……）觀察兒童，以便獲得有關兒童在各種不同情境的所有溝通行為的資料，其中觀察人員應特別留意兒童的動機、專注力、情緒、問題解決能力、社會行為、適應情形、發問、重複、教師給予指示、遵照指示、順序、組織、回應、澄清的運用等。

3. 口語能力的評量

口語能力的評量主要包括正式測驗和非正式評量兩大類，至於其評量方式和內容，如表9-2。

表9-2　口語能力的評量類型、方式和內涵

類型	評量方式	內涵
正式測驗	標準化口語語言測驗	可與其同年齡或年級同儕相比較。
非正式評量	口語語言樣本	運用錄音工具、錄影機或筆錄的方式，在自然情境下蒐集兒童的口語語言樣本，事後再進行分析。
	口述	讓兒童看圖說故事或以一篇故事為題材，來詢問兒童問題。
	填空測驗	在一段文章中，留下一些空白，讓兒童填空可了解兒童理解和表達能力。
	訪談兒童	訪談中，教師可運用技巧了解兒童使用語言的方式。必要時，可設計特殊情境來誘發兒童說話或問題解決能力，如給兒童一張彩色圖片，請他描述。

4. 諮詢會議

一旦有關的資料蒐集完成之後，各類專業人員須安排一個會議，彼此溝通比較觀察結果和驗證資料的正確性，以期完整描繪兒童的口語能力。

總括來說，我們應以統整的方式，透過多人的參與觀察來評量兒童的口語，以獲得兒童完整口語能力（包括整體的口語表現、說話可理解的程度、語言成熟的程度、使用語言的型態及影響語言的認知情意因素等）的優弱點，俾以確認處理兒童任何口語障礙的策略。

二、口語的教學策略

完整的語言系統包括聽、說、讀、寫等四種語言形式，以下內容著重於呈現聽和說之口語能力的教學策略。

(一) 接收性語言（聽）

聽與說、讀、寫同樣都是重要的學習媒介與通路。聽話能力絕不是被動的聽取聲音，把聽到的事物經過大腦整理後，以應付回答測驗的能力，

而是以自我的價值觀、合理觀、社會觀的聽，然後分析、思考、組織、批判，而增強認識、判斷、思想的能力。我們通常認為學生無須經過特殊教學就能有聽的能力。許多學生自己並沒有獲得功能性的聽能力，透過教學和練習可以增進聽這種基本能力。

構成聽話能力的要素有三：(1)辨識語音的能力：語音由於其物理性質，使它成為有音強、音高、音長及音質且能加以區別的音素，聽話就是透過對語音的辨識，來理解語音符號的涵義；(2)理解語意的能力：聽話時的理解過程是理解音位、理解詞彙、理解語法系統、理解語言組合結構、理解話語內部意義，這是一種理解語言外部意義、表層結構或深層結構涵義的基本過程；(3)良好的記憶能力：良好的聽話能力，離不開良好的記憶能力。唯有將對方所說的話，記憶清晰且完整，方能正確理解對方的說話內容，這種能力是可以經由訓練來加以達成的（何三本，2002）。

對某些學生來講，學生問題源自於無法理解語言，這是一種接收性語言異常。這些學生可能因聽令人困惑的事，而避免語言活動。

聽和閱讀之間有明顯的差異。閱讀者可以重複閱讀和研究材料，但是聽若僅能聽到一次教材，然後就忘記了（學生可使用錄音筆修正此種差異）。閱讀者能夠規範本身的速度，依教材難度或快或慢，但是聽話者的傾聽速度會受到說話者的影響。聽話者可從說話者的聲音、姿勢、外表、重點獲得額外線索，但是閱讀者無法從印刷資料上衍生出此類支持資料。聽話者和說話者的組合，要比單靠閱讀擁有更多回饋、質問、討論的雙效機會。

教師要求學生聽時，並不只是要他們聽或認識所說的中文字或詞語，更期望引導學生能夠理解能傳送的溝通訊息。圖9-8是設計來協助學生發展接收性口語語言（聽）能力的活動。

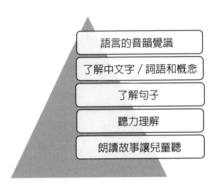

圖9-8　協助學生發展接收性口語語言能力的活動

1. 語言的音韻覺識

為了一開始閱讀就能夠達到成功，兒童必須聽懂語音個別的音素，同時了解到他所能夠聽到的國字，是由每個國字的個別語音所組成的。這種能力和覺識對於準備學習語音的兒童是有幫助的。下列是一些設計來建立音韻覺識的語言活動：

(1) 找出東西：第一個音素

運用物品或圖片，要求兒童說出物品的名稱，並詢問哪個圖片或物品有相同的聲母、韻母或結合韻母。兒童可以把這些物品分在一個地點、放在一個容器，或將照片貼在圖表上。例如：「ㄅ」聲母可能出現在芭樂、背包和喇叭。

(2) 取走一個聲母或韻母

讓兒童說出他們的名字或一個國字，但是去掉第一個聲母、韻母或結合韻母，然後其他兒童須認出整個國字。

(3) 混合遊戲

混合遊戲很有趣，說出單字各自分解的聲符、韻符或結合韻符的發音。兒童必須藉由混合這些發音來猜測國字。例如：有位兒童發出「鈹」的音素，兒童就必須混合語音並說出國字或回答問題。

(4) 語音盒

使用一個大的盒子來教授每個注音符號的發音。在盒子前面放一個代表語音的注音符號，並蒐集玩具、圖片及其他物品，讓學生放在適當的盒子。

(5) 異同

說出三個國字，兩個有相同的聲母或韻母。例如：讓學生確認「湯、唐、家」這三個有不同聲符的國字。

(6) 兒歌

可運用兒歌、注音符號口訣具體形象圖及遊戲化直接拼音法，來讓兒童練習注音符號（陳正治，1995）。

(7) 繞口令

利用有趣的繞口令，可讓兒童練習國字注音符號的發音（何美玲，1997）。例如：「ㄆ」：吐葡萄皮——「吃葡萄不吐葡萄皮，不吃葡萄倒吐葡萄皮」。

(8) 比對練習

這種練習的目的在於辨識聲母和韻母的訓練，例如：鮮花－香花；主婦－祖父。

(9) 語詞練習

運用語詞的方式來學習正確發音，以幫助辨別記憶。例如：雜誌、長子、旅遊、魚丸。

(10) 一字多音教學

表9-3是一些國語一字多音的教學方法，供作參酌運用。

表9-3　國語一字多音的教學方法

名稱	應用實例或指引
舉例運用法（如嚇）	【例1】：恐嚇、嚇嚇；【例2】：嚇唬、嚇了一跳 【應用】：你休想恐嚇我，我可不是被嚇唬長大的。
造詞猜音法（如著）	【例1】：＿【例2】：＿【例3】：＿【例4】：＿【例5】：＿ 【猜猜看】：「著」手辦理；睡「著」了；一本名「著」；你且慢「著」；當心「著」涼。
抽題搶答法	【準備】：揭示板、號碼籤、備供使用的一字多音題目。 【方法】： 1. 教師抽籤決定答題人員編號。 2. 被抽中者自行抽出題目條後回答，並擺在揭示板上。 3. 答對者給一分，答錯者扣一分。 4. 未答出之題目，由全體依舉手先後搶答，答對給兩分，答錯扣兩分。 5. 累計得分以定勝負。

2. 了解中文字／詞語和概念

聽取學生習得接收性口語語言的字彙，學生有必要了解物品的名稱、動作、閱讀及更複雜的概念。

(1) 物品命名

為協助學生了解名稱，可使用真正的物品，如球、鉛筆、手錶、黑板或洋娃娃⋯⋯。有些你必須加上手勢或動作，來協助嚴重接收性口語語言異常的學生，了解象徵性物品中文字或詞語的意義。

(2) 動詞意義

教授動詞概念要比命名物品來得更困難，教師可透過填字活動來圖解說明動詞（如打、坐、跳躍、研究、忍耐、來、去、走路、感謝和希望⋯⋯）。

(3) 了解概念及其屬性

如果教師用特別的物品組合，就可協助學生了解物品本身以外的概念，例如：學習車子的概念時，教室可展示各種車子模型給學生看，透過接觸車子的特性，學生可發展出車子的概念。

另外，教師亦可透過組合比較的經驗來圖解說明概念屬性，教授描述物品屬性的中文字或詞語，例如：粗糙的、平坦的、美麗的、醜陋的。

3. 了解句子

顯然，句子了解要比了解國字／詞語來得更加的困難。以下乃是一些了解句子的學習活動。

(1) 遵照指示

在句子了解上，運用簡單的句子指示學生是必要的。例如：教師可說「給我藍色小皮球」或把課本及鉛筆盒拿出來放在桌上。

(2) 找出正確的圖片

教師運用口語陳述一張圖片的句子，並要求學生從幾張圖片中指出正確的圖片。教師可在所描述的圖片加上更多的句子，來增加學習活動的難度。

4. 聽力理解

聽力理解非常類似於閱讀理解，只是透過聽的管道來接收訊息，而不是運用視覺性閱讀的方式。學生在進行聽力理解時，思考是關鍵的要素。

表9-4是一些聽力理解的教學策略。

表9-4 聽力理解的教學策略

教學策略	內涵
了解事件的順序	閱讀一篇系列故事的圖片,要求學生說明不同事件的順序。例如:連環漫畫可協助說明故事的事件,因此教師可混合圖片並要求學生依照合理順序來安排圖片。
聽細節	對學生朗讀一篇故事,並使用對錯或詢問誰、什麼、何時、何處和如何的方式,來詢問他們有關問題。
獲得主要概念	朗讀一篇簡短但難度不高的故事,並要求學生從三種選擇中提出主要概念,或為故事想出一個好標題。
推論和結論	朗讀學生不了解的故事一部分後,停留在一個有興趣的地方,同時要求學生推論接下來會發生什麼事。
找出不合理之處	運用一些不確切的中文字或詞語口述一篇簡短的故事,要求學生發現不合理的部分。

5. 朗讀故事讓兒童聽

朗讀故事是建立口語語言經驗的有用策略。經常對有語言問題的兒童朗讀故事,可協助他們獲得語言、想出文法和學習故事結構(Richek et al., 1996)。以下是朗讀故事的原則,如圖9-9:

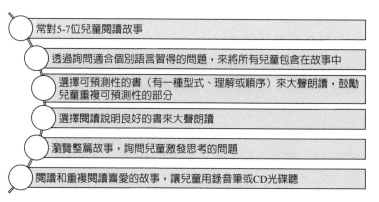

常對5-7位兒童閱讀故事

透過詢問適合個別語言習得的問題,來將所有兒童包含在故事中

選擇可預測性的書(有一種型式、理解或順序)來大聲朗讀,鼓勵兒童重複可預測性的部分

選擇閱讀說明良好的書來大聲朗讀

瀏覽整篇故事,詢問兒童激發思考的問題

閱讀和重複閱讀喜愛的故事,讓兒童用錄音筆或CD光碟聽

圖9-9 朗讀故事的原則

㈡ 表達性語言（說）

除了前述的接收性口語語言外，尚須注意表達性口語語言，圖9-10是一些著重表達性口語語言（說話）的活動。

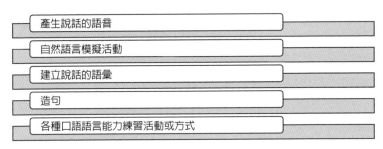

產生說話的語音

自然語言模擬活動

建立說話的語彙

造句

各種口語語言能力練習活動或方式

圖9-10 著重表達性口語語言的活動

1. 產生說話的語音

有些兒童很難啟動所需的動作，來產生說話的語音。此類兒童可記住中文字或詞語，但無法適當運用說話的肌肉。如前所述，這種情況已被描述為是一種說話失能症的形式，處理構音問題的語言治療師可能有助於處理此種狀況。

(1) 練習說話器官和肌肉

鼓勵兒童在非正式的說話活動上運用各種肌肉，如微笑、咀嚼、吞嚥、吹口哨、打呵欠、大笑和各種舌部的運動。

(2) 感受震動和觀察語音

老師發出語音時，透過觸摸教師的臉部或喉嚨與觀察嘴巴的動作，讓學生感受聲音的震動，進而讓學生使用鏡子觀察自己產生的語音也是有幫助的。

2. 自然語言模擬活動

教師和父母可善用許多機會，來提供自然的語言模擬（Lerner, Lowenthal, & Egan, 1998），表9-5是一些運用自然語言模擬活動的技術。

表9-5 運用自然語言模擬活動的技術

技術	詮釋
擴張	會話上，成人可擴張兒童有限的說話能力。
平行談話	兒童在遊戲時，教師或父母可猜想兒童正在思考什麼，提供描述行為的簡短詞語，在兒童心中先放入國字、詞語和句子作為未來參考。
自我交談	教師透過不直接涉及到兒童的參與活動來示範語言。一旦教師完成他們自己的任務，就能利用機會使兒童聽到有意義的語言模擬。

3. 建立說話的語彙

下列練習可協助兒童使用國字和詞語，並建立說話的語彙（如表9-6）：

表9-6 協助建立說話的語彙的練習活動

活動名稱	內涵
命名	讓兒童命名房間內外的常見物品（椅子、門、桌子、樹或石頭）。用盒子或袋子蒐集物品。每取走一件時，讓兒童命名顏色、動物、形狀等。
快速命名	玩百貨商店的遊戲，提供學生使用國字或詞語命名的機會。一位擔任消費者給予他人（售貨員）指令，售貨員蒐集訂購的項目並在給予消費者時說出物品的名稱。
百貨商店	給予學生特定的時間（如1分鐘），來命名房間裡所有的物品。保留所命名國字或詞語的數目記錄，來了解進步的情形。教師也可以要求學生在圖片上快速地命名物品，或是有關運動、戶外活動、寵物等的命名。
克漏字	對兒童朗讀一篇故事，在某處移除某些國字或詞語，讓兒童說出遺漏的國字或詞語。

4. 造句

有些兒童能夠使用單一中文字或簡短詞語，但無法產生較長的句子。在語言習得上，兒童須學習內化語言形式以致他們能產生新句子。為達到此種狀況，兒童需要許多能力，包括了解語言、記住中文字／詞語順序和形成複雜的文法規則。表9-7是一些有關造句的教學策略。

表9-7　有關造句的教學策略

教學策略	內涵
組成不同的句子	教師可提出「你」、「我」、「沒有」、「錯」等詞語，讓學生口述組成幾種意思不同的句子。
仿作練習	教師可提出「你聽你的鳥鳴，他看他的日出」等各種句型，讓學生仿造這些句型，造出類似句子。
倒裝句練習	教師可提出「獵人捉住了獅子」或「老鼠咬斷了網子」等句子，讓學生進行倒裝句練習。

5. 各種口語語言能力練習活動或方式

充分的練習是習得口語語言所必要的。表達性口語語言弱的學生，也須練習和重複使用國字、詞語和造句的機會。

(1) 看圖說話

看圖說話就是看著圖畫練習說話，圖中只有簡單人物，要依著簡單畫面，發揮聯想，作為說話的材料。

(2) 偵測遊戲

協助學生學習形成問題，藏住一個物品，並讓學生詢問有關其位置的問題，直至發現為止。

(3) 各種廣播和戲劇活動

教師可運用各種活動來練習口語語言和說話，包括戲劇遊戲、電視廣播、兒童劇、舞臺劇、偶劇、角色扮演⋯⋯。

(4) 討論物品

協助學生述說有關物品的屬性，如顏色、大小、形狀和主要部分，同時與其他物品相比較。

(5) 分類

放置在箱子內的項目，可以分組來教類別，如玩具、衣物、動物、車輛、家具和水果。要求學生發現並說出可放在一起的物品。教師可透過命名類別來變化這項活動，並詢問學生發現和命名物品，或把物品放在一起並詢問哪個物品不屬於這項類別。

(6) 理解

詢問問題並要求學生思考和形成反應。

(7) 告訴我如何……

你刷牙、去上學等，也告訴我為什麼？告訴我們在何處做？此類問題都是具有價值的練習機會。

(8) 完成故事

先述說一段故事，然後讓學生完成它。

(9) 獨白訓練

學生獨立自主地進行口語表達訓練，包括講述、複述、致辭、講故事、即席演講、口頭報告等。

(10) 學習策略

學習策略上的教學，對於青少年特別有用。教師應該融入青少年來設定他們試著要達到的目標，以及選擇學習策略來達成這些目標。自我監督、口頭演練和錯誤分析等這些都有助於閱讀策略，也可以用來增進口語語言。

(11) 解釋遊戲的玩法

許多學習障礙學生在這項活動上，很難提供解釋並需要練習。這類練習包括讓學生對人解釋玩遊戲或作某些事物的方法。首先，學生可參與口頭演練來練習解說，然後試著察覺聽話者是否了解且能回應問題。解釋的主題實例，包括錄影帶遊戲的規則或玩賓果的方法。依循此種訓練和自我監督，來提高解釋的成效是有用的。

(12) 對談或說事件

教師也可運用會話、討論、電話、對談、說故事、說謎語或笑話等各種活動，來練習口語語言和說話。

㈢ 電腦科技的口語教學上的應用

在教授口語能力上，電腦科技也是有用的。游惠美和孟瑛如（1998）描述了一些電腦軟體方案。例如：「Fast for Word」（http://www.scientifi-chearning.com）這種軟體修正了說話的音響，放慢語音，然後加快，以協助兒童認字。又如「我愛ㄅㄆㄇ」這套注音符號教學軟體是由國內第三波軟體公司所設計的結構式電腦輔助教學軟體，主要是用來協助學習者熟練三十七個注音符號。

「火車快飛」這套軟體則是由板橋教師研習中心所研發的練習兼遊戲式的電腦輔助教學軟體，主要是透過遊戲的方式來幫助學習者熟悉三十七個注音符號及其拼音。

結語

語言是一種統合系統。隨著兒童語言的成熟，它在發展思考歷程和抓住抽象概念上會扮演重要的角色。至於語言學的基本概念，則包含語音（音韻）、語形（構詞）、語法、語意、語用，它提供了分析任何語言和學習障礙學生語言異常的有價值架構。兒童是如何習得語言的觀點多元且分歧，許多學習障礙學生會有潛在的語言問題，包含音韻覺識不佳、命名或搜尋字詞自動化緩慢、中樞聽知覺處理異常、語言異常等口語學習領域。評量口語對教學設計是很有幫助的，包含正式測驗和非正式測量。最後則著重於呈現聽和說之口語能力的各種教學策略。

本章重點

1. 口語語言指運用語音表達或接受的語言；而使用文字來表達或接受思想、感情的語言，稱為書寫語言。許多學習障礙個體會出現與語言有關的障礙。
2. 語言系統包含聽、說、讀及寫等形式。這些語言能力的習得，是遵循聽→說→讀→寫的發展順序。
3. 語言學是一種語言及其本質、發展、功能和應用的系統性學問，它提供了分析任何語言和學習障礙學生語言異常的有價值架構。
4. 語言學的基本概念和術語，包含語音（音韻）、語形（構詞）、語法、語意、語用。
5. 語音指語言上說話聲音的系統；語形指語言上意義單位的系統；語法指語言的文法系統，即組合單字形成句子的方法；語意指語言上的單字意義；語用指說話者如何在其環境上使用語言。

6. 兒童習得語言的理論有多種，「自然天賦論」認為人類語言學習是與生俱來的；行為學習理論認為語言是透過環境而學到的，而行為原理會塑造語言學習；社會學習理論強調人際有助語言學習，兒童和他人之間的互動，就可在自然環境中提高語言學習；認知理論認為了解有意義的說話之前，須先有心理運作，才能正確表達語意。另外，語言發展需要人際和社會經驗。

7. 學習障礙學生會有潛在的語言問題，包含音韻覺識不佳、命名或搜尋字詞自動化緩慢、中樞聽知覺處理異常、語言異常等口語學習領域。

8. 音韻覺識指兒童認識某單字是由聲音之音素所組成的。許多閱讀困難兒童對語言和單字的音素聲音是不敏銳的。

9. 有些語言遲緩兒童在快速自動化命名上有困難，即他們無法快速且自動命名物品，且單字發展緩慢。

10. 說話和語言遲緩的兒童可能有快速統合不同訊號和序列記憶的短暫困難，這些缺陷會影響到中樞聽知覺在極短時間的處理。

11. 語言異常與說話異常不同。說話異常是說話的不正常，如構音異常、聲音異常或語暢異常；語言異常則較為廣泛，包括語言理解不佳、說話遲滯、單字意義或概念形成異常，以及誤用文法規則。

12. 兒童失語症或發展性失語症指口語習得有嚴重困難的兒童，這種異常不完全與中樞神經系統有關；習得失語症是用來確認因中風疾病或意外事件造成腦傷，而失去說話能力的一種醫學術語。

13. 口語異常通常可分為接收性語言異常（了解口語問題）或表達性語言異常（使用口語或交談的問題），都會影響到語言的了解和使用。

14. 評量口語在於決定兒童已習得什麼語言能力，兒童表現何種語言問題，及兒童功能性使用語言到底有多好，這些訊息對教學設計很有幫助。評量口語應考量聽和說層面，包括正式測驗和非正式測量。

15. 口語評量可包含四大項步驟：蒐集資料、系統的觀察、口語能力的評量及諮詢會議。

16. 教師要求學生聽時，並不只是要他們聽或認識所說的中文字或詞語，更期望引導學生能夠理解所傳送的溝通訊息。設計來協助學生發展接收性口語語言（聽）能力的活動，可以包含語言的音韻覺識、了解中

文字／詞語和概念、了解句子、聽力理解，以及朗讀故事讓兒童聽。

17. 著重表達性口語語言（說話）的活動，可以包含產生說話的語音、自然語言模擬活動、建立說話的語彙、造句，以及各種口語語言能力練習活動或方式。

18. 在教授口語能力上，電腦科技是有用的。

閱讀與學習障礙

閱讀（reading）是語言系統的核心部分，它與口語和書寫語言相連接。本章共有兩節，第一節為閱讀與閱讀障礙理論，分別探究閱讀障礙的涵義及其嚴重的行為後果、閱讀發展階段、優讀者的閱讀歷程、閱讀成分及閱讀教學取向；第二節是閱讀評量與教學策略，探討正式和非正式的閱讀評量、增進認字、閱讀流暢及閱讀理解等策略、特定的閱讀補救教學取向、特定閱讀問題的處理方法，以及電腦科技在閱讀教學上的應用。

第一節　閱讀與閱讀障礙理論

閱讀是各級學校課程中獲得知識的重要技能，更是人類生活的必要能力。如果閱讀發生困難，不僅剝奪了獲得知識的機會，甚至會影響到生活適應。所以，閱讀能力是現代人必要的基本能力。多數的學習障礙個體會有閱讀困難，且會因閱讀問題而衍生其他型式的問題。這些弱讀者造成了許多型式的問題。學習障礙學生的弱讀表現和整體教育成就，會降低其獲得就業的機會。

幾代以前，人們在商業和社會上缺乏閱讀能力仍可勝任愉快，但在今日世界就不再可能實現。現今，學生面對更長的義務教育、文憑和證照要求，即學生須學習閱讀，以致他們日後可自行閱讀學習，因應社會變遷所面臨的新挑戰。在日常生活方面，舉凡食、衣、住、行、育、樂等，都須應用到閱讀能力方能通行無阻。另外，在各級學校中，除國語文直接教授閱讀技能外，數學、社會……領域也都與閱讀能力有關。目前最新的資訊系統是電腦科技，帶來了網際網絡、電子郵件、即時通訊（如Line）、搜尋引擎（如Yahoo和Google）及臉書（Facebook）等，所有這些都需要閱讀螢幕上的書面電子資訊。今日，學生須學習閱讀，以致他們日後可經由閱讀來學習更多的事務。

一、閱讀障礙的涵義

閱讀障礙（dyslexia）是一種影響一些兒童、青少年和大人的不尋常型式，多年來一直困擾著教育界和醫學界。凡具有此類問題的人，發現他們很難認字和理解書面資訊。在其他方面，閱讀障礙者是聰明的。例如：

他們可能具有很強的數學或空間能力（Lerner, 2003）。表10-1為不同的閱讀障礙定義。

表10-1 不同的閱讀障礙定義

學者／協會	定義
Hallahan & Kauffman (2014)	閱讀障礙為一種異質障礙，通常指一種嚴重到足以妨礙學生學業進步的閱讀遲緩情形，且已連續一段時期者。
World Federation of Neurology	閱讀障礙是一種閱讀學習明顯有困難的異常，無論傳統教學、中等智力和社會文化機會為何，這種異常主要是體質上的基本認知障礙所造成的（引自Spafford & Grosser, 1996）。
American Psychiatric Association (2013)	閱讀障礙是一種學習困難的型式，其特徵是識字正確和流暢有問題、解碼和拼字能力貧乏。

不過，下列四項看法通常是較為一致的，如圖10-1（Hynd, 1992）：

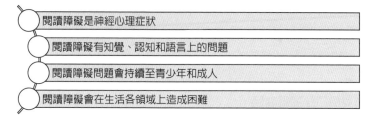

閱讀障礙是神經心理症狀

閱讀障礙有知覺、認知和語言上的問題

閱讀障礙問題會持續至青少年和成人

閱讀障礙會在生活各領域上造成困難

圖10-1 閱讀障礙較一致的看法

閱讀障礙傾向於使用笨拙方法，來隱藏他們的障礙並因應其閱讀能力。即使是他們親近的夥伴，也不易發現事實。多年來，學者強烈質疑閱讀障礙有生物因素的問題。隨著大腦及其與閱讀關係知識的成長，目前已有事實顯示閱讀障礙者的大腦功能和結構，與正常人的大腦明顯不同。例如：科學家已經找到造成閱讀障礙的主要基因，分別命名為DCDC2和Robol；前者缺乏會使大腦閱讀細胞無法連線而短路；而後者活動不足則大腦兩半球之間的神經軸突，就無法促成較為細緻的閱讀連線（彭懷棟編譯，2005）。

顯然，在神經科學家持續尋找閱讀障礙的成因之際，教師須提供這

些個體閱讀的方法。確定閱讀障礙兒童的方法有很多種，重點是要辨別閱讀障礙的弱讀者與一般的弱讀者（Badiam, 1996）。閱讀障礙兒童的鑑定，取決於用以評量此種狀況的定義和標準。例如：若閱讀障礙的標準是依據智力分數和組合閱讀成就分數之間的差異，就可確認某種型式的兒童（Aaron, 1997）；如果鑑定標準鎖定在音韻缺陷，則可確認其他型式的對象（Stanovich & Siegel, 1994）。

二、閱讀障礙的特徵

顯然，學習障礙學生在閱讀過程中的問題是非常普遍的。這些困難包括口語閱讀、閱讀理解、認字技能和閱讀習慣。

(一) 口語閱讀困難（oral reading difficulties）

許多學習障礙學生有閱讀流暢的困難（Mercer, Campbell, Miller, Mercer, & Lane, 2000）。閱讀流暢性最常被定義為準確閱讀率（每分鐘正確閱讀的單字），它是閱讀能力的重要指標（Hunt & Marshall, 2005）。這方面有弱點的學生，經常害怕被要求在課堂上閱讀（Friend, 2017）。Salvia和Ysseldyke（2016）指出常見的口語閱讀問題，如表10-2。

表10-2　常見的口語閱讀問題

問題	內涵
遺漏	學生會跳過單個單詞或單詞組。
插入	學生在口頭閱讀的句子中，插入一個或多個單詞。
代換	學生用一個或多個有意義的單詞，替換段落中的一個或多個單詞。
一個詞的錯誤發音	學生的單詞發音與正確的發音幾乎沒有相似之處。
猶豫	在發出一個單詞之前，學生猶豫了兩秒或更長時間。
倒置	學生改變句子中出現的單詞的順序。
無視標點符號	學生沒有觀察到標點符號；例如：可能不會因逗號而停頓一下。

㈡ 認字問題（problems with word recognition）

學習障礙學生通常有認字困難，根據Gargiulo和Kilgo（2019）研究，常見的認字錯誤，包含(1)遺漏：省略一句話；(2)插入：插入單詞；(3)替代：翻轉單詞中的字母；(4)錯誤發音；(5)換位：以錯誤的順序唸讀；(6)未知詞語：猶豫了5秒，他們無法發音；(7)閱讀速度緩慢：不能足夠快地辨別單詞。

㈢ 閱讀理解缺陷（reading comprehension deficits）

閱讀理解是指學生理解他或她正在閱讀的內容的能力。根據Salvia和Ysseldyke（2016）的研究，有六種不同類型的閱讀理解技巧，如圖10-2。

圖10-2 不同類型的閱讀理解技巧

學習障礙學生在閱讀理解方面經常遇到困難（Gersten, Williams, Fuchs, & Baker, 1998），這類學生往往缺乏理解文本所需的技能，而且缺乏認字分析技能（Hunt & Marshall, 2005）。圖10-3是學習障礙學生常見的閱讀理解問題。

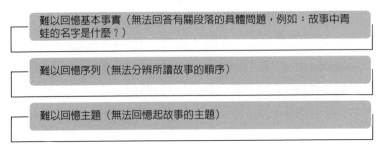

難以回憶基本事實（無法回答有關段落的具體問題，例如：故事中青蛙的名字是什麼？）

難以回憶序列（無法分辨所讀故事的順序）

難以回憶主題（無法回憶起故事的主題）

圖10-3　學習障礙學生常見的閱讀理解問題

㈣ 閱讀習慣不佳（poor reading habits）

閱讀困難的兒童，通常閱讀習慣不佳。例如：閱讀習慣不佳的兒童會表現出下列行為，如圖10-4（Gargiulo & Kilgo, 2019）。

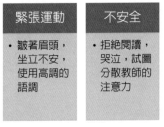

緊張運動
・皺著眉頭，坐立不安，使用高調的語調

不安全
・拒絕閱讀，哭泣，試圖分散教師的注意力

圖10-4　閱讀習慣不佳兒童的行為

三、閱讀發展階段

在閱讀學習歷程上，個體會經歷一系列的閱讀發展階段（Cunmingham & Stanovich, 1997）。當然，每個個體在經歷這些過程的速率不同，許多人甚至未達到最後階段。不過，所有讀者都會經歷相同的發展順序。閱讀發展初期對個體閱讀成功是具關鍵性的。研究顯示一開始就閱讀不良的兒童很少能跟得上，一年級的弱讀者日後可能繼續成為弱讀者（Torgesen, 1998）。茲依Chall（1987）和Gunning（1996）的觀點，提出閱讀發展階段（圖10-5）及其特徵如下：

圖10-5　閱讀發展階段

(一) 閱讀萌芽階段（0-5歲）

幼兒會快速發展聽覺語言能力。開始接觸各種不同印刷品，了解文字與非文字的區別，慢慢學會中文的常用字及與自身關係密切的文字（如自己的名字）。與家人一起唸讀童詩、故事書等經驗的活動，使幼兒慢慢累積一些與閱讀有關的知識。

(二) 開始閱讀階段（幼兒園～小一）

兒童開始了解中文字／注音符號－語音之間的連結對應關係，並應用這些知識來認字。常須將認知資源用在認字上，而使閱讀變得緩慢，逐字的指和唸。此階段的讀物內容皆較為簡單，且常穿插很多圖片和插圖等。

(三) 閱讀能力進步階段（小二～小三）

兒童閱讀的流暢性、速度及對文章意義的理解會大大提升。閱讀理解能力會因認字能力已變快速且自動化而大為增加；此階段正是Chall（1987）所提的「流暢」，不再專注於文字本身的閱讀時期。

(四) 由閱讀中學習階段（小四～小六）

課程內容開始出現很多複雜訊息和抽象概念，同時使用愈來愈難且複雜的文句，來說明這些訊息和概念。須認識更多生字的意義、理解課文，並在認知中建構和組織概念。在此階段，他們由閱讀中習得很多新訊息，並習得更多生字和新詞。

(五) 抽象閱讀階段（國一～國二）

青少年會由閱讀習得新概念和知識，他們不再只依賴背誦和記憶來

吸收知識。開始由閱讀中理解事物的組織原則和系統，閱讀時亦可建構不同層面的假設、考量不同觀點及仔細思考各種合理的解釋、理由或替代方案。閱讀數量會因電影、電視節目、同儕活動等課外活動漸多，而大大減少。

㈥ 多重觀點階段（國三～高三）

會有各種觀點和理解層次，廣泛閱讀複雜材料（解說性和敘述性的）的能力；推論、批判和逐字閱讀的能力。

㈦ 建構和重新建構階段（學院以上）

根據個人本身需求和目的來閱讀，整合某人和他人的知識並創造新知識。

四、優讀者的閱讀歷程

閱讀歷程（reading process）是人類最複雜的功能之一。閱讀者除須具備認字能力外，還涉及到許多歷程與策略運用（Gersten, 1998）。如果教師了解閱讀歷程的本質和複雜性，就會明白學習障礙學生閱讀困難的原因。表10-3是有關優讀者閱讀歷程的通則（Anderson et al., 1985）。

表10-3　優讀者閱讀歷程的通則

通則	內涵
閱讀必須是流暢的	閱讀者須學習快速且容易認字；認字須自動化，而非意識、深思熟慮的努力。
閱讀是一種建構的過程	為將意義帶入文章中，閱讀者須透過檢索他們現有儲存的知識和經驗，來建構文章的意義。
閱讀是策略的	優讀者使用各種思考策略來建構本文的意義，他們會根據閱讀目的、材料複雜性及對主題的熟悉性，改變並指導他們的閱讀型式。優讀者能監督其閱讀理解，如果對本文有困惑時，他們會運用返回和固定策略來促進對閱讀本文的了解。
閱讀需要動機	學習閱讀須維持注意一段長時間，學習良好的閱讀甚至要花費幾年。教師應使閱讀成為一種享受，並傳達學生他們將學習閱讀的信念。
閱讀是一生的追尋	閱讀是持續發展的能力，個人會因練習而持續改進。

五、閱讀成分

閱讀可分成認字和閱讀理解，如圖10-6（柯華葳，2009；Bender, 2006）。認字能力指閱讀者能夠認字和學習想出或解開未知中文字的方法；而閱讀理解指了解所要閱讀內容的意義。如果學生想要成為優讀者，認字和閱讀理解的能力都是必備的。

圖10-6　閱讀成分

(一) 認字

1. 閱讀需要認字能力

一旦閱讀者發展出流暢的認字能力，他們就可集中心力去探究本文的意義，若缺乏一定水準的閱讀能力，認知能力就無法獲得較高的運作（Chall, 1991）。閱讀者如果須致力於認字，那麼其理解能力就會很少。閱讀障礙學生在辨認文字、對詞彙的音韻訊息、及詞彙結構組成的知覺處理時間，明顯比一般學生長，顯示其辨認文字的能力無法自動化（楊憲明，1998；Lerner & Johns, 2012）。國內研究就發現國中小學學生的認字能力與其在校國語科成績有中度至高度相關，即認字能力不佳的學生，可能會影響其在校國語科的成績表現（黃秀霜，2001）。

2. 認字與音韻覺識

音韻（語音）本位的語文教學法是一種認字策略。閱讀者配對聲音與書寫字詞或字詞組合。學者認為兒童應先學習音韻，再學習字詞。這種由說話至書面文字的進展方式更為自然，較少混淆且易於兒童學習（Moats, 1998）。國內的國小新生就是在入學後依照此一原則，先開始進行十週的中文字注音符號（音韻或語音）教學，然後才學習國語課本上的書面課文。

　　音韻覺識指將口語進行音韻切割、分析及合成的能力，這項能力在拼音文字（如英文）中是兒童發展讀寫能力的重要認知能力，且對早期的中文閱讀亦具有影響力，尤其是國小一年級新生的早期認字或閱讀（陳怡慧，2005）。例如：當口裡說出「八」這個字詞的音韻時，能夠覺識出「八」字的語音是由「ㄅ」和「ㄚ」這兩個音素所組成，且聲母爲「ㄅ」、韻母爲「ㄚ」。

　　音韻覺識可說是一種監控自己音韻內在系統的能力，但並非每個人都能敏銳覺察到自己或別人所說音韻中內在音素的組合成分和規則。爲了建構說話音韻和中文字之間的連結，學生必須了解說話可分割成代表字的音素（phonemic）單位。

　　成人很容易了解圖示注音符號（ㄅ、ㄆ、ㄇ、ㄈ）代表說話音韻的觀念，但是很多學習障礙兒童尚未學習到這種概念，且對中文字和音韻之間關係的了解非常困難。例如：他們聽到「茶」這個字，並無法了解這個字包含二個音素。他們不知道什麼是音韻，也無法計算中文字上個別的音素。由於缺乏音韻覺識使得分解法則的任務變得更加困難，導致認字障礙。

　　兒童如果能了解說話是由音韻單位所組成的，以及精熟於將口語語言分割成音素者，容易學習閱讀而成爲較優的閱讀者（Torgesen,1998）。至於分割中文字上發音技巧是可訓練的，而這種訓練對閱讀成就表現具有正面效果。研究顯示愈早訓練閱讀障礙兒童對音素覺識，可使他們閱讀更好（http://www.dls.ym.edu.tw）。國內坊間有關注音符號的訓練教材甚多，例如：兒歌ㄅㄆㄇ（陳正治，1995）。

　　早期直接且有系統的接受音韻教學的兒童，比未接受此種訓練的兒童得到較高的閱讀成就分數（Moats, 1998; Chall, 1991）。問題關鍵並不在於是否應教導兒童語言和認字能力，而在於容易且快速教導這些能力的方法。

3. 評量認字

　　表10-4列出若干國內可用的正式認字測驗（張世彗、藍瑋琛，2018）。

表10-4 國內有關認字的測驗

作者／年代	測驗名稱	適用對象
黃秀霜（2001）	中文年級認字量表	小一～國三
洪儷瑜等人（2003）	基本讀寫字綜合測驗	小一～小二
洪儷瑜等人（2009）	常見字流暢性測驗	小一～國三
洪儷瑜等人（2009）	識字量評估測驗（國字測驗）	小一～國三
張世彗、魏嘉妏（2010）	中文識字量表	小一
孟瑛如、張淑蘋、范姜雅菁、楊佩蓁、周文聿（2015）	國民小學一至六年級識字診斷測驗（LDA/G1-6）	小一下～國一上
孟瑛如、陳志平、盧玉真、謝瓊慧、周文聿（2015）	國民中學七至九年級識字診斷測驗（LDA/G7-9）	國一下～國三上

（二）閱讀理解

閱讀的目的在於理解，即有能力從本文中蒐集意義。依據《身心障礙及資賦優異學生鑑定辦法》顯示，學習障礙個體會有理解能力的問題（教育部，2014）。認字能力精熟後，閱讀理解能力並不會自動產生。多數學習障礙學生即使學會了基本的認字，還是有許多須理解複雜本文內容上的困難，他們須策略協助而成為主動閱讀者（Williams, 1998）。

在此，我們將透過提高閱讀理解和流暢，以及了解故事體和解說性材料來檢視閱讀理解。至於後面的教學策略部分，則提供了教授特定的閱讀理解策略。

1. 閱讀理解的涵義

依據教育部之「重編國語辭典修訂本」，閱讀指閱覽誦讀；而能以自己的口語、文字或其他符號，將已知的事實與原理、原則作成解釋，稱為「理解」（http://dict.revised.moe.edu.tw/）。

一旦閱讀者企圖理解所閱讀的材料時，就須縮短本文中所呈現的訊息與他們處理知識的差距。因此，閱讀理解包含思考。閱讀者的背景知識、興趣和閱讀情境，都會影響到對材料的理解。每個人整合本文中已知資訊和新資訊，就可產生獨特的資訊。為了解個體閱讀理解困難的原因，我們

須探究當事人如何學習，以及在不同情境和型式的閱讀材料上理解的方法。下列有關閱讀理解的陳述，可讓我們了解到其複雜性：

(1) 閱讀理解是一種語言歷程

閱讀理解是一種透過語言獲得意義的過程。在閱讀過程中，閱讀者通常無法完整思考。雖然閱讀本文時，眼睛從上至下移動，不過心靈卻不是如此。許多個體思考的流動並不是從上至下，而是循環的；某些觀念和文字須加以保持，直到某些句子部分允許思考的完成。重複的語言提供了了解口語和書寫能力的線索。重複意味使用其他型式傳送相同的訊息。因此，這類線索可協助閱讀者建構本文的意義。例如：「你想要重說那件事嗎？請再說一次（第二個句子解說第一個句子）」；「你想要芒果口味的冰淇淋嗎？（句子結構和問題顯示是疑問句【質問的】）」我們應該教導學生尋找並使用重複的語言。

(2) 閱讀理解是一種思考歷程

閱讀和思考之間的關係已被注意一段很長時間，認為閱讀是類似於問題解決的事物。就像問題解決一樣，閱讀者必須執行概念、發展和測試假設、及修正這些概念（Stauffer, 1975）。在此方面，閱讀理解是一種探索的表現方式，因此閱讀教學應該使用發現技術的方法。

從這項觀點來看，教學的關鍵在於引導學生建立他們本身的問題和閱讀目的，然後學生閱讀以解決他們本身所設計的問題。也就是說，教師可先鼓勵學生猜測故事接下來要發生什麼，然後閱讀並決定這些預測的正確性。例如：直接的閱讀思考活動（Direct Reading-thinking Activity, DRTA）的運用，如圖10-7。

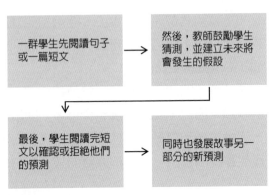

圖10-7　直接的閱讀思考活動（DRTA）

運用此種方法教導閱讀，就成為一種教導思考的方法。當教師詢問此類問題，例如：「你想什麼？」、「你為何這樣想？」及「你可以證明嗎？」重點就在於教授思考，而學生則學習檢視、假設、延緩判斷和作決定。

(3) 閱讀理解取決於閱讀者帶些什麼至本文中

閱讀理解取決於閱讀者的經驗、語言知識、語法結構的認知及文章章節的重複（Richek et al., 1996）。個體可能看得懂這篇文章中的每個單字，但是卻可能不了解本文，也無從解釋。他的困難原因在於沒有適當的背景知識帶至本文中。現在，我們告訴他這篇文章是關於「鱒魚」，然後讓他重新閱讀一遍，將會發現其閱讀理解有明顯進步。對教學來說，如果閱讀者在有關本文內容上的知識受限時，即使重新閱讀也無法增進理解。許多學習障礙學生，需要更多增進其閱讀理解的基本知識。

(4) 閱讀理解須與本文主動產生互動

閱讀者必須是主動參與者，與本文內容產生互動。他們須主動組合現有知識和本文中的新資訊。事實顯示優讀者通常不會閱讀文章中的每個字，他們反而會選擇某些字以決定其意義並跳躍閱讀，僅有在面對某些無法預料的地方，才會回去閱讀每個字。

2. 閱讀障礙個體閱讀理解的特徵

理解困難的診斷和補救仍然是閱讀歷程最具有挑戰性的範圍之一，因為教師無法進入閱讀者的心靈中。圖10-8是相較於優讀者之閱讀障礙者的特徵（Spafford & Grosser, 1996）。

3. 閱讀理解的層次

就書寫材料的理解層次來看，閱讀理解通常是有階層組織的，由低層理解至高層理解。前者可能僅須文意理解、對閱讀材料之關鍵內容或細節的直接回憶、或具有推論性的閱讀理解（讓學生自閱讀材料歸納出結論），至於高層理解則包含對閱讀材料的內容做評鑑（Bender, 2006）。

4. 不同型式材料的閱讀理解

閱讀理解教材通常可分為故事體和解說性兩種型式的教材，分述如下：

閱讀障礙者	優讀者
☐ 缺乏清晰的閱讀目的——動機是一種挑戰	☐ 動機清晰的閱讀目的
☐ 需要明確的理解教學	☐ 能變通的運用理解技巧
☐ 基本和內容本文理解困難	☐ 適應基本和內容本文要求
☐ 口語閱讀能力表現不佳	☐ 口語閱讀良好
☐ 缺乏有效的後設認知策略	☐ 後設覺識良好
☐ 無法正確理解問題	☐ 能正確理解問題
☐ 寫作相當不佳——傾向於著重技術	☐ 寫作良好——著重觀念
☐ 研讀技巧不佳	☐ 研讀技巧良好
☐ 訊息回想有問題	☐ 記憶技巧良好

圖10-8　閱讀障礙者與優讀者的特徵比較

(1) 故事體教材

故事體型式的教材是故事，通常是寓言。這種教材在故事中有人物、情節和事件順序（華鏞，1993）。例如：

防凍藥

春秋戰國時，宋國有個人家會製作防凍藥。擦了這種藥，即使冬天整天泡在冰冷的水裡，皮膚也不會凍裂。這家人世世代代都靠這種藥，從事在水中漂洗布絮的工作，而不會凍傷手腳。有個研究兵法的外地人，聽說有防凍藥，就拿出一百兩黃金，想購買製作防凍藥的祕方。

這家人知道了，趕忙一起商量：「我們家世世代代做漂洗布絮的工作，賺的錢只有幾兩黃金。現在賣了製作防凍藥的藥方，馬上就可得到一百兩黃金，我們就把這藥方賣了，怎麼樣？」這家族的人沒有一個不贊成的。

為有效閱讀故事體的教材，學生必須能夠確定下列項目：

＊重要人物

＊情境、時間和地點

＊主要事件的順序

＊人物必須解決的問題和解決這些問題的方法

有時，故事體是帶有靈感的。閱讀者可以旅遊至世界其他地方、不同時間和空間。弱讀者對故事體教材通常有負面回應，而須強烈鼓勵其閱讀故事，詢問他們的反應並發現迎合其興趣的故事體教材是很重要的。為了變成優讀者，兒童需要擁有各種故事體教材的經驗。

(2) 解說性教材的理解

解說性教材包括資料性的教材，例如：數學、國語文、英文……學科內容領域所使用的教科書。隨著年級向上移動時，學生所閱讀的任務會產生劇烈改變。內容領域教科書上的閱讀作業，取代了故事體故事。學生通常被指定去獨自閱讀教科書，他們可能需要閱讀特定幾章，完成章節上的作業，接受章節內容的考試。

許多學習障礙學生無法完成此類作業，並不令人感到驚訝。學生若僅有故事體教材的經驗，會缺乏因應解說性內容領域教科書的經驗和能力。中等教育以上的教學特別著重閱讀精熟，教師很少提供指導。在閱讀內容領域上，學習障礙學生的主要問題包括：

① 側重閱讀以獲得資訊：對學習障礙學生來講，內容領域教學基於閱讀精熟的假設要求是無法避免的。

② 教科書通常超越該年級水準：一位僅有五年級閱讀水準的學習障礙學生，可能難以閱讀和了解依據七年級水準學生所撰寫的教科書內容。

③ 學科領域教師常假定學生有適當的閱讀能力，不需教授：事實上，教師仍須花費時間來教授閱讀能力，如組織或研究大綱。教師可透過讓閱讀有意義並與其他教材相連接，以及經由鼓勵學生

評量教材，協助學生閱讀教科書。

六、閱讀教學取向

在閱讀教學方面，有幾種引導閱讀教學的取向，如圖10-9。每種觀點都蘊涵有關閱讀學習的重要概念，且這幾種閱讀教學取向可成功組合在一起。茲分述如下：

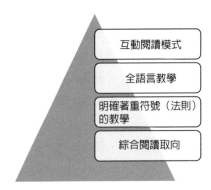

互動閱讀模式

全語言教學

明確著重符號（法則）的教學

綜合閱讀取向

圖10-9　引導閱讀教學的取向

㈠ 互動閱讀模式

互動取向的閱讀教學著重閱讀歷程本身的互動本質，即在認字和理解活動的閱讀時，這種取向使用幾種資訊來源，包含發音、字音配對、單字結構、單字特徵的結構分析或閱讀內容的意義（Spafford & Grosser, 1996）。

學者認為這種取向是監督、補償或矯正缺陷領域所必要的，他所描述的互動補償模式（interactive-compensatory model）就是基於弱讀者傾向使用本文、先前知識、視覺線索及預測，來補償認字能力不佳的現象；至於理解有問題者，則傾向過度分析或解譯單字、語詞和句子（Manzo & Manzo, 1993）。

㈡ 全語言教學

全語言教學（Whole-Language Instruction, WLI）是一種教育哲學觀，

這種閱讀方法的深遠影響主要在其廣泛的運用。這種方法是基於大量有關語言自然習得歷程及語言發展的研究和觀察，所歸納出的一系列課程原則和教學。全語言教學不是一種教學法，而是一種與「心理語言學」（psycholinguistic）對閱讀歷程看法相符的閱讀教學觀（薛曉華譯，1997）。心理語言學研究人類使用和學習語言的方法，以及如何透過語言來表達思想，進行思維。它的研究基礎主要是來自心理學、認知科學、語言學理論和研究方法。

全語言活動包括持續的默讀、寫作過程及引導研讀技巧取向，國外許多學校的閱讀課程都是採用此種方法（Spafford & Grosser, 1996）。事實上，國外研究顯示多數普通班教師和82%的特殊教育老師是全語言教學的擁護者（Pressley & Rankin, 1994）。

1. 哲學理念及其特性

全語言底蘊的哲學觀，是口語語言、閱讀和寫作的相互關聯。這種教學取向具有幾項主要的特性，如圖10-10（Goodman, 1990）。

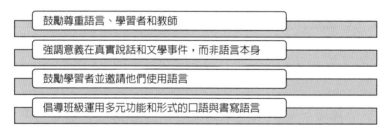

鼓勵尊重語言、學習者和教師

強調意義在真實說話和文學事件，而非語言本身

鼓勵學習者並邀請他們使用語言

倡導班級運用多元功能和形式的口語與書寫語言

圖10-10　全語言教學取向的特性

2. 基本信念

全語言教學的基本信念有以下幾項（Lerner & Johns, 2012; Richek et al., 1996）：

(1) 各種語言形式是密切相連的

全語言教育人員強調書寫和口語語言的主動經驗，可增進兒童的閱讀能力。因此，兒童可提早到幼兒園，甚至在閱讀學習之前就開始寫作。

(2) 口語和書寫語言都可透過自然用法來習得

全語言教育人員指出，兒童無須特別練習就可學習說話。同樣地，我們可假定兒童能透過接觸文學和在幼兒時注入口語與書寫方式，來習得閱讀能力。

(3) 提供豐富的表達性文學或寫作機會

全語言教育人員強調從幼兒開始，應透過接觸文學與故事、詩歌和其他的書籍經驗來獲得閱讀能力。

(4) 避免教授各自獨立的、無意義的語言部分

全語言教育人員認為將整個語言分解成抽象的小部分，會使學習閱讀變得更困難，並認為唯有充滿意義的閱讀材料才應該用來教學。

3. 全語言教學取向對學習障礙學生的涵義

全語言教學的基本信念對學習障礙學生亦具有意義。不過，學習障礙教育人員並不全然贊同這些基本信念：

(1) 學習障礙教育人員強烈同意各種語言形式是密切關聯的

學習障礙領域的教學，強調口語語言、閱讀和寫作之間的強烈關係。在閱讀上，口語語言異常和問題之間的關聯是明顯的。一旦兒童無法有效處理複雜的語法結構與在學習閱讀上口語語言的構詞也有困難時，擁有基本語言問題或動作困難的兒童可能會面臨寫作初期的問題，需要更直接的協助（Juel, 1995）。

(2) 學習障礙教育人員並不同意口語和書寫語言都可自然習得

對學習障礙和許多兒童來講，學習閱讀與說話並不相同。不像說話，閱讀並非天生、自然或發展的，而書寫語言乃是一種近代文明的產物。因此，為了學習閱讀，許多兒童需要明確且密集的教學。

(3) 學習障礙教育人員同意應提供豐富的表達性文學或寫作機會

學習障礙教育人員強烈同意學習障礙兒童須多接觸語言、書籍或故事，他們可由分享書籍和聽故事中獲益。

(4) 學習障礙教育人員贊同避免教授各自獨立的、無意義的語言部分

多數學習障礙兒童和其他兒童，需要明確的字母法則及其配對音韻的教學（Moats, 1998）。至於學習中文是否也是如此，則有待驗證。

(三) 明確著重符號（法則）的教學

學習障礙兒童通常需要系統的、直接教學中文字法則或注音符號。直接教學中文字法則或注音符號，可促進早期的閱讀教學。有效閱讀就是閱讀達到流暢，閱讀者須學習認字，同時達到自動化，而不是有意識的、深思熟慮的努力。如果閱讀者集中心力於辨認生字、新詞，就無法去理解每個生字、新詞的意義。

書寫中文時，法則包括圖解或看到中文字和音韻之間一致性的系統。一旦兒童學習這些圖解，就會打破法則且能運用這個知識來想出中文字的發音。早期達到這方面的能力是重要的，因為這種能力可正確預測日後的閱讀理解能力。學習中文字及其發音法可導致更廣泛的閱讀習慣，進而提供字彙概念與文章書寫知識成長的機會。

有良好閱讀開始的兒童會閱讀更多，且成為優讀者；反之，一開始就閱讀不佳的兒童無法廣泛參與閱讀，會不愛閱讀，閱讀少，且經歷負面的閱讀經驗。學習和閱讀障礙兒童需要直接教學認字和理解，使書寫字詞和音韻之間的關係明確。這種教學強調透過提供兒童一些記憶有用的字詞線索及其意義的學習過程（Adams & Bruck, 1995）。

(四) 統合閱讀取向

上述教學取向都是有價值的。學習障礙兒童需要各類教學。他們可由文學環境中受益，包括圖表故事、教室內圖書館及學生作品的展示，從教師示範喜愛閱讀，運用主題來組織閱讀和書寫教學……中學習到（Lerner & Johns, 2012）。

教師應該對學生唸讀故事，讓學生在閱讀故事之前發展背景知識及鼓勵寫故事（Pressley & Rankin, 1994）。另外，學習障礙學生在學習中文字法則、音韻和注音符號的關係上需要明確的教學（Moats, 1998）。因此，在學習障礙學生的閱讀教學上，每種方法都不可偏廢。

(第二節) 閱讀評量與教學策略

一、評量閱讀

我們可透過正式測驗或非正式測量，評量學生的閱讀能力。茲分述如下：

(一) 正式測驗

表10-5列出了若干國內可用的正式閱讀測驗。顯然，國內有關評量閱讀的正式測驗仍不足，有待持續研發與修訂（張世彗、藍瑋琛，2019）。

表10-5　國內有關閱讀的測驗

作者／年代	測驗名稱	適用對象
吳金花（1997）	國民小學閱讀理解測驗	小四～小六
方金雅（2001）	多向度詞彙測驗	小三
林寶貴、錡寶香（2002）	中文閱讀理解測驗	8-12歲
洪儷瑜等人（2003）	基本讀寫字綜合測驗	小一～小二
張世彗、楊坤堂（2004）	國小閱讀理解測驗	小一
黃瑋苓（2004）	單位詞測驗	小三
王木榮、董宜俐（2006）	國小學童中文閱讀理解測驗	小六
柯華葳、詹益綾（2009）	國民小學閱讀理解篩選測驗	小二～小六
陳美芳、吳怡潔（2009）	圖畫式聽覺理解測驗	小一～小二
張世彗（2013）	閱讀理解量表	小二～小三
陳美芳、吳怡潔（2009）	聽覺理解測驗	小三～國三
曾世杰、張毓仁、簡淑真、林彥同（2011）	快速自動化唸名測驗	幼兒大班～小六
蘇宜芬、洪儷瑜、陳心怡、陳柏熹（2015）	閱讀理解成長測驗	小四～小六
孟瑛如、江素鳳、周嘉慧、簡吟文、周文聿（2015）	國民小學一至六年級閱讀理解診斷測驗（RCDA/G1-6）	小一～小六

作者／年代	測驗名稱	適用對象
孟瑛如、江素鳳、周嘉慧、簡吟文、周文聿（2015）	國民中學七至九年級閱讀理解診斷測驗（RCDA/G7-9）	國一～國三
張祐萱（2016）	國小句型理解測驗	小二～小六

(二) 非正式評量

評量閱讀最簡單且實用的方法之一，在於當學生大聲閱讀時進行非正式觀察。教師可偵測到學生一般的閱讀水準、認字能力、錯誤型式及對材料內容的了解。以下描述若干非正式評量的方法：

1. 非正式閱讀量表

非正式閱讀量表（informal reading inventory）非常簡單易行，可用來提供學生閱讀能力和水準、錯誤類型、了解新單字的技術、及相關行為特性等資料（Johnson, Kress, & Pikulski, 1987）。國外的非正式閱讀評量程序須主試者，從一系列分級的閱讀水準中選擇大約100個單字。學生從幾個分級水準大聲閱讀，教師則有系統地記錄錯誤。如果學生每100個單字超過五個錯誤，就漸進地提供他們較容易的選擇，直到發現某水準的大聲閱讀每百個單字不超過兩個錯誤為止。為檢核理解，教師會詢問學生有關每個選擇四至十個問題。

2. 閱讀的檔案評量

檔案評量是一種變通性評量。標準化閱讀測驗的問題在於他們不能測量學生在班上所真正做的，且評量未與閱讀課程密切相連。支持檔案評量者認為學習太過複雜、評量太不完美，以致無法僅依賴任何單一成就指標（Wiggins, 1990）。

簡言之，檔案評量包括保留學生閱讀和寫作樣本。在學期中，蒐集學生的寫作是很容易的。針對閱讀，教師保有回應性的日誌，紀錄學生對所閱讀書籍的反應，伴隨教師的回饋意見。日誌顯示了每位學生閱讀理解上的成長，檔案可保存語言經驗故事的樣本。這種型式的其他評量方法就是觀察學生、檢核表、面談學生及蒐集學生的作品，透過蒐集學生作品一段時間，教師、父母和學生本身就能評估進步情形（Richek et al., 1996）。

3. 口語閱讀錯誤分析

口語閱讀錯誤分析是採用心理語言的方法，來評量口語閱讀。錯誤指口語閱讀時，學生所做偏離了本文。這些錯誤被視為是診斷的機會，因為透過它們，閱讀者洩漏了他們基本的語言歷程。

二、閱讀教學策略

這裡的教學策略提出了用來教導學習障礙學生的閱讀取向、方法和材料。這些策略可歸納，如圖10-11。一般學生在閱讀上所使用的方法和材料，可針對學習障礙學生予以調整。這類調整包括增加反覆的數量、增加完成作業的時間、提供更多例子或活動、擴展背景資料、提供更多字彙發展的任務、選擇不同於這些學生曾使用的一般書籍和材料。

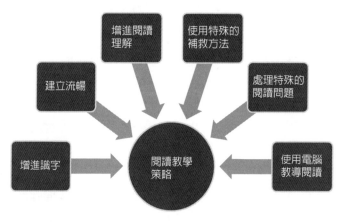

圖10-11　閱讀教學策略

㈠ 增進識字的策略

1. 建立音韻覺識

如前所述，一位正在學習閱讀的兒童首先必須了解中文字與其音韻系統。教授音韻覺識的策略，如學習計算中文字上的音韻，來分割中文字的聲母和韻母，同時認識聲調。

2. 由下而上的教學

由下而上的教學（bottom-up model of reading）就是以發音為中心的教學法。有關注音符號系統和發音書籍已在市場上出現幾十年了。目前許多注音符號系統，被重新包裝成CD、隨身碟、光碟、電腦軟體方案及多媒體套裝軟體……。注音符號發音教學的取向有三種：綜合的、分析的和折衷法。綜合發音法（synthetic phonics）首先教導學生綜合或混合這些個別的音素成為整個單字；至於分析發音法（analytic phonics）則教導學生整個國字，有其相對應的拼音型式，然後教導學生分析構成中文字的音素（聲母和韻母）。

3. 發音補救閱讀課程

這些補救閱讀課程，包括學生閱讀有一致發音形式的中文字。這些練習的第一個部分導入最常見的語音；第二部分包括某些先前習得語音的組合；第三部分則呈現在整個單字上較不常使用的語音；第四部分則提供輔助性的練習。這些練習是基於最少限度改變的原則，一個符號、一個反應，重複和社會性增強。這種方法僅針對需要解譯能力練習的學生，使用幾分鐘的教學活動。

4. 使用脈絡線索

脈絡線索可協助學生透過句子或章節的脈絡來識字。一旦資訊重複或另有資訊支持來源時，語言重複就會發生。這些重複的語言提供了有關未知國字的暗示或線索，協助閱讀者猜測不熟悉的國字。透過本文來認字的教學，最好是經由真正的閱讀。閱讀障礙學生如果在閱讀故事和書籍上有系統的練習，就會自然地學習使用本文中的內容線索。

5. 運用結構分析

結構分析指透過分析有意義的國字單位，如部首（火部）來識字。閱讀者可認識中文字的結構元素（如偏旁），這些線索組合句子的前後脈絡來識字。

6. 強化視力國字

視力中文字（sight words）指立即可認知，無須遲疑或進一步分析的中文字。流暢性閱讀需要多數字為視力中文字。一旦選擇的閱讀材料包含太多困難的非視力中文字，其結果是費力且令人挫折的。表10-6所列的

297個基本視力中文字，是一年級學過應該了解的。透過閱讀故事是一種最佳且最自然，學習視力中文字的方法。視力中文字在本文中多次出現。這些故事中的許多字，是來自於視力中文字表。學習障礙學生需要其他直接強化其視力中文字的方法。

表10-6　視力中文字表

手、左、右、上、下、大、一、我、們、在、河、玩、白、的、吹、泡、先、個、小、向、
天、跑、走、你、那、來、去、直、不、到、出、口、空、是、星、家、魚、地、門、開、
了、爸、媽、回、哥、姐、笑、都、冷、抱、安、問、說、嗎、沒、看、見、放、心、年、
好、炮、街、面、喜、快、樂、起、樹、種、這、個、院、就、打、陪、起、長、牙、有、
人、老、哭、也、話、師、什、呢、張、啦、會、很、多、字、故、事、自、己、書、喜、
歡、給、完、教、念、句、跟、窗、鳥、仔、細、聽、每、都、哈、課、吵、又、跳、校、
彩、色、紅、朵、快、樂、亮、歌、可、誰、新、得、臉、許、再、吧、請、身、力、次、
前、面、巷、安、早、步、送、牛、奶、班、光、照、戶、朋、友、希、望、以、後、那、
本、拿、巧、兩、坐、被、居、寬、像、畫、過、它、雖、和、挖、土、等、爬、竹、久、
全、弟、嘟、巴、哪、為、指、肚、今、年、興、生、母、親、節、做、意、頭、穿、漂、
亮、寫、您、真、麗、卡、孩、洗、車、衣、服、先、理、房、間、想、地、功、時、明、
學、候、按、鈴、喊、喂、急、才、知、道、還、立、東、西、塊、兒、抓、割、堆、滿、
屋、泥、飯、米、吃、倉、牆、洞、從、偷、啊、睡、喵、貓、半、竟、住、害、公、署、
假、最、夏、晚、頂、閃、發、顆、正、中、央、方、浪、隊、沙、城、推、倒、黃、昏、
雲、踩、印、謝、些、同、游、泳、加、令、百、排、定、水、果、常、買

取自康軒版國語一上和一下

7. 組合認字線索

我們應鼓勵閱讀者使用所有的認字線索（如脈絡線索、結構分析和視力中文字）。不管怎樣，在閱讀歷程中若遇到未知的字而中斷時，他們就需要這些策略。閱讀者通常會一起使用幾個線索，直到他們認識這個未知的字。學習障礙學生須練習上述每個識字線索，以達自主、彈性和流暢。

8. 識字教學取向

本部分將探討一些識字教學方法：

(1) 分散識字法

分散識字法是將生字打散於不同課文中，隨著課文學習而識字，讓學生個別學習每個字的形音義。

(2) 集中識字法

集中識字法是將形體相近的文字集中教學，讓學生在學習該生字的同時，也能辨認相似形體的文字。例如：課文為「天氣晴晴河水清，小小青蛙大眼睛；小青和小靖，看到蜻蜓好心情。」學生一下子就可以學習到「晴」、「清」、「青」、「靖」、「睛」、「情」等字。

(3) 圖解識字法

圖解識字法是將文字以圖像方式呈現，透過圖像來解釋文字意義的一種方法，因此它是一種文字圖像化的視覺學習策略（周碧香，2009）。在教學中，這種方法會使用到「字形演變卡」、「形似圖」、「形似字分辨卡」等教具。就運作歷程來說，就是看到目標字，讀者根據目標字和圖片連結，同時激發出學習過的內容以完成識字（張長穎，2013）。

(4) 基本字帶字教學法

基本字帶字教學法是透過給基本字加偏旁部首的辦法「歸類識字」，引導學生利用熟字記憶生字，同時啟發學生理解中文字的形義關係、形音關係及義音關係，使學生能夠統一聯繫字的形音義，以提高識字的效率。

(5) 形聲字識字教學法

形聲字教學法係指導學生以「部首表義」及「聲旁表音」為識字線索，學習一組具備相同「聲旁」的多個中文字。例如：「場、湯、腸」等三個中文字皆具備「昜」之聲旁，亦即這三個字皆具有「尢」的音韻特性，教學時提示學生根據同韻及不同部首的特性，同時辨識這一組字。

(6) 意義化識字教學法

意義化識字教學法係利用中文字的六書原理及文字本身可能的意義線索或記憶線索，設計有助於學生記憶中文字的意義化教學內容。例如：「瞎」字的意義化教學內容為「眼睛被害，就是瞎子了」；「琴」字的意義化教學內容為「二個小公主今天一起彈琴」。

(7) 字族文識字教學法

字族文識字教學法就是以一個字為母體字，加上不同偏旁來衍生出許多字形類似的字族字，然後根據這些字族編寫文章。例如：「人」部，可組成「他、們、夥、你、伴……」等字，然後根據這些字族編寫成易讀的韻文。

(8) 字理識字教學法

字理識字教學法就是根據六書造字原理，運用直觀、聯想實物或圖形的方法，來聯繫字形與字義，達到識字目的的教學法。

(9) 互動式電子白板融入識字教學法

互動式電子白板融入識字教學法是透過簡報軟體（PowerPoint）編製教材，然後進行互動式電子白板融入教學活動，並讓學生透過操作互動式電子白板的過程，重複閱讀練習，多樣方式的刺激以增進學習效果（江毓鈞、楊曉玲，2012）。

(二) 增進閱讀流暢的策略

除正確認字外，閱讀者須快速且流暢閱讀。否則，閱讀就會變得費力、無趣及喪失意義（Hasbroack, 1996）。閱讀流暢性是快速認字、閱讀句子及較長文章的能力。許多弱讀者具有閱讀流暢困難，通常他們沒擁有足夠的視力中文字，必須努力解釋閱讀文章上許多的字，由於專注認字，因而他們的口語閱讀充滿冗長的中止和重複。

在口語閱讀和默讀上，學生須充分練習來建立流暢性。不幸地，弱讀者不愛閱讀或參考所需的廣泛閱讀來建立流暢性。因此，教師必須使用策略來使閱讀成為是一種享受和正向的經驗。以下是一些增進閱讀流暢的策略：

1. 神經心理印象法

神經心理印象法是另一種增進重度閱讀障礙學生閱讀流暢性的方法（Langford, Slode, & Barnett, 1974）。它是一種快速調和的閱讀系統，學生坐在教師前面，兩個人一起閱讀。在近距離的情況下，教師的聲音直接傳入學生的耳朵。閱讀時，學生或教師將手指指向這個特定的單字。有時教師的聲音可快速且聲量超過學生，其餘時間教師則閱讀得比稍微落後的學生來得緩和。在未事先看到閱讀材料的情況下，時間允許且學生不感到厭煩下盡可能涵蓋多頁。這種所隱含的理論是從閱讀者本身聲音和某人聲音獲得回饋的聽覺歷程，來建立新的學習歷程。

在順著閱讀方面，就會產生類似的過程。使用此種方法，是讓兒童一邊順著本文閱讀，一邊聽著故事播放。在班上，可使用耳機避免干擾其他

兒童。

2. 重複閱讀

重複閱讀就是一種給予學生重複練習，以增進其口語閱讀流暢的策略。對能正確認識本文中多數中文字，但尚未發展流暢性的閱讀者來講是很有用的。這種方法包括選擇50-200個字長的文章，讓閱讀者能夠認識多數的字。然後在進行新文章之前，學生口頭閱讀所選擇的文章三至四次。通常在每次閱讀和每日練習之後，會向學生報告其認字正確率和閱讀速度（Lerner & Johns, 2012）。若將文章放在電腦螢幕上，有些學生特別喜愛重複閱讀。

3. 預測性書籍

預測性書籍包括一再重複的型式或疊句，有許多是民俗故事和童話虛構故事。讓年幼兒童閱讀幾次後，他們就能學習說故事者一起預測中文字，並開始說疊字。在兒童能夠閱讀之前，使用預測性書籍是主動融入兒童的一種優越方法。他們開始發展語言知識並期待要說什麼。閱讀故事時，這種經驗可協助他們發展認字能力（Richek et al., 1996）。

(三) 增進閱讀理解的策略

1. 明確的結構理解教學

學習障礙學生比一般學生，需要不同理解型式的教學（William, 1998）。就像學習障礙學生須明確的結構性教學來學習認字能力一樣，他們需要明確且高度結構的教學來學習閱讀理解能力。基本上，運用偶發的、文學本位的方式，來教導閱讀理解是不充足的。有學者曾透過「主題教學方案」（themes instructions program）（包含十二個系列課程），來教導學習障礙學生閱讀理解。

每個課程皆有一個單一故事情節，內容包含：(1)閱讀前討論課程目的與將要閱讀的故事主題；(2)閱讀故事；(3)使用有組織的問題作引導，來討論重要的故事資訊；(4)確定故事主題，先用一般術語做開始，以適合各種故事和情境；(5)練習運用一般主題至真實生活的經驗（William, 1998）。

2. 閱讀前、中、後的理解活動

閱讀理解可在閱讀前、中、後教導，其教學流程，如圖10-12（Richek et al, 1996）。

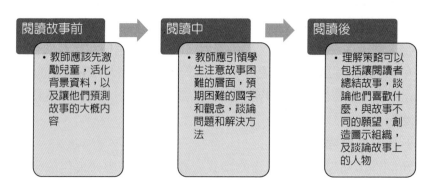

閱讀故事前	閱讀中	閱讀後
• 教師應該先激勵兒童，活化背景資料，以及讓他們預測故事的大概內容	• 教師應引領學生注意故事困難的層面，預期困難的國字和觀念，談論問題和解決方法	• 理解策略可以包括讓閱讀者總結故事，談論他們喜歡什麼，與故事不同的願望，創造圖示組織，及談論故事上的人物

圖10-12　閱讀前、中、後理解活動的流程

3. 活化背景知識

語言經驗法被認為是建立學生知識和語言基礎，同時連接不同語言形式的一種方法。這種方法使用學生本身的經驗和語言作為原料。學生開始先對著教師口述故事（或自己寫故事），然後這些故事變成他們閱讀教學的基礎。透過語言經驗法，學生將書寫材料概念化成如下所示：「我能思考什麼，我能談論什麼」；「我能說什麼，我能寫什麼」；「我能寫什麼，我能閱讀什麼」；「我能閱讀他人寫給我閱讀的東西」，並沒有嚴格的控制字彙、語法或內容。

語言經驗法有其必要性和創造力的元素。在兒童開始閱讀階段與較大學生的矯正教學上，這種方法是有效的。由於閱讀材料超過兒童個人的經驗和表達這些經驗的自然語言，因此兒童的興趣是高昂的。

4. 建立有意義的字彙和概念

為有效閱讀，閱讀者須擁有中文字新詞的意義及其所蘊涵的概念知識。學生閱讀愈多，就會獲得愈多中文字新詞的意義與語音。運用策略來建議兒童對生字及新詞的字彙做了解是很重要的。字彙知識和了解生字新詞概念的能力與閱讀成就有密切關聯。字彙若不足會嚴重影響到閱讀理解。尤其，隨著生字新詞愈來愈抽象，就會愈難掌握概念。

概念常被解釋為是觀念、抽象或事物的本質。例如：「門」的概念是指一種具體經驗的符號觀念或抽象。個人經驗可能包括接觸到不銹鋼門、木板門、鐵門及玻璃門，但是「門」的概念象徵一組有關門的屬性。「門」這個字要求個人去推論有關門的新經驗，如地牢鐵門。「門」本身的概念並有經驗的參照點。

在抽象上，中文字會進一步脫離具體的指示物。內容領域上的閱讀問題常不是因國字的難度，而是概念表現方式的濃縮性和簡潔性。

由於語言在概念發展上扮演關鍵的角色，因此語言問題可能會在錯誤的概念能力與有限字彙發展上表現出來。如果學生的概念不正確，對文章的閱讀了解就會產生困難。

(1) 擴展字彙

表10-7是建立和擴展字彙的活動。

表10-7　建立和擴展字彙的活動

活動型式	內涵和例子
提供具體經驗	首先提供學生主要的字或概念的經驗，其次鼓勵和協助學生由經驗中引出結論；隨著學生進展到更高階段，教師可培養分類、類化和總結的能力。
強化中文字的多重意義	中文字的多重意義常會造成閱讀混亂；教師可透過查字典遊戲，完成中文字活動和班級討論來強化中文字的多重意義。例如：中文字「散」有多重意義。
由分類來擴展字彙	我們可搭配已知的字來學習新字；垂直的字彙擴展包括拿一個已知的字，將其分解成類別；水平的字彙成長是指充實和區分。例如：學生將「狗」的概念分解成許多種類（垂直）；學生可命名所有「狗」的動物，然後學習區別其他的動物（水平）。
探究字源	由於國字新詞融入我們生活中的每個階段，因此我們可從學生的經驗中引出新字和新詞。例如：電腦、運動、報紙、廣告、科學、雜誌、書籍等。

(2) 字詞填空

字詞填空是一種建立理解和語言能力的有用技術。它是藉由提供一個缺失資料來完成結構，使其成為完整性。如果想將字詞填空運用到閱讀歷程上，可使用下列步驟，如圖10-13：

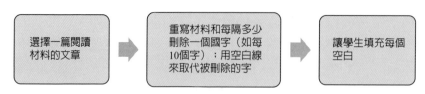

圖10-13　字詞填空的步驟

我們可對各種目的使用和修正字詞填空的程序。例如：爲了教導字彙，我們可刪除字彙課本上的字。在學科領域方面，如物理科，可刪除關鍵性的專有名詞。

5. 閱讀—寫作連結

對話體新聞是一種個人閱讀和寫作的方法。爲了進行這項活動，教師可提供每位學生一本筆記本，師生彼此在筆記本上書寫個人的訊息。各種主題都可以討論，教師可問學生他們多喜歡一本書或詢問有關他們的生日、假期或所發生的事情。俟學生撰寫一些東西後，教師再予以回應。下列是幾種有關閱讀—寫作的方式：

(1)無字材料

爲了培育閱讀理解，教師可使用無字的材料，如卡通書、默片或攝影照片書。首先學生由圖片中想出故事內容，然後將它們轉換成文字。一旦學生了解教材，文字就會變得有意義。學生甚至可寫下他們自己的對話。

(2)書寫會話

學生可寫下訊息給教師或其他同學，同時也應該寫下教師的反應，來替代學生想要與教師或朋友溝通（Richek et al., 1996）。

6. 思考策略

(1) 自我監督

有關此策略爲學生學習監督自己的錯誤。學生需要特定的訓練以學習檢核本身反應的方法，從而變得了解錯誤或無意義的回答。自我監督需要在學習過程中主動參與，而非在回答問題之前被動學習。教導學生掃描材料的方法，以及停止、傾聽、注視和思考的方法，即主動考量各種方法和策略（在回應問題時）。自我監督的目標在於降低衝動、未經思考的答案和決定反應，直到已系統地尋找到正確的反應爲止。

(2) 發問策略

學生在參與閱讀時，教師發問問題的型式可以激勵各種型式的思考。許多教師發問的問題，要求回憶細節。為了激發理解，教師也必須要能夠激起猜測、解釋、評鑑和判斷問題。圖10-14的實例，說明了四種理解問題的型式及其實例。

文義理解	• 小兄弟想要吃什麼？
解譯	• 為何將糖果罐存放在地下室？
控制性閱讀	• 媽媽將孩子單獨留下來對嗎？
創造性閱讀	• 你將如何解決此項問題？

圖10-14 理解問題的型式

運用自我詢問學習策略，學生可以發展他們自己的理解問題。我們會教導學習障礙學生在閱讀時，使用自我詢問的策略。他們詢問自己這類問題，如我閱讀此篇文章的目的何在？主要的觀念是什麼？什麼是有關主要觀念的好問題？學生何時學習監督他們的學習？他們的理解何時顯著地提升了（Wong & Jones, 1982）？

7. 學習閱讀理解策略

學習障礙學生主要的閱讀理解問題，在於他們傾向於被動的等待教師的指示。他們不知道如何有效地與本文互動或合併新舊資料。他們通常勉強閱讀，遲疑發問和只針對教師要其記憶的部分來進行思考。這些學生無法監督他們的閱讀理解，當他們不了解所閱讀文章的意義時，他們不會採取回視並企圖了解的行動。反之，他們會繼續閱讀下去即使喪失更多的意義。通常他們並不知道某些事是錯誤的。

閱讀理解障礙學生需要教學，來協助他們變得更為主動地參與閱讀。他們需要透過學習認識到他們的理解喪失，來發展後設認知能力。增進閱讀的學習策略可協助學生變成主動學習者，能夠引導他們本身的學習（Lenz, Ellis & Scanlon, 1996）。下列有幾種針對閱讀理解的學習策略：

(1) SQ3R技術

SQ3R技術包含下列步驟（Mayer, 1987），如圖10-15：

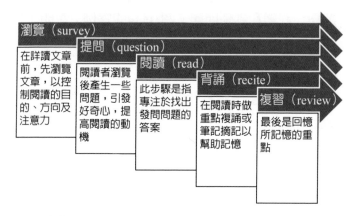

瀏覽（survey）
在詳讀文章前，先瀏覽文章，以控制閱讀的目的、方向及注意力

提問（question）
閱讀者瀏覽後產生一些問題，引發好奇心，提高閱讀的動機

閱讀（read）
此步驟是指專注於找出發問問題的答案

背誦（recite）
在閱讀時做重點複誦或筆記摘記以幫助記憶

複習（review）
最後是回憶所記憶的重點

圖10-15　SQ3R技術的步驟

(2) REAP技術

REAP技術包括下列步驟（Eanet, 1978），如圖10-16：

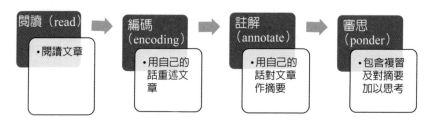

閱讀（read）
・閱讀文章

編碼（encoding）
・用自己的話重述文章

註解（annotate）
・用自己的話對文章作摘要

審思（ponder）
・包含複習及對摘要加以思考

圖10-16　REAP技術的步驟

(3) SCROL策略

SCROL策略包含下列步驟（Grant, 1993），如圖10-17：

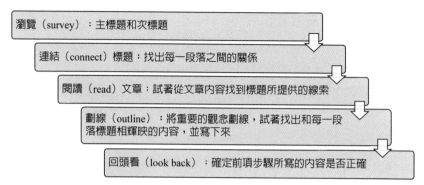

瀏覽（survey）：主標題和次標題

連結（connect）標題：找出每一段落之間的關係

閱讀（read）文章：試著從文章內容找到標題所提供的線索

劃線（outline）：將重要的觀念劃線，試著找出和每一段落標題相輝映的內容，並寫下來

回頭看（look back）：確定前項步驟所寫的內容是否正確

圖10-17　SCROL技術的步驟

(4) 改寫（釋義）策略

改寫策略是學生學習將文章放入他們本身的單字中，他們使用記憶術來憶起所閱讀的文章。詢問自己有關主要的觀念和兩種支持性的細節，並將本文放入自己的單字中（Lenz et al., 1996）。

(5) 多重通過策略

多重通過策略是讓學生瀏覽本文三次，以提高理解。在調查通過上，他們先觀看引導、結論、檢視標題和視覺圖示本文。在估量通過上，學生透過閱讀章節問題確認最重要的本文內容。在挑揀通過上，學生閱讀精選並回答所附的問題（Deshler et al., 1996）。

(6) 文章結構分析策略

教導學生文章結構的學習策略有以下幾點：(1)確認文章結構；(2)辨認文章中所表達的適當觀念；(3)在文章結構中，觀念之間的適當連結（Cook & Mayer, 1988）。其教學方式包含：(1)非正式的團體演講、討論，針對不同形式的說明式文章的架構做說明、舉例並加以討論；(2)學習單的練習；(3)給予學習單回饋，並評估其正確性；(4)口頭詢問文章內容。

至於在閱讀理解過程中，則包括從文章中選擇適當的資料、處理適當存在的知識、建立文章內觀念之間的內在連結，以及建立文章新知識與既存知識之間的外在連接。

㈣ 特定的閱讀補救教學取向

本部分所探討的特定方法是針對嚴重閱讀問題學生而設計的,基本上並不適用於普通教育。我們將探討「文句脈絡教學法」、「語意構圖教學法」、「直接教學方案」、「多重感官法」與「恢復閱讀法」。茲分述如下:

1. 文句脈絡教學法

這種方法是由讀者透過對文章、詞彙不斷猜測和驗證的過程,來了解文章內容與詞彙的意義,這種方法也可用來增進詞彙的學習。歐素惠、王瓊珠(2004)發現文句脈絡教學法,對國小二至六年級閱讀障礙兒童的詞彙學習表現與閱讀理解能力具有成效。其教學步驟,依序如圖10-18。

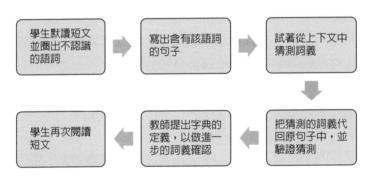

圖10-18　文句脈絡教學法的步驟

2. 語意構圖教學法

這種教學法是指學生能將詞彙做分類,並建構出詞彙的層級關係圖,透過概念圖的建構活動來了解詞義。這種方法也可用來增進詞彙的學習。其教學步驟,依序如圖10-19(Bender, 2006)。

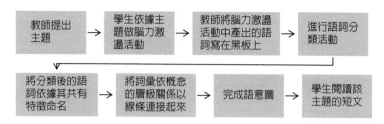

圖10-19　語意構圖教學法的步驟

3. 直接教學方案

直接教學已被認為對於因貧窮而處於危險之兒童，是高度有效的（Engelmann & Bruner, 1995）。基於行為心理學的原理，它包含練習、閱讀教學及反覆練習。只要學生有進步，教師就會以讚美作為激勵。方案中的每個步驟，教師都會導以特定程序和口頭教學。方案運用綜合語音法，首先教導學生必要的聽覺混合的能力，來協助他們將單獨的語音組合成國字。此外，修正某些注音符號的形狀來提供國字語音的線索。兒童有進展時，就逐漸地褪除特殊的符號。

在這些方案上，教師提出完整的課本。亦即，教師所說和所做的都是指定的，而由學生提供預期的反應。教師依照常模參照的任務和測驗，來評估個體與小組的精熟程度。當然也有針對年齡較大學生的矯正式閱讀方案（Engelmann, Becker, Hanuer, & Johnson, 1998）。這類型方案有兩個主軸：解譯（循一般的直接教學格式）和理解（使用年齡較大感興趣的教材）。

4. 多重感官法

多重感官法基於Orton-Gillingham、Project Read、the Wilson Reading法、Alphabetic phonics、the Herman法及the Spalding法（Henry, 1998）。這些多重感官形成了一個成為國際多重感官多結構語言的協會（McIntyre & Pickering, 1995）。多重感官法有下列類似特性，如圖10-20：

類似 特性	藉由提供視、聽、觸和運動等學習管道的連接,來協助語文資料
	運用強調依ABC次序排列的高結構發音教學
	包括豐富(充足的)且反覆的練習
	擁有計畫仔細的連續練習(課程)
	強調明確的教授語言規則系統,以引導閱讀和拼音

圖10-20　多重感官法類似的特性

　　多重感官法使用幾種感官(如視覺、聽覺、動覺及觸覺)來增強學習。為激發所有這些感官,兒童傾聽教師說中文字,對他們自己說中文字、聽他們自己說中文字、探索國字時感受肌肉動作用指尖接觸外表,注視著手探索國字的動作,在探索時一邊聽到自己說出這個中文字。以下則描述幾種多重感官法:

　　(1) Orton-Gillingham(OG)法

　　OG法是一種Orton閱讀障礙理論的副產品(Orton, 1976)。這種方法著重多重感官、系統的、結構的語言過程,來解譯閱讀和拼音教學。起初是學習個別字母的語音和混合。學生使用追蹤技術來學習單一字母及其發音,這些單音可在日後組合成為較大的群,然後形成短字(Gillingham & Stillman, 1970)。

　　同時拼音任務也是OG法的一部分。寫字母時,學生依序說出字母的語音和字母的名稱。這種方法強調發音,依賴正式的學習順序。OG法有各種延伸和應用。Project Read就是一種OG法的調整,這種方法在成就上有明顯的提升(Enfield, 1988)。Singerland(1976)則發展出一種OG法的變種,提供延伸性的材料。另外一種調整則是閱讀菜單(Traub & Bloom, 1978),伴隨有二十一種輔助性讀物。

　　(2) the Fernald法

　　Fernald(1988)發展了一種使用視、聽、動、觸等感官的閱讀取向,但它與其他多感官方案不同,因為它教導整個字(而不是單音)。學生追溯整個字以強化整個字的記憶和視覺化。雖然Fernald法包括四個階段,但以階段一最獨特(圖10-21)。這種教學取向對拼音教學也是有效的。

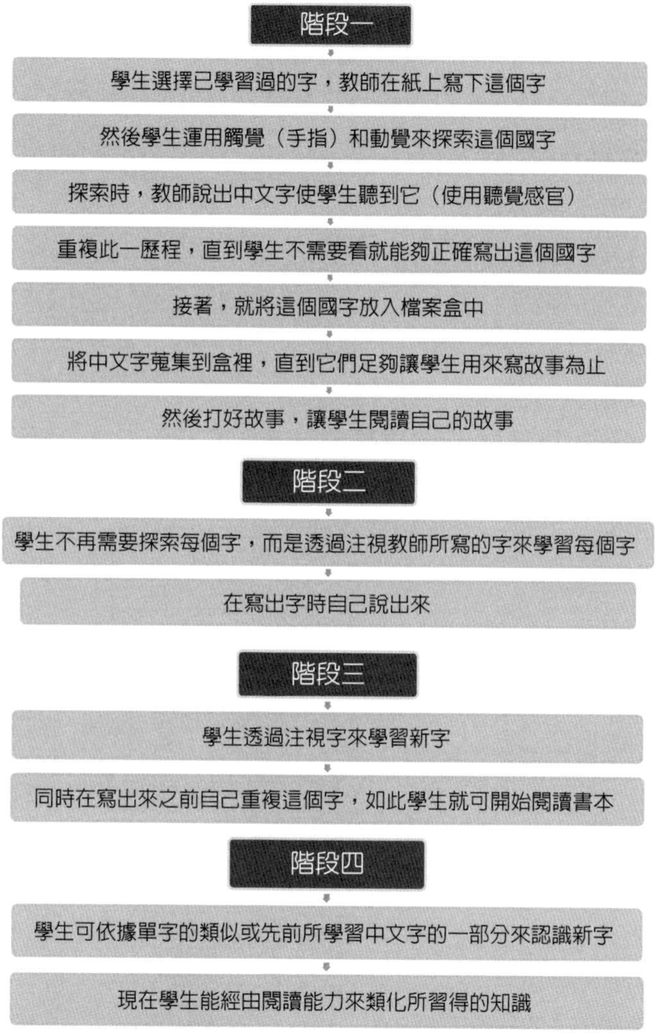

階段一

學生選擇已學習過的字，教師在紙上寫下這個字

然後學生運用觸覺（手指）和動覺來探索這個國字

探索時，教師說出中文字使學生聽到它（使用聽覺感官）

重複此一歷程，直到學生不需要看就能夠正確寫出這個國字

接著，就將這個國字放入檔案盒中

將中文字蒐集到盒裡，直到它們足夠讓學生用來寫故事為止

然後打好故事，讓學生閱讀自己的故事

階段二

學生不再需要探索每個字，而是透過注視教師所寫的字來學習每個字

在寫出字時自己說出來

階段三

學生透過注視字來學習新字

同時在寫出來之前自己重複這個字，如此學生就可開始閱讀書本

階段四

學生可依據單字的類似或先前所學習中文字的一部分來認識新字

現在學生能經由閱讀能力來類化所習得的知識

圖10-21 Fernald法的四個階段

(3) The Wilson Reading法（WRS）

WRS法（1988）是一種依據OG法哲學的多重感官、結構語言的方案。它提供教師運用逐步漸進的方法，來針對需要直接的、多重感官和結構語言的教學。WRS法在拼音檢核器或字典的協助下，針對解譯、閱讀流暢或拼字有困難的學生提供協助。這種方法透過十二個詳細順序步驟的方案，協助他們精熟解譯和增進英文上的解碼，來教導學生字的結構和語

言。他直接教導音韻覺知、語音和全語音結構，同時花費一至三年來完成。這種方法也可運用在閱讀障礙大人的身上。

5. 恢復閱讀法

「恢復閱讀法」（reading recovery）是一種針對學習閱讀有困難的一年級學生所設計的閱讀方案，最早是由 Clay（1993）為紐西蘭兒童而發展的，現在已在美國廣泛使用。恢復閱讀提供一年級兒童的特殊教學取向。在前幾週評量所有年級兒童，選擇最低等級的兒童進入這個方案。然後，讓方案中的兒童每天接受一對一的閱讀教學30分鐘，持續12-15週。

這種方法所教導的策略，包括：(1)在閱讀時，監控所閱讀到的內容是否合理；(2)使用不同的策略來檢核意義化的歷程；(3)從圖片、視覺線索或語言結構中尋找意義化的線索；(4)強調自我校正；(5)遇到意義不清晰時，重新閱讀。此外，這種方法有其一般性活動流程，如圖10-22。

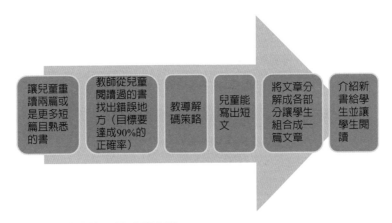

圖10-22　恢復閱讀法的一般活動流程

這種方法會使用各種認字和理解策略，材料包括許多簡單的書，尤其是可預測性和語言型式的書，同時強調早期介入和密集訓練（Iverson & Tnumer, 1993）。研究顯示恢復閱讀方法的結果是混淆的。起先，兒童在閱讀上要比對照組有更大的進步。惟有些兒童並未顯現長期的進步，約30%的兒童在參與方案一年內仍未恢復（Shannon & Barr, 1995）。

㈤ 處理特定閱讀問題方法

閱讀能力獲得有很大困難的學生常會面臨特定型式的問題，如默讀能力不足、口頭閱讀不流暢、嚴重閱讀問題、用手指指和用嘴脣移動、中文字／注音符號逆轉或倒轉（Lerner, 2003），如圖10-23。協助這類學生解決特殊問題的特定策略，說明如下：

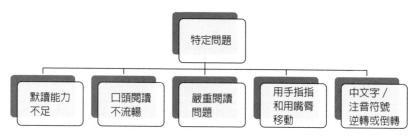

圖10-23 閱讀能力有困難學生的特定問題

1. 默讀能力不足

多數成人的有意義閱讀是無聲的。因此，補救應該包括學生默讀的機會。為強調默讀的重要性，應先於口語閱讀進行，同時留意學生默讀的直接動機。例如：教師可針對學生在本文中應發現的資訊，進行默讀問題和討論，讓其成為對學生是有意義的活動，然後逐漸增加學生預期要做的默讀品質。

2. 口語閱讀不流暢

弱讀者常會出現遲疑、不流暢、暫停方式的閱讀。研究顯示教師傾向於更常中斷弱讀者，進而影響到口頭閱讀的流暢性。為了增進口頭閱讀，學生需要更多的練習。教師要確保教材不要太難，讓學生先默讀材料，並告訴他們閱讀時，教師不會中斷。

3. 嚴重閱讀問題

對此類學生來講，錄音書可以是真正愉快的；教師可運用錄音書來讓他們持續增進閱讀能力，以求跟上內容。

4. 用手指指和用嘴脣移動

在閱讀初期，用手指指和用嘴脣移動是正常的行為。尤其，當材料變

難時，即便是成熟有效率的閱讀者也會出現這些習慣，因為他們協助我們了解困難和令人挫折的材料。有些學生需要這些支持，以了解他們正在閱讀什麼。不管怎樣，用手指指和用嘴脣移動會抑制閱讀的流暢性，當他們不再需要時，應予壓制。這兩種習慣鼓勵逐字閱讀或口語化（將書面語的訊息以口語方式表達出來），也會抑制速度和降低理解。下列補救方法應予考量（表10-8）：

表10-8　用手指指和用嘴脣移動的補救原則

原則	詮釋
教材難度適中	不要選擇太難的教材，迫使學生使用這些行為。
眼睛檢視	用手指指的範圍很廣可能是視覺困難的徵狀，某些個案可能需要眼睛的檢視。
讓學生了解其問題	我們應該讓學生了解他們的習慣，以及這些習慣如何抑制閱讀進步。
使用記號結合褪除法	消除用手指指的第一個階段可使用記號來取代用手指指，然後消除記號。如果在數線上放記號，閱讀者就能儘快閱讀，如此記號就不會成為速度和向前看的障礙。
提醒或增加速度	提醒學生他們正在脣移，增加閱讀速度也可消除脣移。

5. 中文字／注音符號倒轉或逆轉

倒轉是一種反轉中文字或注音符號，不只是方向不同的傾向，如伯→人白、張→長弓。逆轉則是另一種常見的錯誤型式，如雲逆轉成雨（在下）云（在上）。有此種問題的不良閱讀者甚至可能向後寫，而形成鏡照寫法。一開始閱讀者出現倒轉現象是很常見的。這類錯誤顯示學生缺乏注音符號和中文字的經驗。

基本上，當學生獲得經驗和精熟閱讀時，倒轉現象就會消失。因此，教師必須覺察倒轉或逆轉是否為發展性的（可忽視），或它們的出現干擾到閱讀進步，而須特定的補救。表10-9是一些補救的方法。

表10-9　中文字／注音符號倒轉或逆轉的補救方法

方法	詮釋
集中焦點	一次集中一個注音符號或國字。

方法	詮釋
動覺強化	在黑板上探索易混淆的字或注音符號,或使用絨毛製的字或注音符號,使學生有動覺的增強。
突顯重點	在混淆字的聲符或韻符下面畫線,或用顏色寫第一個字。
運用教學	使用發音教學來增強混淆字的發音。
寫下和唸出	寫下混淆的國字並唸出來。
記下	使用記憶工具。

㈥ 電腦科技在閱讀教學上的應用

電腦科技對學習障礙學生閱讀能力訓練的教學有許多優點。電腦軟體方案是令人鼓舞的,他們提供個人一對一的學習協助發展自主性,提供時間思考文章情節。電腦技術不斷進步的改變速度,已經使得閱讀教學軟體的品質和數量產生了很大的進展。這種技術的新穎可協助學習障礙學生克服他們的閱讀障礙(Raskind & Higgins, 1998; Belson, 2003)。

多數研究都支持以電腦輔助教學增進閱讀能力的效果(Darter, 1990)。朱經明(1995)則據以提出編製閱讀障礙兒童適用之閱讀或認字軟體的注意原則,如圖10-24。

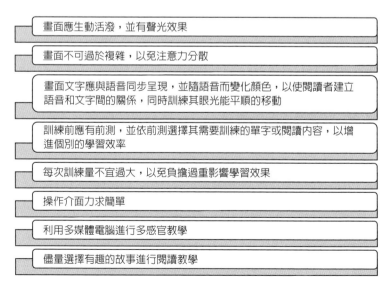

圖10-24　編製閱讀障礙兒童適用之閱讀或認字軟體的原則

下列是若干可組合進入課程教學的活動和軟體，包括：

1. 電腦閱讀網站

國內學生國文閱讀能力低落，讓各級學校及教育主管行政機構不敢輕忽。在南部高中發起跨校際網路讀書會引起熱烈響應後，教育部特別成立「中學生網站」（http：//www.shs.edu.tw）與I-Will網站（http://www.iwill-now.org）來推廣全國高中職學生多元的閱讀。該網站每年都固定舉辦幾次跨校網路讀書會的讀書心得寫作比賽、主題閱讀書目、小論文寫作比賽及線上評量。另外，「兒童閱讀深耕教育網」（http：//163.21.249.46/）、「國語日報社」（http://www.mdnkids.com/）、「全球華語文數位教與學資源中心」（http://elearning.ling.sinica.edu.tw）、「遊戲學華語」（http://edu.ocac.gov.tw/lang/chineselearn/）也值得推薦。

2. 電腦本位閱讀教學

電腦螢幕上的閱讀材料，要求使用者選擇本文上的一個電腦將會發音的單字。接著點選以圖示顯示單字的意義，或點選一下來看單字的結構分析（Lewis, 1998）。

3. 特殊教育互動影碟科技

「特殊教育互動影碟科技」（Interactive Videodiscs Special Education Technology, IVSET）是由美國猶他大學（University of Ulta）所提出的計畫，可運用於障礙兒童的教學。這種系統可以執行各種教學互動功能：(1)電腦命令影碟在螢幕上呈現某一教學單元；(2)教學單元後，學生必須利用觸摸螢幕回答一些問題；(3)電腦根據學生觸控的位置，判斷其是否為正確答案；(4)若正確回答，則進入下一個教學單元；(5)若學生回答錯誤或未通過，電腦會命令影碟進入下一個補救教學單元；如果學生錯誤太多，電腦會發出嗶嗶聲，通知教師來協助（http://www.ericdigests.org/pre-927/video.htm）。

IVSET主要的教學方式是辨識訓練，首先是單獨出現每個生字和彩色圖形，然後進行二選一的辨識，接著是三選一辨識。教學完畢後，電腦會要求學生做一些反應，如電腦發出橘子和出現一個橘子的圖形時，要求學生去觸摸橘子這個字。一旦學生學會了足夠的生字後，會要求學生從幾個句子中選出和圖形意思相同者。

4. 中文易

中文易（Chineasy）是由旅英設計師薛曉嵐所研發，她利用簡易的圖像拆解漢字，創造全新的中文學習模式。中文易是一套視覺圖像學習系統，以搭樂高積木的原理來組合中文，先將漢字拆解為單一部首，搭配生動易懂的動畫講解字義，再衍生學習更多字詞，透過遊戲的方式，既能快速誘發學習意願，也能輕鬆地累積中文詞彙；也就是將中文字形圖像化。例如：「問」這個中文字就是一個「門」加上「口」；「人」字就在腳下畫上鞋子，再以動畫呈現走路的姿態。

薛曉嵐認為目前中文易（Chineasy）除持續開發新字詞外，會再加強擴充中文發音；未來也將開發APP、電子書、學習字卡等產品（http://www.chineasy.org/）。

結語

閱讀是各級學校課程中獲得知識的重要技能，更是人類生活的必要能力。

閱讀障礙是一種影響一些兒童、青少年和成人的不尋常型式，多年來一直困擾著教育和醫學界。在閱讀學習歷程上，個體會經歷一系列的閱讀發展階段，但是每個人的速率不同。如果學生想要成為優讀者，認字和閱讀理解能力都是必備的。在閱讀教學方面，有幾種不同的引導閱讀教學取向，每種觀點都蘊涵有關閱讀學習的重要概念。另外，我們可以透過正式測驗或非正式測量，評量學生的閱讀能力，也可以藉由各種閱讀教學策略，來增進這類學生的認字和閱讀理解能力。

本章重點

1. 閱讀是語言系統的核心，它與口語和書寫語言相連。
2. 較為一致的閱讀障礙看法，包含閱讀障礙是神經心理症狀、閱讀障礙有

知覺／認知和語言上的問題、閱讀障礙問題會持續青少年和成人，以及閱讀障礙會在生活各領域上造成困難。

3. 閱讀障礙的特徵，包含口語閱讀困難、認字問題、閱讀理解缺陷，以及閱讀習慣不佳。

4. 在閱讀學習歷程上，個體會經歷一系列的閱讀發展階段，包含閱讀萌芽、開始閱讀、閱讀能力進步、由閱讀中學習、抽象閱讀、多重觀點，以及建構和重新建構等階段。

5. 優讀者閱讀歷程的通則，包含閱讀必須是流暢的、閱讀是一種建構的過程、閱讀是策略的、閱讀需要動機，以及閱讀是一生的追尋。

6. 閱讀分成認字和閱讀理解。如果學生想成為優讀者，認字和閱讀理解的能力都是必要的。

7. 由下列陳述可看出閱讀理解是複雜的：閱讀理解是一種語言歷程、閱讀理解是一種思考歷程、閱讀理解取決於閱讀者帶些什麼至本文中、閱讀理解須與本文主動產生互動。

8. 引導閱讀教學的取向有四種：互動閱讀模式、全語言教學、明確著重符號（法則）的教學，以及綜合閱讀取向。

9. 評量學生的閱讀能力，可使用正式測驗或非正式測量。

10. 教導學習障礙學生的閱讀取向、方法和材料的教學，包含增進識字、建立流暢、增進閱讀理解、使用特殊的補救方法、處理特殊的閱讀問題、使用電腦教導閱讀等策略。

11. 增進識字的策略，包含建立音韻覺識、由下而上的教學、發音補救閱讀課程、使用脈絡線索、運用結構分析、強化視力國字、組合認字線索，以及各種識字教學取向。

12. 增進閱讀流暢包含神經心理印象法、重複閱讀、預測性書籍等策略。

13. 增進閱讀理解的策略，包含明確的結構理解教學、閱讀前中後的理解活動、活化背景知識、建立有意義的字彙和概念、閱讀—寫作連結、思考策略、學習閱讀理解策略。

14. SQ3R技術包含瀏覽（survey）、提問（question）、閱讀（read）、背誦（recite）、複習（review）等步驟。

15. REAP技術包括閱讀（read）、編碼（encoding）、註解（annotate）、

審思（ponder）等步驟。

16. SCROL策略包含瀏覽（survey）、連結（connect）標題、閱讀（read）文章、劃線（outline）、回頭看（look back）等步驟。

17. 特定的閱讀補救教學取向是針對嚴重閱讀問題學生而設計的，包含文句脈絡教學法、語意構圖教學法、直接教學方案、多重感官法與恢復閱讀法。

18. 閱讀能力獲得有很大困難的學生常會面臨特定型式的問題，如默讀能力不足、口頭閱讀不流暢、嚴重閱讀問題、用手指指和用嘴唇移動、中文字／注音符號逆轉或倒轉。協助這類學生解決特殊問題時，需有特定策略。

19. 為增進口頭閱讀，學生須更多練習。教師要確保教材不要太難，讓學生先默讀，並告訴他們閱讀時，教師不會中斷。

20. 針對嚴重閱讀問題學生，教師可運用錄音書，讓他們持續增進閱讀能力。

21. 用手指指和用嘴唇移動的補救，包含教材難度適中、眼睛檢視、讓學生了解其問題、使用記號結合褪除法，以及提醒或增加速度等原則。

22. 中文字／注音符號倒轉或逆轉的補救，包含集中焦點、動覺強化、突顯重點、運用教學、寫下和唸出、記下等方法。

23. 電腦科技對學習障礙學生閱讀能力訓練的教學有許多優點，這種技術可協助學習障礙學生克服他們的閱讀障礙。

第十一章

書寫語言與學習障礙

　　許多人討厭書寫表達，不過文字是人類主要的溝通方法。用口說出文字是那麼直接、快速和容易，不過若要精熟書寫語言（written language）則須適當的口語語言和其他能力。許多學習障礙學生在習得和使用書寫語言上有明顯問題，且常會持續到成人（Lerner & Johns, 2012）。

　　就像口語語言和閱讀一樣，書寫語言也是一種統合語言系統的形式。書寫表達是一種表達個人意見與態度的溝通方式，它須個人具備書寫文字、段落安排、用字遣詞、主題取材等能力。書寫表達是語言系統中最複雜的成就，也是語言發展順序上最後學習到的。雖然在學習閱讀之前，經由書寫表達我們統合了先前口語語言和閱讀的學習及經驗。不過一旦要透過文字把它書寫表達出來時，就會變成是一種負荷、緩慢和費力的任務。

　　書寫表達者必須能夠將心中的觀念形成文字和句子，且在操弄寫作工具時可正確計畫每個文字的書寫形式。他們也須擁有充足的視覺和動作記憶，來統合複雜的手眼關係。所有學科都涉及到書寫表達，它是教學的核心之一。本章將從理論、評量和教學策略等角度，分別探究書寫語言的三種成分或領域：「書寫表達」、「拼字」和「手寫」。

第一節　書寫表達理論、評量與教學策略

一、書寫表達理論

　　書寫表達在現代生活中是必備的工具。根據十二年一貫課程綱要，寫作能力是一項重要的能力指標。《身心障礙及資賦優異學生鑑定辦法》中，將「寫」的困難歸類為學習障礙學生的一項重要特徵（教育部，2014）。可見培養寫作能力的重要性，對於學習障礙學生的訓練更須重視，因為他們的寫作表現遠落後其他同儕（陳瑋婷，2009；Graham, Harris & Larsen, 2001）。

　　書寫表達是一種高度複雜的表達方式，須統合不同認知和語言學的變項，包括：流暢的口語、閱讀能力、字跡清楚的手寫、書寫用法規則的知識，以及組織和計畫寫作的認知策略或鍵盤打字能力。由於許多學校作業需要書面作品，因此書寫表達問題的影響隨著學生的年齡而增加。許多書

寫表達困難的學生使用「檢索和寫入」的方法，他們從即時記憶中檢索任何看似合適的內容並將其寫下來。他們很少使用有能力的作家之自我調節和自我評估策略：設定目標或計畫來指導他們的寫作、組織他們的想法、起草、自我評估和重寫。是故，他們產生了組織不良的作品，包含一些發展不良的想法（Heward, 2003）。

　　一般而言，學習障礙學生的書寫表達充斥著拼字、標點符號及文法錯誤，且書寫作品也傾向於貧乏、簡短和組織不良（Graham & Harris, 1997）。由上可知，學習障礙個體的寫作能力不僅落後，並產生許多問題。這些問題會影響其日常生活和學業表現。

㈠ 書寫表達與其他語言形式的連結

　　豐富的口語經驗可提高閱讀，而閱讀教學則可增進書寫表達的成就表現；同樣的，書寫表達經驗亦可提升個人說話和閱讀能力。所有語言形式彼此相連的網絡，都可能會強化基礎的語言系統（Rickek et al., 1996）。

　　口語語言、閱讀和書寫表達所運用的歷程有許多相似性。在閱讀和書寫表達上，人們完成材料時會設定和修正目標、精練和重新建構意義。他們會發展將要閱讀什麼或接著要寫什麼的期望，形成有關本文的態度，及監控想要記住或解譯的資訊。這兩種語言形式都會使用到建構歷程，閱讀者在詮釋作者訊息進入自己的語言時建構意義；而書寫表達者則在寫訊息的過程中，建構原創的觀念（Graham & Harris, 1997）。

㈡ 學習障礙學生的寫作問題

以下是學習障礙學生的寫作問題：

1. 與普通學生比較方面

　　學習障礙學生的寫作充斥著拼字、標點符號及文法錯誤，且寫作作品也傾向總字數不足、字彙量較少、貧乏、文章篇幅簡短和組織不良（李曼曲，2004；Lerner, 2003）。

2. 造詞方面

　　學習障礙學生不會運用習得的字組成流利的句子，更無法將自己的意思完整表達（黃貞子，2002）。國小三及五年級學習障礙學生的造句能力均落後同儕，學習障礙學生的句子結構也較簡單（Hallahan et al., 1999）。

3. 文章內容方面

學習障礙學生的文章作品裡包含較少的概念，故事體文章所涵蓋的重要成分，如介紹重要角色、場景及情節等亦較少（Hallahan et al., 1999）。

4. 寫作歷程方面

學習障礙學生對寫作歷程相關知識不足，對自己擁有的先備知識也不懂檢索利用，總是將過程濃縮及省略。在觀念產生時，學習障礙學生會就題目稍微解釋，並寫出一些已知的事情；不過，缺乏文章修辭、結構組織及考量讀者的需求（Graham & Harris, 2003）。在寫作修改中，只能就基本技能層面進行修改，或是將較不重要的字詞換掉（Graham et al., 2001）。

㈢ 書寫作品與寫作歷程取向

目前寫作教學理論主要的改變是企圖以強調歷程，來取代寫作作品。前者則著重寫作者在發展書寫作業或作品所使用的整個歷程，後者則強調學生所創作的書寫作品（Graham & Harris, 1997）。

在傳統作品取向上，教師對書寫作品的評分是依某些完美期望或標準。他們期望學生正確拼寫、使用形容詞和組成主題句字，教師則依選字、文法、組織和觀念來評分，然後將改過的作品還給學生，期望學生由這些評分和改正中學習與增進其書寫表達能力。不過，這些書寫教學作品形式的結果，可能造成學生不喜歡寫作。

寫作歷程取向則強調寫作的思考過程。鼓勵教師了解寫作歷程的複雜性，在協助學生思考，進行選擇和組織時，能鼓勵學生問自己問題，如寫作目的為何？獲得、發展和組織觀念的方法為何？誰是預期的觀眾？……。

就像思考學習活動一樣，在學校可著重寫作歷程來教導寫作技巧。擅長寫作者並非一坐下來就開始寫作。反之，他們經歷前寫作、寫作（或草稿）、修正、與讀者分享等幾個寫作階段，如圖11-1（Graves, 1994）。

階段一：前寫作
前寫作包括發展某些思考和觀念的一種腦力激盪形式，如列出主要觀點或發展圖解。如果由學生選擇主題，寫些關於所知人物、特殊事件或他們自己，他們會更願意寫作。教師可以協助學生列出對他們特別的人。

↓

階段二：寫草稿
在此階段，寫作者在紙上記錄觀念或想法，它僅是歷程上的一個步驟，可能是一種觀念的洋溢，缺乏組織或文法和修辭的考量。一旦寫作者約略記下單字、句字和章節，就會產生修正已寫觀念的新想法。

↓

階段三：修正
此階段，寫作者會開始將草稿精緻化。這種修正可能會有幾次，且每次會有不同改變，如內容、表達觀念的方法、檢核文法、標點符號和觀念順序、字彙、句子結構和拼寫錯誤。為協助寫作者學習修正，教師可示範口述故事上的修正，也可讓學生修正教師某些寫作建議。學生也可對同學的草稿作修正建議，這種正面經驗是很重要的。

↓

階段四：分享
在此階段，寫作者考量觀念是否可對閱讀者產生有效溝通。而閱讀者可以是教師、學生或透過出版發行的更大觀眾。

圖11-1 寫作歷程

(四) 電腦文字處理

　　文字處理是電腦最廣泛的應用之一，它提供了一種優越的寫作教學方法，並統合了語言系統。運用電腦的學生可毫不憂慮手寫的問題來進行寫作，且易於修改。茲就電腦文字處理的特色和優點、電子郵件／通訊軟體及口述處理系統，分述如下：

1. 特色和優點

　　類似Microsoft Word的電腦文字處理軟體都有許多特點，如拼寫檢查、單字預測和文法檢核。這些文字處理工具可協助學習障礙學生更容易寫作、修改及與他人分享；而文字預測工具對在寫作、鍵盤、拼寫和文法上有困難的學習障礙學生是相當有用的（Lewis, 1998），使用者打出單字的第一個注音符號時，工具就會提供有關文字的選單，以利使用者輕鬆選

取所要的單字；這種工具也能預測句子的下一個單字。

　　學習障礙學生喜愛運用電腦寫作。電腦在寫作教學的價值，取決於教學如何善用電腦能力來支持寫作過程。表11-1是電腦文字處理對寫作所能提供的支持（Lewis et al., 1999; MacArthur, 1996）：

表11-1　電腦文字處理對寫作的支持

特色	內涵
修改容易	寫作者可增加、刪除、修正和自由實驗，直到螢幕正確顯示他所想要陳述的內容。
協同合作	因電腦螢幕的可見性和匿名性，學生可在寫作過程學習與教師及同儕協同合作。
動機	因電腦文字處理可增進學生產出清晰無誤的作品，對學生的寫作有激勵作用。
精細動作問題的協助	藉由列印鍵，寫作者可獲得複製本文。電腦文字處理會降低重製或重打的困難任務，並激勵學生花費時間思考有關內容、編輯和修改等寫作歷程的重要部分。
減少拼錯且能增進寫作的質與量	使用文字處理軟體的拼寫檢核工具時，學生較少發生拼寫錯誤，且會增進學生的寫作數量、品質和正確性。

2. 電子郵件／通訊軟體

　　電子郵件（email）、通話與傳訊應用軟體（Line）及臉書（Facebook）都是快速又便宜的資料傳送方法，學生可書寫和傳送訊息。許多班級經由電腦網際網絡連接至其他班級，提供學生彼此寫作的機會。

3. 口述處理系統

　　口述處理系統要求個人透過說話的方式來操作電腦。運用它結合文字處理工具，使用者透過麥克風對著系統口述，而口述文字會轉換成電腦螢幕上的本文。這種系統對口語能力優於書寫能力的個體特別有幫助（Raskind & Higgins, 1998; Lerner & Johns, 2012）。

二、書寫表達的評量

　　書寫表達評量通常針對書寫的作品。雖然書寫表達歷程包含許多寫作階段，惟評量這些階段的方法並不適用於教師。針對其他教學領域，非正

式和正式測量兩種都可用來評量書寫表達。表11-2列出國內有關書寫表達的正式測量工具。

表11-2　國內有關書寫表達之評量工具

作者／年代	測驗名稱	適用對象
張新仁（1992）	作文評定量表	國小學生
楊坤堂、李水源、張世彗（2001）	國小兒童書寫語文診斷測驗	小一～小六
林寶貴、錡寶香（2000）	國小兒童書寫語言測驗	小三～小六
孟瑛如、黃姿慎、鍾曉芬、楊佩蓁、周文聿（2015）	國民小學一至六年級書寫表達診斷測驗（WEDA/G1-6）	小一～小六
孟瑛如、江素鳳、周嘉慧、簡吟文、楊佩蓁、周文聿（2015）	國民中學七至九年級書寫表達診斷測驗（WEDA/G7-9）	國一～國三

此外，決定個體是否表現出書寫語言異常上，單一評量工具從來都不是唯一的方法。Luria（1980）曾描述一系列任務來分析不同基本元素的狀況與書寫水準，可以作爲引導專業人員發展書寫表達的評量工具。他主張在單字、句子或本文上，評量書寫表達複製、聽寫和自發書寫的任務。

㈠ 複製

Luria（1980）建議，要求學生依據他的年齡複製個別單字、獨立句子和文章。一旦要求增加時，可記錄拼字、語法和組織缺陷。他也建議變化書寫單字的型式（大小和類型），來評量特定動作和視覺處理能力。另外，複製無意義的單字也是有價值的，由於抄寫或謄寫無意義的數字更爲困難，可較佳測量眞正發音和音韻的能力。要求個體重製時，變化單字或句子呈現與時機之間的時距，監督個體使用的策略（大聲說出、追視）和完成任務所需的時間總量，也可提供關鍵訊息來引出有關學習型式的異常。

㈡ 聽寫

完成聽寫任務的能力，須個體去自動化統合聽覺、視覺和動作能力。因此，聽寫任務應包含國字和句子的書寫。

㈢ 自發書寫

自發書寫例子須個體不是書寫句子或文章，就是書寫熟悉主題的故事。此類任務須廣泛的統合幾項認知或語言學的歷程（Gregg, 1989）。另外，刺激的複雜性也會顯著影響學生的成就表現，這充分表示測試者要選擇會引出學生最佳成就表現的刺激型式。

三、書寫表達的策略

學習障礙學生發展書寫表達任務是充滿挑戰的，所以教師須提供適當的結構來協助他們進行寫作。各種寫作策略可協助學生發現寫作觀念，在紙上分享他們的觀念，運用有趣、描述性的字彙並作有目的之寫作。以下將探究寫作歷程的教學原則、發展自我調節寫作策略、寫作交談、型式寫作、圖解法、善用不同的教學方法，以及使用電腦文字處理軟體的策略等。

㈠ 寫作歷程的教學原則

寫作教學可依下列原則來進行，如表11-3（Bos & Vaughn, 1998）：

表11-3　寫作歷程的一些教學原則

原則	內涵
讓學生自己選擇的主題	學生對主題有興趣時，寫作計畫是最成功的。如果他們須更多資訊，應提供閱讀和其他來源的材料。
提供充足的經驗	要求學生寫作之前，確定他擁有足夠資料，如旅行、看電視表演或運動節目，都可作為寫作題材。而討論這類經驗，亦是有幫助的。
經常性寫作	學生須有經常的寫作經驗來發展寫作能力，而每週寫些東西也是一種提供必要練習和改進寫作品質的良方。
提供持續寫作機會	學生須有充足的時間思考、反映、寫作和重寫，最好每天寫作的時間能延伸至50分鐘，每週幾天。對某些學生亦可將寫作時間分成幾個小部分。
示範寫作過程和策略思考	教師和同儕示範有關寫作的認知歷程時，鼓勵寫作行為。如教師應透過大聲思考，來示範寫作階段。
發展聽眾的感受	學生應有機會與同儕討論寫作的進展。一旦完成寫作計畫時，學生可對著同儕閱讀材料並討論其作品。
運用句子填充的方式	運用句子填空也可用來教導書寫表達。寫一個句子，其中刪除一個單字，讓學生試著盡可能插入不同的單字。

原則	內涵
組合句子	此種教導書寫表達的方法，特別適用青少年和大人。教師寫幾個句子，學生須將這些句子，透過增加連接詞將其組合成更多複雜的句子。

(二) 發展自我調整寫作策略

　　在學習障礙研究中，書寫問題所受的重視程度尚不及閱讀問題（Bender, 2006）。近年國內外有不少寫作教學策略之研究乃應運而生，自我調整寫作策略（Self-regulated Strategy Development, SRSD）就是依據上述需求發展而成的，這種策略可促進學生發展寫作計畫與檢討策略的能力（De La Paz, 1999）。就像明確的寫作教學取向一樣，發展自我調整寫作策略可伴隨寫作過程一起使用（Troia, Graham, & Harris, 1998）。

　　這種策略包含許多寫作機制，有助提升學習者的主動參與、增進學生認知資源、改變學生信念，並提供策略以協助行為組織及順序化。其目標在於(1)協助學生發展寫作知識與寫作過程所涉及的能力策略；(2)在監控和管理寫作所需能力的發展中支持學生；(3)提高學生發展有關寫作的正向態度。學習障礙學生須學習結構和方法，以獲得寫作策略。發展自我調整寫作策略的六個階段，如圖11-2（Harris & Graham, 1996）。

圖11-2　發展自我調整寫作策略的六個階段

階段之間可視學生及教師需求，重新排列、連結、重複、改變及刪除，且各階段亦具交互循環特性，師生可重回前一階段或繼續目前的階段（Harris, Graham, & Mason, 2003）。自我調整寫作策略教學的特徵包含：(1)廣泛且直接教學；(2)強調師生間交互學習；(3)給予學生個別化回饋與支持；(4)標準取向的教學；(5)學習過程具發展性；(6)熱誠教師的參與（Graham & Harris, 2003）。

國外有關自我調整寫作策略的研究中，以小五至國二的學習障礙學生為對象之研究有五篇（De La Paz, 1999; Troia, Graham, &Harris, 1998），分別就論說文、說明文或故事寫作等寫作文體進行教學；歐惠娟（2003）曾簡化De La Paz（1999）的教學內容，以PLAN策略教導國小五年級學習障礙學生之說明文寫作。上述研究均利用英文記憶術呈現寫作步驟，儘管結果顯示教學介入有助提升研究對象在作文方面的表現。

不過，中文有其特定規則，陳瑋婷（2005）曾採用此種策略來探究對國中學習障礙學生議論文寫作能力的影響。其議論文章法之教學重點如表11-4所示。結果發現受試者議論文得分明顯提高、作文內涵明顯提升；第二及第三受試者的文字總字數增加。

表11-4　議論文章法之教學重點

議論文章法	每個步驟的教學重點
1. 確立主旨	釐清題意：(1)解題：了解題意；(2)確認題目的重點：發展主題句。
2. 正面論述	舉例：舉出正面論據並決定如何組織：(1)至少須舉一個正面理由；(2)在你想使用的想法畫個「＊」；(3)將這些論據排序並舉例，可包含言證、物證、事證、設證。
3. 反面印證	舉例：舉出反面論據（理由），並決定如何組織：(1)至少須舉出一個反面理由；(2)在你想使用的想法畫個「＊」；(3)將這些論據排序並舉例，可包含言證、物證、事證、設證。
4. 要點歸納	結論：(1)精簡上述的正反理由；(2)是否能以一句名言錦句作補充？(3)如何做結語？最好能以期盼、鼓勵及祝福的話語作總結。

(三) **寫作交談**

針對此一策略，兩位或一位學生與一位教師彼此坐在一旁溝通。夥伴

只能透過寫作來作為唯一的溝通，不可口頭交談。這個策略可協助學生學習用寫作，記錄他們的思考。

㈣ 型式寫作

學生可使用有型式寫作的可預測書籍，然後由他們自行創作。這種方法可提供學生一個書寫個人反映的安全架構。例如：我看到一隻藍色鯨魚在注視我，學生編成他們自己的疊句，並圖解說明它。

㈤ 圖解法

圖解法是組織和建構概念的一種視覺化的作法。閱讀文章時，圖解法可協助學生了解閱讀內容，且研究顯示學生使用圖解法來進行寫作時，可增進其閱讀理解（Fisher, Schumaker & Deshler, 1995）。寫作上，圖解法亦可協助學生產生和組織觀念。Venn 圖解是一種有兩個圓圈交叉的圖解法，這種圖解是用來準備比較書寫表達的作業。例如：比較臺灣歷史上的兩個人，一個圓圈描述某個人，另一個人的特徵則放在第二個圓圈；而共同特徵則寫在交叉點上。圖11-3顯示比較橘子和蘋果的Venn圖解。

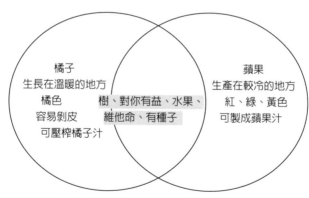

圖11-3　比較橘子和蘋果的Venn圖解

㈥ 善用不同的教學方法

低年級學生的寫作教學，須具體化、生動化和生活化。針對低年級學生的特質可採用下列方法，如圖11-4（江惜美，1998）：

看圖作文	剪貼作文	啟發作文
• 即以一幅或多幅圖，呈現有系統的主題，供學生作為寫作材料	• 即透過剪剪貼貼，進行仿作。這是練習標點符號和遣詞造句的好方式。首先由教師先示範剪一篇文章，說明仿作原則，而後讓學生試寫。教師將試寫的優弱點條列，然後即可由學生試剪文章，進行寫作	• 這種方法採問思反覆進行，刪除不必要的枝節問題，引發學生回答有益於寫作的答案

圖11-4　低年級學生的寫作教學方法

㈦ 使用文字處理軟體的策略

表11-5是一些使用電腦文字處理教導寫作的建議性活動。

表11-5　電腦文字處理教導寫作的建議

活動	內涵
擴展字彙	在電腦上寫句子或短文，運用電腦中的字典發現幾個單字的同義字。
學習句子順序	將幾個有前後關係的句子亂排，讓學生使用剪貼的功能修正句子的順序。
故事接龍	在光碟片上放一小段故事開頭，讓每位學生接續故事的發展，或讓一位學生寫一個部分，另外一位學生接著寫下去。
傳送電子郵件	學生可使用電子郵件傳送個人和班級花絮，並在班上同學和師生之間傳達。
貼電腦布告板	學生可負責將運動、音樂事件、學藝事件……貼在電腦布告板上。
使用圖檔和影音	圖檔或影音可隨意加在許多先前提到的活動上。
運用網頁充實資訊	使用網路的學生可以發現有關興趣主題的豐富資訊，這些主題包括企鵝、籃球或日本歷史都可透過搜尋引擎探究。

㈧ 特定的書寫障礙學生教學策略

李怡靜（2013）曾依據個案教學實例，提出資源班書寫障礙學生的指導策略，如圖11-5。

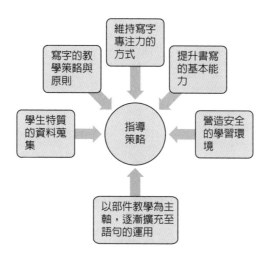

圖11-5 資源班書寫障礙學生的指導策略

1. 學生特質的資料蒐集

找出學生可利用的優勢及待加強的部分，並檢視學生的學習行為和找出其感興趣的事物來做教學規劃，以求更能貼近學生的需求。

2. 寫字的教學策略與原則

提供由簡入繁的過度練習機會、使用提示性無誤學習策略、學習過程著重趣味和遊戲化、強調多感官練習、改善握筆姿勢、提供立即訂正的機會……。

3. 維持寫字專注力的方式

例如：中文字除可透過基本習寫外，還可進行造詞練習、配圖寫字、製作小卡片等活動，讓學生樂於用心完成。

4. 提升書寫的基本能力

教學者可透過各種遊戲方式，來帶領學生練習手部精細動作、運筆、基本空間概念、視知覺、手眼協調等能力。

5. 營造安全的學習環境

多給予正向鼓勵、提示策略、調整學習內容，促進學生主動投入練習。

6. 以部件教學為主軸，逐漸擴充至語句的運用

教學者除著重基本的寫字練習外，也要能重視單字在語詞中的選用及能活用於句子表達上。

(九) 輔助科技在寫作上的應用

除前述若干輔助科技外，下列輔助科技對於改善學習障礙學生的寫作困難也有幫助，如圖11-6（陳明聰、吳亭芳，2005；Montgomery & Marks, 2006）：

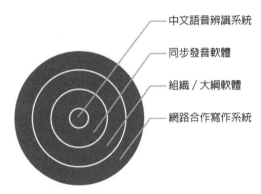

中文語音辨識系統

同步發音軟體

組織／大綱軟體

網路合作寫作系統

圖11-6　學習障礙學生改善寫作之輔助科技

1. 中文語音辨識系統

中文語音辨識系統允許學生以聲音輸入資料或操控電腦，來補償書寫表達不利的情況，如語音輸入軟體：「說亦通2 2000」及「聽寫王系列」。

2. 同步發音軟體

這套軟體可運用於寫作過程中的回顧和轉譯過程，學生可藉由系統聲音的回饋進行文章內容的修改，如文字MP3 V3.1 LRC版（http://www.iq-t.com）。

3. 組織／大綱軟體

針對學生常忽略計畫程序或難以進行計畫的寫作特徵，可採行組織／大綱軟體，如心智圖（mind map）、作文之星2012……寫作系統。

4. 網路合作寫作系統

這套系統提供寫作者與他人互動的機制，促使雙方交換意見並充實寫作內容，如電腦輔助學習環境（Computer Supported International Learning Environment, CSCIL）（http://www.ncrel.org）及部落格討論版。

第二節 拼字理論、評量與教學策略

一、拼字理論

拼字（spelling）是不鼓勵擴散性思考的，它僅有一種可被視為正確的字型，沒有協商餘地。拼寫一個字比閱讀它更困難。閱讀時，前後脈絡、結構分析和構造等線索，可以協助閱讀者認字，但是拼字則沒有提供此種機會。許多拼寫字有問題的個體，都能在閱讀上認識它們。不管怎樣，閱讀國字釋義弱的個體，總是有拼寫字不佳的問題。

㈠ 拼字障礙的本質和問題

拼字是根據公認的用法建構文字的能力，拼字不佳者並不一定就表示兒童有學習障礙。但是，如果在閱讀和／或算術不佳的情況下拼字錯誤，就值得我們關注了。Dysorthographia是與拼字相關的學習障礙。這項異常的個體難以利用多來源的線索，幫助確定一個單詞的正確拼字。拼字錯誤主要由於聽覺或視覺管道缺陷所導致的。聽覺管道缺陷的學生可能明顯出現某些拼字錯誤，如圖11-7（Pierangelo & Giuliani, 2016）。

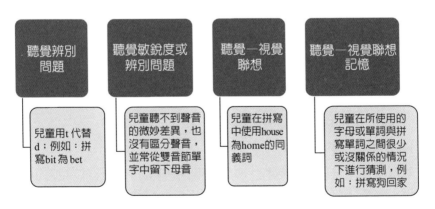

圖11-7　聽覺管道缺陷所導致的拼字錯誤

具有某些視覺管道缺陷的學生可能明顯出現某些拼字錯誤，如圖11-8（Pierangelo & Giuliani, 2016）。

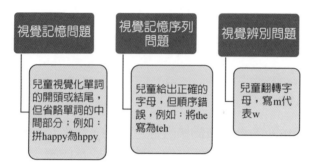

圖11-8　視覺管道缺陷所導致的拼字錯誤

　　拼字需要許多不同的能力。音韻覺識不佳的兒童會無法認識口說單字內的音素或語音，且對拼字所必要的拼音連接有困難（Torgeson, 1998）。有些兒童在開始時無法閱讀拼寫的國字；有些兒童則不知道運用發音或結構分析的方法來拼寫國字，或因動作技巧不良而無法拼寫國字。

　　爲正確的拼字，個體不僅須記憶字，而且要能不依視覺線索的協助來完成檢索字。無法記住或視覺化中文字及其順序的弱拼字者，可透過增強拼寫字的視覺記憶活動中獲得幫助。例如：Fernald（1988）曾藉由增強單字的視覺心像，用觸覺和動覺畫畫，發展一種教導拼字的追視技術。這種方法雖是針對英文，惟應該也可以適用於中文字。

　　有些弱拼字者有聽覺記憶的困難，無法在心中保留住語音或聲調，這些學生須協助他們認知中文字的音韻（聲母和韻母）和建立音韻能力的教學。動作記憶也是一項拼字的因素，有動作記憶問題的學生須加強練習拼寫字。

㈡ 各階段的拼字障礙與發展

1. 幼兒園和學齡階段

　　學習拼字是一個發展過程，幼兒在開始學習書面語言技能時會經歷多個階段。隨著幼兒觀察並開始模仿寫作行爲，寫作開始於學前階段。拼字是一種語言本位的活動，因此拼字障礙大部分是由於語言本位的缺陷。正常發展的5、6歲兒童大都已精熟必要的口語構音、分析、語意與實用的特色。因此，他們能聽、理解和說，滿意的表現出許多語言本位學習活動的形式。進入幼兒園或小學，他們面對更爲抽象、複雜的語文學習任務，學

習閱讀和拼字。他們須學習精確的使用印刷符號來代表單字，繼而符號代表物體、行動、思想和情感。此外，他們須精熟新且更抽象的教學符號。教師開始教授單字及其語音。有些兒童並不具備了解此種語言型式的先備能力，執行單字語音的聽力分析，或精熟單字語音與書寫語文間的配對型式，對某些兒童來說，要變成有能力的閱讀和拼字者可能有顯著問題。

Luria（1973）詳細描述了許多有助於發展中寫作者，拼字的神經心理歷程。根據其理論，這些歷程包含聽覺辨別和分析、構音、個別字母和字母順序的再視覺化、動作計畫和輸出。對成人而言，證據顯示任何這些個別歷程或其統合，若因腦傷則可能會造成拼字明顯受損。許多研究已堅實的建立聽力—語言學與視覺—語言學的能力技巧，乃是兒童閱讀和拼字持續困難的關鍵因素（Tanovich, 1986）。

正常兒童不需研究和記憶所寫過的每個單字，弱拼字者則很少類化單字來學習其他類似的單字，除非明確教導他們系統運作的方法和類化規則的時機。惟即使如此，他們對字母順序的記憶可能是不可信的。

2. 青少年和成人的拼字障礙

就像其他的學習障礙，拼字障礙存在不同的嚴重程度。事實上，所有的閱讀障礙者都會體驗到顯著的拼字問題（Moats, 1996）。這些個體可能會出現明顯、難以預料的單字解碼、認字正確和快速、本文閱讀流暢等問題。即使閱讀或語言障礙學生接受過良好的教學，他們拼字的進展情形仍要比認字、閱讀理解來得少。

雖然輕度至中度的拼字問題相當常見，但教師常假定拼字問題一旦超過兒童期就無法成功。有些教師相信拼字對年齡較大和弱拼字者是無法教授的；有些教師則認為拼字是不重要的技巧，不應花費時間偏離統合的整體寫作教學。很多教師想要教授拼字，但不知如何著手。針對年齡較大的學生，似乎較少有時間來著重單字。

拼字是一種單字知識的範圍。單字知識取決於幾個語言組織層面的覺知，包含語音、聲音—符號配對、構詞或單字結構、了解單字意義，以及單字在句子文法角色的敏感性（Templeton & Morris, 1999）。就像優讀者一樣，優讀者敏於語言結構。相反的，弱拼字者對語言結構和拼字法的型式不太了解，也不能組織此類語言學上的語彙邏輯。拼字異常愈嚴重，愈

可能歸因於發音、構詞和拼字法上處理不完美，而不是注意、記憶或知覺等方面的問題 （Sawyer, Wade & Kim, 1999）。

二、評量拼字

任何拼字評量的本質，取決於目的、拼字發生情境、及測試者的定位和訓練。實施評量決定一群兒童的進展情形，就像學校每年會施測標準化成就測驗一樣。在個別兒童成就表現水準上，可針對診斷分類目的來實施評量，而施測者可能主要依賴標準化工具。

雖然標準化拼字測驗的反應可提供分析拼字錯誤類型的起點，不過這些測驗並無法提供主要單字型式的足夠樣本來衍生堅實的結論。尤其是拼字精熟有限的兒童，標準化拼字測驗是無法提供足夠項目，來確保形成發展策略。拼字評量最困難的是，依據拼字錯誤類型對於基本歷程缺陷的推論。

其他學習或注意問題上常會發生拼字障礙。針對這種情形，手寫、閱讀、口語、數學及注意能力的評量應與拼字評量一起考量。確定兒童的智能狀況通常有利界定學習優弱勢的型式和估計學習率。閱讀障礙出現率與發音處理能力貧乏及閱讀障礙之間的成因連結，直接評量發音分析能力是了解障礙本質與發展有效補救方案所必要的。

有顯著口語異常史的學前兒童會是學習障礙的危險性大增，尤其當語言理解問題持續，那麼顯著閱讀和拼字問題的可能性就會增加。針對這類學前兒童應考量篩選其音韻覺識，了解班級教學語言的能力，精熟中文字命名及其配對的語音。

至於年齡較大學生的評量方面，澈底評量閱讀障礙或語言本位學習障礙，至少應包含聽寫拼字成就的測量、發展性拼字量表、及聽寫和自然（發）寫作錯誤分析。同時要觀察年齡較大學生在寫作時，拼字問題的處理策略。學生寫作上能拼的單字是否有限？學生是否無法了解不正確的拼字？學生是否錯拼常見的高頻率單字？在監督教學和練習情境下，學生是否無法應用所學的？所有這些特徵是書寫語言處理有內在困難學生所常見的。其他種類學習異常的學生，包括注意力缺陷異常也可能是弱拼字者，但他們不會出現音韻混亂的錯誤或如同閱讀障礙學生一樣在聽寫測驗上表

現差（Lombardino et al., 1997）。以下是非正式和正式的測量介紹：

㈠ 非正式測量

非正式和教師建構的拼字測量是有用的。課程本位評量也提供了一種獲得拼字資料的方法，且直接與教學相關。另外，教師也可以運用自編的非正式拼字量表來檢核學生的拼字情形。

㈡ 正式測驗

有些正式拼寫測驗是個別的，有些是綜合學業成就測驗的一部分。表11-6是國內可評量拼字能力的工具（張世彗、藍瑋琛，2019）。

表11-6 評量拼字能力的工具

作者／年代	測驗名稱	適用對象
洪儷瑜等人（2003）	基本讀寫字綜合測驗	小一～小二
張韶霞、余南瑩（2012）	兒童寫字表現評量表（CHEF）	大班～小二

三、拼字教學的策略

圖11-9是一些拼字教學的策略。

教學策略	注音符號的聽知覺和記憶
	中文字的視覺記憶
	多感官取向的拼字
	教師引導和系統性的練習
	限制國字數
	示範和立即回饋
	運用光碟和耳機
	補救教學方案發展的教學原則
	自我質問拼字策略

圖11-9 拼字教學策略

㈠ 注音符號的聽知覺和記憶

提供注音符號語音的聽知覺練習，可強化音韻知識與結構分析，發展運用音韻類化的能力。

㈡ 中文字的視覺記憶

協助學生強化視覺記憶，以致能保留中文字的視覺心像。材料應清晰簡明，且應協助學生專注於活動。學生可使用口袋型閃光燈協助對焦。閃光卡和電腦拼字軟體，也可用以發展速度和強化記憶。

㈢ 多重感官取向的拼字

多重感官是指拼字練習時，同時採用聽、說、看和感受的方式。視、聽、動、觸就是基本語言能力的多感官教學，要求學生用手指在粗糙的表面寫字時，說出中文字，或要求緩慢說出中文字；用手指輕觸每個聲音時切割它的音，說出與字母配對的音，並寫出它們。雖然研究並未完全清楚為何多重感官教學是閱讀障礙最有效能的技術，不過有經驗的教師已推薦使用這種教學方法多年（Carreker, 1999）。表11-7和圖11-10是多重感官取向的拼字歷程和Fernald法的步驟。

表11-7　多重感官取向的拼字歷程

歷程	內涵
意義和發音	讓學生注視中文字，正確發音，並在句子中使用它。
想像	讓學生「看」著中文字，並說出來。讓他們口頭拼中文字，然後使用手指去追溯中文字（觸碰中文字本身）。
回憶	讓學生注視中文字，然後閉上眼睛，在心中看著中文字，讓他們口頭拼字。然後要求他們張開眼睛，看看是否正確（若有錯，則重複此歷程）。
寫國字	讓學生根據記憶正確的書寫中文字，然後檢查寫作以確保每個中文字是字跡清楚的。
精熟	讓學生把中文字蓋起來並寫出來，如果書寫正確，他們應遮蓋並寫它兩次以上。

步驟一
告訴學生他們準備用新的且很成功的方法來學習單字，鼓勵他們選擇一個他們想要學習的單字。

↓

步驟二
教師在一張紙上寫出那個單字，學生注視著，而教師唸出單字。

↓

步驟三
學生追尋單字，唸幾遍，然後在另一張紙上寫出來。

↓

步驟四
學生由記憶中寫出單字。如果寫錯，學生要重複步驟三；如果寫對，就放在檔案夾中，作為改寫故事之用。

↓

步驟五
最後，不再探索單字，學生透過看教師書寫、唸來學習單字，繼而學生僅注視單字來學習並寫下它，最後經由注視單字來學習。

圖11-10　Fernald法的步驟

㈣ 教師引導和系統性的練習

　　系統性意味強調在拼字法上的配對型式，同時按照邏輯次序呈現。教學是按部就班的，並提供已習得概念和型式充足的練習。因此，系統性教學也是累積和多餘的。教師假定學生會忘記，有些學生在內化關係和概念之前須大量練習。實施教學配合詳細紀錄，以決定何時學習單字、型式和概念。

　　無論其內容為何，若控制學習數量、監督練習數量及增強時，閱讀或拼字障礙者通常學習較佳（Lyon & Moats, 1988）。為建立記憶單字的心像並確保良好的學習單字，以致能隨時回憶起來，須一次就大量練習一些元素。針對弱拼字者，最好是80%舊資訊，20%新資訊。

㈤ 限制國字數

對拼字障礙學生來說，一次所呈現的國字數也需限制。如果他們一天學習五、六字並測試，弱拼字者在每週結束時會憶起更多字；重度拼字障礙學生一天僅呈現三個新字時學習最好（Bryant, Drabin, & Gettinger, 1981）。

㈥ 示範和立即回饋

對於弱拼字者，教師須直接教學與更多師生間互動。活動包含安靜完成學習單和注視閃示卡上的字，直到他們能從記憶中書寫。要求學生聽寫國字和句子，然後給予立即矯正式回饋。錯誤模擬和示範單字分析及矯正，已被視為是有效教導學習障礙學生的策略（Nulman & Gerber, 1984）。要求學生正確書寫這個字之前，教師要重製學生的錯誤，然後矯正它，解釋不正確字和正確字之間的差異。

㈦ 運用光碟和耳機

拼字課程可以很容易的放在光碟上，俟學生達到某水準後，讓他們能自己運作。耳機適合個別化教學，並協助許多學生阻止外在刺激的分心。

㈧ 補救教學方案發展的教學原則

1. 避免過快

緩慢、適中的步調，可造成更多長期獲益。

2. 活動不要太長

約5-10分鐘，尤其是教授新字時。

3. 限制國字學習數

每天約三至五個字。

4. 溫習

每天溫習學習過的字，依兒童的保留情形，每天僅導入一或兩個新字。

5. 注意正確率

導入新型式之前，一種型式的拼字正確率至少須達90%。應提出不同型式的實例。

6. 語音分析取向

語音分析取向是一種學習障礙兒童最有效的補救方案，需要兒童發出每個字的音素，然後將它們混在一起。

7. 延伸練習

使用各種閱讀和拼字活動，來延伸視力國字和語音型式的練習。

8. 背誦和連結

對有強烈語文能力的兒童，讓他們背誦特定的拼字規則，連結文字分類活動。

9. 實驗多重感官的技術

有些兒童經由看、說及同時追視字，可學得很好。有些兒童可由有順序的表現這些步驟中，獲得良好的學習。兒童須連續幾天內多次以這種方式研究文字。

10. 交替出現對錯字的卡片

在卡片上提出一個視力國字，讓兒童閱讀、追視它，並說出整個字。接著拿掉卡片，呈現第二張同樣但拼錯的字卡，詢問兒童這個字是否拼正確，讓他發現錯誤並陳述更正的方法。如果兒童有困難，呈現正確拼字的原有卡片以供比較。然後，拿出第三張不同國字拼錯方法的卡片。完成同樣的步驟，繼續幾張同樣的字卡，包含有些拼正確的字卡。

11. 鼓勵自動化

針對兒童已精熟的字，增加閱讀速度以鼓勵自動化。不要著重兒童仍在學習國字的反應速度。

12. 回饋

一旦發生錯誤，就提供立即矯正式回饋。

13. 運用圖表

做具吸引力、有趣的圖表來顯示兒童的進步情形，然後對他們的努力提供經常性回饋。

14. 運用電腦

電腦在教師引導的拼字活動上，具有很大的輔助潛力。多數兒童喜愛電腦的多感官範圍，且能從自我步調方案中獲益。由於電腦的便利性日漸

增加，可提供低成本的拼字延伸練習機會。拼字檢核方案也可降低兒童有關寫報告與改進編輯時拼字錯誤的壓力。例如：蘇家瑩（2009）曾以多媒體輔助部件教學對國小學習障礙學生的寫字成效，發現較傳統部件教學效果佳。

(九) 自我質問拼字策略

自我質問可用來發展學習障礙學生的拼字學習策略，教師可教導學生詢問他們下列問題：

1. 我知道這個字嗎？

2. 針對這個字，我聽到多少語音（寫下數字）？

3. 我要拼出這個字嗎？

4. 我有正確的語音數嗎？

5. 如果字有正確的語音數，我是否無法確定字任何部分的拼寫？

6. 如果是如此，我會確定那個部分並試著再拼寫這個字。對我而言，現在看起來正確嗎？如果是，我會讓它單獨留下；如果看起來仍不正確，我將確定那個部分，同時再試一次。

7. 如果我拼寫的字沒有正確的語音數，讓我在心中再次聽國字並發現遺漏的語音，然後我將會回到步驟二。

8. 完成拼字時，我告訴自己是一位良好的學習者，我努力在拼字。

第三節　手寫理論、評量與教學策略

一、手寫理論

目前在學校教導二種不同產生寫作的方法：(1)抄本寫作；(2)鍵盤（打字）。即使目前我們常用電腦文字處理，手寫仍是必要能力。在日常生活情境上，我們都可以發現手寫是無法避免的。

手寫是最具體的溝通技巧，我們可直接觀察、評估和保存所寫的字。手寫過程是複雜的，取決於許多不同的能力，它須正確的圖解符號型式的知覺，及包含敏銳視動能力在內的寫作行為。這種能力取決於眼睛的知覺

功能、手眼協調、動作協調，以及手臂、手和手指肌肉的控制。

　　書寫困難或**寫字痙攣**（dysgraphia）是與書面表達相關的學習障礙，需要寫出的技能大大低於預期的個人智商、教育水準和年齡，使得學業成績或日常活動受到嚴重損害。書寫困難是無法進行運動，換句話說，是極差的筆跡。它與神經功能障礙有關。至於**失寫症**（agraphia）則是一種後天性疾病，其寫作和模式的能力受損。失寫症學生的筆跡問題可能會出現以下任何一種情況，如圖11-11：

圖11-11　失寫症學生的筆跡問題

　　一般來說，書寫困難（dysgraphia）學生往往從作業中學到的東西較少，因為他們必須專注於寫作的力學（mechanics of writing），而不是他們作業的內容（Turnbull et al., 2015）。教育者障礙和異常診斷手冊（The Educator's Diagnostic Manual of Disabilities and Disorders, EDMDD）曾引用了三種不同類型的書寫異常。圖11-12是書寫困難（dysgraphia）兒童最常見的書寫異常（Pierangelo & Giuliani, 2007）。

　　手寫不佳可能是一種精細動作困難的象徵，由於兒童無法有效執行寫字或複製書寫國字或形式的動作，就可能無法傳送輸入的視覺資料至精細動作的輸出，或他們可能在需要動作和空間判斷的活動上有困難。其他干擾手寫成就表現的是動作能力不佳、國字錯誤的視知覺，及視覺記憶有困難。另外，手寫教學不良也是形成手寫不佳的一種原因。

閱讀困難的（dyslexic dysgraphia）	動作的（motor dysgraphia）	空間的（spatial dysgraphia）
• 擁有這種異常，難以辨認自發的書面文字，尤其是文本複雜時。口頭拼寫很差，但書面文字的繪製和複製相對正常。手指敲擊速度（精細動作速度的測量）是正常的。	• 擁有這種異常，自發的書寫和複製的文本都可能難以理解，口語拼寫正常，繪圖通常是有問題的。手指敲擊速度是不正常的。	• 這種異常的個體表現出難以辨認的寫作，無論是自發產生的或複製的。口語拼寫正常。手指敲擊速度正常，但是繪圖很有問題。

圖11-12　書寫困難（dysgraphia）兒童常見的書寫異常類型

其他手寫異常是不同學習障礙的結果。閱讀障礙學生可能有書寫問題，因爲他們無法閱讀。其他成人和兒童可能有視覺記憶缺陷，使他們在保留國字和數字視覺心像上有困難。以下針對抄寫、慣用左手的學生及鍵盤打字能力作探究：

㈠ 抄寫

寫字教學通常由國小的抄寫開始，兒童開始寫注音符號和字。抄寫通常持續到六年級。

㈡ 慣用左手的學生

慣用左手者會面臨到特殊的手寫問題，因爲他們自然傾向於從左到右寫。在此種情況下，他們在注視所寫的事物時會有困難。

目前我們已接受慣用左手是天生的。凡是尚未穩定慣用哪一隻手的兒童，應鼓勵他們使用右手寫字。惟對強烈慣用左手的學生，即使這樣會造成一些特殊的寫作問題而須接受特殊的教學，也應尊重他們使用左手來書寫。

㈢ 鍵盤打字能力

鍵盤打字能力是現今社會求生的必備技能之一。對有嚴重手寫問題的學生來講，學習使用電腦文字處理軟體是解決此項問題的良方。無論如何，只是將兒童放在電腦面前是不夠的，唯有提供明確的鍵盤打字教學才是必要的。因爲教導學生正確的手指姿勢，要比讓他們發展出不良習慣來

得要好。

　　學習鍵盤打字是艱辛的，學生常須直接和規律的教學一段時間，以及有大量練習的機會。

二、手寫障礙的評量

　　手寫障礙學生常會出現四種特徵：手指非常接近筆心、非傳統性的緊握（unconventional grip）、擦掉有困難、及國字安排有麻煩。即使很表面的檢視成人和兒童寫作者出現無數的緊握，不過許多手寫障礙的人會使用拇指包裹緊握住鉛筆且很接近筆心，他們常會擦掉不完整且部分會寫出邊界，而降低整體的易讀性。

　　我們需要評量幾個手寫行為和技巧，以獲得學生手寫的剖面圖，也應觀察學生的姿勢、緊握和慣用手，同時比較書寫產出與學生年級水準的期望。臨床人員必須選擇正式工具和非正式任務，以迎合每個學生的需求。

　　國內有關這方面的正式和非正式評量工具很少，張韶霞和余南瑩（2012）曾編製適用於幼兒園大班至小二之「兒童寫字表現評量表（CHEF）」，可用來評量兒童寫字之工整性、正確性、速度、握筆工學及方向性等向度。

三、手寫教學的策略

　　下列是一些有用的手寫教學策略：

㈠ 板書活動

　　寫作教學開始之前，提供練習。圓圈、線、幾何圖形、字母和數字等，這些活動可使肩膀肌肉大且自由的移動。

㈡ 其他書寫動作練習的材料

　　在沙箱上指畫或寫作，可提供學生寫作動作的練習。使用家庭自製的沙箱，作為繪畫練習。學生運用一隻手指或木杖練習畫形狀或寫國字和數字。另外，亦可使用濕的海綿在黑板上畫形狀。

㈢ 姿勢

讓學生在椅子上準備寫作，確定學生的腳平貼在地板上，兩隻前臂在寫作的桌面上，每位學生的另一隻手放在紙上。在寫作活動之前，先讓學生站在黑板前工作。

㈣ 使用適當的手寫材料

多數成人寫作者偏愛特定的鋼筆和鉛筆，然而發展性手寫方案常固定要求使用何種紙張、鉛筆和鋼筆。在個別化補救方案上，寫作材料對手寫障礙學生是很重要的。年齡較大學生通常不願意使用圓胖的鉛筆和寬廣規格的紙張，因為這些材料與較低年級有關。學生和治療者可系統性的嘗試各種材料，直到達到舒適和適性寫作為止。

㈤ 全面性的補救方法

Johnson和Myklebust（1967）曾提出全面性工作分析模式發展處遇計畫，這是處理兒童和成人獨特學習型式時所必要的。Graham和Miller（1980）總結了幾項用來教授字母形成的基本元素。在描述關鍵性字母屬性時，從開始至字母的產出中，示範乃是教導學生流暢字母產出的首要步驟。身體提示和線索可以協助學習者著重最為關鍵的字母形成層面，讓他們練習組合各自的元素成為和諧的整體。由於自我視覺化可能替代剛開始的教師線索，複製會有助於起初的自動化。

當然，重複、自我矯正和回饋可以導致精熟，使得較高層次的技巧能夠引發學生的注意。基本上，手寫障礙的補救方法是基於臨床觀察，方案似乎是最具全面性的，包含下列所謂的Gillingham和Stillman（1997）與Fernald（1943）。

1. Gillingham和Stillman

(1)教師在黑板上示範大字母（或中文字），書寫和說出字母（或中文字）的名稱。

(2)學生在說出名稱時追視字母（或中文字），直到學生有把握字母（或中文字）形成和說出名稱為止。

(3)學生在說出名稱時，複製字母（或中文字）。

(4)學生在說出名稱時，根據記憶來書寫字母（或中文字）。

2. Fernald

(1)教師盡可能自然的示範說出每個單字的音節，並在紙上書寫稍微放大的字母。

(2)學生追視這個單字並說出每個音節的名稱，直到他對於字母形成、音節順序和定向性感到舒適為止。

(3)學生根據記憶書寫單字，通常三次。

(六) 線索和提示

許多手寫技巧使用身體線索或提示，來協助學生記憶、定向及平順的產出。點狀的字（dotted words）是所有學習者廣泛使用的一種提示方法。學者甚至建議使用長吸管或稻草、長羽毛或細木棒與鉛筆綁在一起來練習書寫，協助學生在寫作過程中意識他們的鉛筆位置（Butcher, 1984）。

(七) 額外技巧

通常，書寫障礙者不會同時習得手寫技巧或自然遷移它們，臨床人員需要計畫精細的近端和遠端的複製教學。學生也須透過大量的焦點練習，來學習合併新習得的手寫技巧至書寫語言。Berninger等人（1997）建構他們的補救包含書寫短篇作文、直接手寫練習，來協助兒童將新習得的技巧遷移至書寫作文上。年齡較大兒童也須作摘記技巧的明確教學，教師可給予充足空間讓學生摘記。

(八) 補償式設計

對持續手寫困難的學生來講，發展補償式策略對於學業成功和積極的自我形象可能是必要的。口頭或客觀測驗可替代書寫考試。雖然整個測驗要花費較長時間，學生可使用錄音筆來記錄較長的書寫文章。另外，對於因為聽覺處理缺陷而摘記不佳的學生來講，使用錄音筆會是一種不錯的後援支持。教師可透過提供作摘記優異學生的摘記複製，來支持這類學生。重要的是，教師須示範如何擴展這些摘記並提供充足的練習，使得學生擁有價值性的研讀工具。

另外一種變通性作法是教導學生打字技巧，作為文字處理的工具。惟須注意的是，學生既無法神奇的發展精熟，而鍵盤也無法完全消除手寫的

需求。許多技術性改進幾乎是每天發生的，補償式設計幾乎是沒限制的。不過有三點應予牢記：

1. 不管是何種補償式設計，為求精熟，直接教學和每日監督練習是需要的。

2. 補償式設計無法替代設計詳細的手寫補救方案。

3. 由於手寫障礙學生可能會有失用症，鍵盤對他們來說是相當困難的。且這類學生也可能有口語異常，錄音筆並不是一種有用的補償式設計。在計畫補救和補償式方案上，重點是須詳細分析每位學生的優弱點。

㈨ 輔助科技在手寫上的應用

有些學生因手寫功能不佳，而有文章字數較少或字跡潦草的現象，可採用如較大格子的紙、改裝的筆、傾斜的桌板和握筆器等低科技輔具來作調整（陳瑋婷，2009）。

結語

書寫表達在生活中是必備工具。學習障礙學生的寫作能力不僅落後，並產生許多問題，這些問題會影響其日常生活和學業表現。學習障礙學生喜愛運用電腦寫作，電腦在寫作教學的價值，取決於教學如何善用電腦能力來支持寫作過程。書寫表達評量通常針對書寫作品，進行非正式和正式測量。一般而言，學習障礙學生發展書寫表達任務是充滿挑戰的，教師須提供適當結構來協助他們。

有些學習障礙學生也有拼字或寫字上的問題，這類問題也可以使用非正式和正式測量來發現他們，並據以提供拼字和寫字教學策略，來尋求改善或解決。

本章重點

1. 許多學習障礙學生在習得和使用書寫語言上有明顯問題，且會持續到成人。

2. 書寫表達須統合不同認知和語言學的變項，包括流暢的口語、閱讀能力、字跡清楚的手寫、書寫用法規則的知識，以及組織和計畫寫作的認知策略或鍵盤打字能力。學習障礙個體通常缺乏許多關鍵的寫作能力，且可能具有嚴重透過書寫溝通的問題。

3. 學習障礙學生的書寫表達充斥著拼字、標點符號及文法錯誤，且書寫作品也傾向於貧乏、簡短和組織不良。

4. 寫作歷程取向則強調寫作的思考過程；書寫作品取向強調學生所創作的書寫作品，這些書寫教學作品形式的結果可能造成學生不喜歡寫作。

5. 文字處理是電腦最廣泛的一項應用，它提供了一種優越的寫作教學方法，並統合了語言系統。運用電腦的學生可毫不憂慮手寫的問題來進行寫作，且易於修改。

6. 書寫表達評量通常針對書寫作品，進行非正式和正式測量。

7. 寫作教學原則，包含讓學生自己選擇的主題、提供充足的經驗、經常性寫作、提供持續寫作機會、示範寫作過程和策略思考、發展聽眾的感受、運用句子填充的方式、組合句子。

8. 發展自我調整寫作策略，包含階段一：發展背景知識、階段二：討論它、階段三：示範它、階段四：記憶它、階段五：支持它、階段六：獨立表現。

9. 寫作交談策略是兩位或一位學生與一位教師彼此坐在一旁溝通。夥伴只能透過寫作來溝通，不可口頭交談。

10. 學生可使用有型式寫作的可預測書籍，然後由他們自行創作。

11. 圖解法是組織和建構概念的一種視覺化的作法。寫作上，它可協助學生產生和組織觀念。

12. 針對低年級學生的特質，可採用看圖作文、剪貼作文、啓發作文等方法。

13. 電腦文字處理教導寫作的建議性活動，包含擴展字彙、學習句子順

序、故事接龍、傳送電子郵件、貼電子布告板、使用圖檔和影音，以及運用網頁充實資訊。

14. 資源班書寫障礙學生的指導策略，包括學生特質的資料蒐集、寫字的教學策略與原則、維持寫字專注力的方式、提升書寫的基本能力、營造安全的學習環境、以部件教學為主軸逐漸擴充至語句的運用。

15. 輔助科技對改善學習障礙學生的寫作困難有幫助，包括中文語音辨識系統、同步發音軟體、組織／大綱軟體，以及網路合作寫作系統。

16. 拼字是不鼓勵擴散性思考的，它僅有一種可被視為正確字型，沒協商餘地。

17. 聽覺管道缺陷的學生可能很明顯有拼字錯誤，這些聽覺管道的問題包括聽覺辨別、聽覺敏銳度或辨別、聽覺—視覺聯想，以及聽覺—視覺聯想記憶等。

18. 視覺管道缺陷的學生可能很明顯有拼字錯誤，這些視覺管道的問題包括視覺記憶、視覺記憶序列、視覺辨別等。

19. 拼字評量包含非正式和正式測量。

20. 拼字教學策略，包含注音符號的聽知覺和記憶、中文字的視覺記憶、多重感官取向的拼字、教師引導和系統性的練習、限制國字數、示範和立即回饋、運用光碟和耳機、拼字的自我質問策略，以及補救教學方案發展的教學原則。

21. 手寫過程是複雜的，它須正確的圖解符號型式的知覺及包含敏銳視動能力在內的寫作行為。這種能力取決於眼睛的知覺功能、手眼協調、動作協調，以及手臂、手和手指肌肉的控制。

22. 書寫困難或寫字痙攣（dysgraphia）是與書面表達相關的學習障礙，需要寫出的技能大大低於預期的個人智商、教育水準和年齡，使得學業成績或日常活動受到嚴重損害。

23. 失寫症（agraphia）是一種後天性疾病，其寫作和模式的能力受損。學生的筆跡問題可能會出現以下任何一種情況，包括缺乏良好的運動協調能力、未能完成任務、無法準確感知和／或記住視覺圖像，以及課堂上的筆跡教學不足等。

24. 美國特殊教育專業人員學會（AASEP）之教育者障礙和異常診斷手冊

（EDMDD）引用三種書寫困難（dysgraphia）兒童常見的書寫異常，包括閱讀困難的（dyslexic dysgraphia）、動作的（motor dysgraphia）及空間的（spatial dysgraphia）書寫困難。

25. 手寫障礙學生常會出現四種特徵，包括手指非常接近筆心、非傳統性的緊握、擦掉有困難及國字安排有麻煩。臨床人員須選擇正式工具和非正式任務，以迎合每個學生的需求。

26. 手寫教學的策略，包含板書活動、其他書寫動作練習的材料、姿勢、使用適當的手寫材料，以及全面性的補救方法。

▊第十二章▊▊

數學與學習障礙

　　現今是訊息豐富的社會，透過數與形的訊息，才能認識環境。國民需要培養分析資料、形成臆測、驗證與判斷的能力，以提升生活品質，改善生活環境。數學探究是培養這些能力的有效活動。因此，數學被公認為科學、技術及思想發展的基石，文明演進的指標與推手。它是一種高度複雜的符號語言，其功能在表達數量、空間、形狀、距離和次序的關係，使得人類能夠思考、記錄和溝通有關數量關係和元素的觀念。

　　有些學習障礙個體的語言和閱讀表現良好，但他們的問題在數學和數量學習。依據《身心障礙及資賦優異學生鑑定辦法》，有兩項學習障礙學生的數學問題領域被詳加列述：(1)數學運算；(2)數學推理。這兩種問題都會干擾到兒童和青少年在校成就和生活上的成功（教育部，2014）。

　　在本章理論部分中，我們將檢視數學障礙的涵義、數學障礙的特性與數學錯誤類型、幼兒數學學習的前導能力、中等教育階段的數學障礙、評量數學能力和數學教學的學習理論。在教學策略部分，將探討整個數學課程、數學教學原理、數學概念和問題解決教學活動，以及科技和電腦在數學教學上的應用。

第一節　數學障礙的理論基礎

一、數學障礙的涵義

　　許多學習障礙個體面對的主要問題是數學學習。數學問題常發生在進入小學之後，持續到中等教育階段（Miller & Mercer, 1997）。無論其出現率為何？數學障礙不僅在學校有令人困擾的問題，也會影響其成人生活（Patton, Gronin, Bassett, & Koppel, 1997）。

　　數學障礙（mathematics disabilities, MD）指個體智能正常，但學習與運用數學符號的能力有困難，而造成數學成就低落；數學障礙是學生在學習數學和數量上產生問題（Lerner, 2003; Lerner & Johns, 2012）。

　　Dyscalculia是一種醫學取向的術語，用以描述在學習和使用數學有嚴重障礙者。這個術語是與中樞神經系統失調有關，會造成數學概念和計算學習上特定的困擾，且若缺乏直接介入，Dyscalculia會持續（American

Psychiatric Association, 2013）。

　　不管怎樣，並非所有的學習障礙學生都有數學障礙。事實上，有些嚴重閱讀障礙個體的數學很好。相較於閱讀障礙學生的相關問題，數學障礙學生的鑑定和處理似乎較不受到重視（Rivera, 1997）。國內多數身心障礙資源班中，並沒有充分注意到學生之間數學上的學習差異。對數學障礙學生來講，一般數學領域的引導練習或實際應用並不是很充足，系統的數學障礙研究也遠低於閱讀障礙的研究（Rasanen & Ahonen, 1995）。

二、數學障礙的特性與數學錯誤類型

㈠ 特性

　　就像其他的學習障礙類型一樣，每位學生所面臨的數學困難都是獨特的，並非皆會顯現相同的特質。不管怎樣，影響學習的學習障礙特性有多種（Rivera, 1997; Johnson, 1995）。我們將探討數學障礙在資訊處理、語言和閱讀、數學焦慮和認知學習策略上的特性。

1. 資訊處理有問題

　　許多資訊處理因素與數學障礙相連結，如注意、視覺—空間處理、聽覺處理、記憶和檢索及動作能力。表12-1顯示資訊處理問題對數學表現的影響（Miller & Mercer, 1997）。

表12-1　資訊處理因素和數學表現上的問題

資訊處理因素	資訊處理問題影響數學表現方法
注意	• 進行問題解決步驟時，難以維持注意 • 教學時，無法維持注意力
視覺—空間處理	• 難以看出數字、錢幣或操作符號之間的差異 • 很難使用數線 • 上—下、左—右等方向有問題
聽覺處理	• 口頭練習有困難 • 順序內計算的問題
記憶和檢索	• 無法記住數學事實 • 忘記作問題時的步驟 • 告訴時間有困難 • 忘記多重步驟的單字問題

資訊處理因素	資訊處理問題影響數學表現方法
動作問題	• 數學書寫緩慢且不正確 • 在小空間寫數字有困難

Miller & Mercer (1997), p. 50.

2. 語言和閱讀能力不佳

雖然有些數學障礙兒童有良好的口語能力，甚至可能是優讀者；不過，多數數學障礙兒童兼有閱讀障礙和口語語言問題。閱讀障礙學生特別有算術生字上的困難。如果他們無法閱讀或不了解數學的基本語言結構，就無法計畫和演示所需的任務來解決問題；他們的語言問題也可能會造成其混淆數學術語，如借位、退位、拿掉、減等（Ginsburg, 1997）。

3. 對數學有焦慮

數學焦慮是一種情緒方面的數學反應。許多數學障礙學生和大人指出焦慮是持續存在的。有的個案甚至說焦慮如影隨形，使平靜的人緊張、使緊張的人崩潰。這種焦慮有多重影響，會阻礙數學障礙學生的學校表現、阻礙他們使用或類化所習得數學知識的能力，且當他們試著在測驗上表現其知識時會變得是一種障礙（Barkley, 1998）。這種焦慮可能源自於害怕在學校失敗和喪失自尊，劉秋木（2004）曾列舉一個假想的數學焦慮階層表，可作為運用逐減敏感法降低數學焦慮行為的參考（表12-2）。

表12-2　假想的數學焦慮階層表

焦慮階層	內涵
最輕微的	聽到數學兩個字
	看到數學老師
	看到數學課本
	想到明天有數學課
	今天有數學課
	數學課時老師已進教室
	老師交代作數學習題
	想到明天要考數學

焦慮階層	內涵
↓ 最焦慮的	老師問問題要小朋友舉手發言
	老師指明我回答而我不會
	拿到數學考試題目
	數學題目不會做
	今天老師發回考試卷

參考劉秋木（2004）繪製。

　　以下是幾項處理數學焦慮的原則，如圖12-1（Lerner, 2003; Lerner & Johns, 2012）：

慎用競爭	教學要清晰	避免不必要的時間壓力	試著排除測驗情境的壓力
• 讓學生與他們自己競爭，而非班上其他同學；在競爭情境上，確保學生有良好的成功機會	• 確定學生了解他們在數學作業上所做的。作新數學程序時，提供學生大量練習、實例或示範，以了解作業的作法	• 提供學生充足時間完成班上的作業；必要時，降低問題的數目	• 教導學生作測驗的策略；提供練習測驗，確保測驗形式是清楚的且學生能夠了解

圖12-1　處理數學焦慮的原則

4. 無法適當使用認知學習策略

　　有些兒童或青少年的數學障礙，可歸因為缺乏適當解決數學問題的策略。學生需要視覺化問題的策略，了解問些什麼，以及決定解決問題的方法。研究顯示學習障礙學生通常沒使用策略或選擇不適當的策略。這些學生可能緩於發展和應用記憶與檢索資訊的策略，如果他們接受教學就可成功地獲得和使用數學學習策略（Montague, 1997; Rivera, 1997）。

(二) 數學錯誤類型

　　數學障礙學生的數學錯誤類型充滿變異性，包括：(1)數學概念不足；(2)知覺缺陷；(3)數學語言表達缺陷；(4)記憶缺陷；(5)注意力缺陷；

(6)抽象推理困難所形成的錯誤；(7)策略學習與應用困難；(8)學習態度等
所形成的錯誤，如表12-3。

表12-3　數學障礙學生的錯誤類型

錯誤類型		內涵
數學概念 不足	對數學語言 理解困難	數學概念的知識不足；不了解題意；不了解數學符號術語
	計算錯誤	會算但算錯；運算錯誤（不知運用加減乘除的方法）；位值錯誤（缺乏百位、十位、個位等概念）；計算方向錯誤；重組錯誤（進位、退位錯誤）
知覺缺陷	視覺—空間 知覺缺陷	視覺空間組織錯誤（大數減小數）；心理動作協調欠佳（如無法抄寫數字、數字書寫不清）；省略小數點、運算符號或重要之細部（如單位或小數）；位置排列、方向混淆（如89讀成98）；視覺辨識錯誤（如將－看成×）；形象背景上的問題（如會忽略題目的某部分）；封閉的空間知覺（3看成8）
	聽覺—時間 知覺缺陷	可以正確計算但無法根據聽到的題目來推理；常因不了解上下午、傍晚……時間概念，而在解題上有困難
數學語言 表達缺陷	-	語言表達跟不上思考速度；無法將所想訴諸於口語
記憶缺陷	短期記憶 缺陷	學生無法記住老師剛教過的概念或計算方法
	長期記憶 缺陷	使學生無法回憶過去教過的
	序列記憶 缺陷	使學生無法按步驟完成複雜的計算題；無法按順序計數、看時鐘
	工作記憶 缺陷	記憶是有選擇的，有些記不住、有些則記得較久
注意力 缺陷	-	解題時常不考慮別的方式而做錯；無法由一種計算方式轉換到另一種計算方式；較易分心、過動；不能仔細思考和數量有關的問題；無法從事多重計算的題目
抽象推理 困難	-	在數學表徵及解釋所接收的數學概念上有困難；計算結果正確，但計算能力是機械式的，不知從哪裡開始計算或採用何種方法；題目中若出現太多數目或資訊，就無法解題；對時間、金錢和測量的理解能力不足，推估能力也不好

錯誤類型		內涵
策略學習與應用困難	-	難以選擇正確的計算方法及解題策略；不知變通和轉換
學習態度	-	學習數學的信念；學習動機低落；對數學產生焦慮；自我概念較低；傾向於將數學表現成功歸因為外在因素

整理自郭靜姿、蔡明富主編（2002），p. 7-15。

三、幼兒數學學習的前導能力

對某些兒童來說，可能在幼年就會出現數學方面的困難。學前階段的數學經驗（如數算、分類、簡易加減和了解配對關係的能力），主要取決於兒童實際操弄物體的經驗。因此，知覺動作發展困難、視覺空間處理、記憶檢索或注意力有問題的兒童，可能缺乏足夠且適當的實際操弄活動的經驗，來奠定其了解表12-4中有關數、量、形、空間、次序、時間和感知集合的概念（林嘉綏、李丹玲，2012；周淑蕙，1999）。

表12-4　幼兒數學學習的內容

項目	範圍
感知集合	物體的分類；認識「1」和「許多」及其關係；比較兩個物體組數量的相等和不相等
數	10以內的數；10以內的加減法
量	比較大小、長短、高矮、粗細、厚薄、寬窄、輕重、容積等；量的正、逆排序；量的相對性和傳遞性；自然測量
形	平面圖形（圓形、正方形、三角形、長方形、半圓形、橢圓形、梯形）；立體圖形（球體、正方體、圓柱體、長方體）；圖形之間的簡單關係
次序	按高、矮、長、短或其他形式的排序
時間	區分早晨、晚上、白天、黑夜、昨天、今天、明天、一星期七天的名稱及其順序；認識時鐘（時鐘的長針和短針及其功用，認識整點和半點）
空間	空間方位（上、下、前、後、左、右、遠、近等）；空間運動方向（向前、向後、向左、向右、向上、向下）

進入小學而期望表現數學能力時，有些兒童並未獲得數學學習所需的早期非正式數學思考能力，極可能導致學習正統數學的困難（許惠欣，

1996）。由於數學是一種具順序性的歷程，兒童必須在早年獲得非正式數學思考能力，作為日後學習的基礎。早期的數學學習包括「感知集合」、「數」、「量」、「形」、「時間」和「空間」等，數學障礙學生的教師必須經常搭配好這些尚未習得早期能力的教學。

㈠ 記憶能力

可靠的記憶能力是數學表現成功所必要的。為有效學習數學，加減乘除的計算事實必須變得自動化。記憶嚴重缺陷的兒童，可能無法快速地回憶數字事實。如果兒童缺乏自動化計算基本事實的能力，就必須花費額外時間和精力在計算上來產生解答（Montague, 1997）。柯華葳（1999）也發現低分組學生在基本數學概念評量上有困難，他們的答題費時且缺乏自動化。

㈡ 視覺動作能力

數學障礙兒童可能有視覺動作能力上的困難。Beery（1997）就曾指出，學習障礙在「視覺動作統整發展測驗」上有高度困難。有些數學能力不佳的兒童，在視覺動作任務上的表現不佳。他們在感受形狀、認知、空間關係和作空間判斷上有異常，使得他們無法複製幾何形狀或數字。這些兒童在手寫和算術上也表現不佳。

㈢ 空間關係

許多空間關係的概念是在學齡前正常獲得的。幼兒通常是透過玩弄物體或遊戲來進行學習的，這些遊戲活動可協助發展空間感和次序。兒童若有空間關係的困擾（如上—下、前—後、左—右、遠—近、頂端—底部、高—低等）往往會干擾到整個數字系統的了解。例如：兒童可能會無法感受到數線上數字之間的距離，也可能不知道數學3比較接近4，還是6比較接近4。

㈣ 身體形象感

有些數字感不佳的兒童，有不正確的身體形象。他們可能無法了解身體部分的基本關係。

㈤ 方向和時間概念

基本上,時間的基本概念也是在學前階段學到的,如5分鐘以前、半小時和以後等。許多數學障礙學生的方向感和時間感不佳,無法區分早晨、晚上、白天、黑夜、昨天、今天、明天、一星期七天的名稱及其順序;認識時鐘(時鐘的長針和短針及其功用,認識整點和半點)。

四、中等教育階段的數學障礙

許多中等教育階段的學習障礙學生,能夠在九年一貫數學領域上表現成功,但是有些學生則盡可能的遠離數學。在過去,面對數學問題的學習障礙學生會被忠告繼續補救基本的數學領域。如果向量、函數和廣義三角是獲得高中畢業文憑所必要的,那麼我們就必須考量如何為學習障礙學生的成功作準備。

在發展中等教育階段學習障礙學生適當的數學領域上,必須考量三個相關變項:(1)學習者特性;(2)中等學校的要求;(3)中等學校以後的預期要求。許多學習障礙學生可以在高級的數學領域表現成功,他們需要這些領域,因為很多這類學生將繼續升學。學者指出中等教育階段學生有效的數學教學策略,如圖12-2(Carnine, 1997; Miller, 1996)。

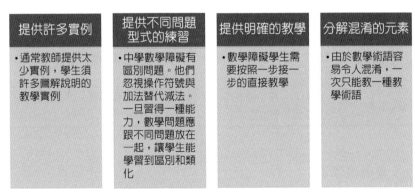

圖12-2 中等教育階段學生有效的數學教學策略

第二節 數學障礙的教學理論與原則

就像其他的學科領域，不同的數學學習理論會導致不同的教學方法。以下將探究幾種數學障礙學生的數學教學理論與原則。

一、教學理論

㈠ 循序性的數學教學

學習數學不是知道或不知道而已，它是一種強度漸進增加的連續性。隨著數學學習的進展，知識從具體到抽象、由不完整至完整、及從沒有系統到有系統思考緩慢的建立。為協助學生從具體往抽象學習進展，表12-5是三種循序性的數學教學（劉秋木，2004；Miller & Mercer, 1997）。

表12-5　循序性的數學教學

層次	內涵
具體操作	在此層次，兒童使用真實材料（如環境中的物體、積木等）。兒童可以身體接觸、移動和操弄這些物體，來解決數字問題。
具體表徵	兒童主要是透過具體表徵（相對於實物，而以另一種表徵呈現）來學習，例如：教師可運用長條圖來看各種數據資料的多寡或使用圖片／計算板來代表具體的物體。
類化具體表徵	讓學生在不同脈絡中，使用所學到的具體表徵來學習數學問題。例如：透過摺紙或剪紙發現三角形內角和為180度。
抽象水準	在此層次，學生僅使用數字或符號來解決數學問題，可重複具體表徵或類化具體表徵的協助。

㈡ 建構教學

建構教學是基於兒童建構他們自己解決數學問題的內建和理解，每位兒童在學習過程中必須主動建立自己的數學心理結構（Piaget, 1973）。因此，學習活動是「發現式」或「問題解決式」的。讓學生透過對問題情境的思考、資料蒐集分析、解決方案的設計、討論分享等活動，主動參與學

習（鄭麗玉，2009）。數學學習的建構觀點就是所謂的：「我聽我忘記；我看我記得；我做我了解」。學者對幼兒建構數學思考的研究指出幼兒發展數學意義時，建構有關數字的初期概念，例如：他們起初依賴自己計算總數的方法，在計算二個和五個物體合起來是多少時，4歲幼兒從數字開始計算到所有。爾後，他們發展出先由較大集合計算起的策略。在上例中，他們由5開始再加入其他的數字（Ginsburg, 1997）。由於數學的建構學習需要兒童主動參與數學，它鼓勵兒童發展並使用發明的數學來解決問題。透過這些經驗兒童建立起數學心理結構。

因此，學習數學是一種主動過程和學習方法。鼓勵使用手邊的學習材料，可讓學生透過操作性材料自己探究觀念。這些材料使他們能夠建構事物的模式，接觸並創造真正的世界經驗。

(三) 直接教學

直接教學、精熟學習及有效教學是相容的，是透過明確詳細結構和計畫的教學，協助學生達到精熟數學能力的一種數學教學方法。數學的順序性本質，使得直接教學取向特別適合於數學概念。依據直接教學觀點所設計的數學方案，都是高度組織且順序明確的；也就是先由教師決定教學目標，經由工作分析來計畫教學，提供明確教學並計畫持續性的測試；同時也著重分配充足的學習時間、足夠練習精熟的能力，以及著重必要的步驟（Carnine, 1997; Simmons & Kameenui, 1996）。圖12-3為數學直接教學的步驟。

針對想要完成的特定數學目標

這個目標必須是可觀察和測量的。例如：教學目標可能是學生在5分鐘內，85%正確的寫出十五題除法問題。

設定達到那項目標所需的次要能力

例如：在5分鐘內85%正確的寫出十五題二位數除以一位數完全整除的問題。

決定學生已知道那些能力

例如：學生已了解數學10以內的除法運算；學生已能正確做這個任務，但是很緩慢。

順序化達到目標所需的步驟

如果學生已知道10以內的除法運算，然後就須教導10以上的除法步驟。如果學生已知10以內的除法但運算很慢，則教學應提供計算速度的訓練和練習。

圖12-3 數學直接教學的步驟

根據實徵研究顯示，直接教學取向是一種改進學習障礙學生數學成就的有效方法（Carnine, 1997; Elliott & Shapiro, 1990）。

四 認知學習策略教學

認知學習策略的教學目標，在於協助數學障礙學生獲得面對數學挑戰和控制其數學學習的策略。即使是高中生的學習策略知識還是相當偏窄的，且有效使用學習策略情況也不是很理想（Tierney, LaZansky, & Schallert, 1982）。同樣地，Simpson（1984）也指出許多大學生缺乏後設認知技能，無法靈活運用各種學習策略，甚至所擁有的讀書技巧也相當有限。

針對認知策略，鼓勵學生談論和詢問自己有關數學的問題。這類數學思考和自我質問的實例是「還遺漏了些什麼？」或「我需要加上或減少什麼……」等。Montague和Bos（1986）曾提出學生須主動追求下列程序，如圖12-4：

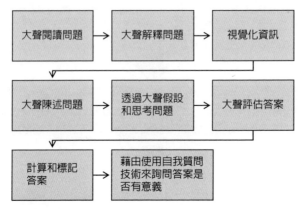

圖12-4 學生須主動追求的程序

　　McKeachie（1987）亦曾綜合許多學者的看法，將學習策略分爲認知、後設認知及資源經營策略。其中認知學習策略又可分爲複誦、精緻化和組織等策略；而後設認知學習策略下分計畫、規範和監控等策略；至於資源經營策略也可分爲時間經營、研讀環境經營、努力經營及他人支持等策略（表12-6）。

表12-6　McKeachie的學習策略

策略		基本學習活動	複雜的學習活動
認知	複誦	複誦想要記憶的部分	圖像、複誦大意、逐字逐句記筆記、畫底線
	精緻化	關鍵字法、心像法、位置法	釋義、摘要、整理筆記、提問回答
	組織	串集法、記憶法	選擇主要觀念、作大綱、釐清思路、畫組織圖
後設認知	計畫	設定目標、概覽、提出問題	-
	規範	調整閱讀態度、再讀、概覽、再認策略	-
	監控	自我測試、集中注意、應試策略	-
資源經營	時間經營	配合進度、目標設定	-
	研讀環境經營	劃定讀書、安靜、組織等區域	-
	努力經營	歸因於努力、情緒、自我對話、堅持、自我增強	-
	他人支持	尋求教師協助、同儕協助、同儕／小組學習、個別指導	

整理自McKeachie（1987），p. 26.

㈤ 問題解決教學

　　數學問題解決係指從事數學生字問題所需要的思考種類。對許多學習障礙學生來講，問題解決是最爲困難的數學領域。這些學生須廣泛引導和練習，以學習組合思考和計算能力及概念所需的語言來解決數學問題。爲解決數學問題，學生必須分析和解譯資料，以致他們能夠做選擇和決定。

問題解決需要學生了解在不同的情境中，運用數學概念和使用計算能力的方法（Montague, Applegate, & Marguard, 1993）。

數學問題解決的策略教學，對小學中高年級、中學及其以後學生已證實是有效的（Montague, 1997）。涂金堂、林佳蓉（2000）認為教師可從下列解題歷程，協助學生解決數學應用問題，如表12-7。

表12-7 數學應用問題的教學原則

歷程	內涵
了解題意	教師可先帶領學生唸題目，然後以一些問句幫助學生了解題意（例如：題目中給了什麼事實？），最後再請學生述說此題目的意思，以確定是否真正了解題意。
表徵問題	教師應該教導學生掌握題目中重要訊息的相互關係（例如：找出已知與未知的關聯性，有助於問題的表徵）。同時鼓勵學生採用一些輔助的表徵工具（作圖或畫表格），以協助問題的表徵。若仍無法達到問題表徵時，教師應指導學生重讀題目幾次，以確實了解題目中各個變項間的關係，並回想過去是否有類似的經驗。
擬定解題計畫	教師應鼓勵學生試著回憶與解題有關的概念或公式，來協助擬定解題計畫。若無此經驗，教師應設法簡化問題，先嘗試解決簡單的問題，再類化到原本複雜的問題上。此外，教師也應該教導學生一些解題策略（如列表、找組型、畫圖表等），並讓學生了解其使用時機，來協助擬定解題計畫。
執行解題計畫	教師應該培養學生熟練數學的程序性知識（例如：加減乘除四則運算的技能），使學生能快速且正確的計算出解答。
評估解決	教師在此階段應讓學生養成驗算與回顧的習慣，同時鼓勵學生嘗試不同的方法或程序來解題。另外，也應培養學生在驗算過程中偵錯的能力。

另外，我們應鼓勵中年級學生繼續創造和使用自己解決數學問題的方法。為鼓勵問題解決的態度，教師應建構學生對問題的反應。鼓勵此類對話可提升學生的回答水準。教師可藉由提供兒童許多生字問題解決和傾聽學生有關生字問題的放聲思考來協助。鼓勵使用不同解決數學問題和詢問的策略，也是很重要的。

二、教學原則

數學學習的某些一般原則，提供了有效數學教學的指引：

㈠ 提供練習機會

學生需要許多練習機會來克服數學概念。教師應盡可能變化練習方法，包括學習單、閃示板、遊戲和電腦輔助技術（給予立即回饋的特殊電腦軟體）。

㈡ 教導數學術語

學生須學習新的且必要的數學字彙和概念。學生可了解操作，但不知道應用至操作上的精確術語。例如：加（$4+2=6$）；減（$9-3=6$）；乘（$7 \times 5=35$）；除（$8 \div 2=4$）；被加數、加數、被減數、減數、被乘數、乘數、積、被除數、除數及商數等。

㈢ 從具體操作、半具體操作進展到抽象操作

由具體操作進展到抽象時，學生可了解數學概念。我們至少應該計畫三個教學階段：具體、半具體和抽象。在具體教學階段，學生操作真實的物體。例如：學生可以看到、持有和移動四個積木與五個積木來學習等於九個積木。在半具體教學階段，圖像表徵代替真實的物體。下列實例中，正方形框框代替物體：

$$□□□□ + □□□□□ = 5$$

在抽象教學階段，數學終究取代了圖像符號：$4+5=9$

實 例

學生使用真正的實物來代表概念 		學生操作方塊和一支尺,練習使用排列來組合乘法和除法

$$3 \times 5 = 15$$
$$5 \times 3 = 15$$
$$15 \div 5 = 3$$
$$15 \div 3 = 5$$

學生使用物體的圖片或圖示來代表概念 		或由繪畫中說明乘法和除法

$$4 \times 8 = 32$$
$$8 \times 4 = 32$$
$$20 \div 4 = 5$$
$$20 \div 5 = 4$$

符號水準

學生單獨操作符號來代表概念

$$8 \times \underline{\ \ } = 40$$

$$5 \times 8 = 40$$
$$8 \times 5 = 40$$
$$40 \div 8 = 5$$
$$40 \div 5 = 8$$

圖12-5　活動的發展順序

㈣ 數學學習的教學先兆

爲了解學生的數學先備知識與能力，確保其準備須習得的內容是很重要的。建立數學學習堅固基礎上所投注的時間和努力，往往可阻止許多日後的困難。如果學生想要進行更抽象複雜的數學過程時，下列基本的數學前學習是必要的，如圖12-6。如果他們缺乏，就必須進行教學。

教學先兆	1.配對（相同概念和分類物體）
	2.再認一組物體
	3.計算（數字和物體的配對）
	4.數學命名（例如：能夠說出在12之後的數字）
	5.寫出0-20的數字（順序正確，克服扭曲和反轉）
	6.測量和配對（估計、一對一配對）
	7.連續的值（透過數量上的差異，安排物體的次序）
	8.部分和整體及部分之間的關係
	9.操作（無須參照具體物，操作20以內的數字）
	10.小數（學習10以上和基於10的計算）

圖12-6 基本的數學前學習

㈤ 教導學生類化至不同情境

數學教學的一項目標在於讓學生獲得計算操作的能力，並能應用它們至不同的新情境。

㈥ 考慮學生的優弱點

教師必須了解學生的能力和障礙，除了數學能力水準和學生所能演示的操作外。學生的障礙如何影響到數學學習呢？何種教學方法、取向和教材是最具有前景的呢？下列是一些特定的建議：

1. 確定學生是否理解數字結構和算術操作。學生能夠演示基本的算術運算嗎？學生能夠閱讀和書寫數字嗎？學生了解口說數字的意義嗎？給予兩個數字，學生能夠說出哪個比較大、哪個比較小嗎？

2. 記憶和注意問題干擾到學生的數學學習嗎？學生擁有記憶數學事實的困難嗎？

3. 語言能力造成學生學習問題的範圍為何？

4. 閱讀能力不佳干擾到數學學習嗎？學生能夠閱讀數學嗎？

㈦ 提供均衡的數學教學

良好的數學教學必須兼顧數量概念、數字能力和問題解決等元素（Bley & Thornton, 1989）。表12-8是數學教學應組合的元素。

表12-8　**數學教學應該適當組合的三元素**

元素	內涵	實例
數量概念	概念指基本的了解。學生如果能分類物體，就表示他們發展了概念。	當學生學習一個數字乘以10，其積就是數字後面加0，如此就發展了形成規則的概念。
數學能力	從事數字事實的歷程。	例如：加、減、乘、除的基本運算過程。
問題解決能力	問題解決會運用數學概念和能力，此種應用包括在不同情境中使用和選擇組合某些概念或能力。	例如：測量陰影問題。

第三節　數學能力評量

有關兒童數學能力和精熟的情況，可透過正式和非正式測量來蒐集。正式工具包括數學成就測驗及數學診斷測驗，非正式方法則包括非正式量表、錯誤類型分析、動態評量、課程本位評量和臨床面談。

一、正式測驗

正式數學測驗包括數學成就測驗和數學診斷測驗（表12-9）。使用之前，檢視信度、效度、常模和標準化程序是很重要的（Salvia & Ysseldyke, 2001）。這類測驗通常附有不同種類衍生分數解釋的手冊，包括年級分數、年齡分數、標準分數和百分等級。

㈠ 數學成就測驗

數學成就測驗可用來作爲篩選工具，因爲它們在於確定這些學生成就分數是低於預期水準的（Salvia & Ysseldyke, 2001）。由於這類測驗大都是依賴多重選項的紙筆測驗，因而從中所能獲得的資料是有限的。雖然有其限制，不過數學成就測驗特別適用於下列情境：(1)有利提供學生升學輔導的資料；(2)可協助學生在學校中的選課；(3)可應用數學成就測驗了解在綜合成就測驗上，某特定分測驗表現差的學生，以獲得更詳細的資料（張世彗、藍瑋琛，2018）。

㈡ 數學診斷測驗

數學診斷測驗目的在分析和發現學生數學學習上的困難，作爲補救教學的依據。因此，這類測驗可對數學學習的弱點作深入評鑑。在施測方式上，數學診斷測驗多數爲個別測驗。運用此類測驗時，教師須充分了解幾項事實：(1)數學診斷測驗是專爲低於常模平均數的學生而設計的，較易發現低分者學習上的弱點；(2)大部分數學診斷測驗可確定學生的錯誤類型，但無法指明其錯誤理由；(3)這種測驗僅能提供學生學習困難部分資料而已，尚須考量其他因素（如學生身體狀況、智力……）；(4)數學診斷測驗上所發現的學習癥結宜視爲訊號，仍須蒐集其他證據來佐證（張世彗、藍瑋琛，2018；Fleischner, 1994）。

表12-9　國內現行一些數學成就或診斷測驗

作者／年代	測驗名稱	適用對象
林月仙、吳裕益（1999）	國民小學中低年級數學診斷測驗	小三
周台傑（2002）	國民小學數學成就測驗	小一～小六
周台傑（2002）	國民小學數學標準參照成就測驗	小一～小六
柯華葳（2007）	基礎數學概念評量	小二～小六
謝如山（2014）	學童數學成就測驗	3-9歲
洪儷瑜、連文宏（2015）	基本數學核心能力測驗	小二～小六
孟瑛如、簡吟文、邱佳寧、陳虹君、周文聿（2015）	國民小學一至六年級數學診斷測驗（MDA/G1-6）	小一～小六

二、非正式評量

非正式評量提供一種獲得有關學生在數學表現和能力上資料的變通性方法，這類評量常是非結構的或與標準化測驗不同的結構。有些易於實施，但難以設計；尤其，因缺乏指引，解釋常有困難的。教師若透過非正式評量，可考量這些問題：「學生的舊經驗為何？」、「觀念正確和完整的範圍是什麼？」、「兒童現在準備學什麼？」、「學生解決問題所實施的策略為何？」（Ginsburg, 1997）。

非正式評量有多種型式，以下將探究數學錯誤類型分析、動態評量、課程本位評量和臨床面談等。

㈠ 數學錯誤類型分析

錯誤類型分析的診斷，可幫助教師了解學生所犯的錯誤。教師應能偵測數學障礙學生所表現的錯誤型式，提供直接的補救教學。他們可透過檢視學生作業或要求學生解說其解決問題的方法，來獲得這類訊息。觀察學生使用的方法時，教師可推論學生所使用的思考歷程。表12-10是幾種常見的計算錯誤類型（Enright, 1983）。

表12-10　常見的計算錯誤類型

錯誤類型	內涵	實例
運算方向	有些學生逆轉計算或從左至右的方向進行運算，這些學生需要位數值的訓練。	129 +678 7917
計算事實	凡在基本加、減、乘和除上犯錯的學生須更多練習；隨身的九九乘法表在檢核作業時是很有用的。	$7 \times 9 = 63$ $9 \times 9 = 81$
過程	有些學生由於使用了錯誤的數學歷程而犯錯，這些學生須重新再認識符號。	$5 \times 3 = 8$ $14 - 4 = 18$
位數值	位數值（place value）是一種數學系統的範圍。犯此種錯誤的學生，並不了解位數值借位、退位或重組的概念。	45 −27 28
過程替代	有些學生無法完成1×134第二個步驟的過程，這種錯誤可能包含省略步驟或替代不正確的步驟。	134 ×12 268

錯誤類型	內涵	實例
遺漏	有些學生無法在商數上加上0。遺漏包含遺忘部分的答案或完成問題的步驟。	21 6√1206

另外，寫作能力不佳也會造成許多數學錯誤。學生若無法閱讀他們自己的寫作或無法排列數字時，就表示他們可能不了解在做些什麼。

(二) 動態評量

動態評量指在教學前、教學中及教學後，以因應及調整評量情境的方式，對學習者的認知能力進行持續評量。藉此了解教學與認知改變的關係。經由教學後，確認學習者所能夠達到的最大可能潛能表現（Day & Hall, 1987）。

各種動態評量模式各有其優弱點，不過至目前為止，以Campione和Brown（1987）所主張的「漸進提示評量模式」最受到注意。因為不僅提供較客觀的評分，且能對學習遷移歷程進行質的分析，而較常被用於班級教學中評量與協助學習障礙或困難的學生。

在漸進提示評量模式中，「教學提示量」是用以評量學生學習能力的指標。這個模式以學科作業為材料，事先建構一套標準化提示系統（提示系統的編擬是依照由一般、抽象的思考提示，然後逐漸趨向詳細且明確的提示），接著再採取「前測—訓練—遷移—後測」等階段的程序依序進行（前後測階段實施靜態評量，用以了解學生的最初能力及實施動態評量後所能表現的最大水準；至於訓練、遷移階段則實施動態評量，給予學生一系列協助；而遷移階段則依據題型難易程度，分成保持、近遷移、中遷移及遠遷移等層次），來了解學生的學習能力和遷移的效果，同時亦可觀察學生認知功能的運作（如運思速度、思考方式、學習態度……）（邱上真，1996；莊麗娟，1996）。

在評量時，此模式主要在評估學生的學習量數（教學階段時，所需的提示量）和遷移量數（遷移階段時，所需的提示量）；計分時，是以提示量的多少來核算，每提示一次、計點一次，提示量愈多表示能力愈低。

這種評量模式的優點有四：(1)評分客觀；(2)容易施行和推廣；(3)遷

移能力能精確評估；(4)強調與學科領域結合。主要的限制在於針對複雜度高的學科，較不易建立提示系統。

㈢ 課程本位評量

課程本位評量是一種建立與學生真正課程有關的教學需求（Tucker, 1985）。這種程序提供測量數學學習和進展的有效方法，其評量方式密切地連結評量至目前九年一貫數學領域上所教授的內容。它通常包括教師建構測驗，測量學生有關個別化教育方案課程行為目標的進展。圖12-7為對數學領域的課程本位評量的步驟（Shinn & Hubbard, 1992）。

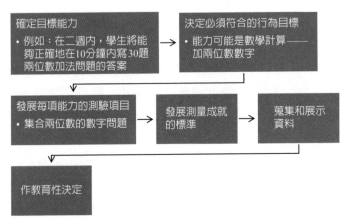

圖12-7　針對數學領域的課程本位評量步驟

㈣ 臨床面談

利用臨床面談來蒐集學生數學能力的資料，也是可行的。教師可以在學生從事一項數學活動時來加以實施，鼓勵學生口頭說出其完成數學作業的策略，詢問數學問題與探測很特別的數學方面陳述，目標在於確定學生的數學推理或運算程序與矯正錯誤的策略。

第四節 數學領域與教學策略

以下將討論目前的十二年一貫數學領域和一些數學教學策略：

一、十二年一貫的數學領域

　　普通班教師和特殊教育教師須擁有整個數學領域的一般概念，了解學生在數學領域上已知部分是很重要的。基本上，數學是一種循序漸進、自然累積的科目，在每一年級水準導入某些技能。例如：乘法的學習取決於對加法的了解。

　　108課綱數學領域的學習重點，由「學習表現」與「學習內容」兩個向度所組成。學習重點用以引導課程設計、教材發展、教科用書審查及學習評量等，並配合教學加以實踐。學生修習數學，從普通型高中十一年級起分為三個軌道。對於高數學需求的學生，可以修習數學A，然後修習數學甲。對於不同面向數學需求的學生，可以修習數學A，然後修習數學甲或乙。對於低數學需求的學生，可以只修習數學B。在十一年級修習數學B的學生，也有機會補足數學乙所需的先備知識而選修數學乙。

　　學習重點分國小、國中、普通型高中必修課程（十一年級分A、B兩類）、普通型高中加深加廣選修課程（十二年級分甲、乙兩類）等類編寫，係依據下述五個學習階段的教學目標發展而成，如表12-11（https://www.k12ea.gov.tw）。

表12-11　五個學習階段之學習重點

學習階段	內涵
國小一至二年級	能初步掌握數、量、形的概念，其重點在自然數及其運算、長度與簡單圖形的認識。
國小三至四年級	在數方面，能確實掌握自然數的四則與混合運算，並初步學習分數與小數。在量方面，以長度為基礎，學習量的常用單位及其計算。在幾何方面，發展以角、邊要素認識幾何圖形的能力，並能以操作認識幾何圖形的性質。
國小五至六年級	確實掌握分數與小數的四則計算。能以常用的數量關係，解決日常生活的問題。能認識簡單平面與立體形體的幾何性質，並理解其面積與體積的計算。能製作簡單的統計圖表。
國中七至九年級	在數方面，能認識負數與根式的概念和計算，並理解坐標表示的意義。在代數方面，要熟悉代數式的運算、解方程式及簡單的函數。在平面幾何方面，各年級分別學習直觀幾何、測量幾何、推理幾何；空間幾何略晚學習。能理解統計與機率的意義，並認識基本的統計方法。

學習階段	內涵
普通型高中 十至十二年級	在數方面，所有學生都應統整認識實數，並發展計數原理及其應用；選修數學甲、乙的學生要將數的認識拓展到複數，其中選修數學甲的學生要理解複數的幾何意涵。在幾何方面，全體學生都有學習基本空間概念的機會，透過坐標而連結幾何與代數，並認識基本的線性代數；選修數學A的學生還要熟悉空間向量的操作，用來發展坐標幾何與線性代數。在函數方面，全體學生都有機會認識三大類基本函數：多項式、指數與對數、三角函數，能辨別它們，並能用它們當作模型而解決典型問題；選修數學甲、乙的學生要將函數學習，延伸到微積分基本知能，並能用於解決理工、商管領域的基本問題。在不確定性方面，所有學生都應能運用基本統計量描述資料，能運用機率與統計原理，推論不確定性的程度；選修數學甲、乙的學生能理解隨機變數的分布，其中數學甲的學生更要理解幾何分布。

二、數學教學策略

在此我們將提出一些數學教學策略，包含運用數學教具、建立基本數與量的概念、發展計算能力、教導數學基本計算技巧、教授數學字彙和理解、背誦練習、教授估計策略、問題解決及科技在數學教學上的應用等。

㈠ 運用數學教具

教師可運用教具來提升數學學習的效果。例如：花片、進位積木、古氏積木和分數板較常用於數的概念，而六形六色積木、五方連塊、七巧板和幾何釘板則較常用於幾何相關議題（寧平獻等，2010）。另外，教師也可讓學生使用虛擬教具來複習所學，如「萬用揭示板」（http://163.21.193.5/asp/edit/use.asp）和「動態數學網」（http://www.dyna-math.tw）。

㈡ 建立基本數與量的概念

1. 分類遊戲

我們可給學生只有一種屬性不同的物體或東西，如大小或形狀，要求他們將物體分到兩個不同的盒子裡。進而教師可增加分類屬性的複雜性，要求學生進行分類。另外，我們也可使用有幾個屬性重疊的東西，諸如形狀、顏色和大小。你可以呈現給兒童三種大小（大、中、小）和三種顏色

（藍、黃、紅）的方形和圓形，讓學生根據大小，然後根據顏色進行分類，接著要求他們發現其他的分類方法。

2. 配對和分類

數學概念第一步在於認識單一物體或形狀的能力。讓學生經由蒐集各式各樣的物體，來發現特定型式的物品或東西。例如：學生可尋找彩色塑膠盒或綠色的積木，裝入不同的橢圓形彈珠來尋找；從一盒鈕扣盒內尋找圓形的鈕扣。

另外，一對一配對是一種關係，即一組中的一個元素只與另一組中的一個元素相配對，這種概念是提供計算的基礎，必須練習。例如：安排一種物體與另一種物體的配對活動就是有用的。

3. 重組物體

玩具卡、具體東西、磁性板等，都可作為發現組群概念的良好教材。

4. 大小和多少

學生用實物或畫圈表徵解題都是很好的，甚至有些學生可直接說出答案和理由，但是教師都應引導學生熟練用表徵來表示數量，為往後學習奠定基礎。例如：教師可使用抓糖果或比較身上鈕子數量，來比較多少或大小。

5. 結合數學遊戲

寓數學教學於遊戲中，很容易引起學生的興趣。例如：事先準備數字卡（如1-10）四到五套，比學生人數少一張的椅子。然後每位學生拿一張數字卡，將其貼到胸前。主持人先喊大風吹！學生回答：「吹什麼？」主持人再說：「吹拿數字○的人。」被點到的學生就要換座位，找不到椅子的人，就代替主持人的位置。

6. 數線

數線是一種形成一條直線的數字順序，可要求學生直接在數線上操作計算。

7. 序列和關係

教導序列和關係概念時，教師可詢問學生說出9以後或4以前，或5和7之間的數字。要求學生表示一系列物體第三、最後或第五個數字。另外，運用真實生活中的火車車廂或撲克牌的順序，都可很自然的引起學生對序

列的動機。

8. 型式遊戲

透過在已經開始的序列上選擇下一個東西或物體，讓學生來發現型式，同時隨著訓練的進展，增加型式的複雜性。例如：在黑白綠黑白綠型式上，學生應該選擇黑的物體（東西）作為順序上的下一個項目。

9. 建立大小和長度之間的關係

教師可讓學生比較不同大小的物體，形成較大、較小、較長和較短的概念。

(三) 發展計算能力

1. 計算動作活動

有些學生學習口頭計算，但是仍無法達到每個數字配對一件物體的概念。透過做強烈的動作和接觸反應（伴隨計算），我們可協助此類學生。注視視覺刺激或指著物體可能還不足夠，因為此類學生會不規律地略過計算物體或一個物體說出兩個數字。協助學生建立計算原則的動作活動包括在洞中放置一根木釘，握緊線上的夾子，拍手三次，跳四次，輕拍桌子兩次。使用聽覺型式增進視覺計算，透過讓學生傾聽鼓聲的計算（閉上眼睛），學生可註記每個聲音，然後計算這些註記。

2. 計算容器

拿一組容器，如瓶子，然後每個瓶子指定一個數字。讓學生用正確項目的數字填滿每個容器，使用包括彈珠、紅豆等東西。

(四) 教導數學基本計算技巧

許多數學問題是由於基本計算技巧不足。因此，教師應該教導學生他們缺乏的基本數學計算能力，包括加法、減法、乘法、除法、分數、小數和百分率。

1. 加法和減法

加法事實的知識，提供了所有其他計算能力的基礎。學習的重要符號是：「＋」（加）和「＝」（等於）。如同其他的領域，透過使用具體的物體開始，然後使用卡片代表數字，最後才完全使用數字和符號。學生在加法上有堅實基礎後，就可導入減法。學習的符號是：「－」（減或拿

走）和「＝」。表12-12為加減法問題的類型和範例（寧平獻等，2010；Fuson, 1992）。

表12-12 加減法問題的類型和範例

問題型式			問題情境
改變型	添加型	起始量未知	小英原有一些鉛筆，又買了5枝，共有12枝，問小英原有幾枝鉛筆？
		改變量未知	小英原有5枝鉛筆，她又買了一些，共有12枝，問她買了幾枝鉛筆？
		結果量未知	小英原有5枝鉛筆，她又買了4枝，小英共有幾枝鉛筆？
	拿走型	起始量未知	小英原有一些糖果，吃了4顆，剩下12顆，問她原有幾顆糖果？
		改變量未知	小英原有12顆糖果，吃了幾顆後，剩下4顆，問她共吃了幾顆？
		結果量未知	小英原有12顆糖果，吃了4顆，剩下幾顆？
合併型		全體量未知	小英有5個梨子，小明有7個梨子，兩個人合起來共有幾個梨子？
		部分量未知	小英和小明共有12個梨子，其中7個是小明的，問小英有幾個梨子？
比較型	較多型	參考量未知	小明有9枝鉛筆，比小華多5枝，問小華有幾枝鉛筆？
		比較量未知	小華有5枝鉛筆，小明比小華多4枝，問小明有幾枝鉛筆？
		差異量未知	小華有5枝鉛筆，小明有9枝鉛筆，問小明比小華多幾枝鉛筆？
	較少型	參考量未知	小明有9枝鉛筆，比小華少5枝，問小華有幾枝鉛筆？
		比較量未知	小華有5枝鉛筆，小明比小華少4枝，問小明有幾枝鉛筆？
		差異量未知	小華有5枝鉛筆，小明有9枝鉛筆，問小明比小華少幾枝鉛筆？
等化	添加等化型	參考量未知	小華有8張明信片，他再買5張就和小明一樣多，問小明原有幾張明信片？
		比較量未知	小華有8張明信片，小明再買5張就和小華一樣多，問小明原有幾張明信片？
		差異量未知	小華有8張明信片，小明有5張明信片，小明必須再買幾張，兩人的明信片才會一樣多？
	拿走等化型	參考量未知	小華有9顆糖果，小華吃掉5顆後就和小明一樣多，問小明有幾顆糖果？
		比較量未知	小明有4顆糖果，小華吃掉9顆自己的糖果後就和小明一樣多，問小華原有幾顆糖果？
		差異量未知	小明有4顆糖果，小華有9顆糖果，小華必須吃掉幾顆糖果，兩人的糖果才會一樣多？

教學時，教師宜多舉日常生活之情境，並鼓勵學生自行記錄，引導學生熟悉通用的算式記號，並透過問答的方式，協助學生理解算式中，各個成分的意義及其與問題情境之關係。另外，宜鼓勵學生使用操作物或圖形表徵來解決問題，然後記錄其算式。

2. 乘法

乘法是一種簡短的加法方式。例如：代替 3＋3＋3＋3＋3，學生可學習 3×5＝15。學習符號是「×」。有幾種解釋乘法的方法，如表12-13。

表12-13　解釋乘法的方法

方法	舉例說明
乘法句子	有5組3是多少？使用多組的東西，學生可發現全部不是計算東西，就是加上同等的被加數。
倒轉概念	句子 2×3＝□ 與 3×2＝□ 是一樣的。
運用數線	學生在數線上將5加上3次，結果等於數線上的15。

另外，教師可從「幾個百、幾個十、幾個一」的幾倍的活動，來提供學生學習三位數乘以一位數乘法直式的預備經驗。當然，要依循由具體至抽象的教學原則進行，才有助學生的了解。至於乘法交換律的理解則可操作積木，透過矩陣排列來說明。表12-14為乘除法問題的類型和範例（甯平獻等，2010）。

表12-14　乘除法問題的類型和範例

問題型式		問題情境
群組	總數未知（乘法）	賣場中的奇異果每5顆裝一盒，小莉買了3盒奇異果，她一共買了多少顆奇異果？
	群組大小未知（等分除）	小莉有15顆奇異果要平分給她的3位朋友，每個朋友可以得到幾顆奇異果？
	群組數量未知（包含除）	小莉有12顆奇異果，她想要把這些奇異果放入每個可以裝4顆奇異果的盒子中，她需要多少個盒子？
比例	總數未知（乘法）	1個芒果8元，3個芒果要多少元？
	單位比率未知（等分除）	3個芒果24元，1個芒果要多少元？

問題型式		問題情境
	群組數量未知 （包含除）	1個芒果8元，24元可以買幾個芒果？
倍數比較	積數未知 （乘法）	小莉有4顆糖果，小威的糖果是小莉的4倍，小威有多少顆糖果？
	單位數未知 （等分除）	小威有16顆糖果，他的糖果數是小莉的4倍，小莉有多少顆糖果？
	單位量未知 （包含除）	小莉有4顆糖果，小威有16顆糖果，小威的糖果數是小莉的多少倍？
組合	乘積未知	小莉有3件上衣和4條裙子，每件上衣和每條裙子都可以穿，如果小莉每次都選一件上衣和一條裙子，她可以有多少種不同的組合？
	單位量未知	小莉買了一些新的上衣和裙子，她總共有9種不同的組合。如果小莉買了3條裙子，那麼她買了多少件上衣？
矩形面積	面積未知	有一個長方形的長是6公分，寬是3公分，這個長方形的面積是多少平方公分？
	邊長未知	有一個面積是18平方公分的長方形，已知它的長是6公分，這個長方形的寬是多少公分？

3. 除法

　　這是一種最難學習和教導的計算能力之一，它被視為是乘法的逆運算。例如：對「水果65個，平分給7組，每組可分到幾個，還剩下幾個？」這類型的問題，學生可能會從乘法規則9×7 = 63知道每組可分得9個，並由65 – 63 = 2知道還剩下2個。所以在學生剛開始學習除法運算時，教師可由他們較熟悉的乘法運算著手。

　　當然，九九乘法表的背誦對於乘法和除法是非常重要的基礎。至於除法直式的計算，教師應讓學生配合圖卡操作，說明算式中數字及符號的意義，同時運用定位板和具體物操作，讓學生注意除法直式對位的問題。對有餘數的除法，如表12-15中四種基本的問題類型，教師應讓學生練習每種類型的題目（Carpenter et al., 1999）。

表12-15　四種除法有餘數的基本問題類型

答案	問題情境
商數加1	有20個人準備搭車去看電影，如果一輛車只能乘坐3個人，問最少需要幾輛車才夠讓這20個人都搭乘去看電影？
即是商數，餘數不考慮	3個蛋可做一個蛋糕，17個蛋可做幾個蛋糕呢？
餘數本身即答案	王太太有21顆糖果，當她平分給她的5個小孩後，她還會剩幾顆呢？
會有分數	王太太煮了17碗的綠豆湯，如果把全部的綠豆湯平分給她的5個小孩，每個小孩可以分到多少碗？

4. 分數

分數的學習對於國小學生來說，一直是很困難的題材，更何況是數學障礙的學生。要了解分數，必須對整數及其四則運算有堅固的基礎，以及對測量的概念有充分了解。在國小階段，分數的學習涉及到分數概念、各種分數的辨別及分數的四則運算。一般而言，由於學生對分數概念是先理解連續量，再進入離散量。所以教師教學時可由不可點數的連續量（如：1/4杯水），進入可點數的離散量（如：4/7包口香糖的片數），同時要依循由具體至抽象的教學原則進行。

在分數加減方面，教師可先透過操作具體物和數線來讓學生充分了解其概念，然後再進行算式的計算練習。至於分數乘除方面，一樣可透過數線上的分數操作，讓學生理解分數整數倍的概念，然後再進行算式的計算練習。學生在解決分數加、減、乘、除時，最感到困難的是不了解題意。此時，教師可透過討論，讓學生先分析題意，即將題目分成若干子題，討論先做什麼？後做什麼？最後再進行解題。

5. 小數

小數的意義是建立在分母為10的分數上。因此，教師在初次引入時應特別讓學生觀察到一個整數確實被十等分，並時常透過分數與小數的轉換來建立學生的概念。當然，小數的教學也應依循由具體至抽象的教學原則進行，學生才容易了解。教師在進行二位小數的認識及命名活動時，可使用百格板輔助說明。

在小數乘以整數方面，教師教學時應透過數學古氏積木或數線等具體

表徵，讓學生了解小數乘法的進位問題，例如：0.6×3，有些學生容易誤寫爲0.18。至於解決小數四則的文字題時，教師應儘量讓情境生動化、活潑化，且能讓學生具體操作或圖示，指導學生將問題分析成若干子題，進而掌握題意。

6. 百分率

百分率是比率的一種常用的表示法，並藉由1/100和0.01的連結來認識百分率的意義。教師亦應在讓學生認識百分率之前，先引導學生從部分和全體運思，來複習分數和小數的概念。

㈤ 背誦練習

我們應盡可能記憶數學事實。爲了演示所有操作，精熟數學事實是不可或缺的，例如：九九乘法表的熟記。如果學生缺乏基本事實的知識或所需的自動化，就應給予特別協助。

數學圖表、數線和計算器能提供數學障礙學生可能需要的增強。進行問題解決、概念及特定演算法上的教學時，使用這些輔助可伴隨著持續增強並處理缺陷事實。問題的答案是「是的，數學障礙學生應試著記憶基本的數學事實。」一分鐘探測是一種有趣背誦練習的方法（圖12-8）。

有一種針對個別學生施行的快速評量，就是一分鐘探測。這種評量不要過度強調速度，教師要求學生盡可能在一分鐘內完成一項特殊的技巧。每日或每週比較進步情形可作爲有用的教學指引，學生也可記錄他們自己的成長。
小學：

6 + 1 =	9 + 6 =	8 + 4 =	9 + 2 =
4 + 8 =	8 + 2 =	2 + 7 =	6 + 6 =
7 + 4 =	5 + 2 =	6 + 8 =	7 + 7 =

較高的水準：55.3467 ÷ 12.3 =
讓學生一分鐘內完成，然後計算正確的得分。

圖12-8 一分鐘探測的背誦練習方法

自動化的事實回憶，可讓學生更加針對演算法和問題解決作努力。不過，有些學生從未精熟他們的數學事實，而且不合理地著重於事實精熟，這些情況都是不利的。相較於正確的計算能力或演算，許多眞實生活上的數學應用取決於估計的答案。圖12-9說明了一些背誦練習的觀念。

加法和減法事實

　　數字家庭：學生在背面書寫與每個數字家庭配對的四個數字，然後根據相同的總數加以分組。

　　使用豆子和睡蓮的漂浮葉，學生數在葉上掉落的青蛙。他們書寫數字故事來表示加減法的組合。

　　使用10至20個標識來作為玩偶，學生在卡紙盒中蒐集任意的數量。這些數字可用來描述卡紙盒內外的玩偶。

圖12-9　背誦練習的觀念

(六) 教授數學字彙和理解

　　數學溝通包含使用一般、特別和技術性的術語。特殊和技術性用法的術語，呈現了特殊的學習問題。在運用它們至問題解決情境之前，確定和呈現這些術語（Cangelosi, 1992）。一般用法的術語包括每個人皆知道的數學字彙（如紅的、圓的、加……）。特殊用法的術語包括意義會因本文而改變的單字和符號（如餘數、關係等）。技術性用法的術語包含只有數學意義的符號和單字。我們可採用教師引導或合作互動探究的方式，來呈現符號和公式。

(七) 教授估算策略

　　數學推理需要學生問問題：「我的答案有意義嗎？」如圖12-10的討論順序，可在發展數學推理和教授估算策略時運用。

　　對某些學生來說，重複練習某些事實和能力可能是獲得較高層次應用流暢性的唯一方法。針對舊有材料來發現新穎和新奇的取向：需要使用操作工具、口語或書寫等多重的變化。

我的回答有意義嗎？

針對一個文字題，學生討論可能的操作。如果9位兒童正在分享81顆糖果，每位兒童可得多少顆？

數字相加有意義嗎？
$$81 + 9 =$$
為什麼沒有意義呢？

數字相減有意義嗎？
81－9＝
為什麼沒有意義呢？

數字相乘有意義嗎？
81×9＝
為什麼沒有意義呢？

為何數字相除有意義呢？
81÷9＝

圖12-10 數學推理

　　當然有一種容易估算的策略，就是估算一個答案和概數。Reyes（1986）建議採用更複雜的策略來教導學生，如群組策略（clustering strategy）和相容的數字（compatible numbers），詳細說明如下：

1. 群組策略

　　針對包含群組或某一數字範圍的問題，我們可使用群組策略。群組包括考量組的平均，然後進行適當的操作。例如：綠色博覽會的入場人數六天中每天分別是50000、45000、53000、58000、52000和51000，人數傾向於群組在50000的範圍。我們可用50000乘以6並除以6（平均＝50000），來估算平均的入場人數。

2. 相容的數字

　　這是一種高階的概數策略型式，確定相容的數字並以概數操作。例如：19＋88＋17＋89＝？一個人可以概數19和17為20，以及概數88和89為90，和20＋20＋90＋90＝220為一估算的答案。

　　所有學生包含學習障礙在內從背誦事實性知識，經由概念形成至透過演算法調整要求有機會學習數學。估算技巧讓個人檢視答案的合理性，以致錯誤可獲得立即矯正。科技社會的複雜性，要求相當複雜程度的數學精熟（問題解決所涉及的策略）。補救努力不全然都要針對問題解決上的努力。

㈧ 問題解決

1. 發展問題解決策略

數學障礙學生不僅需要學習問題解決策略，且要著重班級演示作摘記、使用圖書館、參考書、視覺輔助、考試和管理時間（Strichart & Mangrum, 1993）。相對於紙筆計算任務，良好的數學教學更為強調問題解決和科技。

(1) SQRQCQ

SQRQCQ是由Leo Fay所發展出來的（Forgan & Mangrum, 1989），包含六個步驟，如圖12-11。

調查　質問　閱讀　質問　計算　質問

圖12-11　SQRQCQ的步驟

學生必須仔細的調查文字問題，以了解語言與問題是什麼？每個步驟的質問，則提供自我反映、評量和重新思考新策略；最後的問題必須反映手邊的答案——有意義和合理嗎？

(2) Polya's模式

Polya（1945）設計了一種簡單但是策略正確的問題解決法，這種方式學生可在所有層次上使用。個人僅須依循Polya的四項步驟：(1)了解問題：強調學生必須使用字典、說出問題、求助等澄清模稜兩可的語言。學生必須能夠藉由列舉已知和未知來重述問題，數字、圖、表和清單可能是有用的；(2)設計計畫：學生必須能夠決定運用問題解決、依循步驟和估計檢核上適當的操作，學生需要學習他們是假設考驗，並需要確認或拒絕他們的考驗；(3)實行計畫：學生應該遵循按部就班的方法，以利檢核其正確性。估算策略是重要且省時的。學生必須能夠確定或拒絕假設，使其能夠設計新計畫和策略；(4)回顧：學生應該能夠注意數學解答，然後決定那項答案的合理性。

(3) Eright問題解決模式

Eright曾提供了一項問題解決五步驟模式（RODEO），清晰且明確

的提供障礙學生按部就班的方法（圖12-12）（引自Spafford & Grosser, 1996）。 學習障礙學生應提供探究各種策略的機會，以協助他們學習問題解決的方法。有些學生經由發現法可能學得最好，其他學生可能從同儕小老師的方式獲益更多或由教師引導教學更有效。

圖12-12　Eright問題解決模式

(4) Mayer的解題策略

Mayer（1992）的解題策略為問題表徵和問題解決兩階段，兩階段各有兩個步驟。問題表徵包含問題轉譯及問題整合；問題解決包含解題計畫與監控及解題執行。例如：圖12-13為文字題解題歷程的策略。

圖12-13　文字題解題歷程的策略

2. 語言問題

學習障礙學生由於文法和字彙問題，以致對文字題的解決能力不足（Englert, Culatta, & Horn, 1987）。數學和閱讀皆依賴良好的語言能力，而且我們不應期望學生在字彙和理解能力不足下解決文字題。

3. 澄清方向

教師在提出一項新技術或概念時，學習障礙學生可能有遵行多重步驟和方向的困難。因此，教師有責任：(1)提供清晰且明確的方向和程序；(2)方向了解的檢核；(3)持續評量進步與監督成就表現。問題可分解成較

小的步驟或按部就班呈現以確保了解。工作分析是一種可採用的方法。圖12-14是時間技巧運用的工作分析的例子。

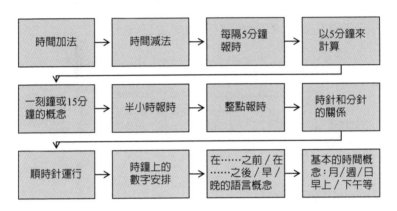

圖12-14　時間技巧運用的工作分析

4. 提高問題解決能力

變通性補救取向的一項方法，就是提出不同的操作模式。例如：可提出不同方式的減法。運用不同的問題模式提供學生下列機會：(1)擴展他們的數學字彙基礎；(2)以變通方式看待問題；(3)考量不同解決問題的方法。留意下列有些問題也可以使用減法過程來解決，如表12-16。

表12-16　減法的基本問題類型

答案	問題情境
區分模式 （partitive model）	小英有9輛藍色和紅色的汽車，她有5輛紅色的汽車，小英的汽車中有多少輛是藍色的？
拿走模式 （take-away model）	小英有5條口香糖，給小明3條口香糖，小英還有多少條口香糖？
比較模式 （comparative model）	小英有7對耳飾，小明有4對耳飾，小英比小明多出多少對耳飾？
附加模式 （additive model）	小英的書櫃有20本書的空間，星期一小明放置5本書在書櫃上。小明還可放置多少本書在小英的書櫃上？
降低模式 （decrease model）	小英重145磅，但是生了孩子之後瘦了40磅。小英現在重多少磅？

5. 重述問題

口語化或說出問題，來提供學習的機會。

例如：小英告訴小明和大年，他們的朋友潔明和小群打棒球。他們每人打了五年，且有下列的平均打擊率：

潔明：.355、.379、.312、.333和.398

小群：.322、.344、.323、.301和.398

每位選手的平均打擊表現是多少？

(1)說出問題：要詢問的問題是什麼？

(2)平均表現：我如何想出平均的打擊表現？

我能夠使用每位選手的平均嗎？

我能夠加上每位選手的所有打擊率並除以5嗎？

6. 濃縮文字題

為舒緩許多文字題的語言要求，教師可濃縮閱讀和數學障礙學生的內容，如圖12-15。最終是教導學生自己濃縮文字題。為了降低因語言要求所造成的問題，教師可教授學生建構小問題來確定關鍵的資訊。

每年夏天，學生都會透過洗車來賺取校外參訪的錢。由於所有學生的努力工作，他們每小時可洗9部車。如果他們工作5小時，每部車賺100元，他們共儲存了多少錢？

小問題
- 他們每小時洗9部車
- 他們工作5小時
- 每部車賺100元

圖12-15 濃縮文字題

㈨ 科技在數學教學上的應用

在這訊息豐富的社會裡，科技已經廣泛的使用於生活中。每天面對著大量的資料，如何處理並從中獲得有用的資訊，已成為當今生活中重要的能力。科技產品應定位在增進數學能力的發展。當學生在求解、估量、存取資料和驗算答案的工具時，科技產品能幫助數學障礙學生理解數學概念、掌握數量關係，也能提升數學障礙學生的數學成就。

惟科技產品充其量只是個工具而已，不應反客為主，而把運用科技產品當作最終目標，學習焦點仍然在數學的課程內容。科技雖然讓數學變得可親，且能有效地解答數學問題，但當學生還沒能掌握數學概念、技能、相對關係時，科技產品就無法有效運用。

對數學來說，科技產品是一項利器，只要能運用得當，將協助數學障礙學生發展數學課程中所強調的技能、知識及洞察力，同時也能將學校所學的數學內容應用於真實的世界（張英傑、周菊美譯，2005）。在數學教學上，我們將介紹計算器和電腦這兩項科技。

1. 計算器

目前計算器的應用已相當廣泛，如家具行、餐廳……。無疑地，計算器的應用，在數學教學方面亦扮演著重要地位，它可用來增強和教導各種能力，諸如數數、計算、順序、估計、統計和機率問題。運用計算器來教導學習障礙學生最明顯的優點，就是能夠使他們計算正確，然後教學可針對更重要的問題解決、批判思考及演算法精熟的範圍。例如：計算一天中心跳的次數？口頭陳述數學問題，讓學生在座位上用計算器計算；計算所要的資料後，蒐集和組織資料並畫成圖表（每天班上同學發問的平均數目為何？）。另外，繪圖計算器則對中學學生很有用處，可與課程做結合（張英傑、周菊美譯，2005）。

2. 電腦

電腦應用不斷翻新，已使得此種科技對數學教學和學生學習更有用。學者甚至指出學習障礙學生在數學學習上，比其他課程更常使用電腦。電腦革命帶來網際網絡、DVD-ROM多媒體、PowerPoint……應用，所有這些在數學教學上都有許多用途。例如：

(1)王國雄先生曾運用電腦投影來進行數學教學，將難解的數學問題

做成3D立體動畫，使學生觀念更清晰，不僅利用活動帶動學習，且讓數學學習變得更有趣（引自楊坤堂，2003）。

(2)以電腦程式構築出來三角學課程，可讓學生想像平面或三維空間的圖形，並進一步引導學生探究操弄圖形變形的結果，如GSP動態幾何軟體（教育部，2003）。

(3)試算表（Excel）、資料庫（Database）等，能讓學生輸入資料、編譯數據、製造出各種圖表和統計結果。透過這些方式，學生不但能以快速又簡易的方式來處理資料及呈現它，且還能考驗推論。

(4)莊其臻和黃秋霞（2013）發現電腦圖示表徵教學，可提升國中學習障礙學生乘除法文字題解題的學習成效。

(5)許多研究人員以電腦作為教學媒體，協助教師教學，輔助學生學習教材，達到個別化、補救教學或精熟學習的編序教學活動，對學生數學學習皆有成效（楊依萍，2007；魏淑娟，2005；黃小凡，2008；林垂勳，2014）。

有許多的電腦方案可在學校和家裡使用，以提供數學增強和練習。電腦方案似乎最有利於涉及能力學習、問題解決和數學概念探究的訓練活動。目前坊間的電腦軟體幾乎都是針對普通學生而設計，不過有些也可適合學習障礙學生。電腦軟體在選擇之前應仔細評估，通常數學領域可用的軟體，可讓學生自我調整他們的學習或練習，接受反應正確性的立即回饋，提供正確的增強，以及記錄進展和所完成的練習。

國內有關數學的網站不少，以下是若干可參考運用的網站：

中學數學資源網站（http:milnux.pmsh.tnc.edu.tw）

昌爸工作坊（http://www.mathland.idv.tw）

有愛無礙（http://www.dale.nhctc.edu.tw）

網路資源—數學領域（http://www.scps.phc.edu.tw）

民生數學天地（http://www.msps.tp.edu.tw）

雅虎中文網站—數學（http://chinese.docs.yahoo.edu.com/science/mathematics/）

945eNet康軒資源網（http://www.945enet.com.tw）

結語

　　數學障礙不僅在學校有令人困擾的問題，也會影響其成人生活。不過，並非所有學習障礙學生都有數學障礙。就像其他學習障礙類型一樣，每位學生的數學困難都是獨特的。某些兒童可能在幼年因知覺動作發展、視覺空間處理、記憶檢索或注意力有問題，未學習到數學前導能力，而極可能導致學習正統數學的困難。不同的數學學習理論通常會導致不同的教學方法，而影響到兒童的學習。專業人員可以透過正式和非正式測量，來評量兒童的數學能力，進而透過各種數學教學策略，來提升數學障礙學生的能力。

本章重點

1. 數學障礙（MD）指個體智能正常，但學習與運用數學符號的能力有困難，而造成數學成就低落。
2. Dyscalculia是一種醫學取向的術語，用以描述在學習和使用數學有嚴重障礙者。這個術語是與中樞神經系統失調有關，會造成數學概念和計算學習上特定的困擾，且若缺乏直接介入，會持續。
3. 每位學生所面臨的數學困難都是獨特的。數學障礙的特性，包含資訊處理有問題、語言和閱讀能力不佳、對數學有焦慮，以及無法適當使用認知學習策略。
4. 處理數學焦慮的原則，包含慎用競爭、教學要清晰、避免不必要的時間壓力、試著排除測驗情境的壓力。
5. 數學障礙學生的數學錯誤類型充滿變異性，包括數學概念不足、知覺缺陷、數學語言表達缺陷、記憶缺陷、注意力缺陷、抽象推理困難所形成的錯誤、策略學習與應用困難，以及學習態度等所形成的錯誤。
6. 數學障礙學生的教師必須經常搭配好這些尚未習得早期能力的教學，包含記憶能力、視覺動作能力、空間關係、身體形象感、方向和時間概

念。

7. 不同的數學學習理論會導致不同的教學方法，數學教學理論包含循序性的數學教學、建構教學、直接教學、認知學習策略教學，以及問題解決教學。

8. 數學學習原則提供了有效數學教學的指引，包含提供練習機會、教導數學術語、從具體操作、半具體操作進展到抽象操作、數學學習的教學先兆、教導學生類化至不同情境、考慮學生的優弱點，以及提供均衡的數學教學。

9. 數學能力可透過正式工具包括數學成就測驗及數學診斷測驗，以及非正式方法包括非正式量表、錯誤類型分析、動態評量、課程本位評量和臨床面談等來蒐集資料。

10. 數學教學策略，包含運用數學教具、建立基本數與量的概念、發展計算能力、教導數學基本計算技巧、教授數學字彙和理解、背誦練習、教授估計策略、問題解決及科技在數學教學上的應用等。

第十三章

非語文學習障礙

第一節　非語文學習障礙的理論基礎
第二節　非語文學習障礙的評量與教學策略

學習障礙不只是聽、說、讀、寫、算等方面的學業困難而已，全面了解學習障礙的困惑須考慮到個別生活的社會和情緒行為範圍。這些問題到底如何影響到學校的學習，及我們可運用什麼策略，協助這些非語文學習障礙學生？本章理論基礎部分在於評論非語文學習障礙的涵義及其特徵、非語文和社交技巧教學、情緒和行為問題的考量。至於評量與教學策略部分，則在介紹國內現行可用的評量工具，以及提供協助學生發展社交能力和建立自尊的策略。

第一節 非語文學習障礙的理論基礎

在此部分，我們檢視了「非語文學習障礙」（Nonverbal Learning Disabilities, NLD），學習障礙個體的社交能力不足與情緒及行為問題。

一、非語文學習障礙及其特徵

非語文學習障礙是涉及到右半球功能不全（右腦白質異常）的一種神經心理的症候群，被視為是學習障礙的一種次類型，與學業、語言和認知障礙明顯不同。臨床上發現，非語文學習障礙在早期發展階段可能有：(1)中度至重度的腦傷；(2)頭部或接近頭部的地方長期接受放射線治療；(3)先天性胼胝體缺損；(4)腦水腫；(5)右腦細胞曾被去除（Thompson, 1996）。

它的症狀目前已受到愈來愈多研究和實務人員的興趣（Lerner, 2003; Rourke, 1995）。有些已確認的症狀與右半球功能不全個體、亞斯伯格症候群（Asperger's syndrome）及中樞處理異常（Rourke, 1982; Semrud-Clikeman & Hynd, 1990）等所述的症狀相似。然而，這些異常可透過合理的評量來區別。例如：右半球功能不全可能會產生許多典型非語文學習障礙不會出現的特定缺陷（Ardila & Ostrosky-Solis, 1984），這些可能包含更嚴重的說話缺陷、更多計畫和組織缺陷及更嚴重的觸覺—空間缺陷。

在亞斯伯格症候群和非語文學習障礙方面。本質上，將較低功能的亞斯伯格症候群兒童診斷為自閉症可能較合理。至於較高功能的亞斯伯格症候群兒童，則可能被誤診為非語文學習障礙兒童（Wing, 1991）。

　　至於非語文學習障礙共通的特徵，可從學業表現、社會互動、身體及情緒等方面描述如下（Tanguay, 2010）：

(一) 學業表現方面

1. WISC的語文智商通常高於作業智商
2. 字彙能力佳，超越口語表達
3. 聽覺的死記能力佳
4. 注意細節，缺乏整體概念
5. 小學高年級開始有閱讀理解困難，尤其是新奇的材料
6. 常見數學困難，尤其是文字問題和抽象應用領域上
7. 概念形成和抽象推理可能嚴重受損
8. 類化資訊嚴重困難，如運用已習得的資訊至新的情境
9. 他們通常是聽覺的、單一型式的學習者（處理時可能無法看或寫）

(二) 身體方面

1. 協調不足，個別表現較團隊運動佳
2. 精細動作技巧差，手寫可能粗劣或吃力的
3. 空間知覺常見嚴重問題
4. 學習騎腳踏車、接或踢球、跳躍有困難

(三) 情緒方面

1. 焦慮／沮喪可能非常嚴重，尤其青少年階段
2. 中學時有退縮傾向，且可能變成恐曠症
3. 適應新情境或改變既有模式有困難
4. 常見自尊問題
5. 非語文學習障礙族群內的自殺率增加

(四) 社會互動方面

1. 處理都很具體和逐字地解讀資訊
2. 非語文溝通的處理嚴重薄弱，如肢體語言、面部表情或聲調
3. 無法憑直覺知道未明確陳述的部分
4. 可能出現不合作

5. 社交互動困難

此外，非語文學習障礙成人可能在工作職場有很大困難。他們的問題包括自我概念形成、心理健康問題及社交關係有困難；他們傾向於將成功和失敗歸因為外在因素，而他們的因應機制常被誤解為是情緒或動機問題（Thompson, 1997）。國外有一個針對非語文學習障礙的專設網址是http://www.nldline.com.。以下就社交能力和社交障礙指標，作進一步探究：

1. 社交能力

成功的日常生活需要社交技巧能力，這種能力可使得兒童成功地與同儕、教師和他人互動，正確認識和敏銳的回應他人所表達的情緒，或運用社會可接受的方法來表達欲望和偏好。因此，為讓學生有成功的社會適應，學校應致力於培育學生社交技巧能力，如表13-1（Bos & Vaughn, 1994; Rourke, 1995）。

表13-1　培育學生社交技巧能力的範圍

範圍	內涵
建立與他人積極的關係	學生能積極與同儕、父母和教師維持積極的關係嗎？
正確和年齡適當的社交認知	學生如何思考自我和他人，及兒童了解社交情境多好？
沒有不適當行為	學生是否顯現困擾其社會功能的行為問題，如「阻斷性行為、焦慮、注意力問題或缺乏自控」。
有效的社交行為	諸如主動接觸他人、合作地回應要求，以及給予和接收的回饋。

2. 社交能力的障礙指標

社交障礙是一種非語文學習障礙的次類型，這類學生的社交問題比學業性功能不足更有障礙，這種障礙幾乎會影響到生活上的每個範圍。嚴重的社交學習障礙會有社交互動和非語文溝通問題。許多學習障礙學生的社交技巧弱，缺乏對他人的敏感性、社會情緒知覺不佳及易遭到社交拒絕（Rourke, 1995）。無疑地，並非所有學習障礙學生都有社交技巧困難問題。學生若出現表13-2所列行為，就顯示其有社交障礙的問題（Hazel & Schumaker, 1998; Rourke, 1995）。

表13-2 社交障礙的指標

指標	內涵
社交知覺 不佳	1. 在同年齡學生所期望的獨立活動上表現不佳 2. 不善於在環境上判斷他人的心情和態度 3. 對社交情境的氣氛不敏銳 4. 傾向表現出不適當的行為和評論，以及不知如何表達不贊同他人
判斷力弱	1. 無法預期他人的社交歷程 2. 無法確定個人的社交行為是否符合預期 3. 無法調適他們自己的行為，導致缺乏敏感性和機靈（可能不知道如何與他人建立密切關係而做出適當的投資）
感受他人 有困難	1. 比起同儕較無法調整他人的感受（不知道他們所要反映的人是贊成或不贊成、接受或拒絕） 2. 對一般社交情境的氣氛不夠敏感 3. 無法明確偵測或感受他人所傳送的社會線索
社交和交友 問題	1. 交友困難 2. 在與他人交談上，傾向做出更多不雅的和競爭性的陳述 3. 與夥伴工作時，傾向於抗拒夥伴的主動行為 4. 常被視為有敵意，而冒著受到社會忽視和拒絕的風險
建立家庭關係 有問題	1. 很難建立健康的家庭關係 2. 青少年可能無法接收來自家庭的滿意，甚至為父母、同儕和教師所拒絕
社會情境上的 社交障礙	1. 無法處理好與他人關係，總是最後被選擇及不為同儕或教師所接受 2. 在融合班上，他們有更多離座和分心及做更多非學習性的活動
青少年和成人 的社交障礙	1. 由於學習障礙青少年笨拙的與同儕從事其他活動，或傾聽他人，可能導致他們不為同儕所接納 2. 有些青少年會變得對社會絕望，以致過度批評同儕 3. 對學習障礙成人來說，會持續有感受不足和低的自我概念 4. 學習障礙成人主要的抱怨是找工作與維持工作的困難、交友建立關係失敗、社交生活及就業上的困擾

整理自Lerner（2003），pp. 533-536.

　　學生的社交障礙可能是主要障礙，由學業性學習問題分離出來。它也反映出一項次要問題：「因學習失敗而造成次要的情緒和社交問題」。若干學習障礙定義指出了社交障礙的要素（學習障礙聯盟，1988）。不過，多數學習障礙定義並未提到社交障礙。

二、考量情緒問題

我們都了解無法有效的發展能力和自我價值，以及一再遭遇到挫敗的情緒創傷常是令人印象深刻的。在考量情緒課題上，問題關鍵在於了解學習障礙學生的感受為何？

㈠ 情緒問題的脈絡

情緒和人格發展良好的學生對發展自我價值和滿足的重要基本感受，常有令人滿意的經驗。由於他們的成就和周遭他人對其贊同的感受，有助兒童發展出自尊感。他們與家人及其生活中關鍵人物，建立了正面認同與自我價值感，忍受挫折和體諒他人（Rock, Fessler, & Church, 1997）。

相對地，學習障礙學生的情緒和人格發展就不同了。如果中樞神經系統不成熟，動作和知覺發展的困擾會導致對自我不滿；無法有效精熟學習任務常會引發挫折，產生自我嘲弄的態度，同時失去讓父母引以為榮的機會。父母會變得焦慮和氣餒，進而導致拒絕或過度保護。

事實上，許多學習障礙學生會發展出情緒問題並不足為奇，而可能出現拒絕學習、外顯敵意、抗拒壓力、依賴、害怕成功、退縮至私人世界等情緒反應。如果問題嚴重到足以干擾到他們的學習，可能就須接受心理諮商與輔導（Silver, 1992）。

㈡ 自我概念和自尊低與強化的方法

學習障礙學生對自己有負面看法，他們缺乏安全感和自我感受不佳，無法擁有正常的成就或情緒滿足，學業或社會經驗上的失敗造成了沮喪、挫折、無力感、缺乏自我價值和自我概念低（Rock et al., 1997）。在學校發展人格的打擊不僅持續且增加。由於他們隨機的零星成就表現，可能使問題變得更糟糕。因為教師可能相信只要學生努力是可達到的，現在失敗可能純粹是學生態度不佳或缺乏學習動機的緣故。教師逐漸增加譴責與不耐，則強化了學生的焦慮、挫折和混亂。

雖然個人的自我價值感會受到持續失敗的威脅，不過並非所有的學習障礙學生都會發展出低自尊。有些學生擁有令人不可思議的彈性，且能保有自信和自我價值（Luther, 1993）。什麼因素使得某些學習障礙個體保持

嘗試，及學校如何協助他們呢？透過精熟一項能力或任務感受而得到同儕尊重，及個人的能力感受可獲得個人價值感。相信擁有領域上而非學業能力的學生，較不易受到學校失敗的打擊。

　　為維持學生的自我價值感受，他們需要教師、父母和同儕的支持（認識到這些學生擁有其他方面的能力）。支持系統可保存他們的自尊，藉由將失敗降至最低，增加非學業性才能、技巧和能力的可見度，及強調學習目標勝於強調成就表現目標。例如：學生即使最後的答案不正確（成就表現目標），亦可因進行任務的方法正確而得到分數（學習目標）。

　　許多學習障礙個體能克服失敗和拒絕，因為他們強烈地相信自己。學習障礙成人的故事是令人鼓舞的（Gerber & Brown, 1997）。成功經驗有助於建立自尊、自我價值感和自信。試著去決定學習失敗或情緒問題是否為主要的促進因素，並沒有太大的價值。較具有建設性的方法在於協助學生完成教育任務，以致他們的自我價值感是朝向正確方向，他們的成就可增進其學習能力和強化情緒上的展望。這種相互增強圈，也是有效處理的起始點（Silver & Hagin, 1990）。

　　父母和教師可協助建立自尊，透過提供強烈的支持系統提升學生的控制感，協助學生發展作決定能力和機會。他們應學習認識成功和失敗的原因，以致他們停止譴責自己並開始感受其能力將會影響到結果。凡是與這些學生工作的人須協助他們發展因應機制和策略，讓他們能夠建設性的回應失敗。

第二節　非語文學習障礙的評量與教學策略

　　在此部分，我們檢視了「非語文學習障礙」的評量方法，以及非語文學習方面和普通班調整的教學策略。

一、評量非語文學習障礙

　　評量學生的社交技巧和情緒狀況是相當困難的。最直接的方法就是透過觀察技術，來判斷學生的社交和情緒行為。事實上，教師是學生社交和情緒反映的裁判者，因為他們每日都在接觸班上的學生。其他評量方法

包括檢核表和評定量表。面談工具是面談與學生接觸的父母、學生……的問卷，至於學生量表則由學生完成。社交計量技術則由同儕提供有關兒童受歡迎和接納程度的資料。表13-3是國內有關社會和情緒行為的評量工具（張世彗、藍瑋琛，2019）。

表13-3　國內一些評量社會和情緒行為的工具

作者／年代	測驗名稱	適用對象
Goldstein（1999）	非語文障礙評定量表	無限制
洪儷瑜（2000）	青少年社會行為評量表（ASBS）	小六～國三
洪儷瑜、張郁雯、邱彥南、孟瑛如、蔡明富（2001）	學生行為評量表	小一～國三
洪儷瑜、張郁雯、邱彥南、孟瑛如、蔡明富（2001）	問題行為篩選量表	小四～國三
單延愷（2006）	非語文學習障礙篩選量表	小四～小六
李坤崇、歐慧敏（2008）	行為困擾量表	小四～國三
楊坤堂（2009）	非語文障礙行為特徵檢核表	小一～小六
孟瑛如、朱志清、黃澤洋、謝瓊慧（2014）	國小語文及非語文學習障礙檢核表	小一～小六疑似學習障礙學生

二、教學策略

此部分提出發展社交能力和建立自尊的教學策略，如圖13-1。

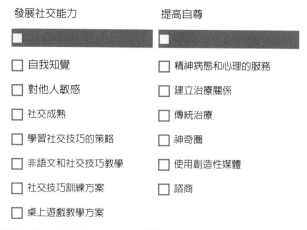

圖13-1　發展社交能力和建立自尊的教學策略

㈠ 發展社交能力

凡是無法由日常生活和觀察中學習社交能力的學生，都需要努力和特定教學，來學習有關社交的世界。就像教導學生閱讀、寫作、數學，我們必須使用各種方法來教導學生如何與他人良好相處。

本部分的活動是設計來發展社交技巧，可以分成下列類別：

1. 自我知覺

(1) 身體部位的知覺

讓學生在洋娃娃、同學或自己身上找出身體的各部位，製作一個四肢可移動的卡片板的人。然後移動身體部位的位置，讓學生重新擺回正確的位置，例如：拿掉左腿和右臂，讓學生重新擺回位置。

(2) 拼圖

將人的圖片作成拼圖，讓學生拼起來。切割拼圖，使每個主要圖片是容易確認的。

(3) 完成圖片

讓學生完成部分畫好的人物，或說出一個不完整圖片缺少的部分。

(4) 協助學生將有關他們自己的物品放在一起

包括不同成長階段的圖片、家庭和寵物圖片、愛好和厭惡清單、贏得獎章……。

2. 對他人敏感

口語僅是一種溝通方法；尚有一種無聲語言，人們在溝通時不使用語言，僅依賴手勢、面部表情和聲調……。社交不足學生在學習如何解譯這種無聲語言所傳達的溝通訊息，是需要協助的。例如：此類學生常無法了解面部表情和手勢所蘊涵的意義。

(1) 臉部圖片

畫臉部圖片或蒐集臉部圖片，讓學生確定臉部是否傳達快樂或哀傷的情緒。其他的情緒包括生氣、驚訝、痛苦和愛。

(2) 手勢

討論不同手勢的意見，如揮手再見、聳肩、轉頭離開、輕踏腳和伸展手臂。

(3) 影片和故事情境

發現圖片、簡短影片或故事情境中，顯現手勢、空間和時間的社交涵義。

(4) 聲音的涵義

協助學生學習認知人類聲音的涵義，讓學生傾聽CD播放的聲音，以決定說話者的心情，以及單字以外想要表達的想法。

3. 社交成熟

社交發展包括由不成熟朝向成熟，由依賴至獨立。所有動物生活上，人類的幼兒或許是最依賴他人的。由完全依賴邁向相對獨立之路，是一條漫長且漸進成長至社交成熟。社交成熟包括認知自我與他人的權利和責任、交朋友、與小組合作、遵循他人所同意的程序，做出道德和倫理的判斷，以及獲得獨立。

(1) 預期社會行為的後果

角色扮演、創造性遊戲、故事和討論，可協助學生看到發生了什麼？如何打破遊戲的規則或方法？

(2) 建立獨立

鼓勵學生單獨去一個地方。做簡單且可供依循的方位地圖，談論關於到達所要位置的各種步驟。需要時，可使用走動地圖。計畫活動讓學生單獨的進行購買行為。計畫活動提供他們談論他人、詢問方向、面對他

人……的機會。

(3) 做倫理的判斷

協助學生做價值判斷。例如：學生可討論和分析年齡適當的兩難問題，以及涉及說謊、偷竊和保護朋友行為的情境。

(4) 計畫和實施

讓學生安排旅行活動、宴會、野餐或會議的計畫，然後成功地協助學生實施計畫，以獲得獨立和成熟感。

(5) 解決假日的問題

社交障礙的行為後果是學生常有交友的困難。父母經常抱怨假日的問題，當學生似乎無事做時，缺乏友伴，暑假和假日通常是此類青少年的困擾時間。這種情境需要主動和父母團體及社區組織合作，以發展適當解決假日問題的方法。

4. 學習社交技巧的策略

學習策略對協助學生獲得學業性技巧是有用的，且在教導社交技巧上也是有效的（Lenz, Ellis, & Scanlon, 1996）。社交策略教學改變了學生對社會情境基本的反應型式。學生學習發展新社交問題的認知反應，以及思考他們的社交行為。

學習策略包括教導學生在反應前停下來思考、視覺化和演練社交反應、視覺化和想像行為的效果。許多學習障礙學生在社會情境上的反應是衝動的，他們不思索就行動或不考慮各種行為的行為後果。經由自我口語化和自我監督策略的教學，可教導學生自我控制以免給予立即的反應。訓練學生詢問自己問題；換言之，教導他們在回應之前停下來思考。教師可透過說出此類思考「這個問題類似我曾經面對的其他問題嗎？」或「三個可能的解決方法是什麼？」來示範社交學習策略，然後學生練習自我口語化或放聲思考這些技巧。目前已發現自我監督法，可降低不適當的社交反應（Deshler & Schumaker, 1986）。以下是一些社交技巧策略：

(1) The FAST 策略

這種策略是一種四項步驟的記憶工具，來協助人際關係的問題解決。它協助學習障礙學生發展質問與監督技巧，產生解決方案，選擇解決問題的長期計畫及實施計畫（Macintosh, Vanghn, & Bennerson, 1995）。FAST策

略的步驟，如表13-4。

表13-4　FAST策略的步驟

策略／步驟	內涵
冰凍和思考（F）	問題是什麼？我可以用行為術語陳述問題嗎？
變通性（A）	我可以做些什麼來解決問題？列出可能的方法。
解決方案（S）	哪一種解決問題的方法？哪一種是安全且公平的？選擇最長久的解決方案。
試它（T）	我如何實施解決方案？如果這種特別的解決方案無法解決問題，回到第二步，並挑選另一種解決方案來解決問題。

(2) 在做事中判斷行為

閱讀或說一段包含社交判斷不完整的故事，讓學生預期故事的結尾或完成故事。一部簡短的社交情境影片，提供關鍵性討論影片中人物活動的機會。

(3) 透過圖片掌握社交情境

安排一系列圖片來述說一段關於社交情境的故事。讓學生安排圖片並解說故事、漫畫和雜誌廣告等，都是良好的教材。

(4) 學習類化新習得的社交行為

學生學習社交適當的行為後，他們須學習類化這些行為至許多情境，如融合班、家庭環境、運動場和其他社交情境。學生須許多練習和維持習得新技巧的機會。特殊教育和普通教師之間的協同，是需要去計畫融合班上的類化（Deshler, Ellis, & Lenz, 1996）。

(5) 學習會話技巧

學生須學習如何與他人溝通，他們須學習如何延伸歡迎、介紹自己、發現討論的主題、主題傾聽、問和答問題和說再見。

(6) 友誼技巧

學生須學習交朋友的方法，給予讚美，加入小組活動和接受謝謝。

(7) 玩遊戲的技巧

透過與他人玩遊戲的活動，來教導學生社交技巧。教學應包括玩遊戲

時社會示範、行為演練和行為遷移。

5. 非語文和社交技巧教學

教授非語文和社交技巧比教授學業性技巧更具挑戰性。有些學生須直接教學社交行為，方法包括直接教學、個別教學、小組教學、角色扮演、玩遊戲和策略技巧（Farmer & Farmer, 1996）。基本上，社交技巧教學包括社交示範、行為演練、行為遷移及行為類化，有一種稱為「四段式行為技巧訓練法」（Behavioral Skills Training, BTS）——模仿（示範）、指導、演練、回饋，常一起運用來協助個人獲得實用技巧（張世彗，2017）。

(1) 模仿（示範）

經由模仿，將正確行為示範給學習者。學習者觀察模仿者的行為，然後模仿其行為。為產生更有效的模仿，學習者必須要有模仿的指令。模仿的行為有時是現場的，有時是象徵性的。在現場模仿中，另外一個人示範適當的行為在適合的情境中。在象徵性模仿中，會在光碟片或在一部卡通中及電影中，看到正確的示範行為。

(2) 指導

指導是為學習者說明正確的行為。為更有效，指導應該要具體的、特定的。指導應該要描述希望學習者表現出的行為。在一連串行為中，指導應該要能配合適當行為順序做解說。指導應該要能詳細指明學習者在適當情況下，被期望的行為。例如：當教導兒童防禦綁架技巧時，老師應該給予此項指導，「無論任何成年人要求你和他一起走或陪他走去哪裡，你都應該說『不行，我必須問我的老師』，然後跑回學校，並立刻向老師報告這件事情。那麼，老師將會以你為榮。」這項指導語明確說明這個假定的情況及正確的行為，也說明了結果（老師的讚美）。

(3) 演練

演練是會讓學習者在接受指導及看完示範後，而練習正確的行為。演練是BTS法的一項重要部分，因為指導者只有在看到學習者表現正確的行為，才能確定學習者是否真正學習到。它提供學習者增強機會，也提供評估及矯正錯誤的機會。

(4) 回饋

當學習者演練行為後，訓練者應立刻提供回饋。回饋包括讚美或其他正確行為的增強。需要時，回饋也包含矯正錯誤或更進一步的指導。回饋常包含不同增強對相同或矯正的行為。在BTS法中，回饋明確的定義為：①給予正確行為的讚賞；②不正確行為演練後，給予更進一步的指導。

(5) 行為技巧訓練法後提高類化

BTS法的目標是讓學習者獲得新技巧，且使用這些技巧在訓練之外的適當場合中。許多策略都可用來促進在適當場合時，使用這些技巧的普遍性。首先，訓練應包括不同的角色扮演在學習者現實生活中，可能會遇到的真實情境。演練說明愈接近真實情境，則這些技巧愈能接近一般化。

第二，把真實生活融入訓練中。學習者可在角色扮演中與真實情況或人物演練技巧。例如：有些研究人員在教導兒童綁架防禦技巧時，會利用操場和遊樂場這種可能發生綁架的學校地點，做角色扮演的模仿。

第三，提供學習者一些任務，讓其在訓練場所外的真實情境中做技巧訓練。練習過這些技巧訓練後，學習者將在下次的BTS法訓練中討論這次的經驗，並獲得所表現行為的回饋。在其他情境中訓練技巧時，也可經由父母或老師指導，並給予立即的回饋。

第四，訓練者也可在訓練場所外的情境中，計畫提供一些增強。例如：告訴學習者的老師或家長，當學習者在學校或在家表現出正確的行為技巧時，給予增強回饋。

6. 社交技巧訓練方案

臺北市立西門國小曾編譯一本《社會技能學習教材》，分別適用小學生和青少年（王大延，1980）。前者包括「教室的生存技巧」、「結交朋友的技巧」、「處理情感的技巧」、「攻擊的替代技巧」、「處理壓力的技巧」等單元，共有60項技巧。例如：技巧26：「如何知道你的情緒」（表13-5）。另外，亦可參考Elman和Kennedy-Moore（引自楊淑智譯，2004）所提出為兒童建立人際關係的社交技巧和知識，來設計訓練方案。

表13-5　處理情感的技巧實例

技巧26：「如何知道你的情緒」	
步驟	指導語
想一想，你的身體對情緒的反應	討論身體可能給予的暗示性反應，例如：臉紅、肌肉緊繃、胃部收縮、心跳加快。
選定你的情緒反應的名稱	討論情緒反應的名稱（例如：挫折、恐懼、害羞和其他與身體有關的反應）。
對自己說，我覺得……	
模範演練的建議	
學校：你對指定的作業，大部分都不會做時……	
家庭：你的父母親答應你的事，沒做到使你覺得生氣時……	
同儕團體：朋友答應與你去看電影後，又不能去而你感到失望時………	

　　至於後者則包括基本社會技巧、結交朋友的技巧、解決情緒的技巧、替代侵略行為的技巧、解決壓力的技巧、計畫技巧等單元，共有50項技巧（示例如表13-6）。每項技巧皆含實施步驟、指導語及模範演練（角色扮演）。

表13-6　替代侵略行為的技巧實例

技巧28：「如何應付嘲笑」	
步驟	指導語
先確定自己真正被嘲笑	別人是開玩笑或背後說壞話？
想想看要用什麼方法處理別人的嘲笑	溫和的接受，把它當成玩笑或是不理睬
選擇最好的方式來做	
模範演練的建議	
學校或住家附近：當決定自願在放學後留下來幫助老師，不要理會同學的嘲笑	
家庭：主角請兄弟姊妹停止嘲笑他的新髮型	
同儕團體：把同學嘲笑他有異性朋友當作開玩笑	

　　陳培芝（2004）所編著的《資源教室社交技巧》，包括我會玩遊戲、我會自我控管、我會交朋友及我會應對衝突等單元，共有48項技巧（表13-7）；同時附有綜合評量表。

表13-7　資源教室社交技巧內容

單元	內涵
我會玩遊戲	我會玩玩具；我會玩紙牌遊戲；我會玩賽跑遊戲；我會玩搶奪遊戲；我會玩帶領跟隨遊戲；我會玩假扮遊戲；我會玩猜拳遊戲；我會玩鬥爭遊戲；我會玩合作遊戲；我會玩追逃遊戲。
我會自我控管	我會停想選做；我會停想選做；我會停想選做；我會停想選做；我會專注；我會覺察別人；我會跟著感覺走；我會克制衝動；我會忍受挫折；我會覺察自己；我會與人談話；我會服從；我會放開不如意；我會抗拒誘惑。
我會交朋友	我會找到朋友；我會讚美；我會關懷；我會禮讓；我會協助；我會表示好感；我會與人合作；我會分享；我會寬恕；我會保護；我會安慰；我會應對被請求；我會求助。
我會應對衝突	我會應對意見不同；我會應對嘲笑；我會表達反對；我會應對別人作錯；我會伸張權利；我會應對被拒絕；我會應對別人不滿；我會應對欺負；我會處理自己作錯；我會發展抱怨；我會說不。

　　李姿瑩（2004）所編著之《社會技巧教學活動彙編》，包含以繪本為教材之教學設計範例、社交技巧訓練教學設計範例、情境小故事範例及社交技巧訓練活動單範例，共有39項，如表13-8。

表13-8　社交技巧教學活動

單元	內涵
以繪本為教材之教學設計範例	我好生氣；是蝸牛開始的；菲菲生氣了；三隻小豬的真實故事；勇敢的莎莎；我很憤怒；我會怎麼做；你很特別；我想要
社交技巧訓練教學設計範例	打招呼㈠ ㈡；大家來擠一擠
情境小故事範例	
社交技巧訓練活動單範例	

7. 桌上遊戲教學方案

　　桌上遊戲涵蓋的範圍廣泛，種類相當多元。近來，相當受到教學現場之特殊教育教師的喜愛與運用。洪仲崙（2019）曾挑選出十款桌上遊戲，並請國小特殊教育教師評選適用於資源班教學之桌上遊戲探究，結果發現

適用於社會互動之桌上遊戲，依序爲超級犀牛、矮人礦坑、妙語說書人，可供參考運用來提升非語文學習障礙學生的社交技巧能力。

(二) 提高自尊

無法學習學生往往伴隨著情緒問題，可能是持續循環的犧牲者。在此一循環中，學習失敗導致了不利的自我嘲笑和焦慮感受的情緒反應，擴大了學習失敗的症候群。教師須發現一種逆轉此種循環的方法：建立自我價值的感受、增加自信和自我概念及提供成功經驗。我們應設計教學來逆轉失敗的循環。

1. 精神病態和心理的服務

在教育處遇之前，影響最嚴重的學生可能需要精神或心理處遇。如果是如此，應該做適當的轉介。

2. 建立治療關係

對多數學習障礙學生來講，教師可提供一種經由敏感的臨床教學治療型式。

3. 傳統治療

這是一種協助學生了解他們自己及其問題的方法，透過書本學習因應學生所面對的類似問題。藉由人物的確認和處理人物的問題，對學生本身的問題是有幫助的。設計解釋學生學習問題的書，也是有用的。

4. 神奇圈

參加者圍成一個圓圈坐著，鼓勵他們分享感受，學習傾聽和觀察別人。方案尋求提高主動的傾聽，著重感受，以及提升更大的了解。樣本圈的主題包括：它讓我感覺很好奇、我讓某人感到很不好、當……、有些我做得很好的事是……、我能爲你做些什麼？

5. 使用創造性媒體

教師可使用藝術、舞蹈和音樂，作爲提升學習障礙學生情緒參與的治療技術。

6. 諮商

學生對成功和失敗的反應部分，取決於他們的態度、情緒狀況、信念和期望，可透過個別和團體諮商發展較爲健康的情緒態度。

結語

　　非語文學習障礙是一種神經心理的症候群，被視為是學習障礙的一種次類型。這類障礙在學業表現、社會互動、身體及情緒等有其共通特徵，成人時可能因自我概念形成、心理健康問題及社交關係有困難，而在工作職場上有很大困難。評量這類學生的社交技巧和情緒狀況是相當困難的，最直接的方法是透過觀察技術。針對這類學生可透過發展社交能力和建立自尊的教學策略，來克服其問題。

本章重點

1. 非語文學習障礙是涉及到右半球功能不全（右腦白質異常）的一種神經心理的症候群，被視為是學習障礙的一種次類型，與學業、語言和認知障礙明顯不同。
2. 非語文學習障礙在學業表現、社會互動、身體及情緒等，有其共通特徵。
3. 非語文學習障礙成人可能在工作職場上有很大困難，他們的問題包括自我概念形成、心理健康問題及社交關係有困難。
4. 社交障礙是一種非語文學習障礙的次類型，這類學生的社交問題比學業性功能不足更有障礙。社交障礙的指標，包含社交知覺不佳、判斷力弱、感受他人有困難、社交和交友問題、建立家庭關係有問題、社會情境上的社交障礙、青少年和成人的社交障礙。
5. 在考量情緒課題上，問題關鍵在於了解學習障礙學生的感受為何？
6. 許多學習障礙學生會發展出情緒問題，而可能出現拒絕學習、外顯敵意、抗拒壓力、依賴、害怕成功、退縮至私人世界等情緒反應。如果問題嚴重到足以干擾他們的學習，可能就須接受心理諮商與輔導。
7. 在學校可以透過精熟一項能力或任務感受而得到同儕尊重，以及個人能力感受可獲得個人價值感。相信他們擁有領域上而非學業能力的學生，

較不易受到學校失敗的打擊。

8. 支持系統可以保存學習障礙個體的自尊，藉由將失敗降至最低，增加非學業性才能、技巧和能力的可見度，以及強調學習目標勝於強調成就表現目標。

9. 父母和教師可協助建立自尊，透過提供強烈的支持系統提升學生的控制感，協助學生發展作決定能力和機會。

10. 評量學生的社交技巧和情緒狀況是相當困難的，最直接的方法就是透過觀察技術來判斷學生的社交和情緒行爲。

11. 發展社交技巧的活動，包含自我知覺、對他人敏感、社交成熟、學習社交技巧的策略、非語文和社交技巧教學，以及社交技巧訓練方案等。

12. 模仿（示範）、指導、演練、回饋，常一起運用來協助個人獲得社交技巧，稱爲「四段式行爲技巧訓練法」。

13. FAST策略，包含冰凍和思考（F）、變通性（A）、解決方案（S）、以及試它（T），用以協助人際關係的問題解決。

14. 提高自尊的教學，包含精神病態和心理的服務、建立治療關係、傳統治療、神奇圈、使用創造性媒體，以及諮商等。

參考文獻

一、中文部分

（第一章）

中華民國學習障礙協會（2013）：http://ald.daleweb.org.

郭爲藩（2007）：**特殊兒童心理與教育**。臺北市，文景。

教育部特殊兒童普查執行小組（1993）：**中華民國第二次特殊兒童普查報告**。臺北市，教育部教育研究會。

教育部（2014）：**特殊教育法規選輯**。教育部特殊教育工作小組。

教育部（2018）：**107年特殊教育統計年報**。教育部編印。

何華國（2012）：**特殊兒童心理與教育（第四版）**。臺北市，五南。

彭淮棟編譯（2005）：閱讀障礙揭密：基因作怪。**聯合晚報**（11月1日）。

（第二章）

王佩玲（2003）：**兒童氣質**。臺北市，心理。

何嘉雯、李芃娟（2003）：交互教學法對國小閱讀理解困難學生教學成效之研究。**特殊教育與復健學報，11**，101-125。

邱上貞（1991）：學習策略教學的理論與實際。**特殊教育與復健學報，1**，1-49。

施河主編（2004）：**高級中學生物（下冊）**。臺南市，南一。

周台傑（1994）：「**簡明知覺動作測驗」（QNST）指導手冊**。臺北市，心理。

陸世豪譯（2004）：**應用行為分析──行為改變技術實務**。臺北市，心理。

張春興（2007）：**教育心理學（重修二版）**。臺北市，東華。

張世彗（2019）：**特殊教育學生評量（第八版修訂版）**。臺北市，心理。

鄭麗玉（1993）：**認知心理學**。臺北市，五南。

劉鴻香、陸莉（1997）：「**拜瑞─布坦尼卡：視覺─動作統整發展測驗暨兩項補充測驗」指導手冊**。臺北市，心理。

田耐青譯（2003）：**統整多元智慧與學習風格**。臺北市，遠流。

胥彥華（1989）：學習策略對國小六年級學生閱讀效果之研究。國立彰化師範大學特殊教育研究所碩士論文。

彭淮棟編譯（2005）：閱讀障礙揭密：基因作怪。**聯合晚報**（11月1日）。

（第三章）

教育部（2014）：**特殊教育法規選輯**。教育部特殊教育工作小組。

（第四章）

柯懿眞、盧台華（2005）：資源教師和普通班教師實施合作教學之行動研究——以一個國小二年級班級爲例。**特殊教育研究學刊，29**，95-102。

張春興（2004）：**心理學概要**。臺北市，東華。

（第五章）

邱上眞（2001）：普通班教師對特殊需求學生之因應措施、所面對之困境以及所需之支持系統。**特殊教育研究學刊，21**，1-26。

蔣明珊（2004）：普通班教師參與身心障礙學生課程調整之研究。**特殊教育研究學刊，27**，39-58。

李新民（2000）：學校本位經營推動多元智慧教學的研究——以高雄市獅甲國小爲例。國立高雄師範大學教育研究所博士論文（未出版）。

皮世朋（2000）：資訊科技在華文教育之應用。http://140.135.112.34/多媒體教學（一）. htm（2002.1.10）

林生傳（2004）：**教學新世紀理論與實務**。臺北市，心理。

邱上貞（2000）：帶好每位學生：理論實務與調查研究——普通班教師對特殊需求學生之因應措施。行政院國家科學委員會專題研究計畫成果報告（計畫編號NSC89-2413-H-017-004）

胡夢鯨（1996）：自我導向學習理論及其在成人基本教育上的意義。載於蔡培村主編，**成人教學與教材研究**（207-227）。高雄市，麗文。

徐新逸（1998）：情境教學中教師教學歷程之俗民誌研究。載於中國視聽教育學會主編：教學科技與終身學習國際學術研討會。國立臺灣師範大學。

張春興（1997）：**教育心理學**。臺北市，東華。

教育部（2018）：**107年特殊教育統計年報**。

郭靜姿、蔡明富（2002）：**「解脫『數縛』」**——**數學學習障礙學生教材設計**。國立臺灣師範大學特殊教育中心印行。

（第六章）

王天苗、蘇建文、廖華芳、林麗英、鄒國蘇、林世華（2003）：**嬰幼兒綜合發展測驗指導手冊**。教育部

徐澄清、廖佳駪、余秀麗（1997）：**嬰幼兒發展測驗指導手冊**。臺北市，心理。

蔣明珊、沈慶盈（2001）：早期介入。載於林寶貴主編（2000），**特殊教育理論與實務**。臺北市，心理。

蘇津平（2003）：觸覺防禦。**聯合晚報**（2月21日）。

羅鈞令（2000）：**感覺統合與兒童發展**。臺北市，心理。

劉鴻香、陸莉（1998）：**拜瑞—布坦尼卡：視覺—動作統整發展測驗**。臺北市，心理。

鄭信雄、李月卿（1998）：**幼兒感覺發展檢核表指導手冊**。臺北市，心理。

（第七章）

教育部（2018）：**107年度特殊教育統計年報**。教育部編印。

教育部（2014）：**特殊教育法規選輯**。教育部特殊教育工作小組。

（第八章）

教育部（2014）：**特殊教育法規選輯**。教育部特殊教育工作小組。

（第九章）

何三本（2002）：**九年一貫語文教育理論與實務**。臺北市，五南。

何美鈴（1997）：**我的孩子掉了——ㄅㄆㄇ繞口令**。臺北市，錦繡文化。

曾世杰、張媛婷、周蘭芳和連芸伶（2005）：唸名速度與中文閱讀發展：一個四年的追蹤研究。載於洪儷瑜、王瓊珠、陳長益主編：**突破學習困難：評量與因應之探討**。臺北市，心理。

游惠美、孟瑛如（1998）：電腦輔助教學應用方式對國小低成就兒童注音符號補救教學成效之探討。**特殊教育與復健學報**，**6**，307-347。

陳正治（1995）：**兒歌ㄅㄆㄇ**。臺北市，親親文化。

黃秀霜（1997）：**聲韻覺識指導手冊**。臺北市，心理。

劉麗容（1993）：語言評量：原則與程序（95-115）。載於**溝通與語言障礙研討會專輯**，臺北市立師範學院特殊教育中心印行。

謝俊明、曾世杰（2004）：閱讀障礙學生與一般學生在唸名速度上的比較研究。**臺東大學教育學報**，**15(2)**，193-216。

（第十章）

方金雅（2001）：多向度詞彙評量與教學之研究。國立高雄師範大學教育學系博士論文（未出版）。

江毓鈞、楊曉玲（2012）：識字教材結合互動式電子白板對學習障礙學童之教學應用。**國小特殊教育**，**53**，41-54。

朱經明（1995）：閱讀障礙與電腦輔助教學。**特殊教育與復健學報**，**4**，153-162。

吳金花（1997）：國民小學閱讀障礙學生閱讀錯誤類型分析之研究。國立彰化師範大學特殊教育研究所碩士論文（未出版）。

周碧香（2009）：圖解識字教學原理探討。**臺中教育大學學報：人文藝術類**，**23**(1)，55-68。

陳怡慧（2005）：音韻覺知在閱讀中所扮演的角色之探討。**聽語知音**，**13**，28-37。

張長穎（2013）：圖解識字法對學習障礙學生之教學經驗分享。**國小特殊教育**，**55**，65-71。

黃瑋苓（2004）：普通學生與閱讀障礙學生之單位詞、識字、詞彙和閱讀理解能力之比較研究。**特殊教育與復健學報**，**12**，31-54。

歐素惠、王瓊珠（2004）。三種詞彙教學法對閱讀障礙兒童的詞彙學習與閱讀理解之成效研究。**特殊教育研究學刊**，**26**，271-292。

華鏞（1993）：**中國節日故事**。臺南市，大千出版事業公司。

張世彗、楊坤堂（2004）：**國小閱讀理解測驗指導手冊**。臺北市立教育大學特殊教育中心印行。

楊憲明（1998）：閱讀障礙學生文字辨識自動化處理之分析研究。**特殊教育與復健學報**，**6**，15-37。

黃秀霜（2001）：**中文年級認字量表指導手冊**。臺北市，心理。

（第十一章）

李怡靜（2013）：淺談資源班書寫障礙學生教學與個案實例分享。**國小特殊教育**，**55**，55-64。

李曼曲（2004）：臺北市國小四年級普通學生與學習障礙學生寫作能力之分析研究。**特殊教育暨創造思考研究**，**1**，1-30。

江惜美（1998）：**國語文教學論集**。臺北市，萬卷樓圖書。

張新仁（1992）：過程導向寫作教學法對國小學童的訓練成效。行政院國家科學委員會研究報告。

黃貞子（2002）：國語學習障礙兒童補救教學。載於楊坤堂、林美玉、黃貞子、沈易達主編：**學習障礙補救教學**（1-120）。臺北市，五南。

歐惠娟（2003）：「PLAN」策略教學對國小五年級學習障礙學生說明文寫作表現影響之研究。國立彰化師範大學特殊教育研究所碩士論文（未出版）。

葉靖雲（1999）：五種作文能力測驗的效度研究。**特殊教育學報**，**13**，331-366。

陳瑋婷（2005）：自我調整寫作策略教學對國中學習障礙學生寫作能力之研

究。**特殊教育與復健學報，14**，171-194。

陳明聰、吳亭芳（2005）：談以學生學習爲中心的輔助科技服務。**雲嘉特教，1**，41-53。

陳瑋婷（2009）：學習障礙學生與普通學生能力比較之後設分析。**特教論壇，7**，43-57。

陳瑋婷（2009）：輔助科技在學習障礙學生寫作上之應用。**特教園丁，24(3)**，15-21。

張韶霞、余南瑩（2012）：**兒童寫字表現評量表（CHEF）指導手冊**。臺北市，心理。

蘇家瑩（2009）：多媒體教學對國小中年級學習障礙學生寫字成效之研究。國立臺北教育大學特殊教育學系特教教學碩士論文，未出版，臺北市。

（第十二章）

郭靜姿、蔡明富主編（2002）：**「解脫『數』縛──數學學習障礙學生教材設計」**。國立臺灣師範大學特殊教育中心印行。

劉秋木（2004）：**國小數學科教學研究**。臺北市，五南。

鄭麗玉（2002）：**認知與教學**。臺北市，五南。

張世彗、藍瑋琛（2019）：**特殊教育學生評量（第八版修訂版）**。臺北市，心理。

涂金堂、林佳蓉（2000）：**如何協助學生解決數學應用問題**。高雄市，復文。

余文卿編著（2001）：**高中數學**。臺北縣，龍騰文化。

教育部（2000）：**國民中小學九年一貫課程（第一學習階段）暫行綱要**。教育部編印。

教育部（2003）：**數學學習領域基礎研習手冊**。教育部編印。

楊坤堂（2003）：**數學學習障礙學生的課程與教學**。臺北市師範學院特殊教育中心印行。

周淑惠（1999）：**幼兒數學新論──教材教法**。臺北市，心理。

林嘉綏、李丹玲（2012）：**幼兒數學教材教法**。臺北市，五南。

寧平獻主編（2010）：**數學教材教法**。臺北市，五南。

林垂勳（2014）：電腦輔助教學對數學學習障礙學生時間文字題解題成效之研究。國立臺北教育大學特殊教育學系碩士論文，未出版，臺北市。

楊依萍（2007）：電腦輔助教學對國小數學低成就學生分數概念學習成效之研究。國立臺北師範學院數理教育研究所碩士論文，未出版，臺北市。

黃小凡（2008）：電腦融入圖示策略教學對國小數學學習障礙學生解題成效

之研究。臺北市立教育大學特殊教育學系碩士班碩士論文，未出版，臺北市。

莊麗娟（1996）：Campione和Brown的「漸進提示動態評量」。**高市文教，2月**，49-51。

邱上真（1996）：**動態評量──教學評量的新嘗試**。中小學教學革新檢討會紀錄。

魏淑娟（2005）：電腦輔助教學對國小低成就學生乘法概念學習之成效。國立臺北師範學院特殊教育研究所碩士論文。未出版，臺北市。

張英傑、周菊美譯（2005）：**中小學數學科教材教法**。臺北市，五南。

（第十三章）

王大延譯（1980）：**社會技能學習教材**。臺北市立教育大學特殊教育中心印行。

王天苗、蘇建文、廖華芳、林麗英、鄒國蘇、林世華（1998）：**嬰幼兒綜合發展測驗指導手冊**。教育部。

李姿瑩（2004）：**社會技巧教學活動彙編**。臺北市立教育大學特殊教育中心印行。

李坤崇、歐慧敏（1993）：**行為困擾量表指導手冊**。臺北市，心理。

林幸台等（1992）：**性格及行為量表指導手冊**。國立臺灣師範大學特殊教育中心。

洪仲俞（2019）：國小特殊教育教師評選適用資源班教學之桌上遊戲研究。國立臺北教育大學特殊教育研究所碩士論文。未出版，臺北市。

胡永崇（2000）：學習障礙者的教育。載於王文科主編的**特殊教育導論**，347-384。臺北市，心理。

楊淑智譯（2004）：**媽媽沒有人喜歡我**。臺北市，張老師文化。

張世彗（2013）：**行為改變技術（第六版）**。臺北市，五南。

陳培芝（2004）：**資源教室社交技巧**。臺北市立教育大學特殊教育中心。

洪儷瑜、張郁雯、丘彥南、孟瑛如、蔡明富（2001）：**學生行為評量表指導手冊**。國立臺灣師範大學特殊教育學系。

洪儷瑜、張郁雯、丘彥南、孟瑛如、蔡明富（2001）：**問題行為篩選量表指導手冊**。國立臺灣師範大學特殊教育學系。

洪儷瑜（2000）：**青少年社會行為評量表（ASBS）指導手冊**。臺北市，心理。

瑞復益智中心（2000）：**出生至三歲的AEPS測量指導手冊**。臺北市，心理。

朱錦鳳（2004）：**大學生身心適應調查表指導手冊**。臺北市，心理。

鄭麗月（2001）：**情緒障礙量表指導手冊**。臺北市，心理。

二、英文部分

（第一章）

Broca, P. (1879). Anatomie comparée des circonvolutions cérébrales. *Review of Anthropology*, *1*, 387-498.

Clements, S. (1966). Minimal brain dysfunction in children: Terminology and identification (NINDS Monograph No. 3, Public Health Services Publication No. 1415). Washington, DC: U.S. Department of Health, Education, and Welfare.

Coordinated Campaign for Learning Disabilities. (1998). Learning disabilities: Information, strategies, resources. Washington, DC: Communication Consortium Media Center.

Fernald, G. (1988). *Remedical techniques in basic school subjects.* Austin, TX: Pro-Ed (Original work published 1943).

Frankenberger, W., & Fronzaglio, K. (1991). A review of states' criteria and procedures for identifying children with learning disabilities. *Journal of learning disabilities*.

Goldstein, K. (1939). *The organism.* New York: American Books.

Head, H. (1926). *Aphasia and kindred disorders of speech.* London: Cambridge University Press.

Hinshelwood, J. (1917). *Congenital word blindness.* London: H.K. Lewis.

Jackson, J. H. (1874). On the nature of the duality of the brain. In J. Taylor (Ed.), (1958), *Selected Writing of John Hughlings Jackson.* New York: Basic Books.

Kirk, S. A. (1963). Behavioral diagnosis and remediation of learning disabilities. In *Proceeding of the Conference on the Exploration into the Problems of the Perceptually Handicapped Child.* Evanston, IL: Fund for the Perceptually Handicapped Child.

Kirk, S., & Chalfant, J. (1984). *Developmental and academic learning disabilities.* Denver: Love Publishing.

Lerners, J. W. & Johns, B. (2012). *Learning disabilities and related mild disabilities: Characteristics, teaching strategies, and new directions* (12th ed.). Boston: Houghton Mifflin Co.

Learning Disabilities Association of America. (1995). *Secondary education and beyond: Providing opportunities for students with learning disabilities.* Pittsburgh: Author.

Markowitz, J., Garcia, S., & Eichelberger, J. (1997). *Addressing the disproportionate representation of students from racial and ethnic minority groups in special education: A resource document.* Alexandria, VA: The National Association of America.

Mann, L., Cartright, R., Kenowitz, I., Boyer, C., Metz, C., & Wilford, B. (1984). The child service demonstration centers: A summary report. *Exceptional Children, 50*(6), 532-541.

Mercer, C., Jordan, L., Alsop, D., & Mercer, A. (1996). Learning disabilities definitions and criteria used by the state education departments. *Learning Disabilities Quarterly.*

Montessori, M. (1964). *The Montessori Method.* New York: Bently

Orton, S. (1937). *Reading, writing and speech problems in children.* New York: Norton.

Raskind, M. (1998). Assistive technology for individuals with learning disabilities: How far have we come? *Perspectives: The International Dyslexia Association, 24*(2), 20-26.

Raskind, M., & Higgins, E. (1998). Assistive technology for postsecondary students with learning disabilities: An overview. *Journal of Learning Disabilities, 30*(1), 27-40.

Stainback, W., & Stainback, S. (1992). *Controversial issues confronting special education: Divergent perspectives.* Needham Heights, MA: Allyn & Bacon.

Strauss, A., & Lehtinen, L. (1947). *Psychopathology and education of the brain-injured child.* NY: Grune & Stratton.

Stevens, G., & Birch, J. (1957). A proposed clarification of the terminology to describe brain-injured children. *Exceptional Children, 23*, 346-349.

Swanson, H. L., Harris, K. R., & Graham, S. (2003). *Handbook of Learning Disabilities.* NY: Guilford Press.

Wernicke, C. (1908). The symptom complex of aphasia. In A. Church (Ed.), *Diseases of the nervous system* (pp. 265-324). New York: Appleton.

Will, M. C. (1986). Educating children with learning problems: A shares responsibility. *Exceptional Children, 52*, 411-415.

Zigmond, N. (1997). Educating students with disabilities: The future of special education. In J. Lloyd, E., Kameenui, & D. Chard (Eds.), *Issues in educating students with disabilities* (pp. 275-304, 377-391). Mahwah, NJ: Lawrence Erlbaum.

（第二章）

Adelman, H., & Taylor, L. (1991). Issues and problems related to the assessment of learning disabilities. In H. L. Swanson (Ed.), *Handbook on the assessment of learning disabilities: Theory, research, and practice* (pp.21-44). Austin, TX: Pro-Ed.

Ashcraft, M. H. (1989). *Human memory and cognition*. NY: Scott, Foresman and Company.

Bender, L. (1957). Specific reading disability as a maturational lag. *Bulletin of the Orton Society, 7*, 9-18

Brown, A., & Campione, J. (1986). Psychological theory and the study of learning disabilities. *American Psychologist, 41*, 14-21.

Buzan, T. (1974). *Use both sides of your brain*. NY: E. P. Dutton.

Campos, J., Barrett, K., Lamb, M., Goldsmith, H., & Sternberg, C. (1983). Socioemotional development. In M. Haith & J. Campos (Eds.), P. H. Mussen, *Handbook of child psychology: Infancy and developmental psychobiology*. NY: Wiley.

Deshler, D. D., Ellis, E. S. & Lenz, B. K. (1996). *Teaching adolescents with learning disabilities: Strategies and methods*. Denver: Love Publishing.

DeFries, J. C., Stevenson, J., Gillis, J., & Wadsworth, S. J. (1991). Genetic etiology of spelling deficits in the Colorado and London twin studies of reading disability. *Reading Writing, 3*, 271-283.

Diamond, G. (1983). The birth date effect: A maturational effect? *Journal of Learning Disabilities, 16*, 161-164.

Duffy, F. (1998). Neurophysiological studies in dyslexia. In D. Plum (Ed.), *Language, communication and the brain*. New York: Raven Press.

Dunn, R. (1988). Teaching students through the perceptual strengths or preferences. *Journal of Reading, 31*, 304-309.

Fennel, E. B. (1995). The role of neuropsychological assessment in learning disabilities. *Journal of Child Neurology, 10* (Suppl.1), S36-S41.

Fisher, J., Schumaker, J., and Deshler, D. (1995). Searching for validated inclusion practices: A review of the literature. *Focus on Exceptional Children, 28*(4), 1-20.

Flavell, J. H. (1985). *Cognitive development* (2th Ed.). Englewood Cliffs, NJ: Prentice-Hall.

Gardner, H. (1983). *Frames of mind: The theory of multiple intelligences*. NY: Basic Books.

Gardner, H. (1995). Reflections on multiple intelligences: Myths and messages. *Phi Delta Kappan, 77*(3), 202-209.

Gersten, R. (1998). Recent advances in instructional research for students with learning disabilities: An overview. *Learning Disabilities: Research & Practice 13*(3), 162-170.

Goldstein, E. (2008). *Cognitive Psychology*. New York: Thomson/Wadsworth.

Hearne, D., & Stone, S. (1995). Multiple intelligences and underachievement: Lessons from individuals with learning disabilities. *Journal of Learning Disabilities*, 28(7), 439-448.

Hallgren, B. (1950). Specific dyslexia (congenital word-blindness): A clinical and genetic Study. *Acta Psychiatrica Scandinavica Supplementum, 65*, 1-287.

Hammill, D. (1990). On defining learning disabilities: An emerging consensus. *Journal of Learning Disabilities, 23*, 74-84.

Haring, T., & Kennedy, C. (1992). Behavior analytic foundations of classroom management. In W. Stainback & S. Stainback (Eds.), *Controversial issues confronting special education* (pp. 201-213). Boston: Allyn & Bacon.

Hiscock, M., & Kinsbourne, M. (1987). Specialization of the cerebral hemispheres: Implications for learning. *Journal of Learning Disabilities, 20*(3), 130-143.

Kavale, K. (1990). Variances and verities in learning disability interventions. In T. Scruggs & B. Wong (Eds.), *Intervention in learning disabilities* (pp. 3-33). New York: Springer-Verlag.

Kavale, K., & Forness, S. (1990). Substance over style: A rejoinder to Dunn's animadversions. *Exceptional Children, 56*, 357-361.

Krupski, A. (1986). Attention problems in youngsters with learning handicaps. In J. K. Torgesen & B. Y. L. Wang, *Psychological and educational perspectives on learning disabilities*. NY: Academic Press.

Lenz, B. K., Ellis, E. S., & Scanlon, D. (1996). *Teaching learning strategies to adolescents and adults with learning disabilities*. Austin, TX: Pro-Ed.

Levine, M. (1987). *Developmental variation and learning disabilities*. Cambridge, MA: Educators' Publishing Service.

Levine, M. (1994). *Educational Care: A System for Understanding and Helping Children with Learning Problems at Home and in School*. Cambridge, MA:

Educators Publishing Services.

Loper, A. B., Hallahan, D. P., & Ianna, S. O. (1982). Meta-attention in learning disabled and normal students. *Learning Disability Quarterly, 5*, 29-36.

Mayer, R. E. (1983). *The promise of cognitive psychology.* CA: W. H. Freeman and Company.

Palincsar, A., & Brown, A. (1984). Reciprocal teaching of comprehension-fostering and comprehension-monitoring activities. *Cognition and Instruction, 1*, 117-175.

Palincsar, A., Brown, A., & Campione, J. (1991). Dynamic assessment. In H. L. Swanson (Ed.), *Handbook on the assessment of learning disabilities* (pp. 75-94). Austin, TX: Pro-Ed.

Palincsar, H., & Klenk, L. (1992). Fostering literacy learning in supportive contexts. *Journal of Learning Disabilities, 25*, 211-225.

Parker, H. C. (1992). *The ADD hyperactivity handbook for schools.* Plantation, FL: Impact Press.

Piaget, J. (1970). The science of education and psychology of the child. New York: Grossman.

Pennington, B. (1995). Genetics of learning disabilities. *Journal of Child Neurology, 10* (Suppl. 1), S69-S77.

Pressley, M. (1991). *The cognitive strategy training series.* Cambridge, MA: Brookline Boods.

Reissman, F. (1964). The strategy of style. *Teacher's College Record, 65*, 484-489.

Rosenshine, B., & Stevens, R. (1986). Teaching functions. In M. Wittock (Ed.), *Handbook of research on teaching* (3rd ed., pp. 376-391). New York: Macmillan.

Short, E. J., & Weissberg-Benchell, J. A. (1989). The triple alliance for learning: Cognition, metacognition, and motivation. In C. B. McCormick, G. E. Miller, & M. Pressley, *Cognitive strategy research: From basic research to educational applications.* NY: Springer-Verlay.

Swanson, H. (1996). Informational processing: An introduction, In D. Reid, W. Hresko, & H. Swanson (Eds.), *Cognitive approaches to learning disabilities* (pp. 251-286). Austin, TX: Pro-Ed.

Shaywitz, B., & Shaywitz, S. (1998). Biological basis for reading disability. *Proceedings of the National Academy of Sciences, 95*(5).

Traver, S. (1992). Direct instruction. In W. Stainback & S. Stainback (Eds.), *Con-

troversial issues confronting special education (pp. 141-152). Needham Heights, MA: Allyn & Bacon.

Torgesen, J. (1991). Learning disabilities: Historical and conceptual issues, In B. Wong (Ed.), *Learning about learning disabilities* (pp. 3-39). San Diego: Academic Press.

Tulving, E. (1972). Episodic and semantic memory. In E. Tulving & W. Donaldson, *Orangnization of memory.* NY: Academic Press.

Vaidya, C., Austin, G., Kirkorian, G., Ridelhuder, H., Desmond, J., Glover, G., & Gabrieli, J. (1998). Selective effects of methylphenidate in attention deficit hyperactivity disorder: A functional magnetic resonance study. *Proceedings of the National Academy of Sciences, 95*(24), 14494-14499.

Vygotsky, L. S. (1978). In M. Cole, V. John-Steiner, S. Scribner & E. Souberman (Eds.), *Mind in society: The development of higher psychological processes.* Cambridge, MA: Harvard University Press.

Winograd, P. N. (1984). Strategic difficulties in summarizing texts. *Reading Research Quarterly, 19*, 404-425.

（第三章）

Bender, W. N., & Shores, C. (2007). *Response to Intervention.* Thousand Oaks, CA: Corwin Press.

Chalfant, J. C. (1989). Diagnostic criteria for entry and exit from services: A national Problem. In L. Silver (Ed.), *The assessment of learning disabilities* (pp.1-26). Boston: College Hill Press.

Cone, T., &Wilson, L. (1981). Quantifying a severe discrepancy: A critical analysis. *Learning Disability Quarterly, 4*, 359-372.

Day, J. D., & Hall, L. K. (1987). Cognitive assessment, intelligence, and instruction. In J. D. Day & J. G. Borkowski, *Intelligence and exceptionality: New directions for theory, assessment, and instruction practices* (pp. 57-80). Norwood, NJ: Ablex.

Deno, S. L. (1985). Curriculum-based measurement: The emerging alternative. *Exceptional Children, 52*(3), 219-232.

Farr, R., & Carey, F. (1986). *Reading: What can be measured?* Newark, DE: International Reading Association.

Fletcher, J. (1998). IQ discrepancy: An inadequate and iatrogenic conceptual model of learning disabilities. *Perspectives: The International Dyslexia Association,*

24(4), 10-11.

Gersten, R., & Dimino, J. A. (2006). RTI: Rethinking special education for students with reading difficulties. *Reading Quarterly, 41*(1), 99-108.

Grimes, J., & Kurns, S. (2003). An intervention-based system for addressing NCLB and IDEA expectations: A multiple tiered model to ensure every child learns. Paper presented at the National Research Center on Learning Disabilities Responsiveness-to-Intervention Symposium, Kansas City, MO.

Mather, N. (1998). Relinquishing aptitude-achievement discrepancy: The doctrine of misplaced precision. *Perspectives: The International Dyslexia Association, 24*(4), 4-7.

Palincsar, A., Brown, A., & Campione, J. (1991). Dynamic assessment. In H. L. Swanson (Ed.), *Handbook on the assessment of learning disabilities* (pp. 75-94). Austin, TX: Pro-Ed.

Poteet, J. A., Choate, J. S., & Stewart, S. C. (1993). Performance assessment and special education: Practices and prospects. *Focus on Exceptional Children, 26*(1), 1-20.

Reynolds, C. (1985). Critical measurement issues in learning disabilities. *Journal of Special Education, 18*, 451-475.

Richek, M., Caldwell, J., Jennings, J., & Lerner, J. (1996). *Reading problems: Assessment and teaching strategies*. Needham Heights, MA: Allyn & Bacon.

Salvia, J., & T. Ysseldyke, J. (1998). Assessment (7th ed.), Boston: Houghton Mifflin.

Swanson, H. L. (1993). Learning disabilities from the perspective of congnitive Psychology. In G. R. Lyon, D. Gray, J. Kavanagh, & N. Krasnegor (Eds.), Better understanding learning disabilities (pp. 199-228). Baltimore: Paul Brookes.

Tindal, G., & Nolet, V. (1995). Curriculum-based measurement in middle and high schools: Critical thinking skills in content areas. *Focus on Exceptional Children, 17*(7), 1-22.

Tomlan, P. S., & Mather, N. (1996). Back on track: A response to Shaw, Cullen, McGuire, & Brinckerhoff. *Journal of Learning Disabilities, 29*(2), 220-224.

Underhill, R., Uprichard, A., & Heddens, J. (1981). *Diagnosing mathematics Difficulties*. Columbus, OH: Charles E. Merrill.

（第四章）

Bybee, J., Ennis, P., & Zigler, E. (1990). Effects of institutionalization on the self-concept and outerdirectedness of adolescents with mental retardation. *Exceptionality, 1*(4), 215-226.

Cavalier, A., & Mineo, B. A. (1986). The application of technology in the home, classroom, and work place: Unvoiced premises and ethical issued. In A Gartner & T. Joe (Eds.), *Images of the disabled/disabling images.* New York: Praeger.

Dunn, L. (1968). Special education for the mildly retarded: Is much of it justifiable? *Exceptional Children, 35*, 5-22.

Hallahan, D. P., & Kauffman, J . M., & Pullen, P. C. (2014). *Exceptional Learners: An Introduction to Special Education* (12th Ed.). Boston, MA: Alley & Bacon Co.

Kirk, S. A., Gallagher, J. J., & Anastsiow, N. J. (2009). Educating exceptional Children (12th Ed.). Boston, MA: Houghton Mifflin Co.

Kochhar, C. A., West, L. L., & Taymans, J. M. (1996). *Handbook for successful inclusion.* Gaithersurg, MD: Interaction Book Co.

Langone, J. (1998). Managing inclusive instruction settings: Technology, cooperative planning, and team-based organization. *Focus on Exceptional Children, 30*(8), 1-15.

Lipsky, D. K. & Gartner, A. (1996). Inclusive education and school restructuring. In W. Stainback & Stainback (Eds.) Controversial issues confronting special education: Divergent perspectives. Boston, MA: Allyn & Bacon.

Roberts, R., & Mather, N. (1995). The return of students with learning disabilities to regular classrooms: A sellout? *Learning Disabilities: Research and Practice, 10*(1), 46-58.

Sailor, W. (1990). Special education in the restructured school. *Remedial and Special Education, 12*(6), 8-22.

Stainback, S., & Stainback, W. (1992). Schools as inclusive communities. In W. Stainback & S. Stainback (Eds.), Controversial issues confronting special education: Divergent perspectives (pp. 29-43). Boston, MA: Allyn & Bacon.

Stainback, W., & Stainback, S. (Eds). (1996). *Inclusion: A guide for educators.* Baltimore: Paul H. Brookes.

Villa, A., Thousand, J., Meyers, H., & Nevin, A. (1996). Teacher and administrator perceptions of heterogeneous education. *Exceptional Children, 63*, 29-36.

U.S. Department of Education. (1997). *To assure the free appropriate public edu-cation of all children with disabilities.* Nineteenth Annual report to Congress on the Implementation of the Individuals with Disabilities Education Act. Washington, DC: U.S. Government Printing Office.

Wolfensberger, W. (1972). The principle of normalization in human services. *Toronto: National Institute on Mental Retardation, 95*(1), 1-12.

Zigmond, N. (1995). Models for delivery of special education services to students with learning disabilities in public schools. *Journal of Child Neurology, 10* (Suppl. 1), S86-S91.

（第五章）

Alberto, P., & Troutman, A. (1998). *Applied behavior analysis for teacher.* (5th ed.). Englewood Cliffs, NJ: Prentice-Hall.

Anderson, L. W., & Block, I. H. (1985). *Mastery learning in classroom instruction.* NY: Macmillan.

Bateman, B. (1992). Learning disabilities: The changing landscape. *Journal of Learning Disabilities, 25*, 29-36.

Bos, C., & Fletcher, T. (1997). Sociocultural considerations in learning disabilities Inclusion research: Knowledge gaps and future directions. *Learning Disabilities: Research & Practice, 12*(2), 92-99.

Brooks, R. B. (1991). *The self esteem teacher.* Circle Pines, MN: American Guidance Services.

Cavanaugh, C., Kim, A. H., Wanzek, J., & Vaughn, S. (2004). Kindergarten reading interventions for at-risk students: Twenty years of research. *Learning Disabilities: A Contemporary Journal, 2*(1), 1-8.

Cazden, C. (1992). *Whole language plus: Essays on literacy in the United States and New Zealand.* New York: Teachers College Press.

Conyers, L., Reynolds, A., & Ou, S.(2003). The effect of early childhood intervention and subsequent special education services: Findings from the Chicago child-parent centers. *Educational Evaluation and Policy Analysis, 25*(1), 75-95.

Deshler, D., Ellis, E. S., & Lenz, B. K. (1996). *Teaching adolescents with learning disabilities: Strategies and methods.* Denver: Love Publishing.

Gagn'e, E. D. (1985). *The cognitive psychology of school learning.* Mass.: Little, Brown and company.

Gardner, H. (1999). Intelligences reframed: Multiple intelligence for 21 century. NY: Basic Books.

Goodman, K. S. (1992). Why whole language is in today's agenda in today's education. *Language Arts, 69,* 353-363.

Guskey, T. R. (1985). Implementing mastery learning. Belmont, CA: Wadsworth Publishing Company.

Guthrie, J. K. & Cox, B. D. (2001). The rediscovery of the active learner in adaptive contexts: A developmental-historical analysis of transfer of training. *Educational Psychologist, 32,* 41-55.

Johnson, D. (1967). Education principles for children with learning disabilities. *Rehabilitation Literature, 18,* 317-322.

Lazear, D. (1999). *Eight ways of teaching.* IRI/Skylight.

Lenz, B. K., Ellis, E. S., & Scanlon, D. (1996). *Teaching learning strategies to adolescents and adults with learning disabilities.* Austin, TX: Pro-Ed.

Lerner, J., Lowenthal, B., & Lerner, S. (1995). *Attention deficit disorders: Assessment and teaching.* Pacific Grove CA: Brooks/Cole.

Martella, R. C., Nelson, J. R., & Marchand-Martella, N. E. (2003). *Managing disruptive behaviors in the schools.* Boston: Pearson.

Morris, D., Tyner, B., & Perney, J. (2000). Early steps: Replicating the effects of a first-grade reading intervention program. *Journal of Educational Psychology, 92,* 681-693.

Morsink, C. et al. (1986). Research on teaching: Opening the door to special education classrooms. *Exceptional Children, 53,* 32-40.

Kulhavy, R. W. & Stock, W. A. (1989). Feedback in written instruction: The place of response certitude. *Educational Psychology Review, 1*(4), 279-308.

Palincsar, A., Brown, A., & Campione, J. (1991). Dynamic assessment. In H. L. Swanson (Ed.), *Handbook on the assessment of learning disabilities* (pp. 75-94). Austin, TX: Pro-Ed.

Palincsar, A., & Brown, A. (1984). Reciprocal teaching of comprehension-fostering and comprehension-monitoring activities. *Cognition and Instruction, 1,* 117-175.

Rosenshine, B. (1997). Advances in research on instruction. In J. Lloyd, E., Kameenui, & D. Chard (Eds.), *Issues in educating students with disabilities* (pp. 197-220). Mahwah, NJ: Lawrence Erlbaum.

Ryan, R. M., & Deci, E. I. (2000). Intrinsic and extrinsic motivations: Classic definitions and new directions. *Contemporary Educational Psychology, 25*(1), 54-67.

Smith, J. D. (1995). *Inclusion*. CA: Wadsworth Publishing Co.

Stanovich, K. (1993). The construct validity of discrepancy definitions of reading disabilities. In G. R. Lyon, D. Gray, J. Kavanagh, & N. Krasnegor (Eds.), *Better understanding learning disabilities* (pp. 273-307). Baltimore: Paul Brookes.

Stipek, D. (2002). *Motivation to learn: Integration theory and practice*. Boston: Allyn & Bacon.

Stone, C. A. (1998). The metaphor of scaffolding: Its utility for field of learning disabilities. *Journal of Learning Disabilities, 13*(4), 344-364.

Tomlinson, C. (2002). Invitation to learn. *Educational Leadership, 60*(1), 6-11.

Turnbull, A., & Turnbull, H. (1996). Families, professionals, and exceptionality. Upper Saddle River, NJ: Merrill.

Wasik, B. A. & Slavin, R. E. (1993). Preventing early reading failure with one-to-one tutoring: A review of five programs. *Reading Research Quarterly, 28*(2), 178-200.

Weiner, B. (1973). *Cognitive views of human motivation*. NY: Academic Press.

Yasutake, D., & Bryan, T. (1995). The influence of induced positive affect on middle school children with and without learning disabilities. *Learning Disabilities: Research and Practice, 10*(1), 38-45.

（第六章）

Ayres, A. (1981). *Sensory integration and the child*. Los Angeles: Western Psychological Services.

Bricker, D., & Cripe, J. (1996). *An activity-based approach to early intervention*. Baltimore: Paul H. Brookes.

Cook, R., Tessier, A., & Klein, M. (1996). *Adaptive Early Childhood Curriculum for Cildren in Inclusive Settings*. New York: Macmillan.

Culp, R. E., Packard, V. N., & Humphry, R. (1980). Sensorimotor versus cognitive-perceptual training effects on the body concept of preschools. *American Journal of Occupational Therapy, 34*, 259-262.

Eastman, M., & Safran, J. (1996). *Activities to develop your students' motor skills, teaching exceptional children, 19*, 24-27.

Fletcher, J. M., & Foorman, B. R. (1994). Issues in definition and measurement of Learning disabilities: The need for early intervention. In G. R. Lyon (Ed.), *Frames of reference for the assessment of learning disabilities* (pp. 185-200). Baltimore: Paul Brookes.

Fowler, S. A., Haines, A. H., & Rosenkoetter, S. E. (1990). The transition between early intervention services and preschool services: Administration and policy issues. *Topics in Early Childhood Special Education, 9*, 55-65.

Kephart, N. (1967). Perceptual-motor aspects of learning disabilities. In E. Frierson & W. Barbe, *Educating children with learning disabilities*. Denver: Love Publishing.

Kirk, S., & Chalfant, J. (1984). *Developmental and academic learning disabilities*. Denver: Love Publishing.

Lerner, J. W., Lowenthal, B. & Egan, R. (2002). *Preschool children with special needs: Children at-risk and children with disabilities* (2th Ed.). MA: Allyn & Bacon.

Lyon, G. R. (1998). Why reading is not a natural process. *Educational Leadership, 55*(6), 14-18.

Piaget, J. (1952). *The origins of intelligence in children* (M. Cook, Trans.). New York: International University Press. (Original work published in 1936.)

Richek, M., Caldwell, J., Jennings, J., & Lerner, J. (1996). *Reading problems: Assessment and teaching strategies*. Needham Heights, MA: Allyn & Bacon.

Torgesen, J. (1997). The prevention and remediation of reading difficulties: Evaluating what we know from research. *Journal of Academic Language Therapy, 1*, 11-47.

（第七章）

Biecher, R., & Snowman, J. (1997). *Psychology applied to teaching*. Boston: Houghton Mifflin.

Blackorby, J., & Wagner, M. (1997). The employment outcomes of youth with learning disabilities: A review of findings from the National Longitudinal Transition Study of Special Education Students. In P. J. Gerber & D. S. Brown (Eds.), *Learning disabilities and employment* (pp. 57-74). Austin, TX: Pro-Ed.

Cole, C., & McLeskey, J. (1997). Secondary inclusion programs for students with mild disabilities. *Focus on Exceptional Children, 29*(6), 1-15.

Dunn, C. (1996). Status report on transition planning for individuals with learning disabilities. *Journal of Learning Disabilities, 29*(1), 17-30.

Gerber, P., & Brown, D. (1997). *Learning disabilities and employment.* Austin, TX: Pro-Ed.

Gerber, P. J., Ginsberg, R., & Reiff, H. B. (1992). Identifying alterable patterns in employment success for highly successful adults with learning disabilities. *Journal of Learning Disabilities, 25*(8), 475-487.

Hazel, J. S., Schumaker, J. B., Sherman, J. A., & Sheldon-Wildgen, J. (1981). *ASSET: A Social Skills Program for Adolescents.* Champaign, IL: Research Press.

Halpern, A. S. (1994). The Transition of Youth with Disabilities to Adult Life: A Position Statement of the Division on Career Development and Transition, The Council for Exceptional Children. *Career Development for Exceptional Individuals, 17*, 115-124.

Knackendoffel, E. A. (1996). Collaborative teaming in the secondary school. In D. Deshler, E. Ellis, & B. Lenz (Eds.), *Teaching adolescents with learning disabilities* (pp. 517-616). Denver: Love.

Latham, P., & Latham, P. (1997). Legal rights of adults with learning disabilities in employment. In P. Gerber & D. Brown, *Learning Disabilities and Employment* (pp. 39-58). Austin, TX: Pro-Ed.

Lenz, B. K., Clark, F. L., Deshler, D. D., & Schumaker, J. B. (1989). *The strategies instructional approach: A training package.* Lawrence, KS: The University of Kansas Institute for Research in Learning Disabilities.

Luther, S. S. (1993). Methodological and conceptual issues in research on childhood resilience. *Journal of Child Psychology and Psychiatry and Allied Disciplines, 34*, 441-453.

Mellard, D. F., & Hazel, J. S. (1992). Social competence as a pathway to successful life transitions. *Learning Disability Quarterly, 15*, 251-271.

Mathews, R. W., Whang, P., & Fawcett, S. B. (1980). Behavioral-assessment of job related skills: Toward a definition of motivational skills training interventions. *Educational Psychologist, 19*(4), 199-218.

Swanson, H. L., & Malone, S. (1992). Social skills and learning disabilities: A meta-analysis of the literature. *School Psychology Review, 21*(3), 427-443.

Raymond, E. B. (2004). *Learners with mild disabilities.* NY: Pearson Education, Inc.

Reiff, H. B., Gerber, P. J., & Ginsberg, R. (1996). What successful adults with learning disabilities can tell us about teaching children. *Teaching Exceptional*

Children, 29(2), 10-16.

Rothstein, L. (1998). Americans with Disabilities Act, Section 504, and adults with learning disabilities in adult education and transition to employment. In S. Vogel & S. Reder (Eds.), *Learning disabilities, literacy, and adult education* (pp. 29-43). Baltimore: Paul H. Brookes.

Silver, L. (1998). The misunderstood child: Understanding and coping with your child's learning disabilities. New York: Times Books.

Thompson, S. (1997). The source for nonverbal learning disabilities. East Moline, IL: LinguiSystems.

Vogel, S. A. (1997). *College Students with Learning Disabilities: A Handbook.* Pittsburgh, PA: Learning Disabilities Association of America.

Warner, M. M., Schumaker, J. B., Alley, G. R., & Deshker, D. D. (1980). An epidemiological study of learning disabled adolescents in secondary schools: Classification and discrimination of learning disabled and low-achieving adolescents (Research Report No. 20). Lawrence, KS: The University of Kansas Institute for Research in Learning Disabilities.

Wingert, J. P. & Kantrovitz, B. (1997). Why Andy couldn't read. *Newsweek*, 56-64.

Yasutake, D., & Bryan, T. (1995). The influence of induced positive affect on middle school children with and without learning disabilities. *Learning Disabilities: Research and Practice, 10*(1), 38-45.

Zigmond, N. (1997). Educating students with disabilities: The future of special education. In J. Lloyd, E. Kameenui, & D. Chard (Eds.), *Issues in educating students with disabilities* (pp. 275-304, 377-391). Mahwah, NJ: Lawrence Erlbaum.

（第八章）

Gallagher, N. (1995). The impact of learning disabilities on families. *Journal of Child Neurology, 10* (Suppl. 1), S112-S113.

Lavoie, R. D. (1995). Life on the waterbed: Mainstreaming on the homefront. *Attention! 2*(1), 25-29.

Seligman, M. & Darling, R. B. (1989). Ordinary families, special children: A systems approach to childhood disability. NY: Guilford Press.

Smith, P. M. (1997). You are not alone: For parents when they learn their child has a disability. *NICHY News Digest, 2*, 2-5.

Stoneman, Z., Brody, G. H., Davis, C. H., & Crapps, J. M. (1988). Childcare responsibilities, peer relations, and sibling conflict: Older siblings of mentally retarded children. *American Journal of Mental Retardation, 93*(2), 174-183.

Turnbull, A., & Turnbull, H. (1996). *Families, professionals, and exceptionality.* Upper Saddle River, NJ: Merrill.

Wilson, C. L. (1995). Parents and teachers: "Can we talk?" *LD Forum, 20*(2), 31-33.

（第九章）

Bellis, T. & Beck, B. (2003). *Central auditory processing in clinical practice.* Audiology Online, Inc.

Blachman, B. (Ed). (1997). *Foundations of reading acquisition and dyslexia: Implications for early intervention.* Mahwah, NJ: Lawrence Erlbaum.

Bryan, T. (1991b). Social problems and learning disabilities.In B. Wong (Ed), *Learning about learning disabilities* (pp. 190-231). San Diego: Academic Press.

Fey, M., Catts, H., Larrivee, L. (1995). Preparing preschoolers for the academic and social Challenges of School. In M. Fey, J. Windsor, & S. Warren (Eds.), *Language intervention: Preschool through the elementary years.* (pp. 3-38). Baltimore: Paul H. Brookes.

Fey, M., Windsor, J., & Warren, S. (Eds.).(1995). *Language intervention: Preschool through the elementary years*, Baltimore: Paul H. Brookes.

Garcia, S. B., & Malkin, D. H. (1993). Toward defining programs and services for culturally and linguistically diverse learners in special education. *Teaching Exceptional Children, 26*(1), 52-58.

German, D. (1994). Word finding difficulties in children and adolescents. In G. P. Wallach & K. G. Butler (Eds.), *Language learning abilities in school-age children and adolescents* (pp. 323-347). Needham Heights, MA: Allyn & Bacon.

Hakuta, K. (1990). Language and cognition in bilingual children. In A. M. Padilla, H. H. Fairchild, & C. Valadez (Eds.), *Bilingual education: Issues and strategies* (pp. 47-59). Newbury Park, CA: Sage.

Lahey, M. (1998). *Language disorders and language development.* Columbus, OH: Macmillan.

Lerner, J., Lowenthal, B., & Egan, R. (1998). *Preschool children with special needs: Children at-risk and children with disabilities.* Needham Heights, MA:

Allyn & Bacon.

Lyon, G. R. (1996). Learning disabilities. *The Future of Children, 6*(1), 54-76.

Mann, V. (1991). Language problems: A key to early reading problems. In B. Wong (Ed.), *Learning about learning disabilities* (pp. 130-163). San Diego: Academic Press.

Moats, L. (1998). Teaching decoding. *American Educator, 22*(1&2), 42-65.

National Research Council. (1998). *Preventing reading difficulties in young children.* Washington. DC: National Academy of Sciences.

Ortiz, A. (1997). Learning disabilities occurring concomitantly with linguistic differences. *Journal of Learning Disabilities, 30*(3), 321-232.

Owens, R. E. (1995). Language disorders: A functional approach to assessment and intervention. New York: Merrill/Macmillan.

Pinker, S. (1995). *The Language Instinct.* New York: Harper Perennial.

Richek, M., Caldwell, J., Jennings, J., & Lerner, J. (1996). *Reading problems: Assessment and teaching strategies.* Needham Heights, MA: Allyn & Bacon.

Tallal, P., Allard, L., Miller, S., & Curtiss, S. (1997). Academic outcomes of language impaired children. In C. Hulme and M. Snowling (Eds.). *Dyslexia: Biology, cognition, and intervention* (pp. 167-179). London: Whurt, British Dyslexia Association.

Torgesen, J. (1998). Catch them before they fall. *American Educator, 22*(1&2), 32-51.

Vogel, S. A., & Adelman, P. B. (1993). Success for college students with learning disabilities. New York: Springer-Verlag.

Vygotsky, L. S. (1962). *Thought and language.* Cambridge, MA: MIT Press.

Vygotsky, L. S. (1978). In M. Cole, V. John-Steiner, S. Scribner & E. Souberman (Eds.), *Mind in society: The development of higher psychological processes.* Cambridge, MA: Harvard University Press.

Wiig, E., & Semel, E. M. (1984). *Language assessment and intervention for the learning disabled.* Columbus, OH: Charles E. Merrill.

（第十章）

Aaron, P. G. (1997). The impending demise of the discrepancy formula. *Journal of Review of Educational Research, 67*(4), 461-502.

Adams, M. J., & Bruck, M. (1995). Resolving the "Great Debate." *American Educator, 19*(2), 7, 1-20.

Anderson, R., Hiebert, E., Scott, J. & Wilkinson, I. (1985). *Becoming a nation of readers: The report of the Commission on Reading.* Washington, DC: National Institute of Education.

Chall, J. S. (1987). Reading development in adults. *Annals of Dyslexia, 37,* 240-251.

Chall, J. S. (1991). American reading instruction: Science, art and ideology. In W. Ellis (Ed.), *All language and the creation of literacy* (pp. 20-26). Baltimore, MD: Orton Dyslexia Society.

Clay, M. (1993). *Reading recovery: A guidebook for teachers in training.* Portsmouth, NH: Heinemann.

Cunmingham, A., & Stanovich, K. (1997). Early reading acquisition and its relation to reading experience and ability ten years later. *Developmental Psychology, 33*(6), 934-945.

Darter, C. L. (1990). *The impact of the computer on teaching of reading: A review of the literature.* ERIC, ED326836.

Enfield, M. (1988). The quest for literacy. *Annals of Dyslexia, 38,* 8-21.

Engelmann, S., Becker, W. C., Hanner, S., & Johnson, G. (1988). *Corrective reading program: Series guide.* Chicago: Science Research Associates.

Engelmann, S., & Bruner, E. C. (1995). *Direct instruction-reading.* Worthington, OH: SRA Macmillan/McGraw-Hill.

Friend, M. (2017). *Special Education: Contemporary Perspectives for School Professionals* (4th ed.). Carmel, Indiana: Pearson.

Gargiulo, R. & Kilgo, J. L. (2019). *An Introduction to Young Children with Special Needs: Birth Through Age Eight* (5th ed.). Thousand Oaks, CA: SAGE Publications, Inc.

Gersten, R. (1998). Recent advances in instructional research for students with learning disabilities: An overview. *Learning Disabilities Research & Practice, 13*(3), 162-170.

Gersten, R., Williams, J., Fuchs, L., & Baker, S. (1998). *Improving reading comprehension for children with disabilities: A review of research* (Final Report: Section 1, U.S. Department of Education Contract HS 921700). Washington, DC: U.S. Department of Education.

Gillingham, A., & Stillman, B. (1970). *Remedial training for children with specific difficulty in reading, spelling, and penmanship.* Cambridge, MA: Educators Publishing Service.

Goodman, K. S. (1990). The past, present, and future of literacy education: Comments from the pen of distinguished educators. Part I. *The Reading Reacher, 43*, 302-311.

Grant, R. (1993). Strategic training for using text headings to improve students' processing of content. *Journal of reading, 36*, 482-487.

Hasbrouck, J. (1996). *Oral reading fluency: A review of literature with implications for use with elementary students who are difficult to teach.* Paper given at the Council for Exceptional Children meeting, Orlando, FL.

William, L., Heward, W. L., Alber-Morgan, S. R. & Konrad, M. (2017). *Exceptional Children: An Introduction to Special Education* (11th ed.). Carmel, Indiana: Pearson.

Hunt, N., & Marshall, K. (2005). *Exceptional Children and Youth.* Boston, MA: Houghton Mifflin.

Hynd, G. (1992). Neurological aspects of dyslexia: Comments on the balance model. *Journal of Learning Disabilities, 25*, 110-113.

Iverson, S., & Tunmer, W. (1993). Phonological processing skills and the reading recovery program. *Journal of Educational Psychology, 85*, 112-120.

Johnson, M., Kress, R. & Pikulski, J. (1987). *Informal reading inventories.* Newark, DE: International Reading Association.

Juel, C. (1995). The role of decoding in learning to read. *American Educator, 19*, 8-42.

Langford, K., Slade, K., & Barnett, A. (1974). An explanation of impress techniques in remedial reading. *Academic Therapy, 9*, 309-319.

Lenz, B. K., Ellis, E. S., & Scanlon, D. (1996). *Teaching learning strategies to adolescents and adults with learning disabilities.* Austin, TX: Pro-Ed.

Lewis, R. (1998). Assistive technology and learning disabilities: Today's realities and tomorrow's promises. *Journal of Learning Disabilities, 31*(1), 16-26.

Manzo, A. V., & Manzo, U. C. (1993). Literacy disorders: Holistic diagnosis and remediation. NY: Harcourt Brace Jovanovich.

McIntyre, C., W. and Pickering, J. S. (1995). Clinical studies of multisensory structured language education for students with dyslexia and related disorders. Salem, OR: International Multisensory Structured Language Education Council.

Mercer, C. D., Campbell, K. U., Miller, M. D., Mercer, K. D., & Lane, H. B. (2000). Effects of a reading fluency intervention for middle schoolers with specific learning disabilities. *Learning Disabilities Research and Practice, 15*, 199-

189.

Moats, L. (1998). Teaching decoding. *American Educator, 22*(1&2), 42-65.

Orton, J. (1976). *A guide to teaching phonics.* Cambridge, MA: Educators Publishing Service.

Pressley, M., & Rankin, J. (1994). More about whole language methods or reading instruction for students at risk for early reading failure. *Learning Disabilities: Research and Practice, 9*(3), 157-168.

Raskind, M. & Higgins, E. (1998). Assistive technology for postsecondary students with learning disabilities: An overview. *Journal of Learning Disabilities, 31* (1), 27-40.

Richek, M., Caldwell, J., Jennings, J., & Lerner, J. (1996). *Reading problems: Assessment and teaching strategies.* Needham Heights, MA: Allyn & Bacon.

Salvia, J., Ysseldyke, J. E., & Witmer, S. (2016). *Assessment in special and inclusive education* (13th ed.). U.S.A.: Houghton Mifflin.

Spafford, C. S., & Grosser, G. S. (1996). *Dyslexia.* Boston: Allyn & Bacon.

Shannon, T., & Barr, R. (1995). Reading recovery: An independent evaluation of the effects of an early instruction intervention for at-risk learners. *Reading Reserch Quaterly, 30*(4), 958-996.

Stanovich, K. & Siegel, L. S. (1994). The phenotypic performance profile of reading disabled children: A regression-based text of the phonological-core variable difference model. *Journal of Educational Psychology, 86*, 24-53.

Stauffer, R. G. (1975). *Directing the reading-thinking process.* New York: Harper & Row.

Torgesen, J. (1998). Catch them before they fall. *American Educator, 22*(1&2), 32-51.

Traub, N., & Bloom, F. (1978). *Recipe for reading.* Cambridge, MA: Educators Publishing Service.

Wiggins, G. (1990). The case for authentic assessment. ERIC Clearinghouse on Tests, Measurement, and Evaluation. Washington, DC: American Institutes for Research.

Williams, J. P. (1998). Improving comprehension of disabled readers. *Annals of Dyslexia, 48*, 213-238.

Wong, B., & Jones, W. (1982). Increasing metacomprehension in learning disabled and normally achieving students through self-questioning training. *Learning Disability Quarterly, 5*(3), 228-240.

（第十一章）

Bain, A. M., Bailet, L. L., & Moats, L. C. (2001). Written language disorders. Austin, Texas: PRO-ED, Inc.

Bender, W. N. (2001). *Learning disabilities: Characteristics, identification, and teaching strategies*. Boston: Allyn & Bacon.

Berninger, V., Vanghan, K., Abbott, S., Rogan, L., & Reed, E. (1997). Treatment of handwriting problems in beginning writers: Transfer from handwriting to composition. *Journal of Educational Psychology, 89*(4), 652-666.

Bos, C. S., & Vaughn, S. (1998). *Strategies for teaching students with learning and behavior problems.* (4th ed.). Boston: Allyn & Bacon.

Bryant, N. D., Drabin, I. R., & Gettinger, M. (1981). Effects of varying unit size on spelling achievement in learning disabled children. *Journal of Learning Disabilities, 14*, 200-203.

Butcher, E. (1984). Teaching handwriting to LD students. Paper presented at the conference of the Metropolitan Association of Children with Learning Disabilities, Towson, MD.

Carreker, S. (1999). Teaching spelling. In J. Birsh (Ed.), Multisensory teaching of basic language skills (pp. 217-256). Baltimore: Brookes.

De La Paz, S. (1999). Self-regulated strategy instruction in regular education settings: Improving outcomes for students with and without learning disabilities. *Learning Disabilities Research & Practice, 14*(2), 92-106.

Fisher, J., Schumaker, J., and Deshler, D. (1995). Searching for validated inclusion practices: A review of the literature. *Focus on Exceptional Children, 28*(4), 1-20.

Graham, S., & Harris, K. R. (1997). Whole language and process writing: Does one size fit all ? In J. Lloyd, E. Kameenui, & D. Chard (Eds.), *Issues in educating students with disabilities* (pp. 239-261). Mahwah, NJ: Lawrence Erlbaum.

Graham, S., & Harris, K. R. (1997). Assessment and intervention in overcoming writing difficulties: An illustration from the self-regulated strategy development model. *Language, Speech, and Hearing Services in Schools, 30*, 255-264.

Graham, S., Harris, K. R. & Larsen, L. (2001). Prevention and intervention of writing difficulties for students with learning disabilities. *Learning Disabilities Research and Practice, 16*(2), 62-37.

Graham, S., & Harris, K. R. (2003). Students with learning disabilities and the process of writing: A meta-analysis of SRSD studies. In H. L. Swanson, K. L. Harris, & S. Graham (Eds.), *Handbook of learning disabilities* (pp. 323-344). NY: Guilford Press.

Graham, S., & Miller, L. (1980). Handwriting research and practice: A unified approach. *Focus of Exceptional Children, 13*(2), 1-6.

Gillingham, A., & Stillman, B. (1997). *The Gillingham manual*. MA: Educators Publishing Service.

Graves, D. H. (1994). *A fresh look at writing*. Portsmouth, NH: Heinemann.

Gregg, N. (1989). Expressive writing disorders. In S. Hooper & Hynd (Eds.), *Assessment and diagnosis of child and adolescent psychiatric disorder: Current issues and procedures*. NJ: Erlbaum.

Hardman, M. L., Drew, C. J., & Egan, M. W. (2005). *Human exceptionality: School, community, and family* (8th Ed.). Boston: Allyn & Bacon.

Hallahan, D. P., Kauffman, J. M., & Lloyd, J. W. (1999). Introduction to learning disabilities (8th Ed.). MA: Allyn & Bacon.

Harris, K. R., & Graham, S. (1996). Making the writing process work: Strategies for composition and self-regulation. MA: Brookline Books.

Harris, K. R., Graham, S., & Mason, L. H. (2003). Self-regulation strategy development in the classroom: Part of a balanced approach to writing instruction for students with disabilities. *Exceptional Children, 35*(7), 1-18.

Johnson, D., & Myklebust, H. (1967). Learning disabilities: Educational principles and practices. NY: Grune & Stratton.

Kirk, S. A., Gallagher, J., & Anastasiow, N. J. (2003). Educating exceptional children (10th Ed.). Boston: Houghton Mifflin.

Lauffer, K. A. (2000). Accommodation students with specific written disabilities. *Journalism & Mass Communication Educator*, Winter, 29-46.

Lewis, R. (1998). Assistive technology and learning disabilities: Today's realities and tomorrow's promises. *Journal of Learning Disabilities,31*(1),16-26.

Lewis, R., Ashton, T., Haapa, B., Kieley, C., Fielden, C. (1999). Improving the writing skills of students with learning disabilities: Are word processors with spelling and grammar checkers useful? *Learning Disabilities: A Multidisciplinary Journal*.

Liberman, I. Y., Rubin, H., Duques, S., & Carlisle, J. (1985). Linguistic abilities and spelling proficiency in kindergartners and adult poor spellers. In D. Gray & J. Kavanagh (Ed.), *Behavioral measures of dyslexia*. (pp. 163-176). Parkton, MD: York Press.

Lombardino, L. J., Riccio, C. A., Hynd, G. W., & Pinheiro, S. B. (1997). Linguistic deficits in children with reading disabilities. *American Journal of Speech-Language Pathology, 6*, 71-78.

Lyon, G. R., Moats, L. C. (1988). Critical issues in the instruction of the learning disabled. *Journal of Consulting and Clinical Psychology, 56*, 830-835.

Luria, A. R. (1973). *The working brain.* London: Penguin Books.

Luria, A. R. (1980). *Higher cortical functions in man.* NY: Basic Books.

MacArthur, C. (1996). Using technology to enhance the writing processes of students with learning disabilities. *Journal of Learning Disabilities 29*, 344-354.

Moats, L. C. (1996). Phonological spelling errors in the writing of dyslexic adolescents. *Reading and Writing: An Interdisciplinary Journal, 8*, 105-119.

Montgomery, D. J. & Marks, L. J. (2006). Using technology to build independence in writing for students with disabilities. *Preventing School Failure, 50*(3), 33-38.

Nulman, J. H., & Gerber, M. M. (1984). Improving spelling performance by imitating a child's errors. *Journal of Learning Disabilities, 17*, 328-333.

Pierangelo, R. A. & Giuliani, G. A. (2007). *The Educator's Diagnostic Manual of Disabilities and Disorders.* San Francisco, CA: Jossey-Bass.

Pierangelo, R. A. & Giuliani, G. A. (2016). *Assessment in Special Education: A Practical Approach* (5th ed.). Carmel, Indiana: Pearson.

Richek, M., Caldwell, J., Jennings, J., & Lerner, J. (1996). *Reading problems: Assessment and teaching strategies.* Needham Heights, MA: Allyn & Bacon.

Templeton, S., & Morris, D. (1999). Theory and research into practice: Questions teachers ask about spelling. *Reading Research Quarterly, 34*, 102-112.

Torgesen J. (1998). Catch them before they fall. *American Educator, 22* (1&2), 32-41.

Troia, G., Graham, S., & Harris, H. (1998). Teaching students with learning disabilities to mindfully plan when writing. *Exceptional Children, 65*(2), 235-252.

Troia, G. A., & Graham, S. (2002). The effectiveness of a highly explicit, teacher-directed strategy instruction routine: Changing the writing performance of students with learning disabilities. *Journal of Learning Disabilities, 35*(4), 290-305.

Turnbull, A., Turnbull, R., Wehmeyer, M. L., & Shogren, K. A. (2015). *Exception-

al lives: Special education in today's school (8th ed.). Upper Saddle River, NJ: Pearson.

Vogel, A. (1998). Adults with learning disabilities. In S. Vogel & S. Reder (Eds.), *Learning disabilities, literacy, and adult education* (pp. 5-8). Baltimore: Paul H. Brookes.

Sawyer, D., Wade, S., & Kim, J. (1999). Spelling errors as a window on variations in phonological deficits among students with dyslexia. *Annals of Dyslexia, 6*, 149-156.

（第十二章）

Van de Walle, J., Karen, S. K., & Jennifer, M. (2019). *Elementary and middle school mathematics: Teaching developmentally.* New York: Pearson Education, Inc.

Badian, N. A. (1983). *Dyscalculia and nonverbal disorders of learning.* In H. R. Myklebust (Ed.), Progress (pp. 235-264). NY: Grune & Stratton.

Barkley, R. (1998). *Attention deficit hyperactivity disorder.* New York: Guilford.

Baroody, A., & Ginsburg, H. (1991). A cognitive approach to assessing the mathematical difficulties of children labeled "learning disabled." In H. L. Swanson (Ed.), *Handbook on the assessment of learning disabilities* (pp.117-228). Austin: Pro-Ed.

Beery, K. E. (1997). *The Beery-Buktenica Developmental Test of Visual-Motor Integration.* Cleveland, OH: Modern Curriculum Press, Inc.

Bryant, B., & Rivera, D. (1997). Educational assessment of mathematics skills and abilities. *Journal of Learning Disabilities, 30*, 57-68.

Bley, N., & Thornton, C. (1989). *Teaching mathematics to the learning disabled.* Austin: Pro-Ed.

Campione, J. C., & Brown, A. L. (1987). Linking dynamic assessment with school achievement. In C. S. Lidz, *Dynamic assessment: An interactive to evaluating learning potential* (pp. 173-195). NY: The Guilford Press.

Cangelosi, J. S. (1992). *Teaching mathematics in secondary and middle school.* NY: Merrill.

Carnine, D. (1997). Instructional design in mathematics for students with learning disabilities. *Journal of Learning Disabilities, 30*(2), 134-141.

Carpenter, T. P., Fennema, E., Franke, M. L., Levi, L., & Empson, S. B. (1999). *Children's Mathematics: Cognitively Guided Instruction.* VA: The National

Council of Teachers of Mathematics.

Day, J. D., & Hall, L. K. (1987). Cognitive assessment, intelligence, and instruction. In J. D. Day & J. G. Borkowski, *Intelligence and exceptionality: New directions for theory, assessment, and instruction practices* (pp. 57-80). Norwood, NJ: Ablex.

Elliott, S., & Shapiro, E. (1990). Intervention techniques and programs for academic performance problems. In T. Gutkin & C. Reynolds (Eds.), *The handbook of school psychology*. New York: John Wiley.

Englert, C. S., Culatta, B. E., & Horn, D. G. (1987). Influence of irrelevant information in additive word problems on problem solving. *Learning Disabilities Quarterly, 10*, 29-35.

Forgan, H. W., & Mangrum, C. T. (1989). *Teaching content area reading skills* (4th Ed.). OH: Merrill.

Fleischner, J. E. (1994). Diagnosis and assessment of mathematics learning disabilities. In F. Weinert & R. Kluwe, *Metacognition, motivation, and understanding* (pp. 21-30). Mahwah, NJ: Erlbaum Associates.

Ginsburg, H. (1997). Mathematics learning disabilities: A view from developmental psychology. *Journal of Learning Disabilities, 30*(1), 20-33.

Gross-Tsur, V., Manor, O., & Shalev, R. S. (1996). Developmental Dyscalculia: Prevalence and demographic features. *Developmental Medicine and Child Neurology, 38*, 25-33.

Enright, B. C. (1983). *Enright Diagnostic Inventory of Basic Arithmetic Skills*. MA: Curriculum Associates.

Johnson, D. J. (1995). An overview of learning disabilities: Psychoeducational perspectives. *Journal of Child Neurology, 10*(Suppl. 1), 52-55.

Mayer, R. E. (1992). *Think, problem solving, cognition*. New York: W. H. Freeman Co.

Miller, S. P. (1996). Perceptives on mathematics instruction. In D. Deshler, E. Ellis, & B. Lenz. *Teaching adolescent with learning disabilities*. Denver: Love Publishing.

McKeachie, W. J. (1987). The new look in instructional psychology: Teaching strategies for learning and thinking. In E. D. Corte, H. L. Wijks, R. Parmentier, & P. Span (Eds.), *Learning and Instruction* (pp. 443-456). Leuven University Press and Pergam on Press.

Montague, M. (1997). Cognitive strategy instruction in mathematics for students with learning disabilities. *Journal of Learning Disabilities, 30*(2), 164-177.

Montague, M., Applegate, B., & Marguard, K. (1993). Cognitive strategy instruction and mathematical problem-solving performance of student with learning disabilities. *Learning Disabilities: Research and Practice, 8*, 223-232.

Montague, M., & Boss, C. S. (1986). The effect of cognitive strategy verbal math problem-learning performance of learning-disabled adolescents. *Journal of Learning Disabilities, 19*(1), 26-33.

Miller, S., & Mercer, C. (1997). Education aspects of mathematics disabilities. *Journal of Learning Disabilities, 30*(1), 47-56.

Piaget, J. (1973). *To understand is to invent: The future of education.* NY: Grossman.

Polya, G. (1945). *How to solve it.* Princeton, NJ: Princeton University Press.

Rivera, D. (1997). Mathematics education and students with learning disabilities: Introduction to special series. *Journal of Learning Disabilities, 30*(1), 2-19, 68.

Rasanen, P., & Ahonen, T. (1995). Arithmetic disabilities with and without reading disabilities math disabilities. *Exceptional Children, 62*, 415-429.

Patton, J., Cronin, M., Bassett, D., & Koppel, A. (1997). A life skills approach to mathematics instruction: Preparing students with learning disabilities for real-life math demands of adulthood. *Journal of Learning Disabilities, 30*(2), 178-187.

Reyes, B. J. (1986). Teaching computational estimation: Concepts and strategies. In H. L. Schoen & M. J. Zweng, *National estimation and mental computation: 1986 yearbook.* VA: National Council of Teachers of Mathematics.

Russell, R., & Ginsburg, H. (1984). Cognitive analysis of children's mathematics difficulties. *Cognition and Instruction, 1*(2), 217-244.

Salvia, J., & Ysseldyke, J. (1998). *Assessment* (7th ed.), Boston: Houghton Mifflin.

Shalev, R. Manor, O., Auerbach, J., & Gross-Tsur, V. (1998). Persistence of developmental dyscalculia: What counts? Results from a 3-year prospective follow-up study. *Journal of Pediatrics, 133*(3), 358-362.

Shinn, M. R., & Hubbard, D. (1992). Curriculum-based measurement and problem-solving assessment: Basic procedures and outcomes. *Focus on Exceptional Children, 24*(5), 1-20.

Simmons, D. C., & Kameeui, E. J. (1996). A focus on curriculum design: When children fail. *Focus on Exceptional Children, 28*(7), 1-16.

Simpson, M. L. (1984). The status of study strategy instruction: Implications for classroom teachers. *Journal of Reading, 28*, 136-142.

Skinner, B. (1957). *Verbal behavior.* NY: Appleton-Century-Crofts.

Slavin, R. (1991). *Educational psychology.* Englewood Cliffs, NJ: Prentice-Hall.

Strichart, S. S., & Mangrum, C. T. (1993). *Teaching study strategies to students with learning disabilities.* Boston: Allyn & Bacon.

Tarver, S. (1992). Direct instruction. In W. Stainback & S. Stainback, *Controversial issues confronting special education* (pp. 141-152). MA: Allyn & Bacon.

Tierney, R. J., LaZansky, J., & Schallert, D. (1982). *Secondary students' use of social studies and biology text.* Champaign, IL: University of Illinois.

Tucker, J. (1987). Curriculum-based assessment is no fad. *The Collaborative Educator, 1*(4), 4-10.

Vaughn, S., & Wilson, C. (1994). Mathematics assessment for students with learning disabilities. In G. R. Lyon, *Frames of reference for the assessment of learning disabilities* (pp. 459-472). Baltimore: Paul Brookes.

Woodward, J. (1998). New web site provides math lessons for students with learning disabilities. *TAM Connection, 11*(3), 1-2.

（第十三章）

Ardila, A., Ostrosky-Solis, F. (1984). The right hemisphere and behavior. In A. Ardila & F. Ostrosky-Solis, *The right hemisphere: Neurology and neuropsychology* (pp. 3-49). NY: Gordon & Breach.

Bos, C. S., & Vaughn, S. (1994). *Strategies for teaching students with learning and behavior problems* (3th Ed.). Boston: Allyn & Bacon.

Carter, J., & Sugai, G. (1989). Survey on prereferral practice: Responses from state departments of education. *Exceptional Children, 55*, 298-302.

Goldstein, D. B. (1999). *Children's Nonverbal Learning Disabilities Scale.* http://www.nldontheweb.org/

Deshler, D., & Schumaker, B. (1988). An instructional model for teaching students how to learn. In J. Graden, J. Zins, & M. Curtis, *Alternative educational delivery systems: Enhancing instructional options for all students.* Washington, DC: National Association of School Psychologist.

Farmer, T., & Farmer, M. (1996). Social relationships of students with exceptionalities in mainstream classrooms: Social networks and homophily. *Exceptional Children, 62*(5), 431-450.

Hazel, J., & Schumaker, J. (1998). Social skills and learning disabilities: Current issues and recommendations for future research. In J. Kavanagh & T. Truss, *Learning disabilities: Proceedings of the national conference* (pp. 293-344). Parkton, MD: York Press.

Johnson, D., & Myklebust, H. (1967). *Learning disabilities.* NY: Grune & Stratton.

Kazdin, A. E. (1994). *Behavior modification in applied settings.* Boston: Alley & Bacon.

Lerner, J., Lowenthal, B., & Lerner, S. (1995). *Attention deficit disorders: Assessment and teaching.* Pacific Grove, CA: Brooks/Cole.

Luther, S. S. (1993). Methodological and conceptual issues in research in childhood resilience. *Journal of Child Psychology and Psychiatry and Allied Disciplines, 34,* 441-453.

Macintosh, R., Vanghn, S., & Bennerson, D. (1995). FAST social skills with a SLAM and a RAP. T*eaching Exceptional Children, 27,* 37-41.

Meichenbaum, D. (1974). *Cognitive behavior modification.* Morristown, NJ.: General Learning Press.

Moore, R., Cartledge, G., & Heckaman, K. (1995). The effects of social skill instruction and self-monitoring on game-related behaviors of adolescents with emotional of behavioral disorders. *Behavior Disorders, 20*(4), 253-266.

Price, L. (1997). Psychosocial issues of workplace adjustment. In P. Gerber & D. Brown, *Learning disabilities and employment* (pp. 275-306). Austin, TX: Pro-Ed.

Rock, E., Fessler, M., & Church, R. (1997). The concomitance of learning disabilities and emotional/behavioral disorders: A conceptual model. *Journal of Learning Disabilities, 23,* 588-596.

Rourke, B. P. (1992). Central processing deficiencies in children: Toward a developmental neuropsychological model. *Journal of Clinical neuropsychology, 4,* 1-18.

Rourke, B. P. (1995). Syndrome of nonverbal learning disabilities. *Neurodevelopmental manifestations.* NY: Guilford.

Rourke, B. P., & Tsatsanis, K. D. (2000). Nonverbal learning disabilities and Asperger Syndrome. In Klin, A., Volkmar, F., and Sparrow, S., *Asperger Syndrome* (pp. 231-253). NY: The Guilford Press.

Semrud-Clikeman, M., & Hynd, G. W. (1990). Right hemispheric dysfunction in nonverbal learning disabilities: Social, academic, and adaptive functioning in adults and children. *Psychological Bulletin, 107*, 196-209.

Sliver, L. (1992). *The misunderstood child*. Blue Ridge Summit, PA: Tab Books.

Sliver, A., & Hagin, R. (1992). *Disorders of learning in childhood.* NY: Wiley.

Thompson, S. (1997). *The source for nonverbal learning disabilities.* IL: Lingui-System.

Tsatsanis, K., Kuerst. D., & Rourke, B. (1997). Psychosocial dimensions of learning disabilities: External validation and relationship with age and academic functioning. *Journal of Learning Disabilities, 30*(5), 490-502.

Wing, L. (1991). The relationship between Asperger's syndrome and Kanner's autism. In U. Frith, *Autism and Asperger's syndrome* (pp.93-121). Cambridge, England: Cambridge University Press.

附錄

特殊教育法

民國108年04月24日

第一章　總則

第1條

為使身心障礙及資賦優異之國民，均有接受適性教育之權利，充分發展身心潛能，培養健全人格，增進服務社會能力，特制定本法。

第2條

本法所稱主管機關：在中央為教育部；在直轄市為直轄市政府；在縣（市）為縣（市）政府。

本法所定事項涉及各目的事業主管機關業務時，各該機關應配合辦理。

第3條

本法所稱身心障礙，指因生理或心理之障礙，經專業評估及鑑定具學習特殊需求，須特殊教育及相關服務措施之協助者；其分類如下：

一、智能障礙。

二、視覺障礙。

三、聽覺障礙。

四、語言障礙。

五、肢體障礙。

六、腦性麻痺。

七、身體病弱。

八、情緒行為障礙。

九、學習障礙。

十、多重障礙。

十一、自閉症。

十二、發展遲緩。

十三、其他障礙。

第4條

本法所稱資賦優異，指有卓越潛能或傑出表現，經專業評估及鑑定具學習特殊需求，須特殊教育及相關服務措施之協助者；其分類如下：

一、一般智能資賦優異。

二、學術性向資賦優異。

三、藝術才能資賦優異。

四、創造能力資賦優異。

五、領導能力資賦優異。

六、其他特殊才能資賦優異。

第5條

各級主管機關為促進特殊教育發展，應設立特殊教育諮詢會。遴聘學者專家、教育行政人員、學校行政人員、同級教師組織代表、家長代表、特殊教育相關專業人員（以下簡稱專業人員）、相關機關（構）及團體代表，參與諮詢、規劃及推動特殊教育相關事宜。

前項諮詢會成員中，教育行政人員及學校行政人員代表人數合計不得超過半數，單一性別人數不得少於三分之一。

第一項參與諮詢、規劃、推動特殊教育與其他相關事項之辦法及自治法規，由各主管機關定之。

第6條

各級主管機關應設特殊教育學生鑑定及就學輔導會（以下簡稱鑑輔會），遴聘學者專家、教育行政人員、學校行政人員、同級教師組織代表、家長代表、專業人員、相關機關（構）及團體代表，辦理特殊教育學生鑑定、安置、重新安置、輔導等事宜；其實施方法、程序、期程、相關資源配置，與運作方式之辦法及自治法規，由各級主管機關定之。

前項鑑輔會成員中，教育行政人員及學校行政人員代表人數合計不得超過半數，單一性別人數不得少於三分之一。

各該主管機關辦理身心障礙學生鑑定及安置工作召開會議時，應通知有關之學生家長列席，該家長並得邀請相關專業人員列席。

第7條

各級主管機關為執行特殊教育工作，應設專責單位。

特殊教育學校及設有特殊教育班之各級學校，其承辦特殊教育業務人員及特殊教育學校之主管人員，應進用具特殊教育相關專業者。

前項具特殊教育相關專業，指修習特殊教育學分三學分以上者。

第8條

各級主管機關應每年定期舉辦特殊教育學生狀況調查及教育安置需求人口通報，出版統計年報，依據實際現況及需求，妥善分配相關資源，並規劃各項特殊教育措施。

第9條

各級政府應從寬編列特殊教育預算，在中央政府不得低於當年度教育主管預算百分之四‧五；在地方政府不得低於當年度教育主管預算百分之五。

地方政府編列預算時，應優先辦理身心障礙教育。

中央政府為均衡地方身心障礙教育之發展，應補助地方辦理身心障礙教育之人事及業務經費；其補助辦法，由中央主管機關會商直轄市、縣（市）主管機關後定之。

第二章　特殊教育之實施

第一節　通則

第10條

特殊教育之實施，分下列四階段：

一、學前教育階段：在醫院、家庭、幼兒園、社會福利機構、特殊教育學校幼兒部或其他適當場所辦理。

二、國民教育階段：在國民小學、國民中學、特殊教育學校或其他適當場所辦理。

三、高級中等教育階段：在高級中等學校、特殊教育學校或其他適當場所辦理。

四、高等教育及成人教育階段：在專科以上學校或其他成人教育機構辦理。

前項第一款學前教育階段及第二款國民教育階段，特殊教育學生以就近入學為原則。但國民教育階段學區學校無適當場所提供特殊教育者，得經主管機關安置於其他適當特殊教育場所。

第11條

高級中等以下各教育階段學校得設特殊教育班，其辦理方式如下：

一、集中式特殊教育班。

二、分散式資源班。

三、巡迴輔導班。

前項特殊教育班之設置，應由各級主管機關核定；其班級之設施及人員設置標準，由中央主管機關定之。

高級中等以下各教育階段學生，未依第一項規定安置於特殊教育班者，其所

屬學校得擬具特殊教育方案向各主管機關申請；其申請內容與程序之辦法及自治法規，由各主管機關定之。

第12條

為因應特殊教育學生之教育需求，其教育階段、年級安排、教育場所及實施方式，應保持彈性。

特殊教育學生得視實際狀況，調整其入學年齡及修業年限；其降低或提高入學年齡、縮短或延長修業年限及其他相關事項之辦法，由中央主管機關定之。但法律另有規定者，從其規定。

第13條

各教育階段之特殊教育，由各主管機關辦理為原則，並得獎助民間辦理，對民間辦理身心障礙教育者，應優先獎助。

前項獎助對象、條件、方式、違反規定時之處理與其他應遵行事項之辦法及自治法規，由各級主管機關定之。

第14條

高級中等以下各教育階段學校為辦理特殊教育，應設專責單位，依實際需要遴聘及進用特殊教育教師、特殊教育相關專業人員、教師助理員及特教學生助理人員。

前項專責單位之設置與人員之遴聘、進用及其他相關事項之辦法，由中央主管機關定之。

特殊教育專任教師、兼任導師、行政或其他職務者，其每週教學節數之標準，由各主管機關定之。

第15條

為提升特殊教育及相關服務措施之服務品質，各級主管機關應加強辦理特殊教育教師及相關人員之培訓及在職進修。

第16條

各級主管機關為實施特殊教育，應依鑑定基準辦理身心障礙學生及資賦優異學生之鑑定。

前項學生之鑑定基準、程序、期程、教育需求評估、重新評估程序及其他應遵行事項之辦法，由中央主管機關定之。

第17條

幼兒園及各級學校應主動或依申請發掘具特殊教育需求之學生，經監護人或法定代理人同意者，依前條規定鑑定後予以安置，並提供特殊教育及相關服

務措施。

各主管機關應每年重新評估前項安置之適當性。

監護人或法定代理人不同意進行鑑定安置程序時，幼兒園及高級中等以下學校應通報主管機關。

主管機關為保障身心障礙學生權益，必要時得要求監護人或法定代理人配合鑑定後安置及特殊教育相關服務。

第18條
特殊教育與相關服務措施之提供及設施之設置，應符合適性化、個別化、社區化、無障礙及融合之精神。

第19條
特殊教育之課程、教材、教法及評量方式，應保持彈性，適合特殊教育學生身心特性及需求；其辦法，由中央主管機關定之。

第20條
為充分發揮特殊教育學生潛能，各級學校對於特殊教育之教學應結合相關資源，並得聘任具特殊專才者協助教學。

前項特殊專才者聘任辦法，由中央主管機關定之。

第21條
對學生鑑定、安置及輔導如有爭議，學生或其監護人、法定代理人，得向主管機關提起申訴，主管機關應提供申訴服務。

學生學習、輔導、支持服務及其他學習權益事項受損時，學生或其監護人、法定代理人，得向學校提出申訴，學校應提供申訴服務。

前二項申訴服務事項之辦法，由中央主管機關定之。

第二節　身心障礙教育
第22條
各級學校及試務單位不得以身心障礙為由，拒絕學生入學或應試。

各級學校及試務單位應提供考試適當服務措施，並由各試務單位公告之；其身心障礙學生考試服務辦法，由中央主管機關定之。

第23條
身心障礙教育之實施，各級主管機關應依專業評估之結果，結合醫療相關資源，對身心障礙學生進行有關復健、訓練治療。

為推展身心障礙兒童之早期療育，其特殊教育之實施，應自二歲開始。

第24條

各級主管機關應提供學校輔導身心障礙學生有關評量、教學及行政等支援服務，並適用於經主管機關許可在家及機構實施非學校型態實驗教育之身心障礙學生。

各級學校對於身心障礙學生之評量、教學及輔導工作，應以專業團隊合作進行為原則，並得視需要結合衛生醫療、教育、社會工作、獨立生活、職業重建相關等專業人員，共同提供學習、生活、心理、復健訓練、職業輔導評量及轉銜輔導與服務等協助。

前二項之支援服務與專業團隊設置及實施辦法，由中央主管機關定之。

第25條

各級主管機關或私人為辦理高級中等以下各教育階段之身心障礙學生教育，得設立特殊教育學校；特殊教育學校之設立，應以小班、小校為原則，並以招收重度及多重障礙學生為優先，各直轄市、縣（市）應至少設有一所特殊教育學校（分校或班），每校並得設置多個校區；特殊教育班之設立，應力求普及，符合社區化之精神。

啓聰學校以招收聽覺障礙學生為主；啓明學校以招收視覺障礙學生為主。

特殊教育學校依其設立之主體為中央政府、直轄市政府、縣（市）政府或私人，分為國立、直轄市立、縣（市）立或私立；其設立、變更及停辦，依下列規定辦理：

一、國立：由中央主管機關核定。

二、直轄市立：由直轄市主管機關核定後，報請中央主管機關備查。

三、縣（市）立：由縣（市）主管機關核定後，報請中央主管機關備查。

四、私立：依私立學校法相關規定辦理。

特殊教育學校設立所需之校地、校舍、設備、師資、變更、停辦或合併之要件、核准程序、組織之設置及人員編制標準，由中央主管機關定之。

第26條

特殊教育學校置校長一人；其聘任資格，依教育人員任用條例之規定，並應具備特殊教育之專業知能；遴選、聘任程序及其他相關事項，比照其所設最高教育階段之學校法規之規定。

特殊教育學校為辦理教務、學生事務、總務、實習、研究發展、輔導等事務，得視學校規模及業務需要，設處（室）一級單位，並得分組為二級單位辦事。

前項一級單位置主任一人，二級單位置組長一人。

一級單位主任由校長就專任教師聘兼之；二級單位組長，除總務單位之組長

由職員專任、輔導單位負責復健業務之組長得由專任之特殊教育相關專業人員兼任外，其餘由校長就專任教師聘兼之。

特殊教育學校達中央主管機關所定一定規模者，置祕書一人，襄助校長處理校務，由校長就專任教師聘兼之。

第27條

高級中等以下各教育階段學校，對於就讀普通班之身心障礙學生，應予適當教學及輔導；其教學原則及輔導方式之辦法，由各級主管機關定之。

為使普通班教師得以兼顧身心障礙學生及其他學生之需要，前項學校應減少身心障礙學生就讀之普通班學生人數，或提供所需人力資源及協助；其減少班級學生人數之條件、核算方式、提供所需人力資源與協助之辦法，由中央主管機關定之。

第28條

高級中等以下各教育階段學校，應以團隊合作方式對身心障礙學生訂定個別化教育計畫，訂定時應邀請身心障礙學生家長參與，必要時家長得邀請相關人員陪同參與。

第28-1條

為增進前條團隊之特殊教育知能，以利訂定個別化教育計畫，各主管機關應視所屬高級中等以下各教育階段學校身心障礙學生之障礙類別，加強辦理普通班教師、特殊教育教師及相關人員之培訓及在職進修，並提供相關支持服務之協助。

第29條

高級中等以下各教育階段學校，應考量身心障礙學生之優勢能力、性向及特殊教育需求及生涯規劃，提供適當之升學輔導。

身心障礙學生完成國民義務教育後之升學輔導辦法，由中央主管機關定之。

第30條

政府應實施身心障礙成人教育，並鼓勵身心障礙者參與終身學習活動；其辦理機關、方式、內容及其他相關事項之辦法，由中央主管機關定之。

第30-1條

高等教育階段學校為協助身心障礙學生學習及發展，應訂定特殊教育方案實施，並得設置專責單位及專責人員，依實際需要遴聘及進用相關專責人員；其專責單位之職責、設置與人員編制、進用及其他相關事項之辦法，由中央主管機關定之。

高等教育階段之身心障礙教育,應符合學生需求,訂定個別化支持計畫,協助學生學習及發展;訂定時應邀請相關教學人員、身心障礙學生或家長參與。

第31條

為使各教育階段身心障礙學生服務需求得以銜接,各級學校應提供整體性與持續性轉銜輔導及服務;其轉銜輔導及服務之辦法,由中央主管機關定之。

第32條

各級主管機關應依身心障礙學生之家庭經濟條件,減免其就學費用;對於就讀學前私立幼兒園或社會福利機構之身心障礙幼兒,得發給教育補助費,並獎助其招收單位。

前項減免、獎補助之對象、條件、金額、名額、次數及其他應遵行事項之辦法,由中央主管機關定之。

身心障礙學生品學兼優或有特殊表現者,各級主管機關應給予獎補助;其辦法及自治法規,由各級主管機關定之。

第33條

學校、幼兒園及社會福利機構應依身心障礙學生在校(園)學習及生活需求,提供下列支持服務:

一、教育輔助器材。
二、適性教材。
三、學習及生活人力協助。
四、復健服務。
五、家庭支持服務。
六、校園無障礙環境。
七、其他支持服務。

經主管機關許可在家實施非學校型態實驗教育之身心障礙學生,適用前項第一款至第五款服務。

前二項辦法由中央主管機關定之。

身心障礙學生無法自行上下學者,由各主管機關免費提供交通工具;確有困難提供者,補助其交通費;其實施辦法及自治法規,由各主管機關定之。

各主管機關應優先編列預算,推動第一項、第四項之服務。

第34條

各主管機關得依申請核准或委託社會福利機構、醫療機構及少年矯正學校,辦理身心障礙教育。

第三節　資賦優異教育

第35條

學前教育階段及高級中等以下各教育階段學校資賦優異教育之實施，依下列方式辦理：

一、學前教育階段：採特殊教育方案辦理。

二、國民教育階段：採分散式資源班、巡迴輔導班、特殊教育方案辦理。

三、高級中等教育階段：依第十一條第一項及第三項規定方式辦理。

第36條

高級中等以下各教育階段學校應以協同教學方式，考量資賦優異學生性向、優勢能力、學習特質及特殊教育需求，訂定資賦優異學生個別輔導計畫，必要時得邀請資賦優異學生家長參與。

第37條

高等教育階段資賦優異教育之實施，應考量資賦優異學生之性向及優勢能力，得以特殊教育方案辦理。

第38條

資賦優異學生之入學、升學，應依各該教育階段法規所定入學、升學方式辦理；高級中等以上教育階段學校，並得參採資賦優異學生在學表現及潛在優勢能力，以多元入學方式辦理。

第39條

資賦優異學生得提早選修較高一級以上教育階段課程，其選修之課程及格者，得於入學後抵免。

第40條

高級中等以下各教育階段主管機關，應補助學校辦理多元資優教育方案，並對辦理成效優良者予以獎勵。

資賦優異學生具特殊表現者，各級主管機關應給予獎助。

前二項之獎補助辦法及自治法規，由各主管機關定之。

第41條

各級主管機關及學校對於身心障礙及社經文化地位不利之資賦優異學生，應加強鑑定與輔導，並視需要調整評量工具及程序。

第三章 特殊教育支持系統

第42條
各級主管機關為改進特殊教育課程、教材教法及評量方式,應進行相關研究,並將研究成果公開及推廣使用。

第43條
為鼓勵大學校院設有特殊教育系、所者設置特殊教育中心,協助特殊教育學生之鑑定、教學及輔導工作,中央主管機關應編列經費補助之。

為辦理特殊教育各項實驗研究並提供教學實習,設有特殊教育系之大學校院,得附設特殊教育學校(班)。

第44條
各級主管機關為有效推動特殊教育、整合相關資源、協助各級學校特殊教育之執行及提供諮詢、輔導與服務,應建立特殊教育行政支持網絡;其支持網絡之聯繫與運作方式之辦法及自治法規,由各級主管機關定之。

第45條
高級中等以下各教育階段學校,為處理校內特殊教育學生之學習輔導等事宜,應成立特殊教育推行委員會,並應有身心障礙學生家長代表;其組成與運作方式之辦法及自治法規,由各級主管機關定之。

高等教育階段學校,為處理校內特殊教育學生之學習輔導等事宜,得成立特殊教育推行委員會,並應有身心障礙學生或家長代表參與。

第46條
各級學校應提供特殊教育學生家庭諮詢、輔導、親職教育及轉介等支持服務。

前項所定支持服務,其經費及資源由各級主管機關編列預算辦理。

身心障礙學生家長至少應有一人為該校家長會常務委員或委員,參與學校特殊教育相關事務之推動。

第47條
高級中等以下各教育階段學校辦理特殊教育之成效,主管機關應至少每四年辦理一次評鑑,或依學校評鑑週期併同辦理。

直轄市及縣(市)主管機關辦理特殊教育之績效,中央主管機關應至少每四年辦理一次評鑑。

前二項之評鑑項目及結果應予公布,並對評鑑成績優良者予以獎勵,未達標準者應予追蹤輔導;其相關評鑑辦法及自治法規,由各主管機關定之。

第四章　附則

第48條

公立特殊教育學校之場地、設施與設備提供他人使用、委託經營、獎勵民間參與，與學生重補修、辦理招生、甄選、實習、實施推廣教育等所獲之收入及其相關支出，應設置專帳以代收代付方式執行，其賸餘款並得滾存作為改善學校基本設施或充實教學設備之用，不受預算法第十三條、國有財產法第七條及地方公有財產管理相關規定之限制。

前項收支管理作業規定，由中央主管機關定之。

第49條

本法授權各級主管機關訂定之法規，應邀請同級教師組織及家長團體參與訂定之。

第50條

本法施行細則，由中央主管機關定之。

第51條

本法自公布日施行。

溫故知新專欄──教師甄試近年有關學習障礙的試題

※ 選擇題

識字和閱讀

1. 由於父母對特教安置有所疑慮，以致於佩佩一直未接受鑑定，目前六年級的她，識字量已遠遠低於同儕的水準，心評老師認為佩佩已產生了「馬太效應」。下列關於「馬太效應」的相關概念，何者為非？

【桃園市108教甄，第26題】

   (A) 早期防治、早期輔助十分重要
   (B) 早期成功經驗會使之後的發展更為順利
   (C) 預防「馬太效應」的擴大，是希望能有效降低未來的社會成本
   (D) 因家庭社經地位差異所產生「強者更強、弱者更弱」的現象，透過特教專業的早期介入效果最佳

2. 下列有關近年國內對於識字和閱讀方面的研究敘述何者錯誤？

【新北市106教甄，第60題】

   (A) 小二和小三的識字量會快速成長，因為逐漸掌握組字規則，而這個連續的循環學習歷程稱為「馬太效應」（Matthew effects）。
   (B) 辨認注音符號與拼字的正確率愈高，辨認的國字數量也就愈多，但此關係隨著學童的認字量增多而降低。
   (C) 國內採用Chall的閱讀理論，在小二和小三的國語科教材裡發展了許多「閱讀流暢性」的教學內容及做了多項有關於閱讀流暢性的研究。
   (D) 當學童注音符號認讀有問題，在中文認讀上有困難是可以預期的。

鑑定與分類

3. 呂婕是中學生，個別智商為89，她在「識字量評估測驗」（M=100，SD=15）結果的標準分數為69，請問呂婕最可能是下列哪一種障礙？

【臺北市108教甄，第52題】

   (A) 學習障礙　　(B) 智能障礙　　(C) 數學障礙　　(D) 非語文學習障礙

4. 學習障礙學生若在鑑定過程中被綜合研判為合併注意力缺陷過動症，以下何者為其主要鑑別診斷特徵？　【新北市108教甄，第57題】

(A) 因沮喪而出現注意力不集中現象

(B) 因缺乏興趣而出現注意力不集中現象

(C) 因能力有限而出現注意力不集中現象

(D) 在學習工作以外場合出現注意力不集中現象

5. 某學習障礙學生雖然聽過某些語詞，但是在命名時有困難，這是學生有哪一種口語困難？ 【臺北市108教甄，第70題】

(A) 詞彙搜尋困難 　　　　(B) 敘事困難

(C) 語音聽辨困難 　　　　(D) 比喻性詞彙理解困難

6. 有些資源班學生可能體驗到閱讀問題，因為他們不曉得「狗」這個單字是由一個聲母、一個韻母和一個聲調所組成的：「ㄍㄡˇ」。這類學生最可能是哪一種問題或困難？ 【臺北市107教甄，第55題】

(A) 語法 　　(B) 識字 　　(C) 音素覺察 　　(D) 閱讀理解

7. 學習障礙統稱因神經心理功能異常而顯現出注意、記憶、理解、知覺、知覺動作、推理等能力有問題，致在聽、說、讀、寫或算等學習上有顯著困難者。有關其障礙並非由某些因素所直接造成的，下列敘述何者有誤？ 【臺北市107教甄，第63題】

(A) 教學不當

(B) 文化刺激不足

(C) 感官、智能、情緒等障礙因素

(D) 心理社會的危險因子

8. 非語文型學習障礙學生相對於語文型學習障礙學生，在鑑別診斷基準上的差異點，以下敘述何者是正確的？ 【中區縣市107教甄，第29題】甲、識字閱讀困難　乙、社交技巧缺損　丙、動作協調困難　丁、知覺組織困難

(A) 甲乙丙 　　(B) 甲乙丁 　　(C) 甲丙丁 　　(D) 乙丙丁

9. 某生自小因動作笨拙，操作技巧緩慢而不準確，而被診斷為動作發展協調障礙症，試問其進入小學一年級就讀後，最容易合併的共病現象為以下何者？ 【中區縣市107教甄，第30題】

(A) 強迫症 　　(B) 妥瑞氏症 　　(C) 書寫表達障礙 　　(D) 數學學習障礙

10. 臺北市國中特殊教育鑑定專業研判中，學業性學習障礙的常見亞型不包括下列哪一種？ 【臺北市106教甄，第65題】

(A) 閱讀理解型 　　(B) 數學學障型 　　(C) 學習策略型 　　(D) 口語

$\boxed{\text{評量}}$

11.針對有資訊摘要問題的易分心學生，資源班教師在評量調整服務上，可採行以下哪一種較有效的策略？　　　　　　　　【新北市108教甄，第34題】

(A) 在試卷上標註試卷總題數及作答起訖時間

(B) 將試卷題目上每個小標題都標示清楚，要求幾個答案也註明清楚

(C) 在試卷上標註每一大題作答的時間，鼓勵學生提早完成也要檢查

(D) 在試卷上標註「再檢查一遍」或「下面還有題目」等標註語

12.在介入反應模式（RTI）中，「進步監控」（progress monitoring）評量主要是對在哪個／些階層中的學生來執行？(甲)階層一(乙)階層二(丙)階層三

【桃園市108教甄，第19題】

(A) 乙　　　(B) 甲乙　　　(C) 乙丙　　　(D) 甲乙丙

13.某國中資源班老師根據以下步驟，對學生進行「整數借位減法」的評量，這位老師是使用下列哪一種評量方式？　　　　【臺北市107教甄，第59題】

確定要測量的能力 〉 確定行為目標 〉 發展測驗題目 〉 決定表現的標準 〉 施測、計分和解釋測驗結果

(A) 真實評量（authentic assessment）

(B) 任務分析（task analysis）

(C) 標準參照評量（criterion-referenced assessment）

(D) 課程本位評量（curriculum-based assessment）

14.林同學經由教育鑑定為「學習障礙—讀寫障礙」的學生，關於他的學習特質以及特教組所提供的特殊考場服務，以下何者描述最為適切？

【臺北市107教甄，第64題】

(A) 因識字困難造成自發寫與閱讀理解困難，應提供電腦打字與報讀服務

(B) 有識字、書寫、口語及閱讀理解困難，應提供電腦打字與報讀服務

(C) 因注意力問題導致讀字及寫字的困難，應提供電腦打字與報讀服務

(D) 因口語困難造成閱讀及書寫表現差，同時也有人際適應困難，應提供電腦打字、代謄答案及報讀服務

15.請一位學習障礙的學生小永朗讀故事三分鐘。除了記錄其讀對或讀錯的字及類型外，並系統地製成圖表，以便瞭解他進步的情形。這是屬於哪一種評量？　　　　　　　　　　　　　　　【中區縣市106教甄，第16題】

(A) 檔案評量　　　(B) 真實評量　　　(C) 動態評量　　　(D) 課程本位評量

16.有一位學習障礙的學生，視覺上有輕微的弱視，書寫上也有顯著困難，在

參加考試評量時,最需要哪一種評量方式的調整?

【中區縣市106教甄,第50題】

(A) 報讀服務　　(B) 點字試卷　　(C) 一樓試場　　(D) 電腦打字

教學法與策略

17. 某國中巡迴輔導老師利用六書原理及文字本身可能的形音義線索或記憶線索,設計有助於學生記憶漢字的方法,例如:「琴」是「二位公主今天一起彈琴」。這是哪一種識字教學法的應用?　【臺北市108教甄,第64題】
    (A) 字源識字教學法　　　　(B) 基本字帶字教學法
    (C) 意義化識字教學法　　　(D) 字族文識字教學法

18. 哪一種策略是引導學生自主完成任務的技術和原理,可以讓學習障礙學生負責自己的學習,成為主動學習者,能夠選擇學習情境的適當策略,甚至能夠將這項策略類化至其他情境?　【臺北市108教甄,第73題】
    (A) 自我決定　　(B) 直接教學　　(C) 自我教導訓練　　(D) 學習策略教學

19. 有關數學學習障礙學生的教學策略,下列敘述哪一個正確?

【臺北市108教甄,第75題】

    (A) 教學方案的重點在加、減、乘、除四則運算
    (B) 明確指出他們在方法或過程中的錯誤
    (C) 讓學生自己一個人學習核心技巧
    (D) 使用一致的教材促進成功的練習經驗

20. 小榮及小英是國小五年級學習障礙學生,有一天在資源班上語文課時,當小榮及小英閱讀完一篇文章後,資源班王老師首先示範說出自己對文章的想法與問題,並將此問題寫在黑板給學生看,再將可以解決問題的各種可能和學生討論,王老師示範完這些步驟後,小榮及小英開始討論文章裡的問題,如同王老師剛剛示範完的步驟。請問王老師使用哪一種教學法?

【新北市108教甄,第37題】

    (A) 鷹架教學法(scaffolding instruction)
    (B) 直接教學法(direct instruction)
    (C) 多層次教學法(multi-level instruction)
    (D) 工作分析教學法(task analysis instruction)

21. 陳老師想發展國小特殊需求領域之學習策略科目教材,請問以下哪些說明是正確的?甲、教材要寫進課程計畫。乙、要呈現特定學生的能力與特質分析。丙、要有教學目標、教學活動和評量。丁、要區分給學生用和給老師用的材料。　【新北市108教甄,第42題】

(A) 甲乙　　　(B) 乙丙　　　(C) 丙丁　　　(D) 甲丁

22. 某學習障礙學生在學習注音符號時，可以唸出個別的注音，卻不會拼音，應優先為他安排下列哪一種教學？　　　【桃園市108教甄，第38題】

(A) 自然發音　　　(B) 字族文識字　　　(C) 音韻覺識　　　(D) 基本字帶字

23. 某國中資源班老師依據以下步驟，協助學生變得更為主動地參與語文學習。這是下列哪一方面學習策略的應用？　　　【臺北市107教甄，第67題】

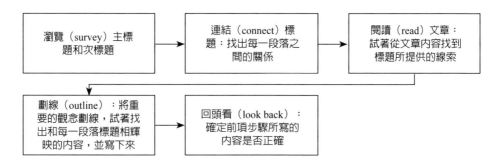

(A) 閱讀理解　　　(B) 後設認知　　　(C) 書寫表達　　　(D) 識字

24. 某老師依據以下過程，進行包括「回饋─校正」在內的教學，以協助國中資源班學生進行數學領域的學習。這是下列哪一種適合學習障礙學生的教學取向？　　　【臺北市107教甄，第69題】

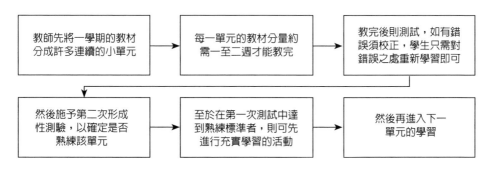

(A) 精熟學習取向　　　　　　(B) 特殊技術主導取向
(C) 情境認知主導取向　　　　(D) 教材主導取向

25. 交互教學（reciprocal teaching）是由帕林卡沙（A. Palincsar）和布朗（A. Brown）提出，其目的在促進學生的閱讀理解能力。下列何者不屬於這種教學方法所教的閱讀理解策略？　　　【中區縣市107教甄，第10題】

(A) 摘要（summarizing）　　　　(B) 澄清（clarifying）
(C) 瀏覽（reviewing）　　　　　(D) 提問（questioning）

26. 有關介入反應效果模式（RTI），下列敘述何者正確？

【中區縣市107教甄，第22題】

(A) 常用於剛通過鑑定的特殊生　　　(B) 常用於雙殊異資優生
(C) 不適用於情緒障礙學生　　　　　(D) 適用於所有的身障生

27. 下列哪兩種身心障礙學生需要有一學期以上之轉介前介入（pre-referral intervention）的教學處置？ 【中區縣市107教甄，第34題】

(A) 智能障礙與學習障礙　　　　　　(B) 學習障礙與情緒行為障礙
(C) 自閉症與情緒行為障礙　　　　　(D) 學習障礙與多重障礙

28. 國中資源班教師對閱讀障礙學生實施概念構圖、自問自答、畫重點與調整閱讀速度等教學策略，這些策略屬於何種教學法的運用？

【臺北市106教甄，第42題】

(A) 部件教學法　　　　　　　　　　(B) 交互教學法
(C) 文章結構教學法　　　　　　　　(D) 後設認知教學法

29. 資源班教學時以重要概念為主軸，藉由放射性思考、圖像化、視覺化及標示關鍵字等方式將思考歷程呈現出來，使學生藉由概念圖快速組織學習內容。這是何種教學方法？ 【臺北市106教甄，第44題】

(A) 多感官教學法　　　　　　　　　(B) 心智圖學習法
(C) 工作分析法　　　　　　　　　　(D) 結構化教學法

30. Clay（1985）令孩子讀一個他熟悉的故事作為暖身，而要老師適時釐清，如：晴→睛。讀完故事之後，老師拿出一本個人專用的寫作本，讓孩子寫一句話。遇到不會的字，老師可以將正確的字寫在本子的上半頁，讓孩子於下半頁抄下來。老師再將該句抄在一張厚紙片上，用剪刀把它剪成一小片一小片，讓孩子拼回原句子。這是哪一種技術的教導？

【中區縣市106教甄，第13題】

(A) 多感官教學法　　　　　　　　　(B) 交互教學法
(C) 閱讀復甦術　　　　　　　　　　(D) 部件教學法

31. 王老師發現有學習障礙的小明上課時容易分心，且因閱讀理解與組織能力較弱。小明較需要下列哪一選項學習策略課程的主軸？甲、認知策略；乙、支持性策略；丙、動機態度策略；丁、後設認知策略

【中區縣市106教甄，第40題】

(A) 甲乙　　　(B) 甲丁　　　(C) 乙丙　　　(D) 丙丁

課程調整

32. 小明是位具有注意力不足過動症的國小六年級數學學習障礙學生，王老師在為小明設計個別化教育計畫及實施特殊教育課程時，考量到小明的特質

與需求，下列哪一個彈性調整是符合需求的？

【新北市108教甄，第41題】

(A) 因為數學的困難，將小明在資源班的數學課學習時數增加

(B) 因為數學的困難，將小明數學教學目標降低至四年級程度即可

(C) 因為小明的干擾性行為，建議原班座位宜在教室後方

(D) 要求完成大量的數學作業達到反覆練習的效果

33.關於學習障礙學生常見類型之課程調整作法，哪一種不正確？

【臺北市106教甄，第80題】

(A) 讀寫型的學生可能需要學習評量之調整，例如：報讀或電腦作答

(B) 知動型的學生可能需要學習內容之調整，抽離原班體育課改上「功能性動作訓練」特殊需求課程

(C) 語言型的學生可能需要學習歷程之調整，教師授課時儘量多提供視覺線索或圖示，並對複雜之語言訊息加以摘要

(D) 注意力型的學生可能需要學習環境之調整，座位安排在避免干擾刺激或容易接收教師提示的地方

題組（34-37題）

小宇為新北市國中一年級新生，入學後一個月班級導師發現小宇會認的國字很少，常見標語字都不認得；除了會寫自己的名字以外，其他的常用字都不會寫，聯絡簿上的札記讓他改成抄寫短文，發現抄寫的速度慢而且國字潦草、凌亂；此外，導師也觀察到小宇平常表達時說話語句簡短，能用簡短的句子或關鍵字詞表達自己的想法和需求。雖然能夠理解生活對話，但對於複雜句型以及非口語化的詞彙敘述則理解困難。導師請小宇家長帶他去某醫院評估，醫生的診斷為疑似學習障礙，宜接受特教服務。

【新北市106教甄，第61-64題】

34.小宇的導師想讓小宇接受學校的特教服務，導師該怎麼做呢？

(A) 因為小宇持有醫院診斷證明，可直接轉介至特教組，由特教老師填寫學生關懷表-S表即可接受特教服務。

(B) 因為小宇持有醫院診斷證明，可直接轉介至特教組，由特教老師提報鑑定。

(C) 因為小宇為校內疑似生，必須由導師填寫學生關懷表-A，轉介至輔導處。

(D) 因為小宇為校內疑似生，且明確有學習或適應困難，由導師填寫學生關懷表-A，轉介至特教組。

35. 資源班謝老師在安排小宇資源班的課程時，必須符合以下哪一項規定？

(A) 小宇在班上無法跟上進度的領域，可於原班該領域上課時段至資源班學習，優先以語文或數學領域爲主。

(B) 資源班課程可安排於晨間活動、導師時間或午休等非領域學習時間或彈性課程、第八節時間。以上時間都需要導師及家長書面同意才能實施。

(C) 小宇在普通班學習節數不得少於二分之一。但有特殊情形者，應經個別化教育計畫會議決定後實施。

(D) 特殊需求領域之學習，應融入小宇原班學習或其他學習領域中實施。必要時，得經學校特推會同意後，於資源班以單一領域教學。

36. 謝老師在教學時，依據小宇的學習情形逐步調整課程與教學的內容，以了解小宇最佳的發展表現，是屬於下列哪一種評量？

(A) 課程本位評量（curriculum-based assessment, CBA）

(B) 動態評量（dynamic assessment）

(C) 形成性評量（formative assessment）

(D) 功能性評量（functional assessment）

37. 謝老師指導小宇及其他同學學習背影一文，老師讓所有同學去想一想以下問題：「朱自清在文中說自己那時眞是『聰明過分』、『太聰明』，這表示什麼意思？」上述問題屬於「促進國際閱讀素養研究」PIRLS（Progress in International Reading Literacy Study）閱讀理解提問層次中的哪一種？

(A) 提取訊息（focus on and retrieve explicitly stated information）

(B) 推論分析（make straight forward inference）

(C) 詮釋整合（interpret and integrate ideas and information）

(D) 比較評估（examine and evaluate content, language, and textual elements）

選擇題答案：

1.(D)　2.(C)　3.(A)　4.(D)　5.(A)　6.(C)　7.(D)　8.(D)　9.(C)　10.(C)

11.(B)　12.(C)　13.(C)　14.(A)　15.(D)　16.(D)　17.(C)　18.(D)　19.(B)　20.(A)

21.(C)　22.(C)　23.(A)　24.(A)　25.(C)　26.(B)　27.(B)　28.(D)　29.(B)　30.(C)

31.(B)　32.(A)　33.(B)　34.(C)　35.(A)　36.(B)　37.(C)

國家圖書館出版品預行編目資料

學習障礙／張世彗著. -- 三版. -- 臺北市：
五南，2019.10
面；　公分
ISBN 978-957-763-715-4（平裝）

1.學習障礙　2.特殊教育

529.69　　　　　　　　　108016820

1IRF

學習障礙

作　　　者 ― 張世彗（201.2）

發 行 人 ― 楊榮川

總 經 理 ― 楊士清

總 編 輯 ― 楊秀麗

副總編輯 ― 黃文瓊

責任編輯 ― 陳俐君、李敏華

封面設計 ― 王麗娟

出 版 者 ― 五南圖書出版股份有限公司

地　　　址：106台北市大安區和平東路二段339號4樓

電　　　話：(02)2705-5066　　傳　　真：(02)2706-6100

網　　　址：http://www.wunan.com.tw

電子郵件：wunan@wunan.com.tw

劃撥帳號：01068953

戶　　　名：五南圖書出版股份有限公司

法律顧問　林勝安律師事務所　林勝安律師

出版日期　2006年 9 月初版一刷
　　　　　2015年 1 月二版一刷（共二刷）
　　　　　2019年10月三版一刷

定　　　價　新臺幣590元

經典永恆·名著常在

五十週年的獻禮——經典名著文庫

五南，五十年了，半個世紀，人生旅程的一大半，走過來了。

思索著，邁向百年的未來歷程，能為知識界、文化學術界作些什麼？

在速食文化的生態下，有什麼值得讓人雋永品味的？

歷代經典·當今名著，經過時間的洗禮，千錘百鍊，流傳至今，光芒耀人；

不僅使我們能領悟前人的智慧，同時也增深加廣我們思考的深度與視野。

我們決心投入巨資，有計畫的系統梳選，成立「經典名著文庫」，

希望收入古今中外思想性的、充滿睿智與獨見的經典、名著。

這是一項理想性的、永續性的巨大出版工程。

不在意讀者的眾寡，只考慮它的學術價值，力求完整展現先哲思想的軌跡；

為知識界開啟一片智慧之窗，營造一座百花綻放的世界文明公園，

任君遨遊、取菁吸蜜、嘉惠學子！